本书重印由上海交通大学物理系1978级硕士郑天慧学长捐设的"党史研究基金"资助印行

三个世纪的跨越

从南洋公学到上海交通大学

盛懿 孙萍 欧七斤 章玲苓 著

的跨越

（第二版）

NANYANG COLLEGE

SHANGHAI JIAO TONG UNIVERSITY

内容提要

这是一本通贯"交大古今"、以采撷精华、通俗晓畅的叙事方式反映三个世纪发展脉络的交大简史著作,自2006年3月出版以来,受到交大师生校友和社会人士的广泛欢迎,被人们亲切地称作"交大小史",成为广大读者了解交大校史校情、感知百年名校精神传统的必读书之一。2021年,适逢中国共产党成立100周年和上海交通大学建校125周年,也是本书首次出版后的第15个年头,我们修订完善了2004年之前的篇章,续写了2004年至2021年学校发展新篇章,形成一部"交大小史"第二版。

图书在版编目(CIP)数据

三个世纪的跨越:从南洋公学到上海交通大学 / 盛

懿等著. —2版. —上海:上海交通大学出版社,2021.12(2024.6重印)

ISBN 978-7-313-24806-0

Ⅰ.①三… Ⅱ.①盛… Ⅲ.①上海交通大学—校史

Ⅳ.①G649.285.1

中国版本图书馆CIP数据核字(2021)第052319号

三个世纪的跨越——从南洋公学到上海交通大学(第二版)

SANGE SHIJI DE KUAYUE——CONG NANYANG GONGXUE DAO SHANGHAI JIAOTONG DAXUE (DI-ER BAN)

著　　者:盛懿　孙萍　欧七斤　章玲苓

出版发行:上海交通大学出版社　　　　　　地　　址:上海市番禺路951号

邮政编码:200030　　　　　　　　　　　　电　　话:021-64071208

印　　制:上海盛通时代印刷有限公司　　　　经　　销:全国新华书店

开　　本:710mm×1000mm　1/16　　　　印　　张:28.5

字　　数:432千字

版　　次:2006年3月第1版　　　　　　　　印　　次:2024年6月第4次印刷
　　　　　2021年12月第2版

书　　号:ISBN 978-7-313-24806-0

定　　价:128.00元

前　言

　　作为国内极少数拥有百年以上历史的著名高等学府之一,上海交通大学几经变革、历尽沧桑,其发展跨越了三个世纪之久。从1896年创建的"中国教育有系统组织之肇端"的南洋公学,到较早开启我国高等工程教育的上海高等实业学堂、上海工业专门学校;从1921年交通大学黉宇宏开,到享有盛誉的交通部南洋大学、国立交通大学;从八年全面抗战烽火中的上海"孤岛"与重庆大后方两地艰难办学,到1949年被人民政府接管;从20世纪50年代初期院系调整的分合与西迁,到1959年上海、西安两所交通大学的分别独立建校;从20世纪60年代初建设国防工业院校,到"十年浩劫"中的坚守传统与抵制乱象;从改革开放以后的重振雄风,到世纪之交与上海农学院、上海第二医科大学的先后合并,组成新的上海交通大学;从20世纪90年代中期制定建设世界一流大学的目标到2020年步入世界一流大学行列……125年来,交通大学因革变迁,跌宕起伏,最终步入蓬勃发展的新时代,这也成为中国高等教育发展历史上的一个典型缩影与真实写照。

　　交通大学是一个极富探索精神和创新意识的百年名校。在南洋公学时期,于1897年设立的师范院,开创了我国师范教育的先河;分设上院、中院、外院,是为我国大中小学三级学制的最早尝试;南洋公学译书院,是我国最早的大学翻译出版机构。在唐文治主校的清末民初,交大以"求实学、务实业"的办学方针,着力于"办第一等大学,育第一等人才",在现代科学教育中融入优良传统文化教育,为探索高等工程教育的中国化、民族化进行了弥足珍贵的教育探索。20世纪二三十年代,经过一大批较高水平的教师的长期实践积累,"起点高、基础厚、要求严、重实践"这一具有交大特色的教学传统逐步形成;当时交大善于学习借鉴欧美大学的先进教育经验,办学卓有建树,时人曾有"东方MIT"之美誉。

中华人民共和国成立以后，交大逐步建设成为一所社会主义的新型大学，在支援大西北和服务国防工业发展中作出重大贡献。改革开放以来，交大抓住机遇，勇于探索，再次走在引领高校改革发展的前列：1978年上海交大成功组成中华人民共和国成立以来高教界第一个访美代表团，走出国门交流，在教育界起到了对外开放的先锋作用；在20世纪80年代的高等学校改革浪潮中，上海交大再次以敢为人先的精神，率先实行高校内部管理体制改革，管理改革的经验被写入全国人大的《政府工作报告》中。20世纪90年代至今，上海交大围绕着"建设世界一流大学"这个宏伟目标，通过一系列的改革和建设，学校的各项办学指标大幅度上升，实现了跨越式发展，整体实力显著增强，上海交大被誉为国内发展最快、最具活力的大学之一。在新时代，全体交大人继续担当中国高等教育改革发展、中国特色世界一流大学建设的排头兵和先行者，为2035年步入世界一流大学前列和2050年建成世界顶尖大学而奋斗。

　　追溯学校的办学历程，我们可以自豪地说，交大的历史是一部与国家命运紧密相连的爱国奋斗史。在20世纪上半叶挽救民族危亡、振兴中华的革命浪潮中，交通大学不仅是"工业救国"的一个典范，而且高举"爱国民主"的旗帜，在代代交大学子中薪火相传。20世纪20年代初期，一批共产主义先驱在交大校园热情地传播马克思主义学说，交大于1925年底即成立中共党团支部，成为最早建立党团组织的大学之一。20世纪三四十年代，交大进步师生始终站在爱国民主运动的前列，使交大成长为沪上知名的"民主堡垒"。新中国成立后，这一崇尚真理、向往光明、献身国家的光荣传统得到继承发扬，师生们无私奉献于社会主义各项建设、投身最艰苦的国防工业建设事业。改革开放以来，交大全体师生大力弘扬"饮水思源，爱国荣校"的校训精神，践行教育报国的使命担当，落实立德树人的根本任务，在关乎国计民生的众多科研领域中作出了交大人的重大贡献。

　　本书围绕上海交大百余年来适应中国社会变革、创建一流大学这一主线，遵循撷取精华、突现脉络的总原则，在学校发展历史长河中提炼最能体现交大办学传统的重大事件，选择最能展示交大风貌的杰出人物，力求精要地展现交大从南洋公学到现今的风雨历程，生动地反映交大的百年文化底蕴和历代交大人的气质风骨。

目　录

第一章　近代高等学府的雏形

在中国面临"数千年未有之变局"的19世纪末，西学东渐，新风初度。1896年（光绪二十二年），由晚清洋务大员盛宣怀精心筹建的南洋公学在上海诞生。作为中国最早的新式高等学府之一，南洋公学首立师范院，揭开了中国师范教育的序幕；拟定新式学校章程，采用分年级、按班级的授课制度，分设上院、中院、外院，开创了我国三级分层设学的先河。从昔日的南洋公学到之后的交通大学，再到如今的上海交通大学，一个由数十人开始的南洋公学，已经发展成拥有在校数万师生的国内外著名大学。历经百余年风雨沧桑的交大，见证了中国近现代高等教育从涓涓细流汇成滔滔大江的历史印迹。

一、盛宣怀创办南洋公学

自强首在储才

位于上海西南隅的徐家汇，是中国"近代科学先驱"徐光启的长眠之地，这里坐落着一所享誉海内外的著名高等学府——上海交通大学。其前身系1896年由晚清大实业家盛宣怀倾其心力创办的南洋公学。公学首先从师范院办起，逐步开设外院、中院、特班、东文学堂等多种教育层次，初步形成一所融师范、普通、专门教育于一体的新式高等学堂雏形，并以一系列开创性的努力，在中国教育近代化进程中占有重要地位。

公学创始人盛宣怀是中国近代一位"处于非常之世，走着非常之路，做了非常之事的非寻常之人。"[1]1844年，盛宣怀出生于江苏武进（今常州市）的一户世代官宦人家，字杏荪，号愚斋。22岁中秀才，但其后连续三次应乡试皆名落孙山，遂放弃科举之途，专注实务。1870年凭借其父盛康的关系成为洋务派首领李鸿章的幕僚，并很快得到信任和提升，从此开始了他一生的洋务生涯，投身于中国当时最迫切需要的资本主义工商业。1873年任轮船招商局会办，1880年任电报局总办，1892年任津海关监督，1893年筹办华盛纺织总厂。由于经办洋务有方，盛宣怀也得到其他洋务派重要人物张之洞、刘坤一的赏识。1896年张之洞邀请他接办汉阳铁厂，并保荐他出任铁路总公司督办。1897年盛宣怀在上海主持开办中国第一家官办新式银行——中国通商银行。1898

南洋公学创始人、督办盛宣怀

【1】 夏东元：《盛宣怀传（图文版）》，上海交通大学出版社2007年版，第1页。

年后又掌管汉冶萍公司。到19世纪末，他控制了轮船、电报、铁路、银行、纺织等中国近代实业中的一批重要企业，几乎掌握着中国经济的半壁江山，可谓叱咤风云，无人能敌。由于经济实力大增，加上李鸿章、张之洞等人的保举，盛宣怀逐渐得到清政府的垂青。从1896年起，盛宣怀先后被授予太常寺少卿、太子少保、商务大臣、邮传部大臣等要职，成为晚清时期一位财权兼备的实力人物。张之洞称其为"承上注下，可联南北，可联中外，可联官商"的官商界罕有高手。沪上巨商经元善则形象地称盛宣怀"一手捞着十六颗夜明珠"。盛宣怀自己也曾不无自豪地说："天下有十个盛杏荪，实业便有数十件。"

在创办和经营洋务企业的过程中，盛宣怀开始举办一些新式实业教育。早在19世纪70年代办理矿务时，因高薪聘请的外籍矿师缺乏地理、化学知识，以致盛宣怀在湖北勘探矿藏中受到损失。这次教训使盛宣怀认识到，完全依靠外籍人员会产生两大弊端：一是高薪聘请费用是一个沉重的负担。据他计算，仅招商局用于洋职员的薪水每年不下30万两。二是洋职员盘踞要位，垄断技术，难以驾驭，使中国人在办理洋务的过程中处于被动地位。许多洋务企业又是有关国家经济命脉的部门，"未便使外人久与其事"。因此，他逐渐萌发了自己设立实业学堂培养人才的想法，并立即着手实施。他在1880年创办电报局的同时，开办了天津电报学堂，随后又在上海开设上海电报学堂，并办理过矿务、驾驶等学堂。盛宣怀开始了自我培养技术人才的实践。然而，上述电报、矿务学堂大多是迫于一时急用，仅仅属于培养中初级技术人员的培训班，算不上正规的高等学堂。随着时间的推移和实践经验的积累，盛宣怀认为教育要走在洋务实业的前面，就要系统地学习理论知识和专业技术本领，这样培养的人才不仅可以掌握先进科技，而且能够从事创造性工作。到了19世纪90年代，特别是甲午战争之后，盛宣怀进一步意识到"实业与人才相表里，非此不足以致富强"，而培养人才不能"临渴掘井"，搞实用式的短期训练，或者依样画葫芦地模仿。为此，他下定决心要做长远育才之计。他说："人笑我收效十年不能速，十年树人，视十年若远，若不树之，并无此十年矣！"对当时中国社会积贫积弱的现状，盛宣怀提出"自强首在储才，储才必先兴学"[1]的主张,将兴办新式教育培养人才与国家命运结合在一起,从先前单纯的技术人才需求到技术、外交、行政、法律、经营管理等多方面的人才需求,从低层次技术人员训练转变到办理正规教育,从原先为自己的实业王国培养人才转变到为国家社会做育人事业。不难看出,此时的盛宣怀对教育的认知已上升到一个高度,实现了从人才培训、实业教育到教育救国的思想转变,这也成为盛宣怀创办北洋大学堂、南洋公学的思想基础。

1895年10月任职天津海关道的盛宣怀征得直隶总督王文韶的同意,在美国人丁家立的协助下,于天津创办了北洋西学学堂(后改名北洋大学堂,即今天津大学的前身)。1896年10月,盛宣怀卸任天津海关道,调任铁路总公司督办,常驻上海。随着事业的转移,盛宣怀又将精力转向创办南洋公学。

上奏光绪办新学

1896年3月,盛宣怀接受地方实力派人物、两江总督刘坤一的邀请,赴南京商议新政奏呈。借此机会,盛宣怀面呈刘坤一,准备在两江所辖的上海捐购基地,筹款开办一所新式学堂——南洋公学。北洋大学堂创立后,刘坤一就对这所新式学堂很感兴趣,曾专门致电盛宣怀索要办学规章,希望在南方开办学堂时有所参考。此时,盛宣怀主动提出创办学堂,刘坤一欣然答应。

1896年底,盛宣怀移足上海。这一年也是他官运财运一路亨通的一年。10月20日,盛宣怀被授予专折奏事的特权,可以直接上书光绪皇帝。30日,又被授予太常寺少卿,从一品官衔。他在授衔后的第三天就首次上奏《条陈自强大计折》,提出练兵、理财、育才三端为自强的根本。在附折《请设学堂片》中,他认为西方人才济济,皆源于学堂培养造就,并呈报自己正以北洋大学堂为参照,在上海筹建南洋公学。他还建议除北洋及上海筹设中的南洋公学之外,可以在京师及上海两地设立带有速成性质的"达成馆",以从速培养行政官员,上海"达成馆"可附设于南洋公学内。

【1】 盛宣怀:《南洋高等商务学堂移交商部接管折》(光绪三十一年二月 1905年3月),《愚斋存稿》,第11卷,第1页。

武壮

再使命不专对辐能自非学人莫任斯选通
者环球通商皇华载道各国来华使臣类
能尊主庇民克举厥职难凭籍国势要其才行
多有本原日本维新未久观其往往接
武西士中国遣使交邻都通廿载同文之馆培
植不为不殷随使之员閟厉不厕犹不

免有元才之数者何欤姑未孔孟义理之学未
植其本中外政法之故未遑其大难榍熟其语
言文字仅同于小道可观而不足以致盖也臣
上年在津海关道内筹款设立学堂招选生
徒延订华洋教习分教天算舆地格致制造汽
机化矿诸学桌经直隶督臣王文韶

奏明开办本年春闻又在上海捐购基地界明而
江督臣刘坤一筹款谅建南洋公学如津学之
制而损益之俟筹办就绪再酌奏综核程课
收效皆在十年之后且诸生遗自童幼未有一
命之秩既不能变更科举即学业有成亦难骤
膺显擢予以要任相需方殷缓不满急日本明

治初元虑岛马开战屡失利诸藩咨择遣藩士
魁楚厚其资装就学外国令当路诸人率出于
此拟请募取其意在京师及上海两庶各设一
速成馆取成材之士专肄英法语言文字专课
法律公法政治通商之学期以三年均有门程
已通大要请

命出使大臣奏调随员悉取于两馆俟至外洋伴就
学于名师就试于大学历练三年归国之后内
而总署章京外而各口关道使馆参赞皆非是
不得与资望既著即使大臣总署大员之选
也其入馆之法各馆各以三四十名为额京官
取翰林编检六部司员外官取候补候选州县

以上道光府以下令京官四品以上外官三品
上各举所知出具切实考语保送
特简专司学政大臣考取及发分京师上海其常
年经费章京以专司学政及馆合膏奖书籍用各
项每年两馆约寓银十万两请由臣在所管招
商轮船电报两内捐集解济以伸报效其设

馆之地京师由专司学政大臣的定上海附于
南洋公学详细章程俟奉
俞旨由专司学政大臣核定
奏恭照辨抑且更有陈于孔门以德行为首科西
学以修身为根本必先员因为干事之材未
有举士可当重之寄保送之人必以志操坚

卓茁识深稳为指归勿震謷华勿牵私故庶几
行已有耻可使四方此则内外诸臣所共知而
在臣特统总揽过应者也谨附片具陈伏乞
圣鉴训示谨
奏

交通大学创始性文献——1896年11月1日，盛宣怀奏请光绪帝开设南洋公学之《请设学堂片》

　　盛宣怀筹办南洋公学，希望在人才培养上与北洋大学堂有所区别。早先一年创办的北洋以培养工程技术人才为主，南洋公学则办成一所专门培养商务、行政和法律等方面人才的学堂，这是盛宣怀创办南洋公学的初衷，也是他对于西学认知上由艺学上升到政学的体现。他认为："环球各国学校如林，大率形上形下，道与艺兼。惟法兰西之国政学堂，专教出使、治政、理财、理藩四门……学堂系士绅所设，然外部为其教习，国家于是取材。臣今设南洋公学，窃取国政之意，以行

达成之实。于此次钦定专科,实居内政、外交、理财三事。"他还在公学的设学宗
旨中阐明:"公学所教,以通达中国经史大义,厚植根柢为基础;以西国政治家、
日本法部文部为指归,略仿法国国政学堂之意……其在公学始终卒业者,则以专
学政治家之学为断。"[1]这一点在首次上呈的奏折中也有所体现,奏折建议"各
省先设省学堂一所,教以天算、舆地、格致、制造、汽机、矿冶之学,而以法律、政
治、商税为要"。当中的"天算、舆地、格致、制造"等是盛宣怀在北洋大学堂开
设的学科,而"法律、政治、商税"正是筹设中的南洋公学所设专业。盛宣怀的建
议实际上是呈请朝廷仿效"北洋""南洋",大兴新式高等教育,自我培养各类高
层次人才。

　　盛宣怀的奏折受到清政府的重视,经过各大臣悉心核议,逐条具奏后呈报光
绪皇帝。光绪皇帝又详加批阅,于12月6日发出谕令:"育才为当今急务,节经谕
令各直省添设学堂,实力举办。"[2]同意开设新式学堂,并准备在京师、上海两地
设立大学堂,经费与各省集捐设立的书院不同,由户部直拨,以示体制,无须由盛
宣怀所管的招商、电报两局集款解济。但甲午战败后的巨额赔款,使清政府国库
空虚,所谓不用盛宣怀筹款而由政府拨款的谕令只能是一纸空文,无法立即变为
现实。

　　虽然政府拨款办学一时难以实现,但是并未影响盛宣怀办学的步伐。他胸
有成竹,决心仍在自己管辖的轮船招商局、电报局共同集款解决,以求"俾得赶
紧兴建,庶几早一日开学,即早一日成才"。[3]1897年1月14日,急于办学的盛
宣怀再次上奏《筹建南洋公学及达成馆舍片》,再提在上海设立南洋公学,说明
由于达成馆经费由户部拨给,原拟在招商、电报两局每年集捐的10万两银圆,自
然就移用于办理南洋公学。他认为北京是人才荟萃之地,上海是中外交会之所,
因此政府应该看到在这两地办学将会对中国发生长远的影响。盛宣怀请求在北

【1】 盛宣怀:《筹集商捐开办南洋公学折》(1898年),《交通大学校史资料选编》(第一卷),西安交通大学
　　　出版社1986年版,第36页。

【2】 中国第一历史档案馆编:《光绪宣统两朝上谕档》,广西师范大学出版社1996年版,第22册,第
　　　286页。

【3】 盛宣怀:《筹建南洋公学及达成馆舍片》(1896年),《交通大学校史资料选编》(第一卷),西安交通大
　　　学出版社1986年版,第3页。

京和上海两地首先开设新学堂,希望上海的南洋公学成为一所专门培养从政务商人才的新式学校,立意造就像曾纪泽、李盛铎那样的经世致用之才。同月26日,盛宣怀的奏折终于得到清政府正式批准:"该衙门知道,钦此。"不久,南洋公学成立,并最终选定上海徐家汇为公学的校址。

选址徐家汇开学

自1843年开埠以来,上海作为得风气之先的城市,从1863年李鸿章创办的广方言馆开始,星星点点出现了一些新式学堂。其中比较有名气的除了广方言馆外,还有格致书院、梅溪书院、经正女学、三等公学等。这些学堂输入新的教育制度和观念,采取以西学为主的课程设置,并将近代体育引入学校,给上海传统教育带来了较大的冲击。尽管我国学制尚未改变,科举取士一统天下,然而传统教育本身日益与上海这个工商业城市的内在需求严重脱节。从19世纪后期开始,上海教育发生了很大的变化,一方面,来自外部的教会学校不断扩大地盘;另一方面,上海自身传统学校发生了分化、变革,旧式书院被赋予新的内涵。一些新派人士纷纷仿效外国,自办一批新式学堂,南洋公学创办前后,上海大致有三类新式学堂:传教士所办的教会学校;官方所办的语言或军事技术学堂;当地士绅所办的科技学堂。这些学堂虽然不能成为上海教育的主流,且只能作为初等、中等新式学堂,但作为新鲜事物终究在封建教育体系当中打开了一隙之孔。

选择上海创办南洋公学,除了上海是"中外交汇之所"的有利因素外,与盛宣怀本人事业重心南移,常驻上海有关。甲午战争前后,盛宣怀所办洋务事业大都集中在上海、武汉等长江流域一带,以上海最多,有轮船招商局、电报总局、华盛纺织总厂、铁路总公司、中国通商银行等。

南洋公学开始选址在上海老城厢高昌庙附近。盛宣怀买下那里的40亩地,准备建成公学校舍。不久聘任到职的监院、美国人福开森(John Calvin Ferguson,1866~1945)来校后,认为高昌庙不太适合建造校舍,建议重新选择校址。他觉得高昌庙一带地势太低,容易浸水受潮;而且靠近庙宇,夏天窗户开着的时候,从庙里吹来烟灰会飘进校舍。盛宣怀听取了福开森的意见,同意放弃高昌庙校址,嘱托福开森、何嗣焜重新遴选校址。到1897年4月师范生入学时,学校还没有真正的校舍,而是借用通合公司丝厂厂房做临时校舍,校舍位于徐家汇的虹桥路东端(今广元西路)、徐家汇路(后称海格路,今华山路)交叉路口,毗邻着现今的校址。

　　1898年6月,公学才最终选定今日的徐家汇校区作为永久校址,这时南洋公学开学已有一年多了。福开森看中徐家汇,是因为当时那里尚属于市郊,田连阡陌,相对来说比较容易找到既适合教学、地价又低廉的校址。在上海道台蔡钧的帮助下,公学以每亩官银120元的价格买下临时校舍边的一块地皮,面积120亩。随后公学开河垫地,挖沟造桥,栽种花草树木,并开始兴建校舍。总理何嗣焜、监院福开森主持建造了学校最早的两幢建筑——中院和上院。中院、上院先后建成于1899、1900年,按照福开森的说法,它们建筑很时尚,和外滩的上海海关和商业银行有异曲同工之妙。建筑采用最好的建材,考虑到动乱年代容易被挪作他用,内部结构设计独具教学特征,分成大小不一的教室。这种担忧后来得到验证,确实曾有人来想把它作为医院使用,终究不合适而放弃。

南洋公学校门

当时徐家汇还比较荒芜和偏僻。鸦片战争前后，随着天主教在上海的传播，徐家汇地区建起第一座天主教堂。随后徐家汇藏书楼、徐汇公学、徐家汇博物馆、徐家汇观象台等相继建立起来，徐家汇也就成为上海近代文明的起点。南洋公学在徐家汇建立校园，更为此地添上了一笔浓墨重彩。公学上院楼顶耸起的钟楼与徐家汇教堂的尖顶遥相对应。中院，作为南洋公学保存至今的历史最悠久的建筑，依然是校园中最古老典雅的一道景观，在梧桐、白玉兰的映衬下，风采依然，兼具怀旧和时尚的情愫。

南洋公学从购进徐家汇的第一块土地之后，以后陆续扩充过三次。公学时期，办学经费相对比较宽裕，电报局和招商局合计每年提供10万两银圆，到1903年58万余两开支中有20万两用于购买土地和建造校舍，占整个开支三分之一多。到1906年校园面积有206亩，比原来扩大近一倍，足够容纳一所近代大学。南洋公学以后的各个时期，校园又多次扩容，徐家汇校园也成为每一代学子深深眷恋的地方。

寻址建屋的同时，招生开学也有序进行。从1897年3月2日开始，盛宣怀以"太常寺少卿"的个人名义，连续11天在《申报》上登载招生告示。招生告示曰："现在开办师范学堂，定于二月初三日考选师范生三十名，年以二十上三十下为度，学以中学成才兼学西学西文为上，以中学成才略通西学不通西文、或略通西文不通西学为次，中学未成者，虽通西学西文不录。有志者速至二马路[1]本公馆报名，并领取师范格，勿误。道远后到俟积有一二十人再行示期续考。"同时声明"秉公考试，举凡亲友子弟不得滥竽其间"，告示最后许以"不取脩膳""资送出洋""择优奖赏""优于出身"等优厚条件。这则招生广告包含了招生人数、考试时间、报考条件、报名地点、录取待遇等内容，可谓是学校历史上第一份招生简章。它以路人皆知的盛宣怀个人名义作为招生主体，使这份招生简章富有奇特的时代意义。

招生告示一经登出，各省学子纷纷前来应试，报考者甚多，他们多数是清寒子弟或自愿舍弃科举仕途的有志之士。这些考生需经过初试和复试两道关，分

---

[1]　二马路即今上海市九江路。

四批录取。3月14日，盛宣怀亲自坐镇格致书院，对第一批初试录取者进行复试。4月17日，公学总理何嗣焜主持考试时，"投考者一百三十名之多，佳卷不少"。当时，考生王植善(字培孙)身在武汉，从报上得知南洋公学正在招生，便立即乘船赶往上海应考。数天颠簸旅程后到达上海，等他匆匆赶到时，考场已点过名封了场，考官为他的真诚所感动，特许通融他参加考试，成为最后一名入场的考生。王植善通过考试录取后，第一个报到入校，进入师范院学习。1900年他从师范院毕业后，执掌南洋中学达半个世纪，成为一名近代教育家。

从3月5日到4月25日，历时50多天，经过不拘一格的严格挑选，师范院最后录取30人，成为中国最早的一批师范生。其中很多是举人、廪生和贡生，是当时青年中的俊彦。4月30日，何嗣焜致函盛宣怀，报告师范班招生开学情况，认为其中可成才之士不乏其人，将来可得一些济世之才，达成馆一时难以建成，师范院正可以弥补这一缺憾。师范院4月8日开学时，由于校舍尚在规划之中，就借徐家汇附近厂房做临时校舍，把二楼改为教室，栈房平屋改为饭厅和宿舍，中间空地作为操场和运动场。1899年夏，中院校舍落成后学校才正式搬入其中。

新式教育作为新鲜事物让人感到吹来一股清新之风。南洋公学对于当时上海及其周边地区而言，反响颇大。一来由于盛宣怀所处的特殊地位，二来由于新式师范学堂在全国还是第一家。因此，师范院招生告示及后来的招考引来社会舆论关注。1897年3月5日，《申报》头版发表专论《论盛京卿创设师范学堂之善》，文章首先认为："京卿知中国之不振，则因乎无人才；所以无人才，则因乎不能兴学；所以不能兴学，则因乎师之不得其教。"道出了南洋公学首开师范院的缘由。"今京卿此意，远本泰西，而近法日本，将使中国学子各得名师，咸受熏陶涵育之益，蔚为国家有用之才，而先于为师者教之，正本清源，京卿可谓得其意矣。"称赞盛宣怀学习西方教育以培植人才的举措。

1897年4月8日，南洋公学首先开设的师范院正式开学授课，而着手筹建公学则正式开始于1896年。如何确定建校年份和校庆日？主管教育的政府机关不可能确定划一的标准，社会认同上也没有一个标准尺度，这就要从各校具体历史事实而定，也要考虑历史做法的延续。据交通大学校史资料记载，最早的一次校庆是1917年4月26日，纪念建校20周年。可见当时认定建校初始年份是1897年。到了1926年10月9日，学校举行了隆重的30周年校庆庆典，将建校时间又推至公学的筹建年份1896年。此后一直沿用，并得到了校内外的广泛认同。但是校庆月份日期一直没有稳定，有时为10月，有时为4月。1933年4月8日，学校举行37周年校庆，同时举行大规模的工业及铁道展览会，在社会上产生广泛的影响。此后，学校每逢4月8日即举行校庆。交通大学的校庆在历史的演变过程中作了双重选择，将1896年开始筹建作为创始年代，开学日期4月8日确定为校庆日。

首任总理何嗣焜

南洋公学成立后，盛宣怀自任公学督办，总揽公学全局，一直到1905年公学移交商部。因他忙于洋务，不可能事必躬亲，于是聘请他的同乡何嗣焜担任相当于校长的总理职务。之后，再陆续聘请张焕纶、伍光建、李维格、福开森、薛来西、乐提摩等中外教习，分派职务，各有所务。

南洋公学创办之初，盛宣怀最得力的助手恐怕非何嗣焜莫属。筹办南洋公学得到批准后，盛宣怀亲自到武进何嗣焜府上，聘其为公学总理，负责处理全校大小事务。何嗣焜（1843～1901），字梅生，江苏武进人，精于文笔，颇通时务，长期担任淮军干将张树声的幕僚。甲午战争后，他感于时艰，人才匮乏，认为"开通知识，教育尤亟"，有心从事教育事业。

来南洋公学之前，何嗣焜曾参观过北洋大学堂。对新式教育折服之余，他也注意到由于北洋大学堂只注重英语语言和西方技术教育，加上生源多来自教会学校，学生国文功底不尽如人意，有的学生连简单汉语作文都不会。这给了何嗣焜很大的触动，主政南洋公学后，他专门与盛宣怀讨论此事。他觉得如果没有国文功底，再好的学生也不具备成为栋梁人才的资格。因此，他建议南洋公学学生录取的首要条件应当是具有阅

南洋公学主要筹办者、首任总理何嗣焜

读和书写本国语言文字的能力，入学后所有学生必须在接受全面的中学教育同时，灌输科学教育。何嗣焜所提倡的"中学"教育，是相对于"西学"而言的，而不仅仅是中文、西文教学，它是植根于孔孟之道为基础的中国传统文化教育。盛宣怀同意何嗣焜的意见，对公学的课程设置始终强调要厚植经史之根基。

盛宣怀十分信任何嗣焜，称他为"学通中西，虑周远识之士"。"宏深邃密，体用兼赅，淹贯古今各国源流，有匡世之略，而不郁于晚近"。作为公学的第一任总理，何嗣焜以其执着和勤奋，为公学做出了许多开创性的工作。从购置土地，借用民房，招收学生，主持开学，到筹划兴建校舍，延聘中外教习，制订公学各项制度，他都身体力行，可以说费尽苦心，一片忠诚。在他任内，公学开办了师范院、外院、中院、译书院以及东文学堂。他亲手制定了《南洋公学章程》等多项规章。4年任期内共招收师范生、外院生、东文学堂学生近300名，输送出国学生10多名，还培养了一批以师范生为主的教师队伍。

何嗣焜的住处离学校较远，每天早上8点之前他坐马车到学校办公，下午5点钟离开，数年如一日。公学的许多事情他都亲自劳作，连平常贴出的布告也不假手他人，自己亲笔书写。当时他月薪100两银子，即便如此，他还把这份薪水给梅溪书院作为请总教习张焕纶的津贴，自己只领取一点车马费。

1897年10月21日，何嗣焜起草了《南洋公学章程》，次年重新修订后呈报清廷。该章程共分设学宗旨、分立四院、学生班次等级、学规学课、考试、试业给据、藏书译书、出洋游学、教员人役名额等共9章20节。这份章程是公学最早的一份正式章程，也是目前所见我国近代高等学府第一个章程，曾经作为京师大学堂成立时参考的范本之一。除此之外，何嗣焜参与外院章程、高等小学堂章程、管理章程、考试章程等一系列章程的起草和制定，在为南洋公学建章立制的同时，也为中国近代新式学堂制度化管理作出了贡献。

1901年3月1日，何嗣焜在家中为两江总督刘坤一草拟新政计划。家人遥见他搁笔侧首，以为正在构思文章，结果长时间没有动静，趋近一看才发现他已经突发脑出血，撒手人寰。10月，为表彰他的功绩，盛宣怀与刘坤一会奏清廷，呈准国史馆为何嗣焜立传。会奏文中谈道："光绪二十二年与臣坤一互相讨论奏设南洋公学，以参佐擘划必须明体达用之才，经奏派该员充当南洋公学总理。数年以来,公学之规模考察,钩稽权衡,靡不忠于事理。而公学之营造法式,教育章程,尤为该员心力之所专。"1917年学校师生为何嗣焜捐造铜像,以纪念他在建校初期的不朽功绩。

襄理何嗣焜的是中文总教习、梅溪书院院长张焕纶。张焕纶于国学上素有研究,是当时沪上教育界学问精深、治学有方的名流。他所主持的梅溪书院在江浙一带远近闻名,胡适便是该院后来的毕业生。张焕纶研究经世之学,主张育才以读书为体,治事为用,以"明义理,识时务,体用兼备"为宗旨。何嗣焜请他在公学主持国文教育,并协助自己负责全校教务。为了表示对其尊重,何嗣焜曾经把自己的薪水作为聘请他的费用,支付给梅溪书院。张焕纶也尽力尽职,人称他"一循梅溪成法而扩大之"。他要求学生读好中文、经史、舆地的同时,还要精通格致、数学、外语。他提倡学生多锻炼身体,尤其注重道德培养,经常进行爱国教育。为激励师生民族自尊心和爱国情,曾为师范院做院歌《警醒歌》,歌词分四章,其中第三章写道:

"警警警,野吞声,朝饮恨,百年养士期何称! 毋谓藐藐躬,只手擎天臂一振;毋谓藐藐童,桃李成荫眼一瞬,自觉觉人,不任将谁任! 拔剑倚天,几辈空高论。醒醒醒。"[1]

歌词每章以"警警警"三字开头,以"醒醒醒"三字结尾,要求学生"惧而思奋,愧而思奋,勤学勤海,急所当务"。全歌以爱国为宗旨,唤醒学生关心民族命运,以挽救民族危亡为己任。歌曲音调铿锵,很有感染力。每月朔望,他带领学生身穿礼服,向孔子牌位行礼后,同学们齐唱《警醒歌》,一派庄严肃穆的气氛,很能激起学生们的爱国热情。师范生章宗祥将《警醒歌》看成我国近代史上最早的校歌,他说"校歌之作,自公学也。"张焕纶为公学坚持以中学为根基起到很大作用。后来据说与盛宣怀意见相左,"不获其行志,托病而辞",重回梅溪书院主持校务,于1904年病逝于上海。

盛宣怀办洋务企业曾聘用不少外籍人士担任工程技术和管理人员,办新式

【1】《警醒歌——师范院院歌》(1897年),《交通大学校史资料选编》(第一卷),西安交通大学出版社1986年版,第77页。

学堂也是如此,沿用外人充当教学管理者。晚清,聘请有教育经历的在华外国传教士主持学堂的教务相当普遍,如美国传教士丁韪良为京师同文馆总教习,丁家立担任北洋大学堂总教习,美国传教士林乐知掌教上海广方言馆,英国传教士傅兰雅任职江南制造局翻译馆,英国传教士李提摩太任山西大学堂总理。在中国近代教育刚刚蹒跚学步时,毫无办学经验可言,外国教育人士充当管理或执教成为一种选择。1897年11月,何嗣焜奉盛宣怀之命,专程赴南京请来美国传教士、汇文书院院长福开森,做监院兼西文总教习,聘期4年,每月薪水高达350两银,比何嗣焜自己还要高出250两之多。

福开森系美国马萨诸塞州人,中文名福茂生。1886年毕业于波士顿大学,20岁的福开森即携新婚夫人前往中国,长期从事教会教育工作。从1888年起担任南京汇文书院监督、院长达8年。在南洋公学4年,多有建树,协助校长选定校址、制定教学计划、规划校舍建筑、布置各门课程、聘请外籍教师、选派学生留洋,甚至经管学生用膳、保健医疗等等。

福开森还将足球、棒球和网球等西方文体活动引进校园。由于当时学生对体育还没有多少认识,一般采取强迫锻炼的办法。1899年冬,学校举办第一次运动会,要求全校学生人人参与。消息传出,附近居民纷纷赶来,一睹为快,甚至从松江、青浦、昆山都有乡民坐船前来观战,一时场面蔚为壮观。在福开森努力下,公学还成立足球队,开始与沪上劲旅圣约翰学院对垒。第一次输得很惨,结果激起学生对体育的兴趣,刻苦训练,球艺猛进。之后与圣约翰势均力敌,两校赛事也成为上海体育界的一大盛事。

盛宣怀对福开森相当器重,除公学事务外,许多洋务之事也向其咨询。1901年盛宣怀为交涉铁路、考察商务学堂之事派其赴美。1903年至1906年聘其担任自己属下督办铁路公所洋文案。1903年10月17日,盛宣怀上奏清政府称福开森在南洋公学有功,请授予二等第三宝星奖。除了辅助南洋公学外,福开森在上海接办了经营不善的《新闻报》,聘任原南洋公学总务汪汉溪为总经理。到了20年代,《新闻报》与《申报》齐名,成为颇具影响的大报。后因福开森在上海的声望和影响,当时上海法租界有一条马路曾被命名为福开森路(今武康路)。

福开森力图把西方教育方法、教学内容引入公学,与主张中、西学并重的主校者引发诸多矛盾。1902年2月，福开森合同期满离开公学。离校后福开森还时常关注学校发展，多次回校参观。1926年、1936年学校30、40周年校庆，他曾兴致勃勃参加并作精彩演讲，鼓励师生精益求精，还赠送宋朝古画以示祝贺。福开森出席40周年校庆时，曾预言50周年校庆时再回母校。可是事与愿违，太平洋战争爆发后，他被日本当局遣送回美国，不久病逝。

二、从师范院到特班

开师范教育先河

南洋公学开办后，先后创建了师范院、外院、中院、特班、政治班、商务班以及译书院、东文学堂等多个层次的办学形式。1897年4月开学的南洋公学，首先招收师范生进入师范院学习。当时校门两旁各挂着一块校牌，左为"南洋公学"，右为"师范学堂"。师范院所实行的教学内容和方法开近代师范教育的先河，成为中国近代第一所专门培养师资的教育机构。

南洋公学一开始从师范、小学办起，这是当时面对科举制度一统天下的不得已之举。当时旧学盛行、私塾遍地，新式师资和生源一时难以找到。在近代新式教育体系中，高等学校必须有与之相匹配的新式中等、初等教育及师范教育，而

师范院、外院、中院师生合影

这些正为当时中国所缺。没有新式师资和生源,新式大学堂也就无从谈起。盛宣怀认为:"师范、小学为学堂一事先务中之先务。"他觉得"师道立则善人多,故西国学堂必探源于师范;蒙养正则圣功始,故西国学程必植基于小学"。[1]师范院成为南洋公学最早的办学形式,它负责培养新式初级、中级学堂的师资;同时以师范生作为师资,开设为高等教育提供生源的初级、中级形式的外院、中院,后两者也成为师范生进行实习锻炼的场所。在教育新风乍起时,办一所新式大学不得不从师资培养、小学、中学起步,承担着几乎所有的教育层次。从培养师资到培养出来的老师教小学生,小学生再升入中学,中学生再升入大学。公学这种务实的做法可以解决中国高阶段教育与低阶段教育的脱节,逐步达到培育出懂得西文西艺的新型人才的目的。

作为我国最早的师范教育机构,国内没有参照样本,只能从当时教学现状出发来确定教学方法。在课程安排上,师范生主要学习外语、数学、格致等课程。外语除英文、法文外,还有日文可供学生自选,由提调李维格、伍光建,还有福开森请来的美国教师薛来西、勒芬尔、乐提摩等讲授;数学由陈诸藻、潘绅讲授,学生一般能够学到代数阶段,能学几何阶段的较少;格致课程相当广泛,主要是物理、化学,讲义分别由物理教员陆之平、化学教员黄国英编译,理化课中还配以简单的实验,使学生倍感新鲜。此外还有动植矿物、生理、地理等课程,这些课程备有各种博物标本、图标模型、地图和地球仪等,虽然没有列入正式课程,但对学生而言,这是一个全新的世界。大部分教材由南洋公学师范生自编或译书院译印。由于第一批学生很多人出身于举人、廪生或贡生,中文功底都很好,所以学校不专门开设国文课,而是根据个人兴趣爱好,任意选择经、史、子、集进行研究,遇有难题可以请教中文总教习张焕纶。国文课的成绩认定是考试和平时札记相结合。

师范生既是学生,又是教师。相对于总办和总教习,他们是学生;相对于外院学生,则是老师。师范生平时采取半读半教的形式,除了自己上课学习各种西学课程外,每天给外院学生上课2小时。有些师范生还参与外院学生的管理,包

【1】盛宣怀:《筹集商捐开办南洋公学情形折》(1898年),《交通大学校史资料选编》(第一卷),西安交通大学出版社1986年版,第33页。

括饮食、衣着、住宿。后据张元济的回忆,当时公学中西文教习共有24名,其中10名教习由师范生兼任。当时外院没有合乎时代要求的教科书,师范生仿照国外师范教育的做法,为外院学生自编或自译各种教科书。师范生学长朱树人编撰了新订《蒙学课本》,该书仿照西方教科书体例,取通俗常见物名,用浅显易懂的文字编撰起来,共三编三册,第一编为汉语入门,主要学习识字;第二编有故事、物名实字、浅说琐记、通用便函等130课,其中60则故事依德、智、体分类,属德育者30课,智育、体育各15课,突出德育,兼顾全面,这是我国最早提出将德智体作为教育"三大纲"完整方针的。第三编包括劝勉格言、通用书信等130课。

此外,还有陈懋治、沈庆鸿(笔名心工)、张相文等人编著的《笔算》《物算》等课本都影响甚广。《蒙学课本》等课本不仅在外院使用,而且被国内其他学堂广泛采用,在社会上风行一时,几乎垄断了新式学堂的初级教材市场,成为中国近代最早的自编教科书。由于一书难求,甚至出现盗印现象。1901年初,师范生张相文编著的《初等地理教科书》和《中等本国地理教科书》两书出版,很受各级学堂欢迎,印行总量达200万册以上。这两本书成为我国最早的地理教科书,作者张相文以后也成为国内著名的地理学家。应该说南洋公学在编译教科书方面的成就在当时是无人能及的。受外院的影响,无锡三等学堂、上海澄衷学堂、京师大学堂等纷纷仿效自编教材,成为中国近代教科书编写的起点。

师范生待遇十分优厚,他们无须交学费、纳膳资,公学还根据学业成绩发给师范生一定的奖金或津贴。被录取入学的时候,师范生会得到一张试业据。两个月后再经过全面考核,根据考核成绩分成"五层格"培养。从第一层到第五层依次为蓝、绿、黄、紫、红据。一般每三个月考试一次,合格者升格,优秀者额外有奖励,不合格者则淘汰,最后能够获得红据者准允充当外院教习。这种对学生进行严格考核的同时,也为外院择优挑选师资。

师范院第一批招收师范生30名,后来又陆续招生三次。1903年春大部分学生或就业,或升学,或出国,所剩寥寥无几,加上公学的经费骤减,师范院停办。师范院存在的6年间共培养学生72人,其中不少人以后成为我国颇有影响的教育家、民主革命家、翻译家等,如陈懋治、吴稚晖、沈心工、朱树人、雷奋、孟森、白作霖、钮永建、白毓崑、王植善、章宗元、张相文等。师范院规模不大,为时不长,却成为我国师范教育的开端。它在如何培养师资、开设课程、有效管理等方面进行了尝试和探索，为后来者作了示范作用。此后，京师大学堂师范馆、湖北师范学堂、直隶保定师范学堂、通州师范学堂等相继建起。

为办大学储生源

师范院开办后两个月左右，何嗣焜向盛宣怀建议设立外院，招选幼童，师资由师范生充任。得到盛宣怀的支持后，外院于1897年10月5日对外招生，随后正式开学。这是仿照日本师范学校设有附属小学的做法而开办的，相当于现在师范学校的附属实验小学，主要目的为开办中院、上院储备新式生源，同时也为师范生创造教学实践的机会和场所。

第一批外院学生招收120名，年龄在8至18岁之间，长幼不齐，学业深浅亦各异。公学根据其中文、英文程度的高低，分成大、中、小三个大班，每班再分正、次两级，共计6班，从低到高依次递升。外院每天上课6小时，上午3小时为中文课，包括地理、历史，由师范生任教；下午3小时为西文西艺课，包括英文文法、英文读本及笔算，由师范院教师兼教。进校两个月后，根据学生中西功课月考和平时成绩，排定名次，奖惩分明，名列前茅者给予奖励，尚有长进者给予进阶凭据，不可教者予以开除。学生平时一律住校，遇到节假日，必须凭父母来信和学监认可才允许回家，而且当天下午6时前必须返校。在校期间，学生衣、食、住及学杂费都由学校供给。每班配有一名学监，由师范生兼任，对学生上课、自习、用餐、就寝都有严格的管理。后据外院学生的回忆："这般学监都手执二尺许的竹片监视在学生左右，早有早巡，昼有昼巡，夜有夜巡，随时随地观察，见学生听讲不注意，读书不认真，都一一记下，下课时间罚面壁或打手心。夜间九点钟课毕，师范生就把他们押入卧室就寝，卧室中每夜有两名学监值宿，半夜里还要起来看学生被子是否盖好。"[1]

著名数学教育家胡敦复（1886～1978）是外院的第一批学生。1897年，11

【1】 石（张景良）：《旧南洋的旧话》，《南洋大学学生生活》（1923年6月）。

岁的胡敦复考入外院。半年后成立中院,成绩优异的他被选拔进入中院,每月
数学考试,他总是名列第一。中院毕业后胡敦复升入政治班学习。出校后赴广
州中学任教,20世纪30年代的交通大学校长黎照寰就是他当年任教时的学生。
1907年胡敦复赴美国进入康乃尔大学,经过两年努力获得理学士学位。1909年
回国后一度任职外务部游美学务处。经过他的选拔,曾有三批学生直接留美,梅
贻琦、竺可桢、胡适、赵元任、姜立夫、黎照寰等都是经过他考选出国留学的。因
此,后人夸他眼力不浅,选才有方。1911年起他曾在清华大学和复旦大学担任
过教务长,但很快他把主要精力投入到创办上海大同大学,并任校长达20年之
久。1930年,交通大学成立科学学院(后改为理学院),为加强其中的数学系,校
长黎照寰力邀他担任数学系主任,一直到1945年。胡敦复的两位胞弟胡明复、
胡刚复也就读于南洋公学,后留学归国,投身教育,先后执教交通大学等校,是我
国近代数理界享有盛名的"胡氏三杰"。

被后人尊称为"讨袁护国第一人"的蔡锷也曾就读外院。1899年6月蔡锷由
长沙赶到上海,在外院第三次招生时以第六名的成绩考入。学习半年后,应梁启
超之邀离开公学赴日本留学。蔡锷在辛亥革命后担任云南、贵州都督。1915年
他发起讨袁护国战争,后任四川督军兼省长。他的同学范源濂以第五名被公学录
取,后来成为教育家、博物学家,曾任北洋政府时期的教育部总长、北京师范大学
校长,对大学制度、留学政策、科学研究及全国学术思想发展作出了有益的探索。

1898年4月,公学从外院大班和次大班中挑选杨廷栋、富士英、杨荫杭、胡敦
复、包光镛等20名学生作为第一批生源输送给中院。1899年,又有一批外院生
经过选拔升入中院学习。同年秋大部分外院生升入中院,外院随即取消。

外院停办后,如何获得新生源的问题仍然困扰着办学者。1900年,学校又
动议成立附属小学堂。1901年3月20日,附属高等小学堂招收72名学生,分高
等、预备两班,正式开学,由吴稚晖暂任堂长。附小刚开始上课和住宿都在中院,
1902年12月迁入上院并分成三班上课。学生在学期间学宿费全免,每年只收膳
食费6元。与外院不同的是,由于招生要求提高,原定招生300名,结果只选上
72名,原本希望3年后能直接升入中院,但后来只有15名进入中院。

第一批录取的72名学生中,周厚坤和陆品琳算是佼佼者。周厚坤后留学

美国麻省理工学院，是我国中文打字机的发明者；陆品琳是全校闻名的体育多面手，后来被称为"上海足球大王"，入选全国足球108将。1903年7月13日，学校为第一届周厚坤、胡明复、胡刚复等16名小学毕业生举行毕业典礼，盛宣怀莅校，为学生颁发毕业证书，对优异者发给图书、地图、折扇等奖品。

小学堂的课程也基本仿制西方教育，以学习普通科学知识为主。如甲班课程有修身、国文、历史、地理、算术、理科、图画、体操等，乙班只是少了一门地理。每周上课36小时，各门课程都有专门教师担任。唯独体操一课请中院体操教师兼任，并用英语喊口令，小学生虽然没学过英语，但应令动作依然整齐。1905年开始加英文课，从低到高依次学习读音、文法、造句、会话等，为他们升入高一级学校奠定良好的外语基础。外院还首倡开设唱歌课，附小主任沈庆鸿是音乐教育家，他将日本学来的简谱，以"独览梅花扫腊雪"七字联来唱1、2、3、4、5、6、7，并编制歌词，教学生唱歌。《沈心工唱歌集》中许多歌曲如《男儿第一志气高》《黄河》，都是19世纪20年代上海滩通俗歌曲的代表。

比外院及附属小学高一层次的是中院。中院开设于1898年4月23日，相当于中学堂，是为设立上院做生源准备的。原计划分设头、二、三、四等4个层级，逐年级递升。先从外院生中选拔中文较好，略懂西文、算学的20名学生升入中院四班，4年毕业。1903年开始依照国家新颁学制，中院学习年限定为5年，其中中院3年，高等预科2年。课程开设国学、史地、英文、法文、日文、绘画和数学等，数学课开始用中文教学，后来改用英文教学。高年级还开设世界地理、博物、理化、法制、经济等学科，除博物外全部采用英文课本教学。如果说师范院和外院的创办是南洋公学投石问路的第一步，学习年限和课程设置相对比较随意，没有很严格的程式要求。中院的开办，使南洋公学成为由小学、中学、师范组成的一所新式学堂粗具规模。

1901年7月，曾宗鉴、胡振平、李福基（李复几）、赵兴昌、王建极、徐兆熊6人成为中院首届毕业生，其中前四位8月被派赴欧洲留学，李福基1907年获得德国波恩大学物理学博士学位，成为中国第一位物理学博士。1902年7月又有胡敦复、包光镛、张景尧、朱公钊、林嘉驹等10名中院毕业生，大多数升入政治班。1903年7月张在清等11名中院生及包光镛等4名政治班学生毕业。7月13日下午,公学为中院毕业生举行隆重毕业典礼,盛宣怀亲临学校,还邀请大臣吕海寰、伍廷芳、吴重熹等人出席并颁奖。中院从1898年创办到1909年改为中学,11年时间共培养毕业学生140名。改为中学后人数增加。

当时中院学生已经有了较为丰富的课外生活。每当孔诞、赈灾募捐等各种聚会场合,学生也会举行流行的演剧助兴活动。1900年底,中院二班学生推出以戊戌变法为题材的剧目《六君子》,在教室里演出。虽然条件简陋,但师生们仍为新生事物所吸引,他们手持蜡烛观看演出,将教室照得通明。当时在南洋公学就读、后来成为中国新剧创始人的李叔同,多年后仍能清晰回忆起当年他爬墙看戏的情景。师生们的极大关注,引来同学们热情高涨,后又编排了《义和拳》在教室里试演。1903年公学又演出多部时事剧,很受同学欢迎。学生演剧一时风行。南洋公学成为学生剧的发祥地之一。

在如今交大徐汇校园,保留至今的唯一一幢南洋公学时期的建筑就是中院,它是当年学生学习、生活的场所。1898年6月动工兴建,翌年夏完工。1899年秋季开学时,全校师生全部搬入中院,校外宿舍退租。1900年春,上院校舍落成,师范生迁到上院上课,中院名副其实地成为中院生的校舍。一楼为中院主任室、教员休息室、膳堂,还有南洋公学最早的实验室,所有理化仪器、博物标本都放在

1899年建成的中院,是保存至今的南洋公学时期的唯一建筑

这里，后来改为化学实验室。二楼是教室，每间可容纳30名学生。三楼为临时宿舍，一旦需要也可以改为教室。

蔡元培与43位特班生

　　盛宣怀创办南洋公学，是要为洋务实业及国家培养一批急需的新型精英人才。在给清廷的奏折中，他一再强调要在京师和上海两地办达成馆，以从速培养行政管理人才。但后来他先从普通教育开始，逐渐开办师范院、外院、中院等以储备师资和生源，但开办速成性质的达成馆以早日造就人才是盛宣怀一直没有放弃的愿望。1901年特班的开办既是应当时清政府开设经济特科选拔人才的要求，也在一定程度上实现了盛宣怀多年来的宏愿。

　　1901年3月何嗣焜病逝后，盛宣怀聘用来校主持译书院事务已有年余的张元济为代总理，成为学校历史上第二任校长。4月13日，张元济在盛宣怀的授意下开设特班，并拟定特班章程10条，称设立特班旨在"以待成才之彦士有志西学"，"凡学识淹通，年力健强者均可入学，有无出身勿论，曾习西文否勿论"。[1]章程还规定功课分前后两期，初级功课为英文、算学、格致化学；高级功课除进一步学格致化外，还要学地志、史学、政治学、理财学、名学（逻辑），要求学生"西课余暇，当博览中西政事诸书"。4月19日，盛宣怀详细批阅后回复："所拟章程尚属妥协，应准如请"，同意开设特班，认为学生以30人为度，借用上院空闲教室上课，请中院洋教习兼教，以节省费用。他还特别指出："公学设此特班系本达成馆初意，所取必须品学合格，为将来造就桢干大才之用，断不稍涉泛滥。"并指示登报招生。

　　盛宣怀一再强调创设特班的主旨："南洋公学添设特班系为应经济特科之选，以储国家梁栋之材，故宜专志政学，不必兼涉艺学，尤以讲求中西贯通希合公理之学，不可偏蹈新奇乖僻混入异端之学。器识以正谊明道为宗，志趣以遗大投艰为事，经济以旷世济物为怀，文章以切理餍心为贵。""但望学成之后，能如曾、

【1】张元济：《追溯四十九年前今日之交通大学》（1949年），《交大周刊》（第60期）。

李二星。"他希望特班能培养出如曾纪泽、李盛铎那样的盖世之才。

1901年5月，特班举行招生考试，考试分初试、复试，每个阶段包括笔试和口试。初试在公学举行，复试则在盛宣怀寓所内进行。笔试考国文，既有选自《四库全书》的晦涩试题，又有应世之策的时事考题，如"请建陪都议"。监院福开森负责点名监考，张元济主持口试。6月又进行了一次考试。两次招考共录取43人，其中有黄炎培、李叔同、邵力子、胡仁源、谢无量、贝寿同等。

特班设立后，张元济通过上海澄衷学堂总理刘树屏的引荐，聘翰林出身的蔡元培担任特班总教习。9月蔡元培到职，他的教育方法令特班学生耳目一新，他给学生开列一长串科目，包括政治、法律、外交、财政、教育、经济、哲学、科学、文学、论理、伦理等等，由学生根据自己兴趣爱好选择一二门，并由其制定必读书目和阅读顺序，由学生从图书室借阅或自己购买。每篇读完必须写读书笔记，交给蔡元培批阅。据特班生黄炎培等回忆：蔡元培给学生的印象和蔼，对学生循循善诱。学生每到蔡的房间，总见满屋图书，老师则长日伏案其间。蔡元培对学生作业认真批改，每天还轮流召集两三名学生到他宿舍面谈，从学业到生活，从学习心得到国家大事，或发问，或聆听，学生也就学习中遇到的问题请教老师，每个学生10来天接受先生面谈一次。

在新学未开的晚清，像蔡元培这种教学方法确实不多见。为了让学生了解西方，他鼓励学生多读外文书籍。但由于西文书籍昂贵，日文书籍相对便宜，而且较易阅读，蔡元培便鼓励学生阅读日文书籍，并以自己不会日文照样能看懂日文书籍的经验，教学生如何看懂和翻译日文，一举两得。蔡元培还在特班组织成立演说会。他告诉学生设立演说会的目的：中国国民处于极度痛苦之中，但他们没有知道痛苦的原因，并无力结合起来，用自力解除痛苦，这

任职南洋公学特班总教习期间的蔡元培

是中国的根本弱点。你们将来走出校门，除了办学，还要唤醒民众，文字固然可用，但由于民众识字不多，如果能用语言，效果一定更广，所以希望大家练习演说。学生们在他的动员下，热情高涨，定期轮流学习演讲，为了准确表达，方言较重的学生还专门向国语较好的李叔同学讲普通话。

43位特班生与蔡元培结下很深的师生情谊，1902年11月因"墨水瓶事件"特班停办后，学生纷纷追随他进入爱国学社。特班生中后来出了不少著名人士。如黄炎培是我国职业教育的先导；李叔同是著名诗人、艺术家、佛学家；邵力子曾是国民党政府委员，新中国成立后又在人民政府担任要职；胡仁源是教育家，曾任职北大、交大；谢无量是著名诗人、书法家，长期在教育和文史领域工作；贝寿同早年留学德国专习建筑，是我国最早的著名建筑师；项骧则获得美国经济学硕士，担任国民政府财政部门要职。

张元济主持译书院

图书资料和教学用书的严重匮乏，直接促进了南洋公学译书院的产生。南洋公学作为一所新式学堂，一个很大的难题就是缺乏新学教材。根据中院课程要求，除中文外还有英文、法文、日文、地理、算学、博物、理化、法制、经济等课程，由于没有现成的中文教科书，凡是遇到这类西学西艺课程，必须采用原版教材，虽然有助于学习语言，但终不能满足中国新式学堂的需要。所以公学创办不久，盛宣怀、何嗣焜、福开森等就意识到这一点。盛宣怀把译书作为兴学基础，在两份奏折中反复提道："变法之端在兴学，兴学之要在译书"。"以兴学为自强之急图，而译书尤为兴学之基础"。《南洋公学章程》也明确要设立译书院："师范院及中、上两院学生，本有翻译课程，另设译书院一所。选诸生之有学识而能文者，将图书院购藏东西各国新出之书课令择要翻译，陆续刊行。"

1898年6月12日盛宣怀向清政府附奏《南洋公学附设译书院片》，附奏指出：我国近30年所译西书数量少，且多为算、化、工艺诸学，旧的译书多为陈编，政治之书最少，不适应成名成才需要。拟在"南洋公学内设立译书院一所，广购日本及西国新出之书，延订东、西博通之士，择要翻译，令师范院诸生之学识优长者笔

述之"。[1]7月6日,光绪皇帝朱批:
"著照所拟办理,钦此。"译书院的
设立得到政府正式批准。

译书院初创伊始,盛宣怀通过
日本驻上海总领事小田切万寿之
助的推荐,曾特聘日本陆军大尉细
田谦藏、稻村新六为译书院翻译兵
书的译员,专门翻译日文书籍。就
当时清朝政府而言,东瀛日本是自
己仿效的榜样,希望学习日本明治

张元济在南洋公学留影(1900年)

维新的经验,实现中国的富强。加上日本已翻译了大量的西方学说与科技书籍,
而日文较易于译为中文,因此译书院设立之初翻译日文军事书籍居多,此后拓展
到英、法文法政、商务等图书。

1899年3月盛宣怀聘请张元济任译书院主事,翻译出版了包括严复译作《原
富》在内的许多有影响的书籍,译书院从此声名鹊起。张元济(1866~1959),字
菊生,浙江海盐人。清末进士,先入翰林院任庶吉士,后在总理各国事务衙门任
章京。中日甲午战争后,首创通艺学堂,发行维新报刊,参加维新运动。1898年
9月慈禧发动戊戌政变,镇压变法人士,张元济受牵连被革职离京。离京前,李
鸿章曾出面要盛宣怀代为安排。此时,盛宣怀正欲寻觅熟悉西文、精通译印的新
型人才主持译书院,遂让他主持译书院。张元济在北京办理通艺学堂时,已对南
洋公学有所关注,曾经写信给在上海的好友汪康年打听公学开办情形,并索取公
学章程。他一向视翻译为培养人才的途径,受聘为译书院主事,当然乐于从命。
接办译书院后,他多方擘画,为提高译书质量和完善翻译规划做了大量的努力。
其中最值得称道的便是与著名翻译家严复合作,出版严译《原富》一书。

受聘译书院之前,张元济与严复合作出版西方学术名著的工作已经开始。

【1】盛宣怀:《南洋公学附设译书院片》(1898年6月),参见夏东元编著:《盛宣怀年谱长编》(下册),上海
交通大学出版社2004年版,第615页。

他几次写信给严复询问有关译书问题,并请他当译书院总校,推荐适当的翻译人员。1899年底,译书院出版了英国人宓克著、严复译的《支那教案论》一书。1901年至1902年译书院首次陆续出齐严译的《原富》。出版后在当时影响很大,梁启超曾撰文推荐。后来张元济入主商务印书馆,严复译著的出版也就移至商务。这以后才有了商务印书馆出版的著名的"严复八译"。

张元济主持译书院期间,十分注重译书的质量。他认为,著译乃人生之大事,万万不可草率鲁莽。如果译介不当,以讹传讹,轻则误人子弟,重则贻害国家。不以规矩,难成方圆。他主张必须对新生的翻译出版业进行行业规范。1902年,译书院在以盛宣怀名义所呈的《奏为南洋公学推广翻辑政治、法律诸书敬陈纲要》奏折中,就译书问题向清政府提出四条建议:"先章程而后议论""审流别而定宗旨""正文字以一耳目""选课本以便教育"。这四条建议,为我国翻译出版事业制定了基本原则。为了使得读者"视而可见,开卷了然",译书院还就翻译中的具体问题一一作出规定,如各国的历史、地理、官职、度量衡等译名。

南洋公学译书院究竟译印出版了多少图书?根据最近的发现,光绪二十八年(1902年)十月由译书院第一次全本出齐的《原富》,其书扉页刊登译书院译印图书广告一则,共列出译印图书60种。译书院翻译书籍内容大体分为三大类:一是偏重军事方面,目的是配合清廷练兵之急,加强防务,组建新式军队,抵御外侵。这类兵书最多约22种,如《日本军政要略》《战术学》《军队内务》《作战粮食给予法》等等。二是偏重政治、经济、法律等社会科学的书籍,目的是为政治、商务、外交、理财服务,以供时需。共有经济类14种、地理类4种、法律类2种、历史类2种,还有社会学及交通类等等。最著名的就是严译的《原富》,它震撼和影响了几代人。《科学教育学讲义》《社会统计学》等译著,则是最早介绍西方教育学和社会学的著作,《日本法规大全》在当时汇集当时日本几乎所有的法律制度,堪称清末规模最大的外国法律汇编译作,被誉为"西方法律传入中国的桥梁"[1]。三是偏重建立完整的中小学教材课本体系,共有11种普通教科书,诸如国文、格致、图画、化学、几何、代数、心算、笔算、习字课本等等。在废除科举

【1】邹振环:《影响中国近代社会的一百种译作》,中国对外翻译出版公司1996年版,第216页。

之前,译书院所译教科书曾经垄断了新式学堂的部分教材。

虽然译书院存在的时间仅5年(1898～1903),但译书的数量和质量令人刮目相看。1902年,苏松太兵备道袁树勋在给皇帝的奏章中这样称道译书院:"译书院于兹数年,所有翻译东、西图书,考订详明,校印精美,出书既多,用款尤钜,平价出售,海内风行。"正因为这些书十分畅销,所以招来盗版图书出现。至今交大校史档案里还存有十多件有关1903年到1904年打击盗版严译《原富》的来往文献。

开办译书院一开始只是为了解决教材匮乏的难题,但随着译书的内容、范围和数量的增加扩大,译书院所译印之书远远超出教科书的范围和需求,成为介绍西方先进文化和文明的窗口,特别是有关军事和社科类书籍,填补了国内的空白。译书院的社科类书籍与江南制造局的科技类图书互为补充,相辅相成,给国人一个"师夷之长技"的完整的窗口。译书也从解决教科书的目的扩大到使中国人了解西方文明的使命。

译书院不仅翻译了大量新书,而且对我国稿酬和版权制度的建立,开始了初探摸索。1902年,严复为《原富》著译权的问题曾上书学部大臣张百熙,呼吁政府、社会对著译者的劳动予以尊重,给以酬报,并强调对著译者的权利应由国家立法保护。此书出版过程中,他还多次向出版者提出西方通行的付给著译者版税的要求,得到张元济的支持,除付给稿酬2 000元外,再给了20%的版税。根据现存的8册《原富》显示,最后一册末页专门印有"光绪二十八年(1902年)十月南洋公学译书院第一次全书出版,'书经存案、翻刻必究'之声明",近代版权意识已然体现其中。

从1899年开始,因为译书院与商务印书馆之间的业务往来,张元济因此与商务印书馆有了来往。1901年,他入股商务,并参加部分出版计划。1903年,公学经费骤减,译书院被迫停办。他应商务总经理夏瑞芳之邀,辞去南洋公学职务,正式进入商务印书馆,并相约"当以扶助教育为己任"。从此,他把出版扶植教育、开启民智的社会理想移植到了商务印书馆的沃土上。从一定程度上可以说,张元济是把南洋公学译书院的工作移到了商务印书馆,也把以学术著作和教科书出版为要义的文化职守带到了商务印书馆。

译书院除了翻译西方书籍外,还于1901年开办了东文学堂,聘请罗振玉为监督,王国维为执事,日本人藤田丰八为正教习,招收40名学生专习日语,旨在培养留日学生和翻译人才。可惜一年后,随着经费短缺,译书院与商务印书局的合并,东文学堂也停办了。东文学堂学生中,后来成为社会杰出人士的也不乏其人,尤以近代地质学奠基人章鸿钊、文学家吴梅、银行家周作民、著名医学家丁福保、近代农学奠基人许璇等为著名。

南洋学子远赴重洋

中国教育向西方学习的一个重要方面就是留学生教育。我国第一次官派留学欧美的学生始于19世纪最后30年。从1872年清政府派遣第一批由容闳带队的幼童开始,先后共派出四批120名,其中包括后来成为著名铁路工程师的詹天佑。这批小留学生由于年龄太小,再加上剪掉辫子、出入教堂等行为,被守旧势力视为大逆不道,学业未完就被召回。美国作家马克·吐温曾为此活动,美国前总统格兰特也致函李鸿章进行斡旋。到1897年,李鸿章、沈葆桢等共奏请派遣留学欧美人员215名,其中著名的有维新派思想家严复、北洋海军的主要将领萨镇冰、刘步蟾等。

南洋公学也是较早加入这一行列的高等学堂,1898年,公学筹划派出年少聪颖、中文功底较好又有英文基础的学生出洋留学。公学希望留洋学生能够"窥西学之精,用其所长,补我所短"。自从甲午战败以来,中国学习西方把目光开始转向日本,加上日本方面主动邀请清政府选派学生留日,于是第一批6名留学生首先派往日本。盛宣怀亲自过问此事。1899年1月2日,公学将他们的姓名、年龄造具清册,呈送两江总督核鉴;同时备足常年经费1 800元。1月13日,公学第一批6名留学生登上"萨摩丸"启程赴日,小田切派翻译随行。这6名留学生是:杨廷栋、富士英、杨荫杭、胡礽泰、章宗祥、雷奋。为了保证学生学习、生活顺利,何嗣焜向两江总督呈文,希望驻日使节对他们予以关照。抵达日本后,这批留学生先入日华学堂主修日文,住早稻田大学附近,日本外务省派译员随时照料。4月12日,驻日大使李盛铎来信通报留日学生入校两个月来的情况,并寄来日华学堂的有关课表和规章,给国内做参考。

　　1900年12月，公学又资送师范生章宗元、留日学生胡礽泰赴美留学。12月启程，翌年1月25日到达旧金山，先入旧金山书院，然后再进各大学深造。1901年6月，公学将北洋大学堂停办后南下寄入学生择优资送赴美，并代为管理学费、学业、考核等一切事宜。公学代理总理张元济经与北洋大学堂总办王修植商定，派毕业生王宠惠、王宠佑、张煜全、胡栋朝、陆耀廷、吴桂灵、严锦荣7人赴美国留学，由北洋大学堂英文教习陈锦涛带队，聘任时任加利福尼亚大学华文总教习傅兰雅（Fryer John）为留学监督。8月，公学派出第四批留学生。他们是中院毕业生曾宗鉴、李福基、胡振平、赵兴昌。曾宗鉴入剑桥大学学法律，其余三人在伦敦大学，胡振平学政治，李福基学机器，赵兴昌学管理银行、铁路及理财。起先以为每人每月大约40英镑费用足以应付，结果发现西方与东方生活费用相差太大，与留日学生每人300元不能同日而语。为了能够让他们安心就学，面对每人每年约500英镑的昂贵费用，公学还是按时照拨。

　　以后几年陆续都有学生远渡重洋赴欧美留学。1902年10月18日，盛宣怀向清廷附奏《资送学生出洋游学片》谈到，已经分批送出21人赴英美大学堂学习。另有非南洋、北洋学堂出身的10人，也被派往英国肄业高等教育。1903年，中院毕业生和政治班学生共12人又被选派到比利时留学。

南洋公学留学比利时的部分学生（1904年左右）

在我国近代第一个留学高潮中，南洋公学从1899年至1905年共选派出47名学生，占到中院和师范班毕业生人数的一半，另有为数颇多的自费出洋留学生。今天看来数量不多，但在那个年代，却是一件有魄力、有眼光的举措。南洋公学是我国高等学府中最早派遣留学生的学校之一，与其他学校相比，数量上也占绝对优势。加上公派留学生遍及日本、欧美各国，大多起点程度较高，能够直接入读大学，获得学士、硕士甚至博士学位，在我国留学界、国外大学中屡获佳评，因而被誉为我国早期"留学生摇篮"。

南洋公学海外留学生在学习西方先进科技的同时，深受民主思想影响。1900年4月杨廷栋、杨荫杭、雷奋、蔡锷等参加留日学生组成的爱国团体"励志会"，与孙中山等革命党人有所接触。12月6日，由留日学生创办的第一份杂志《译书汇编》在东京创刊。主要刊登有关欧、美、日各国政治、经济、法律、社会新思潮等方面的译著或文章。四位主要编辑者中，三位就是南洋公学的留日学生：杨廷栋、杨荫杭、雷奋。刊物上经常出现孟德斯鸠、卢梭、穆勒、斯宾塞等的著作，深受国内外青年学生欢迎。

向国外派遣留学生是盛宣怀长期的愿望，在与外人多次打交道中他深有体会，培养自己的人才要有开放的眼光，必须到国外去学习最先进的技术和经验。因此，南洋公学学生一批接一批被派出留洋，以致上院一再缓办。中院毕业生大多数被选中为留洋对象，或去日本，或去欧美。盛宣怀对留学事项事无巨细样样亲力亲为，对出洋学生所学专业都作出明确规定，分工很细。如1901年夏派往美国的北洋大学堂学生王宠惠入耶鲁大学学法律；陈锦涛进伯克利大学学铁厂工艺，后入耶鲁大学；王宠佑进伯克利学采矿工程，胡栋朝、陆耀廷、吴桂灵入伯克利学工程机械等。盛宣怀对留学生的要求颇为严格，反对半途而废。1903年10月，两广总督岑春煊想把在美国留学攻读博士学位的粤籍学生陈锦涛调回任用。盛宣怀当即致电岑春煊予以阻止，电文曰："查该生禀报本年已进耶儿大学校，来年六月当可考得博士。从前派出学生百余名，从未有一人毕业考得博士者，瓜不待熟而生摘，殊属可惜。"他还建议学校今后一定要立法，留洋学习必须毕业获得文凭，必须杜绝学生急躁之心，免得浅尝辄止。

南洋学子在晚清留学潮中发挥着重要作用，他们学成归来后，或在新学中当教员,或在译书院当翻译,或在政府部门工作。向海外派遣留学生成为交大的优良传统,至20世纪20年代,学校大多数教师都是留学归国学子,最终改变了洋教员"半边天"的师资结构。

三、中国教育有系统组织的开端

"南洋"与"公学"

为什么称南洋公学?取名"南洋",一是与早一年创建的北洋大学堂有所区别;二是从地理位置上讲,当时人们通常以长江口为界,南面沿海称南洋,北面沿海称北洋。公学建在位于南洋的上海,所以取名"南洋"。称"公学",是因为办学经费由盛宣怀主管的招商局和电报局供给,而这两个局是官督商捐的洋务企业。按照当时西方国家的做法,凡办学经费半由商人资助,半由国家付给的,统称"公学"。学校校名由此称"南洋公学",英文校门始称"Nanyang University",监院福开森受聘来校后,建议改成了"Nanyang College"。

1898年《南洋公学章程》也对校名作了开宗明义的表述,在第一章第一节"设学宗旨"中将公学定义为:"西国以学堂经费半由商民所捐,半由官助者为'公学'。今上海学堂之设,常费皆招商、电报两局众商所捐,故定名曰'南洋公学'。"

对"公学"一词,盛宣怀有自己的解释。1896年6月,他的朋友谢家福在苏州创办五亩园技术学堂,打算"偏重桑梓,专意三县儒孤"而称公学时,盛宣怀对此表示了异议。他说:"鄙见苏堂若果专收三县儒孤,只可名为义学。由本省捐款办理,归入义举,未能名为公学,动用公款,致使各邻省效尤,以义学而请拨公款也。"与公学相比,义学还有一个很大的区别,就是后者"未必能如公学造端之宏也"。总之,盛宣怀认为公学应该是"商捐经费,学资不出于一方,士籍不拘于一省……其学生卒业给凭,与国家大学堂身份无异"。[1]

【1】盛宣怀:《致五亩园学堂谢家福函》(1896年6月《丙申函稿》),见夏东元著《盛宣怀传(图文版)》,上海交通大学出版社2007年版,第191页。

所以，南洋公学在招生时，录取考生不拘泥于一省一地，有来自江苏、浙江，甚至广西、贵州等省，毕业后学生去向也是分布于各省各地。招生不限于一方，就业不限于一地，后来成为学校的一个惯例和传统一直保留下来，如1907年商务科第一次13名毕业生，分别来自4省9县市，除3人留在上海外，其余都派往各地。1912年，土木科第三届毕业生12人，来自3省11县市，分配时4人留上海，其余都到各地。1916年土木科第七届毕业生18人，来自6省14县市，除5人留上海外，其余都到各地工作。[1]

"南洋公学"之名从1896年一直沿用到1905年，前后历时共10年，这在交大历史上属初创时期。1905年学校改隶商部，改称"商部上海高等实业学堂"，正式成为国立性质。之后又数易校名。然而，南洋公学因开创时期的艰辛和功绩，为校友及沪上人士耳熟能详，"南洋"二字在校史上也多有沿用，如1911年辛亥革命后的南洋大学堂，1922年至1927年的交通部南洋大学等，还有抗战期间在租界办学的交大，一度迫于形势改称"私立南洋大学"。

公学的办学经费不是个人所捐。南洋公学的创办得到光绪皇帝的批准，他在批语中还专门强调，既然允准在北京、上海两地设立大学堂，这两地是国家陶冶人才之重地，与各省集捐设立书院不同，应该由国家拨款，无须盛宣怀所管招商、电报两局集款。但在事实上，甲午战争后签订了《马关条约》，2亿两巨额赔款，已使清政府焦头烂额，由政府拨款办南洋公学的承诺只是纸上空文，南洋公学最终还是由盛宣怀所办企业出资。校址基地、建造房屋、购置仪器、图书、薪金以及一切器具都由招商、电报两局所捐款项中支付。两局所捐款项原属盈余应上缴国库，被盛宣怀奏请用于创建南洋公学，为国育人。

从1897年2月开始，招商局每年捐款规元6万两，电报局每年捐款银洋4万两，分四期付给。银款存放在华盛纺织总厂，按长年6厘计算利息，这样每年除本金10万两外还可以获得不少利息。从1901年起，由于北洋大学堂暂时停办，原先给予北洋学生留洋的费用也转由南洋公学兼筹管理，其中招商局每年拨规元2万两，电报局每年拨洋银2万两，这笔经费专款专用，专门用于北洋学生游学所需。

【1】交通大学编：《交通大学毕业生调查录》（1932年）。

南洋公学从1897年到1903年6年间,共开支58万余两,尚存余额约15万两。开支中最大一笔是购买土地和建筑校舍,约花费20万两银。由于经费相对充裕,到1906年,学校校舍和校园已粗具规模。相继建起中院、上院教学楼,监院、总理住宅各1所,教职员住宅3所,养息所1所,校门牌楼及校门口木桥1座,在上院、中院前建成大操场并铺有2公顷草地。还有许多辅助设施陆续完工,校园里种植不少花草树木,建起一座音乐亭等。第二笔开销为薪金,约15万两多。主要用于聘请各类中西教习及师范生薪水。1897年支付总理、监院、总教习、教习及各司事等的薪金全年共七千余两,平均每月支付640两,1898年后每年支付17 777两多,平均每月1 480两,到1902年,达到每月支付2 368两之多。总体而言,洋教习的待遇较高。盛宣怀高薪礼聘洋教习,希望他们带来更多西方先进的办学思想,希望公学尽快培养掌握先进科技知识的人才。同时为吸引更多学生放弃科举仕途,到新式学堂就学,公学学生一律免收学杂费,并给予各种奖励和津贴,师范生担任外院教师每人还有约40到50两银的薪金。第三笔大的开支为支付留学生费用,共13万余两,到1903年公学共派遣国外留学者47名,在支付他们留学或延期费用时,盛宣怀也是慷慨解囊。留学欧美比日本学费贵很多,但为了能使学生学到本领,公学从未因开支过高而放弃。公学支付给译书院和东文学堂费用占据第四位,共4万余两,这也是公学舍得花钱的地方,有时为了请外人翻译书稿还必须支付稿费,如1897年,曾付给林乐知译书酬劳200两。开支最小的是购买仪器设备、化学试验用品和图书等,仅1万多两。公学1897年设立藏书楼,陆续购置中文图书3 000余册,西文图书100册,中文书籍以经史子集居多。当年购买图书花费294两银。从1900年到1902年购买格致化学器具支付款项2 082两。

南洋公学前期经费相对比较充足,1903年招商局和电报局为北洋大臣袁世凯接管,办学经费停拨,公学从此开始只能靠原有积蓄维持。1905年,公学划归商部后经费稍有好转。南洋公学办学资金来源于招商和电报两局,以后学校归属商部、邮传部、交通部、铁道部,与实业部门合作多于和教育部门的联系,办学经费由行业部门承担,且经费相对充裕,由此逐步形成学校依靠政府实业部门拨款为主的多渠道筹资办学的途径。

践行近代三级学制

1899年10月6日,慈禧召见盛宣怀时问道:"何谓学堂?"盛宣怀奏对:"是教习洋务之学堂,曾经奏过在天津、上海开办的。"在盛宣怀看来,北洋大学堂和南洋公学就是新式学堂。后人也曾把北洋大学堂、南洋公学、京师大学堂称为"19世纪前后黑暗中国科学进步的启明星"。

南洋公学在我国近代教育史上取得重要的地位,是因为公学创下了中国近代教育史上的多个第一:第一所师范教育机构,中国人第一次自编中小学教科书,近代最早的大学翻译出版机构等等。然而,其中最主要的是公学创立了分层设学、自成系统的学校制度。正如《清史稿》在述及晚清教育时给予南洋公学较高的评价:"大抵此期设学之宗旨,专注重实用。盖其动机缘于对外,故外国语及海陆军得此期教育之主要,无学制系统之足言。惟南洋公学虽亦承袭此期教育之宗旨,而学制分为三等,已寓普通学校及预备教育之意旨。"该书最后给了南洋公学一个总评价:"中国教育有系统之组织,此其见端焉。"[1]

南洋公学师生在上院前合影(20世纪初年)

【1】《清史稿》第170卷,中华书局1976年版,第3128～3129页。

公学设立了由外院、中院、上院三种学校教育为主体的普通学校教育系统。1898年《南洋公学章程》规定，学校分立外院、中院、上院、师范四院，逐级递升。外院相当于小学，中院相当于中学，上院相当于大学，师范院即师范教育。这一分层设学的制度囊括了从低到高的普通教育全过程，形成了相互衔接、层次分明的教育系统。公学还设立了特班、政治班、东文学堂、商务学堂等专门教育。特班和政治班"专教中西政治、文学、法律、道德诸学，以储经济特科人才之用"；东文学堂则专门选拔高才之士，专学日文，培养翻译人才；商务学堂则招收中院毕业生，"以备将来榷税兴商之用"。南洋公学在普通教育方面形成小学、中学、大学相互衔接的学校教育体系，在专门教育方面，融入了师范、外语、商务、政治等多种教育形式。三院相衔接的教育制度的实行，便成为我国近代大、中、小学三级制的雏形。此三级学制在当时具有实际的示范作用。稍后成立的京师大学堂即沿用公学办法，"'当于大学堂兼寓中学堂、小学堂之意，就中分别班次，循级而升，别立一师范斋，以养成教习之才。'这是盛宣怀在南洋公学合设四院的办法。"[1]南洋公学作为近代中国人自己最早创建的为数不多的高等学府之一，为我国近代教育建章立制作出了较大的贡献。无怪乎1902年2月13日，清政府管学大臣张百熙在一份奏折中称："查中外所设学堂，已历数年，办理有成效者，以湖北自强学堂、上海南洋公学为最。"[2]

南洋公学管理体制采取督办—总理制。它是在旧体制下仿效了日本、欧美实业教育体制，创建出的新式高等学堂做法。从上而下分督办、总理（后为总办）、监院、总教习（后为提调）、教习几个层次。盛宣怀是第一任也是唯一的督办。在获得朝廷准许办学后，盛宣怀自任督办，负责学校大事谋划和决策。具体而言之，学校创建工作的进行；学校机构设置、办学思想、目的和方案的确定；筹集办学经费；聘任公学总理、监院、总教习等其他行政领导；主持重大考试；选派出国留学生等都曾是他负责的范围。从1896年起，盛宣怀常驻上海，因此对南洋公学的关心比对北洋大学堂的关注更多一些。

【1】孟宪承：《新中华教育史》（高级中学师范科用），中华书局1932年6月初版，第317页。

【2】《清史稿》第170卷，中华书局1976年版，第3128～3129页。

　　至于总理一职，相当于校长，由督办聘任，直接对督办负责，全面主持学校工作。1897年春，督办盛宣怀聘任何嗣焜为南洋公学第一任总理。由何负责学校具体办学事宜。先后担任公学总理或总办的还有张元济、劳乃宣[1]、沈曾植[2]、汪凤藻[3]、刘树屏[4]、张美翊[5]、张鹤龄[6]等。1905年以后，学校先后转归商部和邮传部管辖，盛宣怀辞去督办职务，学校也不再设督办一职，改总理为监督，实行监督制，即由监督统辖学校事务，下设教务、斋务、庶务三长。辛亥革命以后，监督改称校长。

　　监院一职也是南洋公学时期的一个特殊职位，有西文总教习和训导长的双重权限，由美国传教士福开森担任，任期从1898年至1902年共4年。福开森自认为就是校长，喜欢用英文"president"（校长）表示他的职衔。1902年福开森离职后，监院一职即废除。

　　总教习，相当于教务长，初设时，主要分管中文教学和其他教务事项。张焕纶为首任总教习，1899年夏离职后，聘李维格[7]为提调，相当于教务负责人。总教习一职由提调代替，伍光建[8]、张美翊均曾任提调。

中学西学，孰轻孰重

　　在南洋公学办理过程中，一个无法回避的难题就是如何处理中西文化之间

【1】 劳乃宣（1843～1921），浙江桐乡人，曾任京师大学堂监督，署学部副大臣。1901年7月至10月任南洋公学总理。
【2】 沈曾植（1850～1922），浙江嘉兴人，曾任安徽布政使、代理巡抚；著有《汉书辑补》等。1901年10月至次年春任南洋公学总理。
【3】 汪凤藻（1851～1918），江苏吴县人（今属江苏省苏州市），曾任清政府驻日本大使。1902年春至同年冬任南洋公学总办。
【4】 刘树屏（1857～1917），江苏常州人，翰林院编修。1902年冬至1903年4月任南洋公学总办。
【5】 张美翊（1856～1924），浙江宁波人，曾任南洋大臣顾问。1903年4月至同年冬、1904年4月至同年冬任南洋公学代总办。
【6】 张鹤龄（1867～1908），江苏武进人，曾任清政府奉天提学使。1903年冬至1904年4月任南洋公学总办。
【7】 李维格（1855～1918），江苏吴县人（今属江苏省苏州市），近代钢铁专家，曾任汉冶萍公司经理。1898年夏至1899年夏任南洋公学提调兼师范院英文教师。
【8】 伍光建（1867～1943），广东新会人，翻译家，译著有《三个火枪手》等百余种，著有《翻译遗稿》等。1899年夏至1902年冬任南洋公学提调兼师范院英文教师，1905年春至同年秋任首任教务长。

的冲突。如何处理中学和西学的关系令掌校人煞费苦心。甲午战争前后，洋务派的"中体西用"与维新派的"全盘西化"，形成了两条不同的政治道路。盛宣怀1895年创办北洋大学堂，以西学为主，但是1896年在上海创办南洋公学时，在处理西学与中学关系问题上则更强调两者兼顾。《南洋公学章程》开宗明义："公学所教，以通达中国经史大义厚植根底为基础，以西国政治家、日本法部文部为指归。"[1]盛宣怀对新式学堂寄予很大的希望，意欲为自己主管的矿山、铁路、财政、商务等洋务事业的兴旺发达培养所需人才，要求培养的学生既要有深厚的中学功底，又要懂得西文西艺，通过大量引进西方科技知识，使学生毕业后，具有普通学科专长，不至于如同旧式书院出来的儒生，仅会填词吟诗而已。

南洋公学在引进和采纳西学方面，最有成效的莫过于聘请福开森担任监院。福开森不仅在规划学校校园建筑上采用西洋风格，更重要的是引入欧美国家的教育制度、教学内容和教育方法。在福开森的推荐下，还有美国人薛来西、勒芬尔、乐提摩等一批美籍教师先后来公学任教。译书院开办期间，还有不少日籍翻译任职书院。在教学中，高年级所有课程除国文外全部用英文讲授。1898年聘请英国教习给学生开设体操课，西洋教习的热情提倡，使中西课程与体操并重的观念逐渐为师生接受。设立译书院，翻译出版大量科技文化书籍，包括翻译的国外教科书等等为学生提供更多西方文化和科技知识作为参考，为他们了解西方文明打开了窗户。公学期间多方派遣学生出洋留学，也是盛宣怀尽快需要有一批掌握先进知识和技术人才的心愿表达。盛宣怀办学思想中一个重要内容就是"学以致用"，在公学中想方设法借鉴西方的教育经验与办学模式，就是因为在他看来，"西人学以致用为本"[2]。

然而，尽管如此，"中学"在公学的地位还是不可动摇的。盛宣怀看中何嗣焜，一定程度上也是他自身对传统文化的一种认同。何嗣焜在1896年参观北洋大学堂后，感到亟须加强中学教育，规定公学只招收那些经过严格国文考试合格的学生。录取的首批师范生确实都是一批俊彦之才，不少人担任外院、中院国文教习驾轻就熟。盛宣怀主张从小学起就要以"孝经四书预固其基",唯恐造成"于西学未有入门发轫之功,而于中学已启拔本塞源之弊,群盲相引,实骇听闻"[1]的局面。通过总结北洋大学堂的办学经验,他认为办学要想取得成效,要想真正学到西方先进科学技术知识,"不导其源,则流不可得而清也;不正其基,则构不可得而固也"。[2]

为保证"中学"根底,何嗣焜首先聘请专攻经史的张焕纶担任中文总教习。由于监院福开森过分强调西学的重要性,在中西课程的教学安排上发生了争执。国文教习白作霖慷慨陈词,建议何嗣焜设法予以解决。1899年,何嗣焜重新公布奖励办法,强调奖励要"视中课、算学、英文三项积分而定。一项不及格者皆不奖"。改变过去只奖励西学优秀者的做法。从此入学考试也以这三门课为主,即语文、外语、数学。1899年7月,盛宣怀对期末考试193份中学试卷,290份西学试卷亲自鉴阅评定,并确定奖励制度。在《南洋公学章程》中则明确规定:"每周中西课的教学时间各得三日""上华课时禁止学生翻阅西文书籍"。中学、西学之间孰重孰轻的争议,甚至还影响到中外教师之间的关系。

南洋公学作为洋务派后期代表人物盛宣怀储备新式人才的学校,一方面要引进西学,尽快培养一批新型实用人才,另一方面又不能动摇封建社会根基;既要学生掌握近代科技知识,又要坚持中国的传统文化思想。思想上的矛盾使他走不出中西学之争的怪圈,在权衡两者孰重孰轻之间犹豫和徘徊,有时显得左右为难或顾此失彼。正因为这样,学校经常随着他的事业兴衰而增减变换,甚至厚此薄彼,拆东补西。直到1905年盛宣怀辞职,公学还没有一个固定的专业设置。这种学科设置随意变化,固定学制无法施行的倾向,既是他过于注重学以致用思想急于出人才的心理驱使,也是他无法摆脱封建正统思想束缚而导致的结果。但不管怎样,他"努力论证着中国固有文化可以通过采纳西学而增益新知,焕发生机"。

【1】 夏东元:《盛宣怀年谱长编》(下册),上海交通大学出版社2004年版,第746页。
【2】 盛宣怀:《筹集商捐开办南洋公学折》,《愚斋存稿》第2卷,第18页。

盛宣怀对中国教育的贡献，主要是创办了我国最早的两所高等学校：天津的北洋大学堂和上海的南洋公学。虽然时隔仅一年，但办学思想已经发生了不小的变化。北洋大学堂创办初期，真正的掌管者是美国人丁家立，他完全仿照美国大学的办学模式管理学校。从功课设置、教学内容、教科书、教学方法等多方面引进西方教育模式。因此连福开森都称其为"最进步的教西学的学校"。[1]与之不同，南洋公学则比较强调中学为根基，西学为旨归，自始至终把中国传统文化和孔孟之学作为办学的根基，任何时候不能动摇。其中尊孔作为"预固"根基的一项重要措施，校园内专门设有用于祭祀孔圣的"先师室"。每逢节日，总理率领全校师生依次入室行三跪九叩礼。在公学中主张以中学为本的总理何嗣焜、张元济，对福开森等强调西学的做法多少有些制约，而且福开森在公学时间只有四年，他离职后监院一职也取消，使得公学在引进西学，提倡西学方面并非完全照搬西方模式。

四、公学办学的转向

"墨水瓶"事件

中国近代最早一次的学界风潮要数南洋公学的"墨水瓶"事件。

"墨水瓶"事件的起因是国文教习郭镇瀛禁止学生阅读《新民丛刊》等进步刊物，造成师生关系紧张而引起的。1902年11月5日，郭镇瀛到中院五班上课，走进教室，他发现师座上有一只空墨水瓶，便认定是学生有意捉弄嘲讽他。于是恼怒万分，责骂学生不敬师长，并严词诘问，要求追究肇事者。五班学生都回答不知何人所为。郭镇瀛就严令靠近讲台的几位学生必须在三天内查明答复，"迟则加罪"。

三天以后，仍没有查清墨水瓶何人所放。11日，在郭镇瀛恐吓之下，年纪较

【1】福开森：《中国政府学校》，《教育季刊》1906年6月。

小的杨姓学生称墨水瓶系平时"屡与为难"的伍正钧所置。13日,校方应郭镇瀛要求,将无辜学生伍正钧及坐在其两旁的陈承修、贝均三人一并开除。随即五班学生一片哗然,14日全班学生到总理汪凤藻处申辩力争,但无效果。当晚,全班决定次日全部退学,并去各班演说。五班学生的行动得到全校学生的同情。次日晨,由每班派出一名代表向公学总理汪凤藻请求收回成命,辞退郭氏,开除杨姓学生。汪凤藻没有答应,反而以学生"私自聚众演说,大干例禁"为由,宣布开除五班全体学生。学生们据理力争,但汪凤藻不为所动,还大发雷霆,决意要"以此示儆"。学生们遂回校收拾行李准备集体离校。

特班总教习蔡元培劝请学生们少安毋躁,在他一再劝说下,学生们约定:"明晨十点钟前,总办去则某等留,否则某等行已决",意志十分坚决。蔡元培当晚去见公学督办盛宣怀,盛却以"别有要事"为借口避而不见。11月16日晨,全体学生在操场整装列队,等候交涉结果,至10点钟未见回音,就三呼"祖国万岁",按从低班到高班顺序,排队出发,离校而去。步行到静安寺张园,由特班生贝寿同向公众宣布退学缘由,指斥教习、总理以奴隶对待学生,抑止学生言论自由等。演说完毕集体合影而散。素有民主思想的蔡元培先生也愤而辞职,跟随学生一起离校。

"墨水瓶"事件后部分离校学生合影

事件发生后,郭镇瀛自知难卸其职,便惶惶返回老家。汪凤藻也自知无法向盛宣怀交差,只能一走了之。当天午后,盛宣怀派刘树屏和张美翊拿着自己手谕想来挽留学生时,为时已晚,学校已是人去室空。此时盛宣怀惊呆了,经营多年的南洋公学一夜之间竟如此萧条,于是派人四处活动劝说学生返校读书。在校方劝说和家长威逼之下,少数学生回到学校,但退学者仍有145名。

大部分退学学生离校后并没有星散,他们想自办"共和学校",可苦于没有经费,便请求中国教育会予以帮助。中国教育会成立于1902年4月,由蔡元培、蒋智由、叶瀚等人发起,蔡元培任会长。为了帮助南洋公学退学学生渡过难关,中国教育会决定收留学生。11月19日,教育会与退学学生集议张园,决定创办爱国学社。然而,成立仅半年的教育会自身也没有经费,会长蔡元培赶赴南京向人借款。刚到上海码头时,家人奔至泣告,说其长子病死。蔡元培挥泪嘱托他人代办丧事,然后义无反顾,登轮而去。11月下旬,爱国学社在南京路福源里正式开学。蔡元培被推为总理,吴稚晖为舍监,章炳麟、黄炎培、蒋维乔等为义务教师。

爱国学社的成立不仅使退学学生有了一个求知的场所,也是蔡元培等人实施民主教育的试验田,更是开辟了一块传播自由思想的新天地。爱国学社以灌输民主主义思想为己任,学社最富特色之处就是学生自治制度。学生在校内享有很大的权利和自由。学生设有评议会,监督学校行政和学生操行,住宿生也实行自治,高年级学生还充当低年级的教师。爱国学社在教育上的创举和活跃的政治空气,吸引了许多青年前来就学。校内师生们经常聚议时政,高谈革命,民主自由气氛颇为浓厚。学社还出版《童子世界》(又名《学生世界》杂志),鼓吹革命。爱国学社"隐然成为东南各省学界之革命大本营"。1903年5月爱国学社部分师生还参与了《苏报》的编辑事务,使之成为学生发表言论的园地。不久,《苏报》因刊载邹容的《革命军》而遭到清廷的查封,章炳麟被羁押,邹容死于狱中。爱国学社亦因"苏报案"受到牵连,于同年7月被迫解散。

由一只小小墨水瓶引发的这场风潮在社会各界引起强烈反响,进步舆论给予了很大支持和很高评价。《苏报》从11月20日起,特辟《学界风潮》专栏,率先声援南洋公学学生的正义斗争。《新民丛刊》发表署名"爱国青年"的文章《教育界之风潮》,则更将此事件喻为"一声霹雳",称"公学革命,其中国革命之先声乎?其黄种革命之影响乎?"在"墨水瓶"事件的影响下,1902年至1903年,浙江浔溪公学、江南陆师学堂、浙江大学堂、上海广方言馆、杭州蕙兰书院等相继发生学生退学、罢课、集会等反封建专制的斗争,一时酿成声势不小的"学界风潮"。

办学方向的转变

1902年10月盛宣怀父亲盛康去世。时任直隶总督兼北洋大臣的袁世凯趁着盛宣怀为其父守制之机夺得轮、电两局的控制权,南洋公学的经费权就卡在了袁世凯手中。袁世凯试图将"墨水瓶"事件作为解散南洋公学的理由。

1903年1月24日,袁世凯电告盛宣怀:"闻南洋公学已罢散,能否趁此停办?或请南洋另筹款。请酌。"[1]南洋公学自开办以来,都是由轮、电两局每年提供十万两的经费。袁世凯控制两局后,不想再给学校提供经费,想趁公学发生风潮之际予以停办。面对袁世凯这番意图,盛宣怀很清楚,南洋公学是自己多年苦心经营的学校,不能因为袁世凯掌管招商和电报两局后就可以随意处置。

盛宣怀于2月3日电文回告袁世凯,明确表达了自己的观点,即使轮、电两局停拨经费,公学也要坚持办理下去。他说:"南洋公学十月间诸生与教习小有口舌,旋即安静,并未罢散。近来学堂风气,各处似此,颇有所闻,报纸张大其词,皆系妄说,宣谪陋何足言教育。惟奏准开办已六年,中外观听所系,若遽废止,殊觉难堪。公以天下己任,且创议学堂章程,谅也有心维持,无分畛域,现拟将译书院、东文学堂及特班、师范班全裁,商务学堂亦缓办,只留中院生六班,以二百人为度,历年节省稍有存款数万,姑暂收缩紧做,一面另行劝募。惟津沪两堂学生在英美等国肄业者十五六名,岁需经费三万两,查轮、电两局原拨公学每年十万两,本年起遵即停拨,又船局另捐二万两,电局另捐二万元,原奏系充商务学堂、

【1】夏东元:《盛宣怀年谱长编》(下册),上海交通大学出版社2004年版,第771页。

东文学堂各经费,拟请暂准照拨,改充出洋肄业经费,使卒业诸生不致半途而废,皆出公赐。"【1】

两天以后,袁世凯来电表示轮、电两局每年拨款10万两,本年起应即停拨,招商局另捐二万两,电报局二万元改为支付留学生费用。公学经费锐减,规模骤然缩小。随即译书院停办,特班停办,学生或到爱国学社维持学业,或走向社会。师范院也裁撤了,为公学培养不少教师的师范院就此结束了它7年的办学历程。一所完整的学校逐步向商务学堂转变,这既与南洋公学隶属关系改变有关,也是袁世凯拿"墨水瓶"事件做借口所致。盛宣怀在生源不足、经费拮据的条件下将公学规模缩减,将南洋公学改办成商务学堂,培养商务人才。这无疑又像当时南洋公学开一代风气之先一样,在重农抑商的传统社会里,盛宣怀又比别人先走一步,在商学领域里独树一帜。

办商科归属商部

1898年维新变法以后,虽然许多维新措施只是昙花一现,但各地各种新式学堂纷纷涌现。清政府顺应历史潮流对废科举、办学堂给予了支持和鼓励,1901年清政府颁"兴学诏书",鼓励兴办学堂,指出:"兴学育才,实为当务之急",令各省所有书院,于省城均改设大学堂,各府、厅、直隶州均设中学堂,各州、县均设小学堂,并多设蒙养学堂。1902年,清朝政府颁布了中国教育史上第一个系统完备的现代学制——"壬寅学制",但由于种种原因未付诸实施。第二年又正式颁布后在全国范围内正式推行的"癸卯学制"。新学制的颁布与实施加速了科举制度的灭亡,对于中国教育的近代化具有里程碑的意义。

对于只有京师、省城才能设立大学堂的规定,盛宣怀结合南洋公学开办6年多来的实绩,结合新学制关于高等教育阶段的要求,1902年上奏清政府,请求将设在非省城的南洋公学改称为"南洋高等公学堂"。【2】清政府批复:"管学大臣

【1】夏东元:《盛宣怀年谱长编》(下册),上海交通大学出版社2004年版,第774页。
【2】盛宣怀:《南洋公学历年办理情形折》(1902年),《交通大学校史资料选编》(第一卷),西安交通大学出版社1986年版,第45～47页。

议奏。"

1903年春夏之际,盛宣怀与主管全国学务的张百熙再三晤商。张百熙同意在南洋公学上院开设高等商务学堂。于是盛宣怀又开始厘定章程,延聘外国教习等,商务学堂于1903年9月6日正式开学。根据课程表安排,由薛来西教授理财、公法、商律;勒芬尔教授宪法、商务、历史;乐提摩教授商业、书札、法文,每周三小时,其余商业数学由陈诸藻讲授,实验化学由黄国英讲授。

为了开办商务学堂,盛宣怀早在几年前就开始准备。在1899年一份奏折中就提到要办商务学堂,"应准其自己集资开设商务学堂,专教商家子弟,以信义为本,以核算为用,讲求理财之道,数年后商务人才辈出,则税务司、银行、铁路、矿务皆不患无算之人矣"。[1]他主持实业多年,多次受到官场弹劾和外商排挤,他联想到如果能懂商学,有商律,商人利益就能得到保护。他的想法比较超前,清政府也给予认可。1901年,盛宣怀被清廷委以会办商约大臣,他又上奏清廷《请设商务学堂片》。还多方收集有关西方商务学堂信息,包括1902年3月委托驻德国大臣吕海寰购得31本有关各国商部制度章程及商律全书等。还派福开森赴英、美、比、德、奥、瑞等国家考察商务学堂,要福开森将这些国家的商务学堂"折衷比较,不厌其详",并将各个学堂办理的异同、办法、连同建筑图样等一并举报。1902年3月福开森带回欧美各国商务学堂章程办法1件,课程表原文1件,图样2件。盛宣怀请公学黄斌、胡诒谷教习在一、二月内尽快翻译,以资参考,为此付给月薪50两。

1903年9月29日,盛宣怀又一次呈奏《南洋公学开办高等商务学堂折》:"时局既以商务为亟,而商学尤以储才为先,现在各省设立高等学堂,考求政艺,不患无人,独商学专门未开风气。窃惟南洋公学款由商捐,地在商埠,若统称高等学堂,则与省会学堂不甚分别,且无所附丽。"[2]故此,盛请将上院作为商务学堂,将本年毕业的中院生递升上院学商务,以尽早收效,并请颁给毕业生出身文凭。光

【1】　盛宣怀拟《商务事宜详细开具清单》,《愚斋存稿》第2卷。转引自夏东元:《盛宣怀传(图文版)》,上海交通大学出版社2007年版,第197~198页。

【2】　盛宣怀:《开办高等商务学堂折》。见夏东元:《盛宣怀年谱长编》(下册),上海交通大学出版社2004年版,第786页。

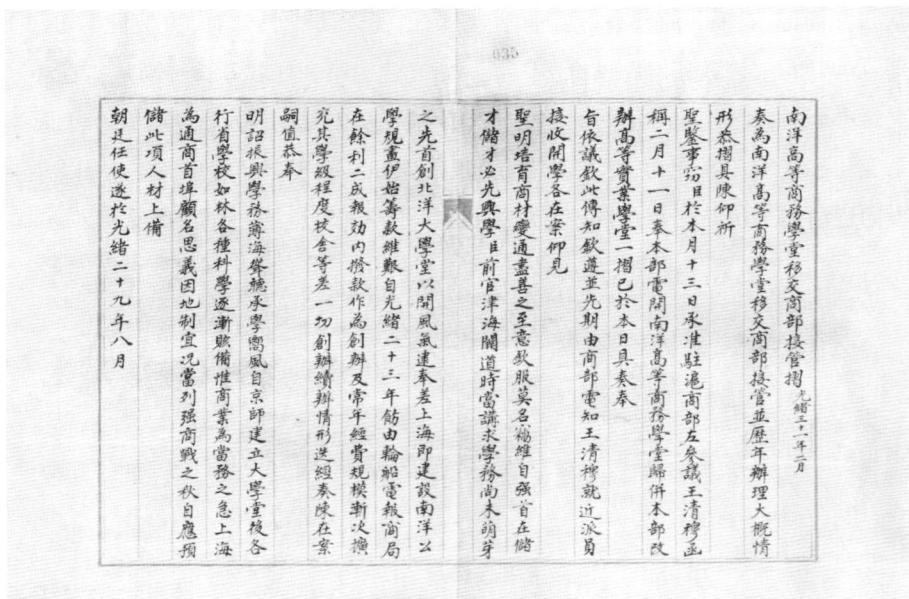

南洋高等商务学堂移交商部接管折（1905年，部分）

绪帝朱批"管学大臣议奏"。1903年10月，南洋公学改名为"高等商务学堂"，位列学制系统的高等学堂之列。

1904年夏，供款部门招商、电报两局隶归商部，南洋公学随之归属商部管辖。盛宣怀致函商部尚书载振，陈述南洋公学历年办理情况，并建议南洋高等商务学堂移交商部接管，他谈了自己的想法："自京师大学堂后，各行省学校如林，各种学科逐渐赅备。唯商业为当务之急，上海为通商首埠，顾名思义，因地制宜，况当列强商战之秋，自应预储此项人才，上备朝廷任使。"他认为自己在1903年开办的高等商务学堂正是出于这样的思考。根据学务大臣奏定章程，参照东西洋实业各科办法，由华洋教习拟定课程认真讲授，才得以维持发展至今。现在归属商部后，名副其实，学堂应该有更好发展前途。12月1日，载振复函盛宣怀，评价公学规模宏大，程度颇高，并催报公学历年办理情况。

1905年1月盛宣怀让公学总理张美翊把公学历年来办理情形整理成文，并把历年基地产、教职员姓名薪水、经费、各届学生姓名（包括留学生）等整理成8本清册呈送商部，办理移交。3月，商部具奏清廷，得到允准，南洋高等商务学堂归并商部,改称"商部高等实业学堂"。由杨士琦[1]任监督,并废除督办、总理、提调职务,设教务、斋务、庶务三长。伍光建为第一任教务长。同月盛宣怀辞去督办职务,经营近10年的南洋公学作为学校初创时期告一段落。由于隶属关系变化和人事关系变动,学校受实业部门管辖,不属于学部管理范围,所以办学方向逐渐向工科转化自在情理之中,也是实业救国思想的一种直接反映。

【1】 杨士琦(1862~1918),安徽泗县人,曾任清政府邮传部大臣。1905年春至1907年8月任上海高等实业学堂监督。

第二章　举步前行的工科教育

从近代中国高等教育发展史来看，一所著名大学的奠基创始必定和一位或数位名校长筚路蓝缕、苦心培植分不开。校以人名，人亦以校贵，两相熠熠生辉。早期的交通大学之所以能在芸芸众校中脱颖而出，掌校长达14年之久的校长唐文治功不可没。被后世誉为"国学大师、工科先驱"的教育家唐文治对于交大的贡献，20世纪20年代南洋大学时期的校长凌鸿勋曾有一段精辟的评论。他说，在交大任职校长最久、贡献最多，而对于学术风气、人格教育、人才造就最有深远影响的，当首推唐文治。据此，凌鸿勋评价唐文治："先生之于交大，有如北京大学之有蔡元培先生，和南开大学之有张伯苓先生。"[1]

【1】凌鸿勋：《记校长唐蔚芝先生》，载黄昌勇、陈华新编：《老交大的故事》，江苏文艺出版社1998年版，第226页。

一、创办工科大学

从商科转向工科

南洋公学创建初期，主要培养"讲求古今中外治天下之道"的政治人才，从事适应"数千年未有之变局"之晚清社会的外交、政治、商务等事务，这比起科举制度下养成"半部论语治天下"的忠臣循吏来说，可算是一个很大的进步了。1900年义和团运动期间，北洋大学堂部分师生因战乱南迁至上海。在盛宣怀的安排下，南洋公学在新建的上院内设立铁路班以收容北洋师生。铁路班后被蔡元培称作为南洋公学"高等教育之发端"。[1]然而等到北方事局平定后，北洋师生北返，铁路班也随同北迁；同年，公学自己也曾试办冶金专业，可惜未能实现。因此，对于铁路、冶矿诸类的"西艺"，没有能够成为南洋公学时期的正式学科。

1905年初，南洋公学划归商部管辖，易名为商部上海高等实业学堂，成为一所部属的"国立"高等学校。素有"袁世凯智囊"之称的杨士琦成为学校监督。杨氏也是一位新政人物，注重于新式人才的培养。他根据学校隶属关系和地域特点，在办学方向上做了较大的改变。他表示，学校处于"通商巨埠、商务最盛"的上海，又隶属于商部，商科类专业自然要开设；又因学校经费由轮船招商局、电报局拨给，也应当添设轮船、电机专科，为两局输送所需专业人才。这种学科设计思路体现在新订学校章程中，新章程分科一节中，就明白无误地写明本科阶段分设四科：商业科、航海科、轮机科、电机科。

由此，学校开始由培养从政人才，转而为商部培养高级工商业专门人才，兼为轮船招商局、电报局培养工程技术人才。1906年春，学校开设了第一个正式专科——商务专科，学制3年，当年中院13名毕业生成为第一批新生。同时，杨

【1】 蔡元培：《记三十六年以前之南洋公学特班》，《交通大学四十周年纪念特刊》(1936年)。

士琦计划陆续筹设铁路、电机、驾驶、轮机、邮政等专科,为供款单位轮、电两局培养技术人才。后因师资缺乏、资金短缺,除了1906年秋季开办了一个简易的铁路工程班外,其他专科都停留在纸面上,未能办成。然而,商务专科和铁道工程班的开设,确立了学校服务于实业系统的办学目标。以后虽然受到隶属关系的更变、政治斗争的波及、社会形态的变革,但是交大整个办学大方向直至新中国成立前没有发生过大的更动。

改归商部一年后,1906年清政府实行机构更改,将商部中"路、电、邮、轮"交通"四政"剥离出来,单独设立邮传部,招商、电报两局也由邮传部主管。学校也随之划给邮传部管辖,校名相应改为邮传部上海高等实业学堂。学校改隶邮传部后,继续推动专业朝向侧重于交通实业的工科专业发展。1907年夏,创始人盛宣怀致电邮传部尚书岑春煊,说明学校既然归属邮传部,就应该为交通四政培养专才;建议添聘专门外籍教员,开设"造路、行车"两个专业,毕业学生分派到各铁路实习,这样比起派人留洋深造,既可以省掉一笔费用,也可以多造就专才。盛宣怀要求工程人才自我培养的建议获得邮传部的批准。学校开始着手增设交通工程专业,扩充原先设立的简易铁路工程班。

铁路专科第二届毕业生,前排左三为监督唐文治(1910年6月)

正当学校增设专业之时，主校者出现了较大的变动。监督杨士琦由于兼职过多，一人分任农工商部右侍郎、驻上海帮办大臣、招商局总办等数职，往来穿梭于京沪之间，极少有时间跨进校门。监督一职曾一度由商部驻上海代表王清穆[1]代理。实际上，师生也难以与王清穆谋得一面。1907年春，杨士琦辞职，邮传部改派督办电政大臣杨文骏兼任监督。杨文骏因故始终未能到任。学校事务处于无序状态，扩增专业计划也被束之高阁。

这种校务废弛的状况一直持续到前农工商部侍郎唐文治接任监督。1907年秋，邮传部尚书陈璧举荐唐文治为学校监督。到任后，唐文治对学校师资、专业、课程设置等详加考察，准备根据邮传部的人才需求，首先对专业设置做一番调整扩充，决定停办商务专科，选送其中成绩较优者杨锦森等6人赴美留学，其余学生离校就业。停办商科的同时，学校集中办理与交通邮电有关的工程专业。原先开设的铁道工程班，是以修筑铁路为第一要务的邮传部所急需的专业，只是设置过于简略，缺乏谙熟铁道工程学识的教员。唐文治决心将铁道工程班加以扩充，一边呈准邮传部，要求加拨经费设立铁路专科；一边数次函请詹天佑参订课程设置，帮助选聘外籍专门教员。当时正在主持修建京张铁路的詹天佑，收函后当即商请美国耶鲁大学协助在美聘请专任教员一名。经过多方接洽，学校聘定美国人渣路士·波打为教员，专门讲授铁道机器工程。1907年底，铁路专科正式建成，学制定为3年，原铁路工程班的学生和当年暑假招入铁路工程班的新生，均转习铁路专科。这是学校历史上设立的第一个工程专科，成为交大高等工程教育的发端。

铁路专科设立后，只是设立了"路、电、邮、轮"四政中"路"之专业，增设其他相关专业成为学校理所当然的考虑。1908年4月，学校计划增设电机、邮政两个专科，学生来源于当年的预科毕业生。呈准邮传部后，于8月先行设立电机科，聘请毕业于英国利物浦大学的麦斗门为主讲，开设课程有数学、物理、化学、电学、电机学、热力学等十多种。停办商务科，开设铁路、电机两工程专科，于是

【1】 王清穆（1860～1941），上海崇明人，曾任清政府商部参议，著有《农隐庐文钞》。1905年秋至1906年春任代理监督。

学校由培养商务人才转而培养工程技术方面的实业人才，已经属于高等工业专门学校的性质。

铁路、电机两个专科开办后，面临着相当多的困难，尤其以缺少办学经费和生源不足最为棘手。在南洋公学盛宣怀任督办时，办学经费向来充裕，每每有结余。自供款单位招商、电报两局易主袁世凯后，学校经费已不能按月如数拨付。到唐文治掌校时，招商、电报两局年供款合计只有7万两，比先前少了整整3万两。然而增设学科，必须聘请专任教员，添购仪器设备，建筑实验室，这些都需要增加开支费用。一心准备扩充校务的唐文治合计学校年需经费总共约12万两。这样算来学校经费缺额达5万两之多。除了经费以外，专科生源的短缺同样制约着学科规模的扩展。学校附属高等小学堂、中学堂，本是为专科预备生源。可是实际上，读完小学入中学、再由中学入专科的学生，微乎其微。一般学生能够读完高等小学堂升入中学，但是读完中学后便纷纷散去，家道殷实者自费出国深造；身无长物者出校择业以养家糊口；性情不合者转入他校，以致专科的生源渐形寥落。比如1907年中学毕业生有37名，而3年后的1910年专科毕业的只有8名。这中间虽然有中途辍学或不能升学毕业者，但是升入专科的学生较少是主要原因。

面对经费、生源双重困难，唐文治筹划出一条通盘解决的办法：建议邮传部奏明清政府，通饬两江、闽浙、两广等沿海经济文化相对发达的省份，每年每省挑选中学毕业生20至40名，送往学校经过考试录取，毕业后由邮传部或各省调用。各省按年缴给学校本省学生的费用，每年每生200两。这种在发达省份设立公费生的制度，得到邮传部的支持和清政府的批准，不久之后施行。1909年秋季开学时各省选送的考生到校。公费生制度一直持续到20年代末，它既缓解了经费短缺问题，又扩充了专科生源，可谓一举两得，事半功倍。

学校实现了由商科而工科的转变后，筹措办学经费，扩充专科生源，按照清政府新颁学制开设课程，拟定学校章程，添置实验设备，建立实习工场，教学、校务顺利开展，呈现出发展的态势。然而，唐文治没有满足于现状，他设想："如果日后教授精良，人数发达，届时应否改作工科大学。"首次提出争取办成工科大学的目标。但是，主辖机关邮传部的行政意志再次让学校陷入了困顿，面临着抉择。

商船与路电的两全抉择

办教育尽管有一定的独立性，然而事实上，教育要脱离行政干预而独立发展是不可能的，特别是在专制体制下的公立学校更是如此。清朝末年，国运日衰，航运权尽操纵于外人之手。1909年，邮传部为挽回航权，发展远洋航运和航海贸易，急需航海专才，为此准备开设一所商船学校，最佳方案是在部属学校中选择一所专办商船。当时，邮传部治下的专门学校有三所，上海高等实业学堂而外，还有唐山路矿学堂和北京铁路管理传习所。先不论师资设备、教学管理等条件，仅从上海濒临海滨这个地域优势来考虑，上海学校是改办商船学堂的首选。邮传部于1909年夏提出将上海高等实业学堂改为商船学校，专事培养航海驾驶人才；学堂新设的铁路、电机两个专科全部北移，并入唐山路矿学堂。

改办商船学校的消息一经公布，举校哗然，人心浮动。商船专业原本也是学校准备开设的学科之一，早在1906年学校隶属商部期间，航海、轮机专科就被正式列入计划筹设的学科之列。唐文治到校后，先行办成实业部门最急需的铁路、电机两科，也准备陆续添设邮政、航海等专业，力图将学校办成学科较为完备的工科大学。若专办商船专业，学科就会限于一个门类，学校规模也难以发展，包含商船专业在内的多门类工科大学的目标就难能实现。因此，心中自有蓝图的唐文治对邮传部的决定难以接受，师生们也群起抵制，纷纷表示不愿北移。但是，考虑到学校经费由邮传部及下辖的招商、电报两局供给，若不顾邮传部的指令，将会招致不良后果，甚至于解散关门。于是，唐文治汇集校内外人士的意见，再三斟酌，决定采取一个两全办法——代办商船学校：学校不改变原定的方向，铁路、电机两科予以保留，同时先在校内增设一个航海专科，作为另设商船学校的基础，等到条件成熟时再将航海科加以扩充，单独建成商船学校。

代办商船学校以保留多科性工科的建议得到东南各省士绅的支持。他们认为，上海高等实业学堂是东南各省的最高公立学府，若停办铁路、电机两科，将会影响到东南各省青年学子的求学深造；况且东南各地正欲发展铁路交通，振兴商务，也急需路、电方面的专门人才。于是，地方人士纷纷发表言论，为保存学校的完整而献计献策。清末状元、实业家张謇慷慨解囊，捐地捐银，愿意将原在吴淞口筹办的水产商船学校所属渔业公司地基100余亩地捐出，并把所领的官款6万元也同时捐出，来支持办理商船学校。其时清政府正在筹备君主立宪制度，开始注意倾听民意，邮传部也

邮传部高等商船学堂校门

就撤销了原议，同意学校提出的"两全"方案。

　　方案一经邮传部批复同意，学校便抓住时机着手筹设。1909年7月，唐文治聘请吴其藻到校筹备。吴其藻是广东香山人，系清末首批赴美的留学幼童之一，曾参加过中法马尾之役和中日甲午海战。吴其藻到校后在徐家汇学校内组织设立了高等船政专科（航海科），定学制为4年，前3年学专业课程，最后1年赴轮船招商局实习。因是新设专业，不为社会所知晓，当年报考者极少，学生几乎全部来自中院毕业生和专科初年级学生，由学校采用圈定法决定。唐文治挑选学业成绩优良，风度体质较佳，视力良好的学生，直接升入航海班。这些学生以后除了多数进入航海业外，还有以后成为体育界名人的郝更生、银行界权威的席德懋等人。

　　在航海科开办典礼上，监督唐文治身着朝袍礼服，头戴红顶帽子，足蹬朝靴。他先带领全体人员朝拜孔子，之后发表了开学训词，谆嘱学生要牢记学成报国的宗旨，在平时应当担负起振兴中国航海、发展海外贸易的重任；在战时即是保卫海防的海军。航海科的及时建成，为接下来创设商船学校做了铺垫，也使学校保持继续了多门类工科方向的道路。

　　1911年初，盛宣怀在政治角逐中重新崛起，被授予邮传部尚书，成为学校无形的"督办"，这为学校处理商船与路、电之间的抉择带来了机遇。上任伊始，盛宣怀就同意唐文治的请求，拨款4万两购买学校对面的13亩屋地，作为添办商船学校临时用地；还同意将航海专科腾出的校内设施拟添办邮政科。同时要求唐文治着手筹建吴淞商船学校的校舍。

　　1911年春，唐文治亲往吴淞，查勘由张謇捐赠的校地，筹款建筑校舍。8月吴淞校舍初步建成（辛亥革命时被江海防军队占用，直到1912年商船学校才正式迁入）。同时着手招收新生，及早向社会公布应考条件，其中毕业出路条条诱人：出洋留学、服务海军、招商局各江海轮船二副，等等。但须要剪去发辫、直接能以英文会话、会游泳等要求，让当时报考青年颇费脑筋。不过，由于学校扩建成功在望，在校生一律公费待遇，毕业出路良好，因此报考者仍然相当踊跃。据统计总共有3 000余人前来报考，各地高等学堂中肄业一二年弃学报考者，亦不在少数。一到考期，前往徐家汇的早班电车被考生挤满，只要看见一手持墨水瓶、一手拿毛笔或钢笔杆的少年后生，便知道准是前往应考者。学校教职员都被派上考场，时任教务长的辜鸿铭[1]身穿长袍马褂，足蹬朝靴，也作为招考大员来回巡视。唐文治见考生众多，汇报盛宣怀后在宁波建立分校，设为中学部。最后录取专科与中学学生共180名，这里面还不包括直升的上海高等实业学堂中院毕业生。

　　9月开学时，航海科新老学生迁入校外隔街相望的新建校舍。商船学校正式成立，名为邮传部高等商船学堂，成为我国第一所高等航海学府。商船学堂监督由唐文治兼任，暂定开办费10万两，常年经费6万两。唐文治聘请由英国留学学习海军刚回国的南洋公学毕业生夏孙鹏担任主任，并聘本校庶务长庄思缄兼任庶务，共同管理日常校务。当时商船学校实际上仍由上海高等实业学堂管理。

　　商船学堂开学后不到两个月，辛亥革命爆发，各省纷纷独立，满清帝制被推翻。上海高等实业学堂、高等商船学堂与北京邮传部失去联系，盛宣怀以看病为名避往日本，学校经费来源中断。等到南京政府成立，经费问题仍然未能解决，两校度日如年。一校都难以维持，何况两校，唐文治于是辞去兼任的商船学堂监督职务。1912年3月，商船学堂师生公推海军上将萨镇冰为校长。萨镇冰上任时，唐文治亲往迎接，将学校移交与他。9月学校由徐家汇迁往吴淞，更名吴淞商船学校。至此，商船学校脱离上海高等实业学堂独立建校，直到1915年因经

【1】　辜鸿铭（1857～1928），福建同安人，曾任清政府外务部左丞，著有《中国的牛津运动》等。1910年秋至1911年秋在学校任职。

费短缺而停办。

作为中国高等航海教育嚆矢的邮传部高等商船学堂，最先是由上海高等实业学堂在校内创办航海科，发展为高等商船学堂、吴淞商船学校。在这个过程中，上海高等实业学堂从监督管理到校舍建筑，从课程设置到师资生源等方面，都是实际的操作者，可以说吴淞商船学校实际上是由上海高等实业学堂孕育、并最初由其管理的学校。上海高等实业学堂在筹设过程中，只是以发展航海科名义购进校外民地，扩充些校产而已，自身学科未能如愿增设。由于两校的渊源关系，商船学校在各个不同历史时期与交大保持着密切关系。1925年，交通部、海军部拟共同恢复商船学校，合令当时已更名为南洋大学的校长凌鸿勋兼任筹备处主任，统筹复校事宜。后来因政局动荡经费无着而无从进行。1929年，商船学校得以在吴淞复校，可惜在抗日战争全面爆发后不久，校舍毁于日军炮火。辗转迁至重庆复校，更名为重庆商船专科学校，又于1943年并入（重庆）交通大学，改为4年制的造船工程系和轮机、航海两个专修科。抗战胜利后，吴淞商船学校再次在上海复校，1910年考入上海高等实业学堂、1913年吴淞商船学校首届毕业生周均时被任命为校长。航海、轮机两科划还商船，造船系仍留在交大，交通大学另外设立了航业、轮机两个管理系。直到如今，作为吴淞商船学校的两所主要继承学校——大连海事大学和上海海事大学，仍然以设立于1909年的上海高等实业学堂航海科为学校的发轫，将唐文治作为学校首任校长（时称监督）；原先并入交大的造船专业，现在也成为上海交通大学的品牌专业。交大与商船学校的历史关系，正如20世纪30年代的商船学校校长杨志雄日后在《吴淞商船与交大之渊源》一文所称："推源溯流，船校与交通大学同出一脉。"[1]

南洋大学的试建

从筹设南洋公学到上海高等实业学堂、上海工业专门学校，再到交通大学的组建成立；从盛宣怀到唐文治，再到叶恭绰，办成一所多科性的大学，一直是

【1】黄昌勇、陈华新编：《老交大的故事》，江苏文艺出版社1998年版，第65页。

学校各个时期主校者的明确定位和长期努力方向。南洋公学筹设时,学校开始将英文名称定为"Nanyang University",后来听取监院福开森的建议,改用"Nanyang College"。20世纪初年,清政府实行教育改革,颁行新学制,各省城纷纷筹设新式大学堂。这场教育革新引发了南洋公学定名问题。1903年,公学总理张鹤龄和盛宣怀之侄吕景端乘机向盛进言说,管学大臣张百熙及京师士大夫们早就认为南洋公学为大学堂,不如奏请改称南洋大学堂。不过,盛宣怀认为,公学"款由商捐,地在商埠",不必与各省城大学堂雷同,而是奏请改成南洋高等公学堂。到1905年商部接收时,依照清政府新颁"癸卯学制"相应改作上海高等实业学堂,属于高等教育之列。

唐文治接掌学校不久,革新校务,确定了工科办学方向,学校新象渐显。上任第二年即1908年,唐文治便乐观地向邮传部提出设立工科大学的设想:附属中学、高等小学按年递升;四年之后,附属中学改作专科,高等小学改作中学;至于目前的高等专科,在"教授精良、生源发达"时改作工科大学。

辛亥革命期间所造成的权力真空使学校一跃而成"南洋大学堂"。1911年10月,武昌起义打响辛亥革命第一枪后,各地群起响应。不久上海宣布独立,脱离清政府。此时,学校人心不稳,谣传甚多。有传言革命军将占用校址,或借用本校房屋,或申令交出用于体操的枪弹;此时又偏逢供款中断,只有沪宁铁路局月供款4 000两,其势岌岌不可终日。教职员及学生要求唐文治更改校名,脱离与清政府的关系,以保全学校。唐文治再三斟酌,同意了师生们的意见,于年底自行改校名为南洋大学堂,与北京邮传部脱离隶属关系。

1912年元月南京临时政府成立后,学校就更名一事呈报教育部审批。时值南北分裂,大局未定,新政府也无暇顾及一所学校之事。等到政府迁往北京后,唐文治多次致函新主管单位交通部和教育部,陈述学校改名原委,说明改定大学后,添置设备、学生留学等一切事务都比较容易着手,呈请教育、交通两部准允扩充学科,建成大学。在"文电商榷积牍盈寸"[1]之后,交通部趋向同意,而教育部却认为,以"南洋大学堂"历来办学成绩,进行一番扩充,改作工科大学自亦不难,只是

―――――――――――――――――
【1】《母校历年大事记》,《南洋》第一期,1915年。

需要等候教育新规颁布后才能正式确定。等到1912年10月《大学令》正式颁行，方才知道对于大学规定非常严格，大学以文、理二科为主，在文理二科并设，或文科兼法、商二科，或理科兼医、农、工至少一科的情况下才能称之为大学。"南洋大学"只有路、电二科，属于工科门类，只符合同期颁布的《专门学校令》。1913年1月，学校遵令改为"交通部上海工业专门学校"，隶属于交通部，监督改称校长，电机科改称电气机械科，铁路科改称土木科，同时调整了相应的课程设置。上海工业专门学校的校名一直沿用到1921年交通大学正式成立。易名"南洋大学"虽然未能得到主管机关的认可，但是学校仍然按照办工科大学的要求，进行了多方面的积极努力，为20世纪20年代南洋大学的最终实现打下了坚实基础。

自从清末改办工科以后，经过唐文治与教职员多年的励精图治，到民国初年，学校办学成绩卓著，蜚声国内外。社会人士已经认为"本校功课与欧美各大学相亚"，毕业生程度已经达到本科水平。凡是有志于学习工程技术的青年学子，莫不心仪已久，慕名而来。对此，教育部早在1913年已承认，"该学校程度实在高等以上"。突出的办学成绩，良好的社会声誉，更加激励起师生扩建工科大学的愿望。此后教育部也修正了《大学令》，放宽对理科类学校的办学限制，规定单设文、理、法、医、农、商、工科之一者，也可称为某科大学。按照当时规定，单科大学须设立三个专科以上。1916年12月，交通部在北京召开交通会议。唐文治派员参加并提交发展校务的议案7项，他亲自起草的"应增设机械一科请筹备扩充"和"拟请增设航海一科"两项提案，列举国外工程大学所设专科都在三科以上，要求添设机械科、航海科，将学校扩建为工科大学。提案还详细陈述了增设机械、航海两科的有利条件，无论师资设备、管理经验，办理与土木、电机两科相近的机械、航海两科，对于学校来说绝非难事，机械科与土木、电机科在基础课、部分专业课、实验实习均可以共享；航海科清末曾经办过，开办起来更是轻车熟路，况且商船学校的停办使得国内高等航海教育无形中断，设立该科尤具重要意义。两项提案可谓合乎情理，也合乎实际，但是当时正值北洋政府内部闹起了"府院之争"，总理段祺瑞和总统黎元洪大动干戈，形势混乱，交通部对增设机械科和航海科，进而改办工科大学的意见未置可否，提案又成了一纸空文，所有努力再次落空。

学科未能如愿增设，交通部反令学校裁撤学科。1917年初，交通部以整合部属学校为由，令学校土木科办到毕业为止，不再招生，予以停办。唐文治于"心摇摇如悬旌"之余，立即呈文交通部辩明土木科已经设立十多年，是学校办理的最长也是最好的学科，历年来所购置的仪器亦属不易，因此要求保留土木科。同时还呈请为适应我国铁路建设需要，应增办铁路机械一科。经过一番笔战舌争，交通部同意土木科继续办下去。至于要求增办铁路机械一科，交通部以需费较多，不予支持。工科大学的计划虽然一时受挫，但是唐文治校长和教职员仍矢志不移，继续进行着不懈的努力。

独辟蹊径办管理

增设机械科、航海科，进而扩建为工科大学的计划搁浅，除了北洋政府无力也无暇顾及发展教育，交通部拟将机械科设在唐山工业专门学校等现状外，工科专业开办费用较高也是其中的一个因素。工程教育除了具备一般科目所需要的校宿舍、师资等基本条件外，必须建筑实验室、购置仪器设备，另外鉴于当时国内工程人才稀缺，还需高薪聘请外籍教员，所需费用远高于其他学科。高额的开办费自然不易得到财源拮据的交通部的批准。尽管主管部门拨不出开办资金，学校还是利用现有的办学资源，独辟蹊径，寻求出一条自我发展之路。

1917年，有教员根据国外学科发展状况，提议增设路、电管理科。这项建议引起校方的注意，学校立即召开教员和学生班级代表会议，商议添设管理科。与会者认为，土木、电机两科创办多年，成绩显著，可是随着中国铁路、电报事业的日益发展，要管理好已经建成的铁路、电报事业，使之更加合理高效地运行，非常需要具备科学管理学识的专门人才。经过讨论，师生员工一致赞同添办路、电管理科。

这一意见得到了唐文治的赞同，他还强调培养管理人才的重要性和开办的可行性。他说："铁路营业：曰货运，曰载客；行李之往来，财贿之茂迁，云而麟集，管理不得其法，措置失当，中外人士交相诟病。或偶一不慎，群工执事稍稍染指其间,而弊窦实不可问……"[1] 此时增设路、电管理科,属于理论性质学科,费用无须太多,无须添置仪器设备。学生来源也不成问题,因为学校卓立于得风气之先的沪滨,中等教育程度较高,"东南学生负笈来校者直如归市",来报考本校的学生很多,其中许多学生因数理化成绩稍逊一筹而落选,可以在这部分学生中招收管理科的新生。此外,本校附属中学毕业生,或者已经考入土木、电机科的学生中间,"性情有近管理科,而不宜工程者",也可以升入或转学管理科。

其实,增设管理科,不仅是我国交通事业发展对交通管理人才的迫切要求,也是学校紧跟世界先进教育经验的结果。

20世纪初,随着科技的发达、社会分工的细化,各国对生产管理都十分重视。1910年左右,美国少数大学最先开设企业管理的课程。这一动向立即引起一些在校教师的注意,1913年在改革课程设置中,学校在专科课程中开设了工业簿记、工厂管理法、工业经济等企业管理的课程,开始在工科教育中引入管理课程,这种做法为管理学科的设立创造了条件。1917年底,学校正式呈文交通部,申述科学管理实为交通工业及商业发展所必需,为此要求添设路、电管理科,以期造就铁路、电机管理人才。交通部批复同意增设,在名称上改路、电管理科为铁路管理科。

铁路管理科科目表(1920年)

【1】唐文治:《上海工业专门学校铁路管理科头班纪念册·序言》(1920年)。

1918年3月，铁路管理科正式成立，第一届招收新生38人，大部分从中院直接升入，也有少数从土木、电机两科一、二年级转入，定为3年毕业。从1918年秋季第二届学生开始改为4年学制。原中学科科长徐经郛担任铁路管理科首任科长。徐经郛是学校1907年商务专科毕业生，后被派遣留学美国宾夕法尼亚大学，获得沃顿商学院理财科硕士学位，1911年回校任教。管理科教员有留美归国学者徐广德、李伟伯、俞希稷等人。管理科开设课程有经济原理、运输学、铁路经济、铁路组织、工场管理、铁路统计学等49门，除了国文、法文、公文程式外其余都采用英文课本。值得一提的是，管理科的办学经费全部由学校自筹，这在经费支绌的条件下实属不易。铁路管理科的成功开设，是全体教职员在学校生存困境中探索出的一条变通扩建方式，使学校的专业达到3个，已经具备了工科大学基本条件；它的诞生，标志着学校在专业上突破工科限制，从原来的单一工科走向工程与管理的结合，在全国高校中首开工程教育和管理相结合的做法，这可谓是我国近代高等教育史上的一个创举。

在增设铁路管理科的同时，学校也在酝酿调整学制。当时，学校按照1912年教育部颁布的《专门学校令》，将专科设为3年，专科前须读1年预科。1918年1月，电气机械科科长谢尔顿、土木科科长万特克，根据学校实际情形和美国大学体制，联名致函唐文治校长，认为学校预科在性质上与大学一年级无其差别，建议将预科改为专科一年级，专科各年级相应递升，这样整个学制就变为4年。他们认为改升学制的好处在于：实行专科四年制与美国大学体制、程度均吻合，学生如果去美国留学，便于赴美进修高深学业；如果去美国工作实习，三年为未完的学程，一般以四学年为毕业，也容易为各公司厂矿接受。另外修改后的专科一年级课程，可照预科办理，手续上也非常简单。两位科长的建议正合唐文治多年的心愿，他立即呈报交通部审批，并致函友人、时任教育部次长的袁希涛，请其大力支持。袁希涛很快就复函唐文治，表示为实事求是起见，自应照准。4月，学校依照交通、教育两部的批复，将专门预科改为专科一年级，专科一、二、三年级各递升一年，毕业年限定为4年。

铁路管理专科的增设，使学校专科数达到了3个，具备一所工科大学的规模；学制也由3年改定为4年，其他实验设备、校舍建筑相应发展；培养学生的数量质量在全国同类学科中占得重要一席。就数量而言,1918年在校专科学生175名,占到同期全国高等工科在校生938名的18.7%;1920年有217名,占全国1 266名的17.1%。从1916年至1919年的4年中,全国共录取清华官费留美生32名,其中本校占到13名,约占41%,由此可见教育质量也是相当优异。无论从学科学制上,还是从教育资源和质量上,学校已经合乎工科大学所具备的条件。校长唐文治在自订年谱中写道:"于是专科凡三,初具大学规模矣!"并认为"中国东南各省无大学,于此,盖始基之矣"。[1]此时,教育部门放宽了对设立大学的条件,允许设立单科大学,无疑也使学校成立工科大学具备了体制上的资格。果然,1921年初,交通总长叶恭绰对部属专门学校进行整理扩充,建成交通大学,一所以工为主、工管结合的近代大学终于实现。

孙中山莅校演讲

"交通为实业之母,铁路为交通之母。"孙中山先生的实业救国思想深深地影响了一代中国人。作为长期隶属于交通实业部门、以培养交通建设高级人才为己任的交大,更是一直将实现孙中山的建设蓝图和实业思想作为座右铭。在交大(时名交通部上海工业专门学校)师生为实现孙中山手订的《实业计划》而安教乐读时,有幸两次聆听了他在学校讲坛上的讲演和教诲。

孙中山先生第一次莅临交大演说是在1912年底,这是交大人永志不忘的。孙中山先生在1912年4月辞去临时大总统后,全力着手中国实业建设和交通道路事业。他认为,振兴实业的首要条件是发展水陆交通,尤其是铁路建设,西方实现工业化过程实际上就是"铁路立国"的结果。于是,孙中山弃政后一心从事实业和道路建设,不仅成为全国铁道协会名誉会长,更一度出任全国铁路督办,开始视察全国铁路,规划新路建设,足迹遍及大半个中国。所到之处,到处筹集筑路经费,发表演说,宣讲铁路建设的重大意义,态度真挚诚恳,在全国掀起了讨论修建铁路的热潮。

---

[1] 唐文治:《上海工业专门学校铁路管理科头班纪念册·序言》(1920年)。

　　唐文治校长鉴于学校隶属交通部，学科设置都是振兴交通实业的土木、电机、铁路管理等专业，与孙中山主持的实业建设一致，便盛邀孙中山在1912年12月底视察全国各地返沪时莅临学校演说，使全校师生员工了解孙中山振兴实业的宏伟蓝图，以鼓舞和激发师生们学习和工作的热情。孙中山欣然接受唐文治的邀请。莅校时受到学校师生隆重欢迎。孙中山随行人员中有早期同盟会员、原临时政府实业部长马君武等人。

　　孙中山在上院文治堂发表演说，据当年聆听过演讲的凌鸿勋后来回忆说，孙先生首先讲了他正在筹办的交通建设规划，表示要在10年内为中国建筑20万里铁路，以振兴实业、巩固国防；向师生们介绍新近拟议的贯穿全国的南、中、北三大铁路干线；殷切希望青年学子学成后投身铁路交通建设，建成一个遍及全国、连通周边国家的现代化交通网络。全场学生大受鼓舞，情绪高涨，倍感自己所学专业正是国家所需。孙中山在演讲中还讲到纸币政策。他主张由中央政府统一发行纸币，用作建设基金，不敷之数还可以利用外国资本作为补充。之后，他又讲到对日本、对俄国的外交方针。他指出对强占我国领土、侵犯我国主权的帝国主义要坚决抵抗，因此必须建设我国强大的国防力量。

　　孙中山最后勉励师生们立志终身为发展实业、振兴中华而服务。他说，我国虽然建立起来了共和体制，但是目前百废待兴，需材殷切。同时，世界强国科学技术日新月异，我国远远落后。他希望学生们今日在校要倍加努力，发奋学习，掌握科学技术，他日才能迎头赶上，使我国与欧美发达国家并驾齐驱。

　　孙中山先生足足演说了两个小时。讲毕，他对校长唐文治说，各位师生对铁路建设计划如果有意见和建议，可随时和马君武先生联系。这时已经是中午时分，唐文治以西餐款待孙中山一行。

　　一代伟人的殷切期望和真诚信赖，是交大莘莘学子无穷尽的动力源泉，激发着他们成为实施孙中山实业计划的排头兵。当时正在土木科一年级就读的凌鸿勋后来回忆说："由于听了国父演讲，我毕业后长期从事铁路工作，未始不是受了这一伟大启示。"毕业后凌鸿勋赴美国留学深造，回国后致力于交通教育和铁路建设事业，历任交大南洋大学时期的校长，陇海铁路、天成铁路、宝天铁路、甘新公路局长，交通部常务次长等职。1948年被选为中央研究院首届院士，成为继詹天佑之后铁路工程界的又一杰出人物，曾被美国《纽约时报》称之为"中国铁路先驱者"，为我国交通教育和铁路、公路交通建设事业贡献了力量。

1919年"五四"风云过后，孙中山先生再次应邀到交大发表演说。当时的学生会骨干成员、

孙中山先生为学生会编《南洋》题写刊名（1920年）

孙中山先生为交大技击部题词：强国强种（1922年）

电气机械科三年级学生恽震，在孙中山演说时专司记录整理。恽震和凌鸿勋一样，对孙中山的演说感受极深，从此立志从事交通工程技术，后成为我国电机工业的先驱。1932年，血气方刚的恽震萌发了勘查长江三峡水力资源、择地建筑发电大坝的想法，于是他联络几位志同道合的技术人员，经过数月的实地考察，于1933年在《工程》杂志上联名发表了《扬子江上游水力发电勘测报告》，首次将孙中山开发三峡的设想付诸实际调查，为新中国成立后三峡"高峡出平湖"提供了弥足珍贵的参考资料。

20世纪20年代初，孙中山先生还分别为交大《南洋周刊》《技击部成立十周年纪念册》题词"南洋"和"强国强种"。这位伟大的民主革命先驱，从辛亥革命起直至他逝世，始终对交大寄予了高度信赖和殷切期望。

二、"工科先驱"唐文治

不为良相，即为良师

20世纪初叶，中国掀起了一股"教育救国"的热潮，持此论者认为西方之

唐文治校长（1907～1920年在任）

所以富强，"不在炮械军器，而在穷理劝学"。"穷理"，就是发展科学，"劝学"，就是普及现代教育。影响所及，蔡元培、章炳麟、梁启超、黄炎培、晏阳初、陶行知、唐文治……一大批有识之士纷纷投入"教育救国"的宣传及实践。1907年至1920年期间任职学校校长的唐文治，抱着为国培育"领袖人才"的愿望，励精图治，为交大建成全国著名的理工科大学奠定了坚实的基础，同时为探索近代高等工程教育的中国化进行了有益的实践。

　　唐文治[1]，字颖侯，号蔚芝，1865年出生于江苏太仓的一户清寒读书人家，幼年时在严父的管教下发奋苦读，18岁即中举人，随后进入江阴南菁书院，专攻经学。1892年，27岁的唐文治得中进士，派在户部任事，开始了在京城为官的生涯。1898年调任总理衙门章京，1901年底，总理衙门改为外务部，唐文治升任榷算司主事，管理通商、关税等事务。1903年，清政府为推行新政设立商部，唐文治任右丞一职，深得尚书载振的信任，不久升左丞、左侍郎，实际主持商部工作。1906年商部改组为农工商部，唐文治被任命为署理尚书。然而，随着官越做越大，他对腐朽不堪的清政府认识亦愈发深刻。清政府经历甲午海战惨败、八国联军入侵之后，不图雪耻，不思进取，更加衰败不堪。唐文治多次上奏，希望从政治、人事等方面实施改革，希冀清末新政的实行能够整饬政纪、挽救危亡，却屡屡得不到结果。在商部和农工商部任职时，他订商律，奖实业，大力推行发展工商业的政策，却受到多方掣肘，特别在铁路管理权上与北洋大臣袁世凯发生冲突，难以有所作为。对新政的幻想破灭，对清廷腐败无能的绝望，促使他决心选择"不为良相，即为良师"的弃官从教之路。

　　1907年，他以母丧丁忧南下，决心不再返京，转而从事教育事业。农工商部

【1】唐文治（1865～1954），江苏太仓人，著名教育家、国学家。清末进士，曾任农工商部署理尚书，交通大学工科教育与教风校风奠基者，又精研国学，长期主持无锡国学专修馆。

尚书溥颋力邀他担任京师高等实业学堂监督，他婉言谢绝；陆军部尚书铁良也曾请他接掌京师贵胄学堂，他坚决不受。然而，当邮传部尚书陈璧邀他接任上海高等实业学堂的监督时，他一口答应，欣然上任。一样是弃政从教，一样是实业学堂监督，他选择了前往上海，显示了他坚决告别已令自己心灰意冷的官场与离开京城的决心。南下上海的唐文治，决心以"育才兴邦"作为自己的毕生事业。

已过不惑之年的唐文治于1907年秋接任上海高等实业学堂监督职务，住校办公，综理校务。自南洋公学建立十多年来，主校者一茬接着一茬地更换了13人之多，平均每人的任期还不到一年，且大多数人为兼职，很少"亲临"校园，师生也就难见其人。唐文治的到来，改变了这种频繁易人、虚掌校务的局面，办学宗旨趋于明确稳定，校风学风逐渐形成。唐文治到任后即订章程，立宗旨，上条陈，停办商科转向工程教育，接连创设铁路、电机两个工程专科，规划出工科大学的发展前景。唐文治呈准设立了各省官费生制度，既缓解了经费困难，又扩充了专科生源；采取了代办商船以保留多科性工科的两全做法，使学校又渡过一次左右摇摆的难关。显然，在外务部、商部的为官阅历，创办京师高等实业学堂的经验，使他能在办理学校教育时目光犀利、气魄恢宏，更兼之他博大精深的学养，为国贮才的雄心，使他在处理复杂问题时能独辟蹊径、百折不挠。

处于社会转型时期的清末民初，中央统治式微，战乱接连不断，教育横遭摧残，办学经费极度匮乏，民国初年一度出现了教育部长在长期开不出教员薪水的情况下，只得把故宫明清档案当废纸卖掉以发薪的千古奇闻。这就是当时教育的生存环境，身在其中的上海高等实业学堂（民国初年称上海工业专门学校）同样无法摆脱资金短缺的困扰。唐文治却能以其惊人的毅力恒心，苦心支撑学校，力争有所作为。

辛亥革命发生后，唐文治顺应时代潮流，与曾经录取他功名、授予他要职的清王朝决裂，断辫剪发，宣布学校独立。然而，改朝换代带给学校的不是师生所企盼的南洋大学的实现，却是足以让学校关门的经费危机。辛亥革命前的1910年，学校全年经费支出已达15万余两，其中9万两由沪宁、广九铁路局及招商局提供，剩余部分由邮传部拨给。辛亥革命发生后，南北分裂，招商局、广九铁路局和邮传部的拨款全部中断，经费来源只有就近的沪宁铁路局每月四千两，入不敷出，杯水车薪，学校难以为继。这一时期，上海其他各大中学校也都因经费困难纷纷停课散学。唐文治不忍青年学子失学,更不忍新生政权的人才培养发生断裂,与师生商议后,决定采取克服经费危机的应急措施,对学生加收学费,教职员实行减薪。除了外籍教师外,教员一律相应减薪。他自己率先减薪一半,职员年薪按10个月发放。他还四处奔走,多方求援。新成立的上海军政府都督陈其美,对唐文治克服经费困难、坚持办学的精神深表同情,主动协助银一万两。困难局面延续了一年多才有所好转。接下来学校又在1913年的二次革命、1916年的银行挤兑风潮中,发生经济困迫。在唐文治和全体教职员的艰难维持下,学校并没有一日停课,终于渡过了数次难关。

拥有一座功能齐全且藏书量相当的图书馆,是一所学校不可或缺的教育设施。自南洋公学以来,上院、中院、外院、宿舍、实验场所等陆续建成,粗具规模,唯有图书馆一直没有独立的大楼,只有一间藏书楼。所谓的藏书楼,实际附设在上院底楼大讲堂的一隅,阴暗狭小,阅览不便,藏书仅三千余册。辛亥革命后图书略有增加,藏书楼就已无法容纳。筹设图书馆势在必行,然而交通部连学校的常年经费都难以拨发,更无余款添建需要耗资数万元的图书馆,学校只能依靠自己筹款建筑图书馆。

1919年落成的图书馆,是交大第一座由校友师生及社会人士捐建的建筑

　　1917年初,唐文治与教职员及南洋同学会合议,拟借校庆20周年之际,向历届校友、在校师生及社会各界募捐,以所得款项建造图书馆。此议立即得到校内外的一致赞同和响应。3月,唐文治联合著名校友及交通、教育两部要人共计23人,发表募捐启示,公开向校内外募捐6万余元建筑图书馆。名列发起人的有张元济、蔡元培、叶恭绰、杨士琦、曹汝霖、范源濂、许世英、王清穆等,均为社会贤达、学界名流。学校为此设立图书馆筹备会,专门负责募捐与建筑事务。学校还举行20周年盛大校庆活动,开办劝工展览会,吸引社会各界人士关注学校发展,扩大募捐范围。唐文治上下奔走呼吁,呈文北京政府大总统黎元洪请求提供援助,要求师生四处劝募,一场声势浩大的募捐活动踊跃开展,捐款一日日增加。黎元洪总统除了指令交通部拨款建筑费30 000元外,自己认捐1 000元;总理段祺瑞、交通总长许世英各捐500元;创办人盛宣怀的家人捐助5 000元。

　　无锡巨商荣宗敬、荣宗铨兄弟秉承其父荣熙泰捐款兴学的遗志,捐助洋10 000元,成为最大数额的一笔私人捐赠。图书馆建成后,学校为其父荣熙泰树立铜像于馆之东,树碑记其功,碑文由唐文治亲自撰写。这是校内第一座人物塑像,它与图书馆本身共同成为我校第一座捐建校舍的见证物,也是民族实业家爱国兴学事迹的写照。抗日战争全面爆发后,校园被日军占领,铜像遭损毁,基座及前后碑文今尚存。

　　在校内,唐文治首先认捐1 000元,师生随即纷起响应,有数百元者,有数十元者,还有一二元者,多寡不一,都能量力而行。捐款簿的名单日益增多,款项也随之见涨,募捐开展仅月余捐款数额就已经超过4万元,加上部拨3万元,离原定8.5万元相去不远。1918年6月,图书馆奠基开工时,捐款达到6万元。1919年10月,一座三层罗马建筑式样的图书馆正式落成,面积2 687平方米,可容纳藏书10万余册,馆额"图书馆"三字由书法家李梅庵以遒劲的篆隶体题写。在运用募捐余款购置和校友捐赠图书后,新建图书馆藏书量猛增,由数千册增至3万余册。唐文治还独具眼光,派附属中学毕业生杜定友赴菲律宾专习图书馆学,为管理图书馆培养专门人才。杜定友不负所望,1921年取得我国第一张图书馆学学士文凭后即回国长期在校服务,后成为近代著名的图书馆学家。捐造图书馆,不仅扩充了教育设施,成为交大学子徜徉知识海洋、饱览先进科学文化之地,而且开创了学校广揽校友、社会各界捐资助学的先河。

筹建图书馆的同时,学校设法增设了铁路管理科,将学制由3年改为4年,添建了金工厂、木工厂、无线电台、水力实验室等实习场所,还聘请美国人狄克逊教授来校筹设机械科,工科大学的目标基本如愿。唐文治掌校期间,学校几度处于风雨飘摇、屡濒于危的境况,往往"本月不知下月,本学期不知下学期",数次议裁专科,几遭经费危机。然而,校长唐文治以其独到的眼光和胆识,惊人的恒心和毅力,在师生及校友的辅助下,呕心沥血,使学校不仅化解历劫,转危为安,并且能够在困境中有所发展。"独历劫不坏,愈震撼而愈巩固",这句源自1917年20周年校庆典礼时黎元洪总统的书面致辞,十分恰当地概括了唐文治主校期间的几多艰辛,几多收获。

在新文化运动和"五四"学生运动的推动下,被传统文化浸润已久的校园变得不安起来,各种思潮从四面八方涌进校园,学生民主思想空前活跃,由唐文治苦心经营的校园文化受到了很大的冲击。五四运动期间,学生不顾唐文治的劝阻相继两次罢课,这是唐文治所不愿也不忍见到的,他先后5次呈请辞职,均被交通部和教职员挽留。1920年10月孔子诞辰前的一个周末,照历年惯例应举行阐发孔孟之道为主的国文大会,一些已经深受"打倒孔家店"影响的学生抵制了这次国文大会。一心以国学为学生根基的唐文治深感痛苦,以"目疾日深、学风不靖"为由,第六次也是最后一次坚决辞去了校长的职务。离开交大后不久,唐文治受聘无锡国学专科学校,并主持该校长达30年,为保存民族传统文化,培养国学专才独立支撑起一片天地。

求实学,务实业

唐文治不仅在困难重重中发展了学校,更重要的是他倡导和培育了以国家为己任的求实学、务实业的学风校风。在早年的仕途生涯中,唐文治便重视学校教育,提倡实行重教政策,将教育视为社会长治久安、挽救民族危局的一项举措。他把国家比作一所大学校,认为善教远胜于善政,"善政可以定一时,善教可以淑数世。行其教者治,不行其教者乱",从而认为教育是立国的"命根",振兴国家的希望所冀。这也成为他弃政从教的思想根源。

　　清末民初，崇尚实业及实业教育成为国内各种进步社会力量普遍认同的一种观念，唐文治便是其中一位持尚实观念，并身体力行的教育家。深受儒家士子经世思想的浸润，加上外务部、商部等实务部门的任职经历，唐文治体察到要挽救中国于水火之中，必须向先进的西方学习，兴办农、工、商诸实业，而发展近代实业离不开自然科学和工程技术知识，更离不开掌握科学技术的人才，兴办传授科技的学校也就显得十分紧迫。他在停科举、兴宪政之时便预言，"天下之才，将尽出于学校……天下所仰赖者，非学生而谁赖？"[1]他这里所言的学校，是指按照西方模式培养具备近代学识的新式学校，并非阐扬三纲五常、重义轻利以科举为旨归的学校教育；这里所指的学生，是以政治学术、外交法律、农工商诸业为知识对象的专业人才，并非仅仅讲究"修齐治平"的儒生。在商部任职期间，他极力推崇"中体西用"的教育思想，倡导广设西式学堂，学习西方科技以富国强兵，大力倡导在各地设立实业学堂。1903年商部成立伊始，唐文治便考虑到实业专才是振兴工商的根本，首先主持创办了京师高等实业学堂，设立化学、机器、电气、矿业四个专科，不到一年即建成校舍、各类实验室及实习工厂，规模为当时工程专科学校中少见，成为各地设立实业学堂的模范学校。

　　唐文治推崇实业救国，主张尚实教育，与他为官时两次出国考察有着密切的关系。他首次出国是在1901年《辛丑条约》订立之后，清廷派专使户部侍郎那桐赴日，就义和团枪杀日本使馆书记官杉山彬道歉，唐文治随同出国。第二次是1902年，英国新国王爱德华七世举行加冕典礼，清廷派载振为专使大臣赴英庆贺，唐文治也随使前往。到英国之后，又转赴法、比、美、日等国访问。两度出国的经历，使他有了与日本和欧美各国的政治经济、文化教育进行近距离接触的机会。对比我国落后的现状，唐文治思想上起了很大的变化。他认为，日本是由于师法英国和德国，竭力整理海陆军及工商事宜，出现了国富民强的中兴时期。考察了英国的教育之后，他非常赞赏牛津大学，认为"名儒名相都出其中"。由此，

【1】唐文治：《学校培养人才论》(1909年)，载王桐苏、胡邦彦、冯俊森等选注：《唐文治文选》，上海交通大学出版社2005年版，第98页。

他深感中国要振兴必须走实业救国的道路,要大办自己的民族工业,培养自己的科技人才,而培养专才就要大兴新式教育事业。

求实学的教育思想在唐文治为官期间就已经开始萌发,真正付之于实践是在任职上海高等实业学堂期间。1908年,他为学校制定的教育宗旨中提出:"本学堂分设高等学科,造就专门人才,尤以学成致用,振兴中国实业为宗旨",明确要培养造就学以致用的实业人才。唐文治任职校长之际,正是清末新政引进新学制、废除科举取士的新旧教育转型之时,教育的功能开始从科举选官转为培养振兴社会生产、国计民生的实业人才。然而,由于新旧转型不可能一蹴而就,加上清廷实施新式教育的目的是加强专制统治,使得新学堂不可避免地带有浓厚的封建色彩。清政府对高等小学直至通儒院的毕业生,给予与科举无异的举、贡、生、员等出身,还授予相应的官职。这种不彻底的学校改制,使青年学生依旧沉醉于"学而优则仕"的虚荣仕途之中,损害了近代教育精神,违背了求实学的教育目的。

对科举制度的残余,唐文治深恶痛绝,认为改革后的学堂制度,并未真正做到清政府学部制定的"以西学瀹其智识,练其艺能"教育宗旨。他呈文学部,明确主张教育应进一步进行实质性的改革,废除给出身、奖实官的科举弊端,要求在办学之中贯彻尚实思想。呈文还认为,科举既已停废,学校教育自应专重科学。科学尚实,不宜诱之以虚荣。各类学堂要以尚实为宗旨,使人人趋向实学。要是科举制度下的举、贡、生、员之名目不废,仍然夹杂在新教育中,"则人人各挟一科举之旧念,犹将赖仕进以为生活之路"。唐文治认为这种旧制度残余与尚实的教育宗旨背道而驰,如此人才将消磨至尽。学生在校时忙于应付考试而不重视实学,毕业后对农工商等实业不屑从事。他强烈要求彻底铲除给名授官的科举弊端,建议对毕业生的名目和任用,都应向西方的教育制度学习,中学堂、高等小学以上毕业者称某学堂毕业生,高等学堂毕业者称某科学士,大学堂毕业者称某科博士。这样,才能与西方学堂一致,而又与尚实之义相符。唐文治针对清末教育革新中的弊端,明确提出了尚实的教育思想,中心内容是"求实学、务实业"。求实学的目的是为了务实业,即"造就学成致用、振兴中国实业"的专才。而要达到务实业,前提必先求实学,学校要教育学生趋重实学,要勤奋刻苦,一丝不苟地学习科技知识,学用结合,掌握务实的本领。

唐文治要求在校生学习期间踏实刻苦地学习科学知识,掌握科学技能,走上社会以后,仍然要以同样的精神去务实业,去发展民族工业,做些实际的工作。在当时的校园内,一面催人奋进的校旗飘扬在学校上空,一首令人激昂向上的校歌时时回荡在学生心田,影响着一代又一代交大学子以求实务实的精神努力拼搏,为中华崛起而发奋读书。校旗上,一只雄姿焕发的猛狮,前脚踏着地球,目光炯炯,傲视远方。这幅雄狮脚踏地球图,象征着中华民族的实业必将振

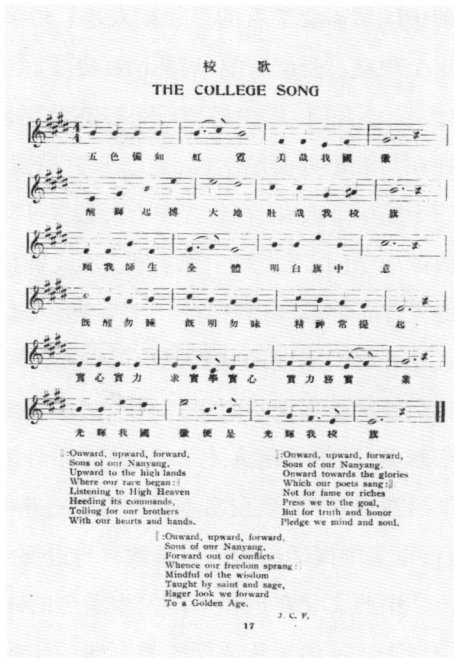

唐文治掌校时期的中、英文校歌

兴,国力终会由衰转强,到那时中国犹如睡狮已醒来,崛起在世界之林。校旗时刻召唤着青年学子要树立振兴中华的宏大志向。配合校旗的是一首振奋人心的校歌,歌词写道:"醒狮起,搏大地,壮哉我校旗,愿我师生全体明白旗中意,既醒勿睡,既明勿昧,精神常提起,实心实力求实学,实心实力务实业……便是光辉吾校旗。"[1]"实心实力求实学、实心实力务实业",集中体现了唐文治的尚实办学思想,也成为历代交大人孜孜以求的座右铭。

一等人才,一等品行

培养"一等人才"是唐文治办学生涯中孜孜以求的目标,也是唐文治人才观的最高理想。唐文治曾与同道来华讲学的美国教育家孟禄、塞娄面晤,两人均

【1】《校歌》(1909年),见《交通大学校史资料选编》(第一卷),西安交通大学出版社1986年版,第146页。

谓中国最需要造就的是领袖人才。后来唐文治再访其他国家的教育家,也都持这个观点。受此影响,唐文治在办学时正如他自称:"不自量力,常欲造就领袖人才,分播吾国,作为模范……曾在北平创办高等实业学堂,迨回沪后办理本校,并在吴淞创办商船学校,此志未尝稍懈。"1930年,唐文治应邀参加交通大学第三十届毕业典礼,在致辞中有一段关于培养"第一等人才"的精辟论述:"须知吾人欲成学问,当为第一等学问;欲成事业,当为第一等事业;欲成人才,当为第一等人才。而欲成第一等学问、事业、人才,必先砥砺第一等品行。"【1】高尚品行是人才、学问、事业的基础,只有具备高尚品行才能称得上真正的"领袖人才"。唐文治鼓励学生求学期间,"科学精益求精,务期加人一等,而于心术品行,更复尽心修养,蔚为救国人才"。这些谆谆告语成为勉励学子们的金玉良言,反映了唐文治在培养"求实学务实业"的第一等科学人才过程中,更注重砥砺其第一等品行,也集中概括出他对科学教育与道德品行教育相融合的育人准则。

中西文化在近代中国发生激烈的碰撞,造就了一批对中西文化兼收并蓄的综合人才。中国传统学校教育向现代教育转型的承担者,大多具有深厚传统文化功底,如蔡元培、张伯苓等。他们怀着热切的教育救国愿望,以开放的心态、世界的眼光,勇于吸取包括先进科技和思想文化在内的西方先进教育资源;同时,他们继承中国传统文化中优秀内容,针对我国近代化的实际需求,力图使西方教育与中国教育传统相融合,探索一条契合中国历史文化和具体国情的现代教育模式。这些教育家所进行的将外来文化民族化、本土化的探索和实践,成为我国教育现代化发展的一项重要内容和可贵财富。唐文治亦当属于此类教育家之列。将传统文化教育资源与现代大学教育相互融合,寓传统文化教育于科学教育之中,使有精深科学技术的"第一等人才"首先具有"第一等品行",这是唐文治教育思想的重要内容和鲜明特点。

唐文治是"中体西用"教育思想的实践者,作为工科大学校长,他注重先进科学技术教育,力图培养"与欧美各国颉颃争胜"的科学人才,实现富国强民的

【1】唐文治:《上海交通大学第三十届毕业典礼致训》(1930年),载《交大三日刊》,第95号,1930年7月16日第一版。

愿望。但是作为国学大师，他又极力致力于儒家精神的现代生存，灌输中国传统文化的精华，培养具有高尚道德品行的体用兼备之才。进行传统文化和道德教育，并非要求学生做道学先生，并非割裂中西文化，而是在科技精英身上融注道德教育，在现代大学教育中结合传统文化教育，尝试将两者有机结合起来。他说："常人之所谓学问，分学问品行二者也。吾之所谓学问，合品行学问为一者也。"要求学生在"勤研物之质"以外，更加注重"培养性之灵"。[1]唐文治以为在功利思想横行、传统文化失落的近代中国，急需造就具备"第一等品行"的"第一等人才"。

这位长期执掌实业部门要津的经世饱学之士，怀着教育救国、实业兴邦的强烈愿望，以求实学、务实业为办学宗旨，对现代科学教育不遗余力，成为高等工科教育的先驱。同时，作为精研孔孟之学的国学大师，"中体西用"文化方针的崇信者，唐文治极其注重运用中华传统文化教育资源，躬行道德育人，强调品行学识合一，希望造就出中西并重、"体用兼备"的"第一等人才"。在中国文化大变革的清末民初，唐文治以学校为舞台，以学生为载体，致力于传统儒学在科学教育之中的现代生存，秉承儒家"修齐治平"的理想，极力渗入道德教育，把道德教育视为科学教育的根基。"道德，基础也；科学，屋宇垣墉也"，道出了他对道德教育重要性及其与科学教育之间关系的认识。他认为无论教授还是管理学生，都要"以道德端其规范，以法律束其身心"，学生才能被培养成通才，成为具有一等品格的领袖人才。他谆谆告诫学生："凡人求学，所以学人也，若求学者而不修道德，虽博学多能何益。"他认为道德是做人的根本，如果品行不好，就谈不上学问，即使学贯中西，满腹经纶，对社会国家也不会有什么好处，只能是为着一己私利的饭碗教育而已，甚至会对社会造成危害，还不如不去培养！

当然道德有新旧之分、虚实之辨，为适应时代的要求，不可能也不应该把旧道德原封不动地予以继承，把一些流于空谈的玄理当作信条，这点唐文治也是很清楚的。他所要求的是继承优良传统，"以至新之心理，发明至古之道德"。就

【1】唐文治：《国立交通大学工程馆记》(1933年)，《交通大学校史资料选编》(第二卷)，西安交通大学出版社1986年版，第10页。

是说要发扬中华民族优良的道德传统,树立新一代的道德规范。

以前一谈到儒学,好像从古至今对中国知识分子影响都是封建的、传统的,挟着坚船利炮余威的西学一进中国就把传统文化打败了,知识分子要全部转而走向西方道路才算救国救民,如果守住优秀的民族传统文化就是守旧,称之为不合时代潮流,一概打倒在地,这是不符合历史唯物主义观点的。唐文治发挥传统文化资源进行道德育人的内容相当丰富,主要包括致良知、立诚信、辨是非、养气节四个方面。唐文治推崇宋明理学,对王守仁提出的致良知学说尤有心得,在道德教育中致力于培养学生的良知,又以知行合一,使良知转化为行动。他又认为学生在校修业以"立诚"为要,人格的养成也始于诚信,开宗明义地将"诚"作为学生身心修养的根本,"正心修身之学,必先诚意"。辨明是非在唐文治道德教育中占据着重要地位,他认为一个国家的兴废在于民心,而民心则看是非之心的存亡,如果是非之心不存,天下就会大乱,国家也会消亡。在贫弱不堪、外强入侵的近代中国,唐文治还提倡气节。他要求学生养成如《通书》上所说的气节:"为直,为义,为严毅,为干固",当作为人的根本,在进入社会后,屹然特立,不为社会恶劣风气所同化,这样才能担当起国家大事。在外强侵凌、民族危亡之际,他还特别重视对学生进行爱国家爱民族的气节教育,经常向学生介绍古代志士的爱国言行,特别推崇岳飞、文天祥的诗文和他们的英雄气概。除了上述内容外,唐文治在1912年所著的《学生格》中,还阐述了作为学生应具备的基本品格,包括有恒、有耻、尚志、爱敬、尊师、公德、勤俭等方面。这些儒家理念放之以德治国的今天,依然熠熠生辉,有重新审视和汲取精华的必要。尽管唐文治充分吸收传统文化资源中的精粹部分,并尝试与科学教育结合以求实用,谋求儒家精神为现代所用,但由于受到个人思想和历史时代的局限,唐文治将儒家思想中的一些封建道德观念也包含进去,作为对学生进行德育的教材,这是不合时宜的。

唐文治对学生的科学教育不遗余力,而对道德教育更是躬行其事,费尽苦心。他将学校日常教务都交给教务长和各科科长办理,自己较多地专注于学生的道德教育。他严定各种学校规章来强化传统文化教育。教职员规章的制定主要"以本身作则"为宗旨,学生规章则专以"敦崇品行"为宗旨。他还亲自制定了"勤、俭、敬、信"的校训,在礼堂悬挂了摘自儒家经典的联幅:"好学近乎智,力行近乎仁,知耻近乎勇","虽愚必明,虽柔必刚","富贵不能淫,贫贱不能移,威武不能屈","所存者仁,所过者化",作为全体学生砥砺道德品质的共同标准。

唐文治在近代中国历史新旧制度更替,思想文化逐步多元化的时期兴办工程教育。当时科举初废,新式教育草创,学制尚未真正建立,实业教育风气未开,而学校又存在着设备简陋,师资短缺,经费无保障的境况,他抱着为国培养"领袖人才"的愿望,以坚忍不拔的意志,克服重重困难,为交大建成全国著名的理工科大学奠定了坚实的基础。同时他又为科学教育融入优良传统文化作了尝试,为探索近代高等工程教育的中国化、民族化进行了有益的教育实践。

三、渐趋成形的教学特色

以西方教育为师

中国教育现代化进程是一个向西方学习的过程,学习西方又经历了由日本而欧美的转变。交通大学始终走在向西方学习的前列。从清末的南洋公学到民国时期的上海工业专门学校,不管是教学管理还是学科学阶,教育内容还是课程设置,甚至于学生的课外活动上,都借鉴了西方行之有效的教育制度。在引进的过程中,主校者虽然做了诸多民族化的努力,却仍然具有浓厚的西方教育色彩。在以西方为师的过程中,学校也经历了先日本后欧美的过程。

大致说来,南洋公学时期主要以先行成功西化的日本为模仿对象,1906年改办工科之后转而直接学习欧美。南洋公学设立的师范院、外院、中院、上院四院制度,都模仿于日本分层设学的学制体系;公学设立的译书院和东文学堂,也是学习日本的体现。地理上的近便,相似的文化传统和近代命运,更兼之日本在明治维新后学习西方迅速步入强国之列,无疑为急切摆脱被欺凌地位的中国树立了榜样。学习日本其实是变相学习欧美的速成办法。然而,在改办工科后,学校以欧美科技和工程教育远较日本发达,遂直接师法欧美,逐步实现"先东洋后西洋"的转变。

　　其实,早在南洋公学创立不久的1897年,盛宣怀便聘任美国人福开森为监院,负责日常教务,学校一开始就渲染上了美式教育的色彩。到了专办工科之后,因工程技术及工程教育数美国最为发达,加之校长唐文治的推动,学校在教学管理、课程开设、教学内容和教学方法上,都以美国各工科大学为蓝本。向西方学习,是唐文治主校时期一贯的办学方针,也是唐文治尚实办学思想的内容之一,他期望用西方近代科学技术来培养振兴国家的实业人才。铁路、电机工程专科的建立,便是学习西方教育经验的表现,而要培养出高等工程技术人才,必须有赖于一支接受过近代工程教育并有教育经验的师资队伍。清末民初,国内懂得工程技术并且能胜任高等工程教育的教师稀缺,引进外籍教师成为必然。自从铁路、电机创办以来,工程专业课程主要依靠聘任外籍教员来担任,专业课的教师以美籍教师为主,在专科教师中约占到一半左右,有"半边天"之说,就连附属中学也任用了不少外籍教员。

土木、电机专科毕业师生合影(1916年)

凌鸿勋曾用"盛极一时"来形容当年他求学时外籍教员众多的状况,在他读附中的时候,"教英文的是一位英国人,教德文的是徐家汇天主教堂的一位德国神父,这对于正确发音,是很有益的。又物理和化学,都是美国人"。上了大学之后,外籍教师就更见增多,"专门学科的教授,多是美国人。我那时受教的,像土木科的万特克、毕登、朴尔佛,电机科的谢尔顿、桑福等,都是很好的教师。"[1]这些外籍教员在担任日常的教学任务过程中,也在无形中推进学校向西方学习的历程。他们关于培养人才、教学计划、课程设置的建议,常常为唐文治所支持和接受。洋教员"半边天"的师资结构,一直持续到20年代初,交通大学改组成立时才有了改变。出国留学人员的归国,特别是原先毕业于学校的留学生,如周厚坤、徐名材、杜光祖、裘维裕、凌鸿勋等,都于20年代初期回到母校任教,逐渐取代了外籍教员。他们把浸润多年的欧美教育方法与内容,如同当初的外籍教员一样移植到学校。

随着铁路、电机专科的增设,外籍教员的聘任日益增多,校长唐文治意欲效法西方,增设学科,创办中国人自己的工科大学。他一面呈请增设学科学额,扩大规模;一面致函我国驻欧美各国使馆,要求代为索取欧美各大学的现行章程,以资参考。法、英、美等国高等学校的办学章程及教学计划先后寄送到校,其中法国6册,英国18册,美国多达98册,成为学校参考西方各国教育制度之长的模本。1913年,学校趁着新政权革新教育之时,铁路和电机改为土木科和电气机械科之机,对专科的课程设置,都以美国大学的同类学科设置为蓝本,将最时新的专业课程吸收引进。如电气机械科原有的电灯及电力、发电机与电动机两门课分别增加了电车和变压器方面的内容,而变压器技术是19世纪末才在欧美工业发达国家得到运用的新技术,20世纪初期就被学校引入教学之中。教科书和参考书也直接购自麻省理工学院和哈佛大学等名校,教学内容直接与发达国家接轨,努力使专科所培养的学生达到欧美本科大学毕业生的水平,就连附中也部分采用了西方的原版教科书,课堂讲授也用英语。早期的交大成为中国向国外大学学习的主要学校之一。

---

[1] 黄昌勇、陈华新编:《老交大的故事》,江苏文艺出版社1998年版,第224页。

技击部成员在表演技艺（右前一为陆定一）

　　除了在教学上不断引进最前沿、最先进的科技课程外，还大力引进体育活动，从另一方面让我们领略到欧美大学生活的风格。学校陆续聘请了多位英美籍教师，把西方大学中的体育活动引入学生生活当中，足球、篮球、棒球、网球、田径、游泳等运动成为日常活动。学校经常与圣约翰大学、沪江大学等教会大学举行校际体育、英文演讲比赛，逐步形成了与西方大学生活相同的校园生活。

　　作为后发展国家，中国教育现代化基本是引进、学习西方模式。在借鉴西方现代科学教育时，唐文治并非照抄照搬，而是在倾力学习科学教育工程中，立足于本国实际国情，极力利用中国传统的优秀文化资源，使近代工程教育中国化、本土化的努力一直没有停止。在高薪聘任外籍教师的同时，也选派优秀毕业生出国深造，学成回国后充任专业师资；在引进原版教科书时，也鼓励本国教员编写讲义；一边注重外语教学，一边又极注意保存国粹；甚至在逐步西化的课外活动中，也融入技击、国乐等民族传统形式。

学以致用的课程设置

　　一所学校的课程设置，是体现学校教育宗旨和办学思想的重要内容，是人才培养工作的核心。早期的交大在建立工科大学的过程中，长期坚持求真务实的治校精神，以西方工程技术成果和高等工科教育经验为依据，结合本国工业发展需求和工程教育的现状，逐步建立起注重实践、追求实用的课程设置，以期造就"学成致用，振兴中国实业"的专门科技人才。

1907年学校办学方向转为工科后，先后设置铁路、电机专科，还替邮传部代办过航海科。在科目结构安排、课时分配、课程内容等方面，能渐趋合理充实。学校主事者延聘接受过西方高等工程教育、工程学上富有造诣的中外学者，共同拟订各科课程。铁路专科的18门课程，由毕业于美国康奈尔大学土木系的胡栋朝主持，并参酌詹天佑的意见制订而成；电机科的14门课程，系美籍教授海腾、谢尔顿先后编订。所设课程中数学、物理、化学等自然科学占到很大的比例，数学授课两年半，一、二年级每周6小时，占到全部学时的13.6%，物理、化学合计每周5至9小时，高于承担"保存国粹"任务的国文课课时，反映出学校自设立工科初始便重视工程基础理论课的教学。工程技术的专业课程设置比重更大，门类较多，占到总学时的80%以上。尽管某些课程内容缺乏深度，分类不够细化，但这在我国高等工科教育处于起步探索阶段，师资设备、课本教材极其匮乏的情况下，实属难得。这是唐文治提倡"趋重实学""学成致用"的具体体现。

1912年，民国政府在教育方面进行了革新，颁布促进实业教育的法令，推动了工程教育的进程；西方科技与工程教育也日益发达，并通过各种途径传播到我国，给我国工程教育注入养分。有利的外部发展环境，加上自身办学经验的日积月累，学校教育水平有了较快的提升，在课程设置方面尤为显著，课程内容的广度、深度及规范性等方面出现了一些新的变化。1913年学校对课程设置做了较大的调整，出现了不小的变化：数量增加、结构合理。在数量上，土木科由原来的18门增加到28门；电机科开设的课程由14门增至23门；1918年设立的铁路管理科则达47门之多，超过了当年大学本科开设的课程。每门课程中又加以分门别类，如材料力学内分钢铁、木材、水泥力学等。在结构上，公共课的比重下降，技术科学和工程技术课程比重增加，土木科的技术科学课程由20%左右上升到33.4%，增设了应用力学、水力学、电气工学大意等课程；工程技术课程由30.8%上升到近40%。这种课程结构明显倾向于工程技术的实用教育，课程内容的广度、深度也有所扩展加深,教学水平有所提高。此外,课程还重视经济和管理知识,各学科保留了原有的工业簿记,并增设了工业经济和工厂管理法两门课。当时,我国工程技术人员稀缺,懂得管理实业的人才更是奇缺。具有工科背景的人才学一点管理学和经济学知识实为社会急需,开设这些课程的目的也是使学生"学成致用于实际"。开设工厂管理法是我国高等教育课程设置的首创,也是学校以后增设铁路管理科、走向工管结合之路的前奏。

　　工程教育欲达到良好效果,实验和实习是不可或缺的手段。按照清末学部的规定,高等工业学堂应当建立各种实验室和实习工场。实际上,能够建置实验、实习设施的学校微乎其微,不少学校或因当权者不重视,或因经费拮据设备简陋,实验仪器质量不高,实验、实习难以开展。学校在刚刚开办工科时也经历过这种困境,苦于无资金添置设备、建设实习工场,就没有单独开设实验和实习课,而是边讲课边实习。唐文治接任监督后,把添置实验设备、建造实习工场,视为造就求实务实专门人才、实施尚实办学思想的措施之一,相当重视实验和实习。在上任第二年(即1908年)他就呈文邮传部,称"讲求实业,不能不资试验,欲资试验,不能不建工场"。在辛亥革命前,学校经费十分困难的情况下,学校

土木专科二、三年级学生赴外地实地测量合影(1916年)

还是相继建成了铁道测量仪器室、金工厂、木工厂、水力实验室和电机实验室,成为国内最早的研究实验机构,实验、实习设施在同类学校中也最为齐备。实验、实习课程在建立实验室和实习工场的过程中渐次开设,列为必修课,同时校外实地实习也在尝试进行。1909年铁路专科学生11人由美籍教师、工程师古德带领,率先走出校门,远赴杭州宝云山一带进行野外测量实习,开始了学校历史上第一次校外实习。实习为期一月余,"将西湖山水全体测量,绘图贴说",要求学生每天向领队老师报告,如实书写实习日记。在实习日记里要说明实验方法的大意、效果、存在的问题等作备考,以求不断改进。实验、实习课程从无到有、从校内到校外逐渐开设起来。

民初以后,学校将实验和实习课单独开设,制订规章制度,逐步走上正轨,成为重要的教学环节,在教学中占有相当高的比重。1913年,教育部发布的《实业学堂规程》中,关于土木和电气机械科的实习,只有"通习科目"(即物理、化学和专门课)的实验实习。而学校课程设置中除"通习科目"的实习以外,还开设有专业课的实习如测量学实习、电气及磁气实习等。土木科的专业课实习时间每学期达180学时,电气机械科则达200学时,大大超过了教育部的规定。学校也逐步形成了一套比较严格的实验和实习制度,规定先讲课后实验或实习的课程,如物理、化学、桥梁计划、建筑学等,必须通过基础理论考试,才可以参加实验实习;每次实验或实习前,必须预习写出准备报告,经教师审查批准后进行;实验或实习过程中,学生必须详细记录各项数据,经教师核对,若有错误必须重做,务必做到精确无误;做完后的当天就要写出报告,要求内容准确,条理清楚,字迹工整;毕业前一个月左右的时间去外地实地实习,一般土木科进行一次测量实习,找一个山峦起伏、地形复杂的地方,进行设计铺设路轨的实地测量实习;电气机械科赴武汉、南京等地的大工厂实习参观。后来毕业班还增加了一项毕业设计,相当于现在大学毕业论文,如1920届土木科的毕业班每人做一个钢铁桥梁设计。实践性教学内容的增多,教育方法的规范,使得注重实践、追求实用成为学校课程设置的显著特色。

从专科设立及其课程设置的变迁中,还反映出学校并非安于现状,而是善于探索,主动考虑,对当时的学制和课程设置进行了有益探索,这种自主精神显得尤为可贵。对于政府颁布的教育法令，学校往往结合自身的实际情况斟酌进行。如1903年清政府公布的《奏定高等农工商实业学堂章程》，规定高等工业学堂应分设建筑、染色、机织等13科，但学校创设的铁路、电机、航海科，均不在规定之列。1911年邮传部指示学校，"中学数学课程需学至微分为止"。在唐文治主持下，经过教务长胡栋朝、数学科长梁业认真研究，一致认为"中学不宜学微分"。随后，学校向邮传部做了陈述，邮传部批复同意学校意见，中学数学课上至经纬几何为止，不习微分。1913年，铁路、电机改名为土木、电气机械科之后，教育部指示学校"所有各学科科目，查照本部部令以及前项专门学校规程详细更改"。学校也不拘泥于教育部指令，而是根据土木和电机两科的实际情形作了调整。如土木科比规定的少了4门，而在定章之外又增开了9门。学校认为"虽间有参差，而学成致用于实际尚未窒碍"，要求主管部门"实事求是，当不以文法相绳"。[1]教育部、交通部也同意了学校的课程设置。学校的自主权与隶属关系尤为相关，无论是清末还是民初，学校都归主管交通邮电事业的邮传部、交通部管辖，办学经费、人事安排乃至毕业生出路均先后归上述两部直辖，而与学部、教育部较为疏远。正是这种特殊的隶属关系，学校在执行政府的教育法令时，只要经过主管部门的认可同意，即便有所出入，教育部门也就不多加干涉，听其自便。学校能够据理力争，根据当时中国铁路及邮电事业的实际需求，参照欧美有关学校成规设置学科课程。保持相当的自主性，与学校一贯主张学以致用的教育方针也是分不开的。

中西文教学并重

唐文治时期的交大，在社会评价中赢得了一个"三好"学校的好名声，所谓"三好"即"科学好、中学好、体育好"。"科学好"，作为一所办得卓有成效的工科学校来说，这点应该说是毋庸异议；唐文治校长在校内又不遗余力、持之以恒地

【1】唐文治：《致交通部公函商讨教育宗旨》(1913年)，见《交通大学校史资料选编》(第一卷)，西安交通大学出版社1986年版，第161页。

倡导各种体育锻炼和竞赛，"体育好"也是不难做到的。在一般外人看来，工科学校学生主要是学习工程技术知识，至于中文与写作，只要会写报告和公文就行了，"中学好"既不是必需，也难以做到。然而，由于唐文治校长对于国学教育的极端重视和严格要求，校内人文风气浓厚，学生国文根基深厚，"中学好"也成为社会赠予学校一项不可多得的校誉。

"国文敝则精神亡"，唐文治把国文比作国民之精神，将国粹看作传承中国数千年优良文化的载体，宣扬国粹是道德教育的一个主要方式，因而十分注重国学教育。针对西学东渐之下教育界强调西学而轻视国学的状况，他非常忧虑，以为那将会丧失本国文化，学生品行绝难养成。来校上任不久即重订学校宗旨，在重视实业教育的后面加上一句："并极意注重中文以保存国粹"，"极意"两字中显示出唐文治重视中文的决心。在设置了铁路和电机两个工程专科后，学校于1909年增设了国文科，不招专攻文学的学生，而是专职加强工程专业的国文教学。增设国文科可以说是我国高等工科学校设立中文系的先河。学校还从各个环节上采取多项措施来提高学生国文水平。无论是专科，还是附属中小学招生时，录取与否首先看考生的国文成绩。批改试卷时，如果国文成绩太差不及格，其他试卷就不再批阅了。考入南洋的学生不仅数理化要好，国文也要相当好。当年凌鸿勋入学时就是因为中文出色，得了95分，而以第一名的成绩被录取。

国文除了作为一门主课被重视外，唐文治还给学生开"小灶"。每个星期天上午，学校组织课外国文教学，分设甲乙两班，学生可以自愿参加。甲班由唐文治亲自授课，他结合道德教育对学生讲授经学，十数年来如一日从不间断；乙班由国文科科长李颂韩讲授。唐文治在主持校务的后期，他双目已近失明，但仍然让人搀扶着上讲台，背诵经文一字不差，讲解精微透彻。1908年学校又成立了国文研究会，每年组织举行一次由大、中学生参加的国文大会（即作文比赛），时间定在每年孔子诞辰日9月28日前一个星期日上午。唐文治亲自参与命题、改卷。会考结果在中国古代伟大思想家、教育家、儒学创始人孔子诞辰日发榜，作文成绩名列前10名者分别奖给金牌、银牌、铜牌及书籍等。唐文治还选印历年国文大会的菁华文章，于1914、1917年编印《南洋公学新国文》共12册，由商务印书馆代售，成为风行一时的语文课本。国文大会从1908年开始至1920年唐文治离校,13年来从未间断过。以后学校以国文会考的形式将之延续下来,至新中国成立前一直成为学校教学上的一大特色。国文课本由唐文治和国文教师自编,唐文治编写的课本有《曾子大义》2卷、《论语大义》20卷、《孟子大义》7卷等数十卷,全部不离经学精华,旨在阐发孔孟之学,宣扬儒家大义,陶冶学生性情。唐文治注重国文的目的名为保存国粹,实际是在渗透道德教育。正如1906年入学的朱善培老校友深情地回忆说:"唐校长之讲国文,不独要传授我们作文的方法,还随时教导我们做人和做事的道理,如唐校长者,真不愧人师矣!"

道德教育的效果当然是不言而喻的,一贯加强国文的做法更是值得肯定的。它为文理渗透、工文并重的教育模式进行了初步的尝试,造就了一批品学兼优、文理兼通的早期中国科技人才,如凌鸿勋、丁西林、杨荫溥、鲍国宝等。同时,浓厚的人文教育环境还影响了一些学子成长为文化界大家,如著名新闻工作者、文化斗士邹韬奋,图书馆学家杜定友等人。从附小、附中直至电机专科,爱好文学的邹韬奋从1912年起到1919年在交大读了7年,在他"勉强向着工程师之路前行"的自嘲中,并没有被科技符号淹没文气,反而在传统文化浓郁的交大得到充分的熏陶和滋养,几乎年年因国文成绩优异被列为免费优待生,避免了因经济困难而失学,更使他得以继续徜徉在自己喜爱的文史之中。他在回忆录中盛赞母校重文之风:"这个学校注重工科,但因为校长是唐蔚芝先生,积极提倡研究国文,造成风气,大家对于这个科目也很重视……倘若不是这样,只许我一天到晚在X、Y、Z里面翻筋斗,后来要出行便很困难了。"[1]

在重视中文教育的同时,学校也特别注重外语教学。外语是向西方学习的桥梁。在当时我国工业技术和工程教育都很落后的情况下,急需引进工业技术及其教育,作为中介工具的外语就显得至关重要。因此,重视外语教学在很大程度上可以反映学习西方的决心和积极态度。早期交大对学生的外语教学显得尤为重视,注重提供外语语言实践的机会与场所,使得外语特别是英语成为历届学生的一项"额外"特长。

南洋公学时期学校就对外语的工具作用比较重视,第一任监院福开森在主

【1】《韬奋忆交大》,见《交通大学校史资料》(第一卷),西安交通大学出版社1986年版,第278页。

管教务时,注意培养学生的外语听说读写能力,在教学一开始就努力使学生会正确地阅读和书写,而不仅仅只是掌握英语知识,还要求学生学习多国语言。蔡元培主持特班时,认为日语易学,从日语书中也可以及时了解世界发展情况和先进知识,就以"强读日文书"的简易方法教授学生,因此特班学生均能够读懂日文,部分学生还能翻译日文原著。唐文治主校后,办学更是力主向西方学习,引进一批外籍教师、教材;同时不断派出优秀毕业生到欧美留学深造。他认为,要学习西方深邃的科学,如不熟练地掌握外国的语言文字是难以办到的。他曾说:"无论何种科学,均须熟娴文法,方能窥其精奥。"[1]因此,他特别重视培养学生的外语能力,英文课教学从小学三年级开始,每周6小时,到四年级增加到9小时,成为和国文并列的主要公共课程。在中学和预科,英语和国文、数学一起被列为主课,此外开设法文和德文等第二外语。除国文、手工、体操外,中学教师讲课都用英语讲授,课本也都采用英文的教科书,给学生营造了良好的学习语境,同时也给学生带来无形的动力,要想绝大多数科目获得好成绩,必须过了英语这一关,否则就连课都听不懂。初创阶段外籍教师尤多,课程除国文外都用英语教学,这时期经过小学、中学多年的训练,一般的学生基本能够通过语言这一关了。

在课堂教学之外,早期交大相当重视课余的外语教学活动,这一点与国文有相似之处。继设立国文科以后,1910年又成立了一个西文科,并为全校学生开设正课之外的外语补习班。补习科目有英语、德语、法语三种,程度较高者还可以选习拉丁文,学生可以自愿报名选习。同年,学校成立英文会,全体学生一律为会员,以会话演讲为主要活动,定期举行班级、学校的英语竞赛,培养学生的学习兴趣和听说能力。英文会还极力督促学生适应英语授课的语境,倡导全校"在英文课及英文教授各课时,误用国语一语者,专科生罚铜圆二枚,(附中)二、三、四、五年级罚铜圆一枚,初年级生免罚"。[2]英文会为学生学习英语提供了一个平台,丰富了学生课余生活。英文会倡导的英文演讲竞赛,成为中华人民共和

【1】 唐文治:《正课之后拟添设西文补习课》(1910年),《交通大学校史资料选编》(第一卷),西安交通大学出版社1986年版,第186页。

【2】《邮传部上海高等实业学堂英文会会章》(1910年),《交通大学校史资料选编》(第一卷),西安交通大学出版社1986年版,第187页。

国成立前交通大学一项重大的竞赛活动。为训练外语的书面表达能力，学校规定专科生做作业和实验实习报告等均需以英文书写。经过多年的严格训练和课外熏陶，专业课乃至部分中学课程的教学，能够直接以英文传授，这在高等专科性大学中实属少见。当时各校专业课程的教学，多采用所谓"二重讲演法"，即外籍教师用外语讲一次，再由译员用中文讲一次，一个学时的授课内容要用二个学时才能勉强完成，效率较低。较高水平的外语教学，使学校能够与发达国家的先进教育接轨，可以直接订购西文原版教科书，学生毕业后留学英美，对英语均能应付自如。邹韬奋在其回忆录中说南洋公学的英语教育，给他留下了"永远所不能忘的厚惠"。凌鸿勋1910年进校时因"英文程度太差"，被插入预科"四年级试读"，教师是一位英国人，受其师之益及英文教学的氛围影响，英语成绩猛进。凌鸿勋一口流利纯正的英语，由此打下了良好的基础。这一时期学生的外语达到了较高水平，大多具有良好的驾驭英语的能力，在社会上口碑甚好。良好的英语教学可谓是交大早期的一大办学特色。

第三章　享誉中外的东方MIT

　　"中国导弹之父"钱学森,系交通大学机械工程学院1934届高才生,毕业后即考取清华留美公费生,一年后赴美国麻省理工学院(MIT)航空工程系学习。他刚到MIT就有一个"惊人"发现:交通大学的课程安排全部"照抄"此校的,就连实验课的实验内容也都是一样的,交通大学是把MIT搬到中国来了! 是中国的MIT。其实从20世纪20年代起,交大"东方MIT"的美誉,已经得到社会各界的广泛认同。1930年10月在黎照寰任交大校长的就职仪式上,上海市市长张群就说:"交大的地位,在中国可谓首屈一指的,而且是唯一的工业教育学府。外人看来,仿佛交大是英国的剑桥、美国的麻省理工学院。"

一、组建交通大学

叶恭绰合组交通大学

1920年12月14日，是交通大学校史上具有历史意义的一日。时任交通总长的叶恭绰在提交徐世昌总统的呈文中提议，为统一学制起见，将交通部属的四所学校：上海工业专门学校、唐山工业专门学校、北京邮电学校、北京铁道管理学校，列为大学分科，而以大学总其成，名曰：交通大学。对交通大学来说，这是一个十分重要的提案。1921年5月，交通大学正式合组成立，上海工业专门学校相应改组为交通大学上海学校。从此，交通大学这一校名虽历经风雨，却传承不辍。在21世纪的今天，由于历史渊源而沿用交通大学这一校名的学校在全国已有五所，即上海交大、西安交大、西南交大、北京交大和新竹交大。

叶恭绰校长的签名照（摄于1918年，1950年题记）

交通大学得以合组成功，叶恭绰功不可没。叶恭绰（1881～1968），字誉虎，号遐庵，广东番禺人，早年毕业于京师大学堂仕学馆。在清末民初直至北洋军阀动荡不安的政坛中，叶恭绰长期位居交通要津，系一度能够左右北洋政坛的重要派别"交通系"的大员之一。1913年9月代理交通部总长，1917年7月任交通部总长，兼任铁路督办、邮政总局局长。叶恭绰是一位交通救国论者，提倡交通救国，重视交通教育，发展实业，为我国早期的交通事业及交通教育作出了很大的贡献。

对于刚刚从闭关锁国的天朝大梦中苏醒过来的中国来说，以蒸汽机、电力为动力的现代交通是一项崭新的事业,急需实行新式教育,培养新式人才。叶恭绰能够清醒地认识到交通与教育的关系,他曾言:"国家实力之展拓,以交通之发达为始基,而一切事业之设施,尤以人才之适用为先着,是交通与教育二者,倚伏相同,关系至密。"早在1918年,叶恭绰远赴欧美、日本等国考察实业和文化教育。美国的实业教育、德国的职业教育、法国的分科设系,这些成功的教育典范使他感触不已。他认识到学校的任务是要精研学术,培养人才,辅佐实业发展。反观我国教育,学理与实用脱离,学非所用,教授方法亦不合世界潮流。在中外教育对比的反差中,革新交通教育的抱负在叶恭绰内心悄然萌发。

1920年8月,叶恭绰在纷扰的政坛中又一次入阁,被任命为交通总长。身居要职为叶恭绰展示自己的抱负提供了难得的机遇。然而令他遗憾的是,偌大一个交通部,仅有技正4人、技士10人。专业技术人才极度匮乏的现实压力,加速了叶恭绰改组交通教育的步伐。

当时,交通部下辖专门学校四所:上海、唐山各有工业专门学校一所,北京有铁路管理学校和邮电学校两所。其中,上海办校历史悠久,规模较大,程度较高,学科也最多,有土木、电机、铁道管理三个专业,学制均为四年。不过,叶恭绰有这样一个疑问:"各校历史悠久,成绩甚佳,尤其是上海、唐山两校,程度已与欧美同类大学的一、二年级相当,何以所出人才究不敷用?"心存疑惑,叶恭绰于1920年12月间派员分赴各校,进行实地调查,发觉所属学校存在着不少需要改进之处。组织管理上,四所学校散居各处,各自为政,缺乏明晰划一的组织系统;专业设置不合理,有的专业各校重复设置,有的专业各校都没有,造成有限办学资源的浪费;学科程度上,四校均为高等专门性质,实际程度却不齐,上海、唐山两校已经达到本科水平,然而从四校总体水平来看尚未达到大学本科水平,难以培养出高深技术人才;实习安排上,实习阶段如何支配,与教学内容如何呼应,实习机关如何分派与管理,都需要有统一机构进行调度。以上诸多弊端,阻碍着交通专才的培养,叶恭绰决心要以"南洋为中坚",对交通教育进行根本的整顿。

1920年12月,叶恭绰正式呈文北洋政府,意将四校学制统一,改善课程,提高程度,统合于"交通大学"名下。提案经过国务会议议决后,交通部便着手进

交通大学上海学校时期校门（1921—1922年）

行改组。月底，交通大学筹备处成立，交通次长徐世章负责筹备事宜，交通部要员郑洪年、关赓麟[1]及四校校长共13人为筹备处帮办。次年1月，筹备处拟订出《交通大学大纲》，经叶恭绰呈准后正式公布。大纲共14章38节，对各校校址、经费来源、学制学程、行政系统、组织职责等分章逐节都作了详密的规定，成为改组的指导思想和行动准则。

依据大纲第六章设立董事会的规定，筹备处推举严修、唐文治、叶恭绰、张謇、梁士诒、徐世章、凌鸿勋等17人为董事，组成交通大学董事会，代替筹备处，成为交通大学最高决策机关。董事会具有制订教育方针、推举校长、筹划经费、核定学科与规章等重要责权。董事会系参考了国内外大学领导管理经验，也是叶恭绰处心积虑为交大设计的管理体制，以"久远之图，宜免受政潮之影响"[2]。不过，在动荡不堪的年代，它的设立却为一年后的学潮设下了伏笔。3月9日，在北京召开第一届董事会议上，叶恭绰当选为首任交通大学校长。不久在校长之下设立总办事处，总理各校事务。随着决策机构董事会、最高行政校长及总办事处的确定，交通大学一场自上而下的改组终于正式启动。

按照改组规划，沪、唐、京三地四校合组成为交通大学，上海工业专门学校改称交通大学上海学校（交大沪校）；唐山工业专门学校改称为交通大学唐山学校（交大唐校）；北京两所学校合并，称为交通大学北京学校（交大京校）。各校负

【1】 关赓麟（1880～1962），广东南海人，曾任北洋政府交通总局局长，著有《瀛谈》等，1922年6月至8月任交通大学校长。

【2】 遐庵年谱汇稿编印会：《叶恭绰先生年谱》（1946年），第174页。

责人称主任,相当于各分校的校长,具体负责分校事务,人选由校长提名后经董事会批准任命。4月,各校主任聘定,张铸[1]为沪校主任,凌鸿勋为副主任;罗忠忱为唐校主任,茅以升为副主任;胡鸿猷为京校主任,钟锷为副主任。各校主任均由校长叶恭绰亲自遴选确定。他们大都是出国深造过的学有专长之士,而且均与各自任职学校有着深厚的渊源关系,熟悉学校的人事与基本情况。茅以升是唐校的毕业生,张铸、凌鸿勋均是早年的沪校毕业生,凌鸿勋还是改组前上海工业专门学校的代理校长。京校副主任钟锷,1911年沪校电机科毕业生,据老校友回忆,是他在任职交通部技正时提议叶恭绰合组部属学校,定名交通大学。5月1日,叶恭绰校长和各校主任在北京举行就职仪式,随即分别赴任。12日,张铸到沪校视事,受到师生一致欢迎。这种权力集中于董事会和校长、事务由分校主任负责的一校三地行政管理制度顺利建立起来。

为了统一学科,避免专业重叠的积弊,校董事会决定将办学资源合理重组,各校相同专业调整一处,专门办理,并提升到本科程度。按照规划,沪校专办理工部之电气科、机械科;唐校专办理工部之土木科;京校专办经济部之管理科。据此,沪校的土木科应调归唐校,铁路管理科迁至京校;同时,将唐校新设机械科和京校电气工程班调归沪校。调整方案出台后,各校师生对于这些调整及人员迁移大都不满意。沪校土木科学生首先反对迁移唐山,并运动南洋公学同学会致函董事会,要求土木科南北分设,维持原状。对此,董事会予以断然回绝。沪校铁路管理科移京后被作为本科看待,而京校学生因其学业程度所限仍被看作专科班,对此京校学生又群起反对。董事会以为,沪校管理科原为4年学制,程度较高,而京校仅2年,课程较简单,因此不予同等待遇。在克服了种种阻力后,学校的改组调整事项于7月全部完成。

1921年8月1日起,学校正式对外改称交通大学上海学校,英文名称是:Chiao Tung University, Shanghai Branch.校门匾额上方悬挂叶恭绰手书的"交通大学上海学校"镏金大字。9月10日,改组合校后的交通大学正式开学,京唐沪

【1】 张铸(1885~?),江苏江浦人,1905年毕业于南洋公学,曾任北洋政府交通部主事。1921年4月至1922年6月任交通大学上海学校主任。

同时举行开学典礼。叶恭绰校长就近参加了京校开学典礼,派郎国桢为代表到沪校宣读叶恭绰开学致辞,宣告交通大学成立。开学致辞反映了叶恭绰的教育思想,寄托着办理交大的美好愿望。他在致辞中说,交大的创学宗旨是培植技术人才,拥有"宏儒硕彦"的教员和"俊髦优秀"的学生,管理师法欧美,设备酌备中西,虽然地点分散,然而精神团结。他倡导学术独立,勉励交大学子"研究学术,当以学术本身为前提,不受外力支配,以达到独立境界"。[1]他还信心十足地预言,交大虽出世较晚,较之欧美先进大学相形见绌,然而这些学校的成功经验交大可以直接"拿来",走过的弯路交大可以绕开不走,再用最新最快的方法,奋起直追,"未必无同趋一轨之日"。叶恭绰相信,交大只要学人之长,避人之短,后起直追,也能够进入世界大学的前列。

改组后沪校校务出现了蒸蒸向上的新气象。学校正式转变为4年制本科,提升了大学规格。学校在资源整合、程度提高的改组过程中,吸纳新文化运动带来的教育革新成果,借鉴了国外先进大学的优良经验,初步建立起现代大学制度。学校确立以学术为中心,以应用为目的的教学目标,制定了一整套具有现代意义的学校规章,教学管理实行学分单位制,专业细分门类等,各科内部高年级又实行分门,使学科走向细化、专业化,适应了中外高等教育发展趋势,此举被叶恭绰称作为"我国专门教育中的创举"[2]。这些都是现代大学制度的具体体现,也是交通大学改组取得的最大收获。张铸主任勤勉任事,热忱母校教育事业,为沪校顺利改组和发展起到积极的作用。他工作踏实,平易近人,根据总办事处的方略进行校务整顿,辞去一批不称职的教职员,延揽一批年富力强的知名教授,如在留学界有名的"南中三杰":周铭、胡刚复、胡明复。张铸还提出了更为宏伟的发展规划,计划进一步扩展学校规模,增强学术研究,添设研究院,颁给硕士、博士学位案,增设理科,分立数学、物理、化学三系等。

尽管叶恭绰合组的交通大学受1922年夏北洋政府政潮影响而解体,分成南洋大学、唐山大学、北京交通大学三所大学,仍隶属交通部。不过在1928年,南

【1】《交通大学开幕,叶恭绰校长致词》,《交通大学月刊》(1921年)第1期。
【2】叶恭绰:《交通大学之回顾》,《南洋大学卅周年纪念征文集》(1926年)。

京国民政府交通部部长王伯群依照叶恭绰当年的做法,对部属大学再次进行改组,将南洋大学、唐山大学、北京交通大学三校合并,组成"国立交通大学",以上海为校本部,校长常驻上海办公,唐山、北平为隶属本部的两个学院。一校三地的体制一直延续到抗战胜利之后,1946年交通大学分为三校,上海部分仍称为国立交通大学,唐山部分组建国立唐山工学院,北平部分组建国立北平铁道管理学院。中华人民共和国成立后,交通大学演变成现今的上海、西安两所交大,唐山工学院、北平铁道管理学院分别发展成为西南交通大学、北京交通大学;部分迁移台湾的交大校友在新竹恢复"国立交通大学",现今与阳明大学合并,成立阳明交通大学。在分分合合的历史变迁中,五所交大演绎成"天下交大是一家",均为我国现代、当代著名大学。抚今追昔,交通大学能够发展成为我国重要学府之一,其缔造者叶恭绰实厥功甚伟。

董事会风波

1922年5月,改组不及一年的交通大学爆发了董事会风波。这场风波前后持续了近一年,期间四易校长,校务陷入停滞状态。引发董事会风波的直接导火索是1922年4月底爆发的第一次直奉军阀混战。在这次战争中,直系取胜,亲奉系的"交通系"梁士诒内阁随之垮台,交通总长兼交通大学校长叶恭绰被迫流亡国外。5月,直系高凌霨署理交通总长后,借口清除"交通系"宿弊,大批裁撤原班人马。又以交通大学系部属学校,制定教育方针、校长任用、筹划经费等权力应该属于交通部,将原设董事会制度撤销,并把《交通大学大纲》中的"董事会"一节删除,直接任命交通部参事陆梦熊[1]兼任校长。

叶恭绰当初设立董事会,意在使学校教育免受变幻莫测的政局左右,不因个人的政治生涯浮沉而飘摇甚至于中断,用心可谓良苦。可是在董事会的实际运行中,又带有浓厚的政治色彩,首届17位董事中除了严修、张謇、唐文治三位

【1】 陆梦熊(1879～1940),上海崇明人,南洋公学特班生,曾任北洋政府交通部次长。1922年5月至6月任交通大学校长。

社会名流外，全数由交通部要员充任，政潮风起，部员董事云散。且董事会选举叶恭绰为校长，绝大多数董事又是叶恭绰的属员，难能真正的行使监督职权。自1921年11月后，董事会就没有召开过一次会议，实际停止了运转。当时各校学生对于这个"形同虚设"的董事会也不大在意，因此，董事会撤销解散后也未能立即引起学生们的关注。

直到5月23日，交通大学京校来电说陆梦熊无端撤换了京校主任胡鸿猷、副主任钟锷和唐校副主任茅以升，且变更学制，任用私人，故提议交大三校共同驱陆。随后，京、唐两校学生代表分别南下来校，向沪校学生通报陆梦熊这位"非法校长做了许多非法的事"，两校已发起驱陆行动，要求沪校学生亦起而驱陆。沪校学生会遂向陆梦熊和交通部分别发了一份电报，表示对京、唐两校学生的声援。给陆梦熊的电报直言他解散董事会，任用私人，其行为不足以掌校；且称他乘着政潮之机谋取到校长职位，并非由董事会选举产生，是个"非法"校长，学生"誓不承认"，敦促他早日引退。致交通部的电报呈请恢复董事会制度，认为董事会制度为大学根本和学校的最高机关，可以改组却不可取消。

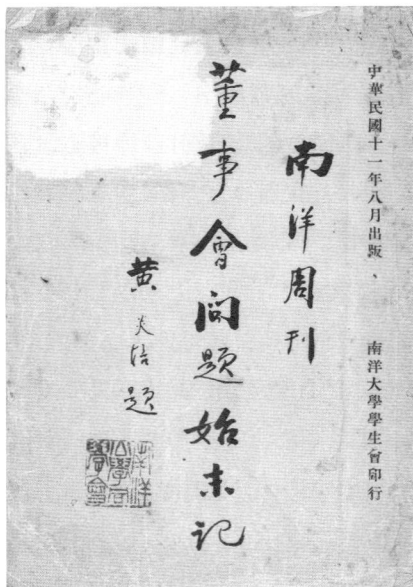

电报发出后，学生们没有得悉陆梦熊辞职，却得到沪校主任张铸被撤职的消息。陆梦熊怀疑沪校学潮暗涌为张铸所鼓动，遂撤了他的差使，以副主任张廷金取而代之。6月3日，在深受学生拥戴的张铸离校当天，学生群情激愤，齐聚上院大礼堂，决议实行罢课，反对陆梦熊校长，力争董事会制度继续存在；张廷金对于主任一职亦屡辞不就。5日，沪校全体学生罢课，并派学生代表杨立惠等8人即日赴京请愿。随后京、唐两校也举行全体罢课，驱陆运动进而发展成为力争董事会的风潮。在向社会各界发布的罢课宣言中，沪校学生会明确提出了他们的

记录董事会风波的《南洋周刊》专刊"董事会问题始末记"（黄炎培题，1922年8月）

要求：重组董事会为巩固大学根本，选举合法校长，使神圣之大学近则不以一二人私意而破坏，远则不以政治变化而颠危。[1]可见，学生的最低要求是反对陆梦熊当校长，最高目标是使学校脱离政治漩涡，不为政潮所牵动，而力争董事会是实现上述两项要求的途径。

为什么学潮一起，董事会便成为学生力争的焦点呢？一方面董事会是驱逐"不法"校长当政的依据，更主要的是董事会制度所蕴含的脱离政治的大学自治精神，正是学生们所希冀的。五四运动后，面对北洋军阀连年混战，政潮迭起，教育事业一再受到摧残，以蔡元培为首的中国教育界人士发起了一场主张教育应脱离政治的影响、教育经费与行政自治的教育独立运动。这场教育独立思潮浸染了学生的思想，在驱逐校长过程中，董事会制度进入他们的视野，也为他们实践教育独立找到了现实的凭借。这里学生们力争的是不能牵入政潮的董事会制度，而不是去恢复那个有名无实的原董事会，这使得以取其内核、弃其形体的学潮富有特殊的时代意义，也让这次风波变得尤为波澜曲折、旷日持久。

经过五四洗礼的新青年，有着丰富的斗争经验和无畏的勇气。在学生会的组织下，学生们从罢课一开始就显示出不达目的不罢休的顽强意志。在罢课的当天，教职员召开会议对力争董事会表示支持，但劝导学生不要采用罢课的手段。学生会则认为罢课已经进行，不可能骤然复课。一般说来，毕业班学生为不影响毕业与就业，大多对罢课活动取消极态度。然而对于这次行动，离毕业不及月余的本科及附属中学四年级学生亦一致投入其中。他们甚至声称，拒绝接受陆梦熊签发的毕业文凭。

学生们的奔走呼吁，得到社会各方人士特别是南洋校友的同情和声援。前校长唐文治、王清穆，社会耆老张謇吁请交通部尽快恢复董事会制度，以平息学潮。6月9日，沪校全体教职员也电请交通总长暂代校长，即行召集董事会选举正式校长，以解决罢课风潮。上海各大报刊对罢课给予舆论的支持，6月9日《时事新报》发表时评《社会上对于交大应负的责任》，向社会倡言：交大这次的罢课风潮其目的何等正大，用意何等光明，社会上一般明达人士当然都应该给他

【1】南洋大学学生会编：《董事会问题始末记》（南洋周刊专刊，1922年8月）。

们同情。南洋公学同学会给予了母校学生最大的帮助。6月8日，南洋公学同学会董事黄炎培、穆湘瑶、胡敦复等联名致电交通部，认为董事会是化解风潮的关键，欲谋根本解决必须设立不涉政潮的董事会。同时，商请唐文治、张謇等发起召集原董事会议，解决风潮。

在学生坚决斗争和强大的社会舆论压力下，6月12日，交通部将成为众矢之的的陆梦熊撤职，并口头应允重组董事会。正当学生们拍手相庆、准备复课之际，忽然接到交通部任命关赓麟为校长的消息，而董事会重组之事却只字不提。感觉受到愚弄的学生们当即致电交通部和关赓麟：在董事会未正式解决前，无论何人掌校概难承认。罢课仍然一如既往。黄炎培等人一面劝导学生复课，一面敦请前南洋公学监院福开森等名流出面调解。19日，专程从北京赶来的福开森与黄炎培、胡敦复等人一起来到学校，面见全体学生，表示愿意同赴北京代为力争董事会，吁请学生复课。学生会决议于次日一律上课。复课当天，南洋公学同学会胡敦复、赵晋卿、穆湘瑶三人，同福开森一道赴北京交通部，会见关赓麟，得到的却是交通大学即将重新改组，分设沪、唐两大学的消息。

6月22日，国务会议通过交通总长高恩洪的提案，决议再次改组交通大学，将学校分为两校：沪校改名为交通部南洋大学，唐校改为交通部唐山大学，各设校长，原北京学校各科分别编入沪、唐两校。交通部的拆校之举，意在破坏三校的联合请愿行动，不过实际上造成沪校的独立，对此沪校师生并不反对。1922年7月，沪校重新独立出来，挂牌为"交通部南洋大学"。

交通大学正式改设沪、唐两校，从未跨进沪校半步的关赓麟校长一职就已名存实亡，不日他便自动解职。但是交通部对董事会的重组不置可否，董事会仍然是个悬案。7月底，交通部置董事会问题于不顾，再次直接任命交通部参事雷光宇为南洋大学校长。南洋学生依旧不予承认，致函雷光宇不便来校就职。雷光宇也知难而退，辞却此职。8月，交通部再派外交界人士卢炳田[1]为校长，学生会仍以董事会问题没有解决，不依不饶，拒绝承认。卢炳田乘暑假未结束前学生较

【1】卢炳田（生卒年不详），广东中山人，曾任北洋政府驻加拿大副领事。1922年8月至1923年4月任南洋大学校长。

少时到校办公。等到9月开学后,返校的学生们见卢已到校就职,木已成舟,就只承认他是学校负责人,而不承认他是正式校长。卢炳田上任初始,还能够努力任事,明确职责,教职员及学生还能满意。及至次年春开学,卢炳田因招收华侨学生一事与张廷金发生矛盾,解除了张廷金教务长职。此举遭到教职员的联名抵制。学生们发现卢炳田违背校章私自招生,不善于团结教职员多数,认为这是交通部指派校长的弊端,于是将搁置半年多的董事会问题重新提出,爆发了一场"驱卢学潮"。1923年4月14日,在两次电请交通部组织董事会、重选校长的要求遭到拒绝后,全体学生罢课力争,派代表赴京请愿,同时发布措辞强烈的"驱卢促进董事会宣言",宣言昭示:"要促进董事会的实现,所以要铲除董事会前途的障碍;要铲除董事会前途的障碍,所以不得不请卢氏走。"[1]教职员、南洋公学同学会一致站在学生一边,鼎力支持学生的行动。张廷金被迫离校后,周铭等教授向卢炳田提出辞呈,同学会则派4人与学生代表同上交通部。全校上下一致的行动,使卢炳田无法控制学校局面,只得躲进私宅闭门不出。4月23日,交通部将卢炳田撤换,改派海军军官出身的陈杜衡[2]为校长。学生们通过多次的斗争,见交通部再无组织董事会的诚意,就决定将校长问题与董事会问题分开解决,承认了陈杜衡为正式校长。

声势浩大的力争董事会风波持续了将近一年的时间,学生先后两次罢课并派人赴京请愿,虽然他们所力争的董事会没能实现,却迫使交通部在短短一年内连续更换了4任校长,并将沪校、唐校单独设置为大学,减少对学校事务的行政干预。经历过五四运动洗礼的青年学生是风潮的中坚,大多数教职员和南洋校友是坚定的支持者和强大后盾。师生们所追求的独立于政局变化之外的超然董事会,虽然在理论上显得合乎情理,但在实际上,教育是不可能完全脱离政治而独立发展。因此,组建超然董事会只能成为一种善良的主观愿望罢了。这次风波是自1902年"墨水瓶事件"以来学校内部发生的最大学潮,它对同期中国教育界掀起的教育独立运动思潮是一次有意义的呼应。

【1】《南洋大学学生驱卢促进董事会第一次宣言》,《南洋潮》第1期,1923年4月19日。

【2】陈杜衡(1864～?),河北青县人,曾任广东海军学校校长,授海军少将衔。1923年5月至1924年11月任南洋大学校长。

凌鸿勋苦撑南洋

从1922年7月交通大学上海学校改组为南洋大学,到1927年6月第一交通大学成立前的5年南洋时期,由于国内政局动荡的影响及校内师生的反对,学校负责人频繁更动,屡易其人。先后担任过校长或代行过校长职务的,有雷光宇、卢炳田、陈杜衡、凌鸿勋、李范一[1]、吴健6人(其中雷光宇、吴健未到任),平均一年不到就换一个校长,成为交通大学历史上校务最为混乱的时期。此间,校务动荡,经费匮乏,学潮不断,发展滞缓。当然也必须承认,一些主校者努力克服重重阻力,在某些方面还是取得了一些进展。从1924年12月至1927年3月担任校长的凌鸿勋,在5年南洋时期主校时间最长,他在百般艰难中维持校务,有所成绩,为30年代交大"黄金时期"奠定了基础。

凌鸿勋曾于1920年唐文治辞职后代理过一阵校长职务,且任命经过颇有些趣味。凌鸿勋是广东番禺人,与叶恭绰同乡,1894年出生。1910年考取上海高等实业学堂(交大时名)预科,翌年升入本科,1915年以第一名的优异成绩毕业于土木科,且具国文功底,深受唐文治校长的垂青。1918年留美归国后任职交通部。1920年初唐文治将他从交通部借调到学校,替回国休假的美籍土木科教授万特克代课。同年10月份,校长唐文治辞职而去。交通部一时找不到合适的继任人选,翻出学校上报的教授名册一看,有些是外国人,授职于外人不放心;其余本国教授却没有一个是认识的,也不放心;唯独发现凌鸿勋是交通部的人,于是不由分说,没有事先和他招呼就一个电报发到学校,任命年仅26岁的凌鸿勋为代理校

凌鸿勋校长

【1】 李范一(1891~1976),河北应城人,新中国成立后任石油工业部副部长。1927年5月至7月担任南洋大学接管员。

长。1921年交大改组时凌鸿勋任上海学校副主任,时茅以升任交大唐山学校的副主任,两人均风华正茂、学有专精,一时有"南凌北茅"之称。凌鸿勋任副主任不久即调回交通部,1923年又回学校任专任教授。1924年底重掌交通总长的叶恭绰再度整理交通教育,将南洋大学校长陈杜衡撤换,改由而立之年凌鸿勋任校长。当时凌鸿勋年届而立,成为交大历史上最年轻的校长。

凌鸿勋求学在南洋,之后又在学校执教多年,熟悉校情教务,对数年来学校停步不前的状况深表担忧。受任之始他就雄心勃勃地向师生表示,只要他在职一日,就会竭力任事,让学校步入发展之境。他组织了一个校务扩充委员会,提出对教务方针、教员资格及待遇、学生管理等方面的改善措施。接着,他向叶恭绰提出发展南洋大学的6条建议,要求拨发各铁路局协款、拨款购地70亩并兴建电机试验室、完成三大建筑、重建土木科、恢复本校基金、争取庚款。意气风发的凌鸿勋准备去实现他办好学校的一番规划。

然而在军阀混战不断、局势不安的20年代,凌鸿勋的愿望与奋争犹如航行在波涛汹涌海面上的一叶扁舟,颠簸前行,左右摇摆,难以到达理想的彼岸。办学经费严重短缺是困扰南洋历任校长的首要难题,到了凌鸿勋时期愈加突出。学校办学经费历来由交通部拨发,叶恭绰改组交通大学时大幅度提高了常年经费预算,沪校的常年经费由16万元增加到22万余元,由交通部各路局分摊,另在交通银行设立200万元年息的基本金。表面看上去数额不小,较一般国立大学宽裕,实际上除了在改组期间经费还能勉强拨发外,一直是时断时续,难以为继。欠拨的校款愈积愈巨,1922年至1926年五年的时间内积欠款项近40万元。200万元的基本金早在1922年叶恭绰离职后就被继任者挪作他用。唐文治遗留下的基本金3万余两、机械科开办费5万余元也被历任校长提用净尽。

凌鸿勋接手时学校仅积存468元,任职到1925年底的一年时间内,各路局欠拨经费10余万,实在是到了山穷水尽的地步。严重的经费匮乏使得学校无法正常运转,教职员有时数月连续领不到薪水。凌鸿勋上任后只得把发展计划搁在一边,一头扎进筹划经费的努力当中去。他三番五次地呈报学校经费告罄的紧迫情况,还亲自跑到各路局索取欠费。交通部总是行文"已转饬各路局协拨",而各路局受连年内战的影响,自身已是难保,无暇顾及学校。在一筹莫展之际,

1925年5月凌鸿勋得知财政部启动"金法郎案",拨给京内外各学校一定数量的补助费,就联合交通部属唐山、北京两校,力争到补助费共计10余万元。其中,南洋分得7.5万元,分三期拨付,并随即给出2.5万元汇票一张。学校拿着汇票到银行去取款,哪知道汇票却是张空头支票,该账户并无款项。这笔款项分文未领,竟成画饼,白白欢喜了一场。经费的严重不足让凌鸿勋疲于应付。

混乱不宁的社会政局让教育这块净土备受摧残,连续两次的江浙军阀战争让校园硝烟弥漫,几成武人们厮杀的战场,教学秩序受到严重影响。1924年9月学校开学之际,江浙军阀正在校外酣战,学校大门被铁丝网沙包阻塞,无法开学上课,开学一直推延至10月战事结束。就在学期行将结束准备考试之际,军阀们又在磨刀霍霍,准备开战。1925年1月11日,第二次战争开始,军队屯集徐家汇附近,流弹纷坠,逼近校园,一时人心惶惶,学校不得不提前放假,考试延至2月举行。

董事会风波过去后学校内部的学潮总算平静下来,风起云涌的爱国运动使学生放下手中的书本奔走呼号于街头,承担起推动社会变革的责任。1925年五卅运动中,学生罢课游行,附中学生陈虞钦中弹牺牲,更激发了全校师生的爱国反帝热情;此后,校园内争取民主、自由的爱国主义热潮不断高涨,学生积极参与政治运动,加入革命组织,投入到大革命的热潮当中。毫无疑问,学生的爱国运动和参与政治活动,反映了知识青年以社会、国家命运为己任,是值得肯定的,但是这也影响了他们的求学环境和学校的教学秩序。在处理学生的爱国运动和读书求学方面,凌鸿勋陷入两难,煞费苦心,爱国运动禁止不得,又担忧学生遭到不测,更担心学校失去教育阵地,变为政治运动场。于是他竭力倡导学生"珍惜此求学时代,多读书以救国也"[1],以此劝阻、反对甚至压制学生政治运动。

经费的短缺、政局的不宁、学生运动的高涨,让学校教学活动难以正常开展,历任校长疲于应付维持现状,所有的发展计划寸步难行,只得束之高阁。凌鸿勋算是南洋时期较有理想和作为的校长,也只能在命运不济的时事中奋力维持。正如他以后在回忆录中写道:"真想不到当了校长第一件课题便是应付时局和

【1】 凌鸿勋:《读书不忘救国,救国必须读书》,《南针》第1期(1926年)。

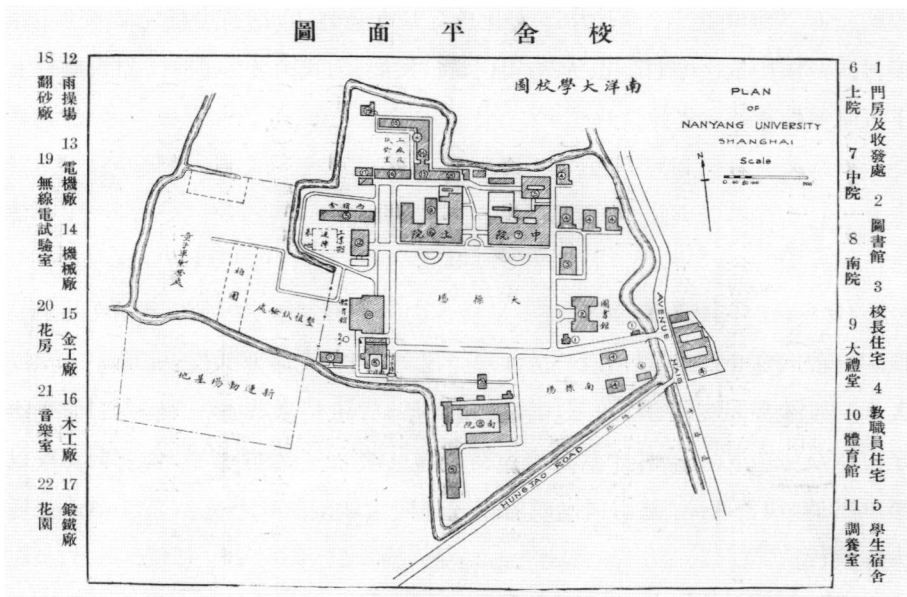

南洋大学校园平面图（1926年）

筹划经费，正经的事都搁起不能办。"[1]他上任时制定的宏图大都未能实现，教员待遇非但不能提高改善，能正常支薪就算万事大吉了；增设道路工程科及在机械科内添设汽车门计划，也由于经费不足成为纸上谈兵；电机试验室未能建成，甚至45箱电机设备在由北京运往学校路途中也被军队截留。以至于凌鸿勋在1926年将他的工作总结为八个字：愿大难偿，半成画饼。

　　尽管困难重重，凌鸿勋校长和教职员仍孜孜以求，苦心孤诣，在艰苦困难当中开创出一些亮点。交大改组后所形成的具有近代大学意义的教学管理制度，经过一批学有造诣的留学归国青年教师实际操作和实施，使得教学质量有较大提高；改组时所制定的高规格发展定位，虽然由于时局不靖、经费不足等原因无法一一实现，但是却成为各任校长共同孜孜追求的目标，或多或少地遵照完成一些；筹划经年的体育馆、调养室建成；举办校庆30年工业展览，宣扬工程教育，接受厂商捐赠300件，发起募捐工业馆（即后来的工程馆），募集基金3万余元；

【1】凌鸿勋：《交通大学十年忆旧》，《七十自述》（1964年）。

收购校西空地50余亩；争取中华文化教育基金会11万元，建立工业研究所，开展科研；学术研究风气渐起，为30年代学校发展，为我国著名的理工科大学打下了较坚实的基础。

蔡元培校长改科设系

1928年1月31日，国民政府委员会在南京召开第36次会议，蒋介石、于右任、蔡元培、王伯群[1]等国府委员参加会议。会上，交通部部长王伯群以"交通大学是工业界重要大学，关系国家前途者甚巨，主持者非耆德硕学之士，必不足以孚众望"，乃提议任命蔡元培为交通部直辖第一交通大学校长。会议决议照准所请。2月3日，南京国民政府正式任命大学院院长蔡元培兼任第一交通大学校长。

正如王伯群所言，此时的交通大学已经到了非有一位德隆望重之士出面主持不可的地步。自1921年改组以来，主校者一茬一茬地更换，学潮学运接二连三地发生。在数年折腾中学校初步建立起现代大学制度，学生的自由民主思想充分高涨，这是值得肯定的。然而，经过数年动荡的交大更需要安定平和的生存环境。1927年南京国民政府成立，基本结束了南北分裂、军阀割据的混乱局面。可是交大师生并没有迎来"安定"两字。北伐军进驻上海后，凌鸿勋离校，国民革命军总司令部交通处处长李范一受委派来校接管。李范一毕业于美国麻省理工学院，获得硕士学位。他到校后迅速稳定教学秩序，积极整顿校务，多方筹措经费。正当师生们希望李范一能成为正式校长时，交通部却又另委派吴健为校长。吴健始终未到任，只得改派前北洋政府参议员符鼎升[2]为代理校长。7月，符鼎升按照交通部令将南洋大学改组为第一交通大学，将初中、小学裁撤，高中部改为大学预科，专办大学。裁撤下来的初中、小学部分另组私立南洋模范中小

【1】 王伯群（1885～1944），贵州兴义人，曾任大夏大学校长、交通部长。1928年7月至11月任交通大学校长。

【2】 符鼎升（1879～？），江西宜黄人，曾任北京高等师范学校教授。1927年7月至1928年任交通大学代理校长。

学,以后演变为现今的上海南洋模范中学。由于交通部只拨给学校经费1万元,符鼎升等筹划经费无门,只得向学生大幅度增收学费,并取消免费生制度,引起学生的强烈不满。9月开学不久即爆发了"驱符降费"学潮,符鼎升不得不于1928年2月悄然辞职而去。

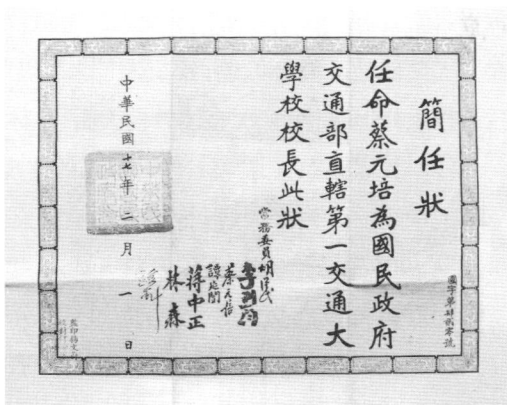

蔡元培校长的简任状(1928年)

任命蔡元培为校长受到学校上下一致的欢迎。2月20日新学期伊始,蔡元培到校就职视事,这是他继1902年南洋公学"墨水瓶事件"中辞去特班总教习后再次到校任事。全校师生为他举行了隆重的就职仪式,欢迎这位民国元老、教育界前辈,学校各处张贴"有了蔡校长莫愁减费""欢迎改进新交大的蔡校长"等标语,期望他的到来能结束交大变动的局面,更期望他能以改革北大的成功经验办好新交大。

在就职演说中,蔡元培说明了准允所请就任校长的原因:"顾及欧美各校,其校长不必具有专门之学术,且大学校长多为名誉的,顾敢应王部长所请而来。"是日,蔡元培主持召开第一次校务会议,会议通过他提出的各项议案,决定重设教务处,统摄全校教务;添设注册处、训育委员会等机构,聘请吴稚晖、杨杏佛等主持训育委员会,以加强学生思想、学业及生活管理;宣布减收学生学费,每学期减20元,免收图书费、试验费、仆费等杂费。减费措施使学生们欢呼踊跃,延续半年的"驱符减费"学潮终告解决。不久,蔡元培商请交通部将学校每月经费1万元增加到1.5万元,并提高教职员薪金发放比例,自2月份起薪金由七五折改为八折发给,尽管提高幅度并不是很大,却有利于安定人心。

减收学费和增发薪金额度,只要经费宽裕换个其他校长也可以办到。但是,实行教授会议制度和改科设系,在当时恐怕只有像蔡元培这样的教育大师才能够做到。轰轰烈烈的北大改革是蔡元培的空前绝响之作,兼容并包、思想自由的现代大学理念由此而始。蔡元培因事务缠身,聘任交通部技正程孝刚为秘书长,负责日常校务。在蔡元培执掌交大的短短数月里,通过他的助手程孝刚、杨杏佛在交大履践他的教育思想,给交大带来了新气象。4月,程孝刚依照蔡元培的教授治校主张,举行第一次全体教授大会,集体决策重大校务,实行民主管理校务。

改科设系是蔡元培学术自由思想的体现,也是他曾在北大进行教学管理改革的一项内容。到交大后,他努力推动设立学系的教学体制改革。交大的教学单位从1906年的第一个商务专科开始一直是科门建制,是按照专业来组织教学。到1921年改组交大时,在科内部又细分若干小专业,称作"门"。至1928年交大共设置交通管理、电机、机械三科,所有的课程以科门要求而设置。这种以专业分类的横向式教学建制,利于该专业教学与管理,却造成一校内其他教学资源分割,各自为政,且不利于公共基础课的管理。学系是一种纵向式教学建制,可以统合一校内部同类课程,使之加高加深,利于学科学术化发展。在就职当日召开的校务会议上,蔡元培就提出改科门为学系的建议,杨杏佛代表他说明了科门的弊端和设立学系的优点。由于大多数教职员已习惯于历年的科门设置,对学系概念则一知半解,讨论无甚结果。之后,蔡元培嘱咐程孝刚、杨杏佛起草书面提案,并与教职员做详细解释。4月27日,程孝刚在第一次全体教授大会上,正式提出经过蔡元培审查的设立学系的提案,拟将所有课程归纳于几个学系之中,按照专门大学的性质不宜过细的原则,暂时设立国学、外国文学、数学、物理、化学、经济、管理、电机、机工9个学系。

在这场事关学校教学质量与课程管理的讨论中,有人主张交大为专门工科大学,无须如普通大学一样设学系;有人主张设系可以连通同类课程,增进教学效率,而表示赞成;有人则主张数、理、化等基础课可以设系,专业科毋庸改系;议论纷呈,莫衷一是,结果还是不能达成共识。4月30日,蔡元培、杨杏佛亲临学校,就设立学系再次组织召开全校教授大会。在听取了教授们的意见后,蔡元培提议先行设立数、理、化及中国、外国文学5个学系,其余各系再行审查,并表示未尽完善之处再行斟酌。这种循序渐进的民主做法获得通过。不久,这5个学系相继成立,各科仍照旧未改,从而使交大建立起科门、学系并存的教学建制。这种纵横相间的模式在借鉴北大教学改革经验同时,兼顾实际考虑了交大历史现状与学校性质。新设各学系将原来分散在各科中的同类基础课程统一规划,完善连贯,提高学术质量,并制定各课程学分,以供各专门科采用,学系的设立是走向学分制的预备;各科属于工科专门性质,课程较广泛,不必再分学系,它依据需要采用各学系中课程及学分数,又使分散的学系组合起来。再于科系之上设置教务长,统筹安排全校教务,协调科系联系。改科设系与科系并存使交大教学体制规范化,课程设置系统化,推动基础课程水平的提高,使学业管理的班级制逐渐转向学分制。

以教育大家身份来办理交大的蔡元培,本可以再为交大绘就一些大手笔。然而此时的他已是诸事缠身,不仅身系党政国事,而且心系着以实现他教育独立思想的大学院制。1928年6月21日,蔡元培因政务繁忙而辞去校长职务。此时,离他就职日正好整4个月。1902年11月蔡元培因"墨水瓶事件"离开南洋公学时,距就任特班总教习也就一年有余。不过,巨人的足迹确实独放异彩,前一次他使南洋学生体验真理真知;这一次他又为交大带来了现代大学管理理念。

王伯群、孙科:部长兼校长

蔡元培因事繁任重辞职时,提议交通部部长王伯群兼任校长职务。此议很快得到批准,王伯群成为继叶恭绰之后第二位管辖部门部长兼掌交大的校长。在1928年7月1日新校长王伯群就职宣誓仪式上,主持监誓的蔡元培称部长兼任校长有"三利":一是能知道国家需要何种人才而培养;二是经费容易筹措;三是人才可以做到学以致用。就职后,王伯群对交通部属大学按照叶恭绰当年的做法再次进行改组,将沪、唐、平三校合并,组成交通大学,定名"交通部直辖交通大学";全校分设三地,上海设电机工程、机械工程及交通管理三学院,唐山设土木工程学院,北平设交通管理学院分院。此后,北平分院先后改称为交通大学交通管理学院、铁道管理学院,唐山土木工程学院改称交通大学唐山工程学院。

王伯群校长

就在学校改组进行当中，交通部自身也实行改组。1928年10月，国民政府为加快建筑铁路和路政管理，将交通部内铁道处独立扩建成铁道部，任命孙中山之子孙科[1]为首任部长，以实现其父筑路20万里的宏愿。交通大学长期以最能够体现先进交通技术的铁道专业为重，交通部部长王伯群不得不忍痛割爱，将交大划归新设铁道部，校长兼职也随之辞却。铁道部接手交大后，由孙科部长兼任校长，继续交通部对学校的改组步伐，仍将三处合并，组成铁道部直辖交通大学，再以上海各学院作为大学本部，定全校办公处于上海校部，总领沪、唐、平三处校务。1929年6月，实际代行校长职务的副校长黎照寰驻校办公。至于校名，孙科认为交通大学陆续沿用将近10年，声名远扬，深入人心，不便更动为"铁道大学"，仍然定名为交通大学。这样，交大历经多次改组与频繁更变，由分而合，由合而分，又由分而合，叶恭绰合组的交通大学还是成为最后的选择。可以说，叶恭绰当年合组交大的思路和设计，虽然在时事不宁的年代屡遭反复，然而，毕竟成为后人发展交通教育的范本，其内在需求来自主管部门统一交通教育与协调各校发展的强烈意愿。

孙科校长

抱着满腔宏愿、决意继承父志的首任铁道部长孙科，准备干一番大修铁路的宏伟事业，因此对延揽人才和交通教育相当重视。上任之初，他把"整理人事、培养人才"确定为发展铁道建设的四大方案之一。部中曾有人向他建言，若需要人才可以到教育部所属大学去选用，不必自办，况且停办大学还能节省不少经费。孙科却不以为然，主张"非自办不可"，认为求人不如求己，且交大有着数十年的办学经验。他还认为不仅要自办，而且要大办。在黎照寰鼎力筹划下，孙科主持设立了交通教育整理委员会和铁道部选派留学委员

【1】 孙科（1891～1973），广东中山人，曾任南京国民政府行政院院长、立法院院长。1928年11月至1930年10月任交通大学校长。

会，以部校双方重要职员为委员，着重对交通大学进行规划与扩充，提出了为期10年的人才培养计划与校务规划。人才计划是要在未来10年内，培养出具有高深学问的专门人才2 800名，其中包括土木工程师1 000名、管理学家1 000名、机械工程师500名、电机工程师300名。校务规划主要有改善组织、增加经费、扩建校舍、提高程度、充实内容、增进教学功能、改善教员待遇、部路校联成一体、加强研究调查、改订毕业生实习及留学办法等方面，以期"从物质上重新建设交大"，同时也要"从精神上提起交大的精神"。

1929年1月，交通大学成立扩充设计委员会，制订学科课程、设备经费、校舍建筑等具体方案，开始协同铁道部全面实施上述规划。经过1年多的筹划安排，到1930年秋，从领导体制、培养目标与任务、教学方针、学校规模、经费来源和校舍建筑等方面，都做了比较全面的实施细则，基本上把"部（铁道部）、路（铁路）、校（交大）联成一贯"，形成"部校合作"体系。

交大自晚清创办以来，主管机关自商部、邮传部、交通部以至铁道部，均属交通实业部门而非教育部直辖。在长期的办学过程中，各实业建设部门、学校之间形成了一种"建教合作精神"。实业部门从自身人才需求出发，规定办校宗旨、制定人才培养目标、供给经费、任命负责人等；学校则按照上述要求，组织教育教学活动，培养各部所需专才，毕业生实习、就业由主管机关统一安排分配。学校对于教育部，除了执行一般性的教育法令和规章外，几乎不受其节制。在唐文治掌校的上海工业专门学校时期，办学经费、学科扩建及学校升格问题，始终是部、校之间难以解开的疙瘩；20世纪20年代的南洋大学时期，领导体制、学潮学运，当然还有学校长年累月索催经费，交通部、学校之间因此长期闹得不愉快，特别是1922年董事会风波中，学校师生和交通部公然对抗，关系紧张。

而20世纪30年代可以说是建教合作的"蜜月期"。铁道部在经费供给上出手大方，学校费用较前大为宽裕。1929年2月和1930年10月，铁道部曾先后两次拨给上海本部第一批建设费75万元；办学经费扶摇直上，由先前的一二万元增加至五六万元，在20世纪30年代中期一般每年经费仅上海本部就逾百万之巨。在领导体制上，校长由铁道部部长呈请国民政府简任，各院院长由校长呈请铁道部任命。铁道部委任常务次长黎照寰为校长，专办教育；黎照寰热心育才，成为联系部校之间的最佳桥梁。他的任职一直持续到全面抗战期间,结束了自唐文治之后校长频繁更替变动的局面。在人才培养方面,学校依照铁道交通机关的需要,根据铁道交通工作的要求、特点确定教学方法,设置学科,制定教学计划,开展教学与科研活动;在毕业生出路问题上,交大培养的是铁道交通建设所需要的专门人才,部校双方注意供求调剂,毕业生多分配到铁道交通系统,因而校中师生都能够安心教读,这在"毕业即失业"的年代实属难能可贵。

二、渐入"黄金时期"

理工管相结合

从南京国民政府成立到抗战全面爆发前的10年,由于政局的相对稳定、主校人员的勤勉、办学经费的充裕等因素,交大发展渐入佳境,步入新中国成立前交通大学发展的黄金时期。这一时期交大在院系规模、师资力量、教学水平、设备条件等方面,都达到了前所未有的高度。学校确立了继续发展工科、加速建设理科、积极扩充管理科的院系建设思路,形成了以工科为重点、理科为基础、兼重管理的学科体系。

经过长期实践改进、已渐趋完备的工科,在抗战前得到继续充实和发展。1928年学校将机械科、电机科分别扩充为机械工程学院、电机工程学院;次年恢复了中断8年的土木专业,建成土木工程学院。为了适应交通建设与技术的发展,在三大工程学院内部又添设了交通工业所需的各种工程学科。机械工程学院内分铁道、工业工程门;1934年在全国经济委员会的协助下设立汽车工程门;1935年又在全国资源委员会的资助下增设航空工程门(带有国防性质,对外称自动机乙组,以示保密;汽车门则称自动机甲组),成为我国最早进行航空工程教育的大学之一。电机工程学院内分电信和电力两门。土木工程学院因交通部门对建筑人才的急需,1930年秋即设立四个年级,分铁道、构造、市政三个工程门,1933年秋又增设了道路工程门。经过数年的添设和扩充,学校形成了比较完善的以交通工业建设为主的工程学科体系。

学校建设的重点是工科，而要完成工程建设和经营管理所建工程，还必须有科学管理。管理学科在这一时期得到重视和积极扩充。1927年，将原先单科独门的铁道管理科扩建为交通管理科，随后更名为交通管理学院，内分路政、电政、邮政、航政4门。归属铁道部后，以邮电、航政两门未能举办，为名实相符及适应铁路发展的需要，又将交通管理学院改为铁道管理学院。1931年在院长钟伟成[1]的倡议和积极筹划下，扩充为管理学院，除了原有的铁道管理科外，添设实业管理、公务管理、财务管理三科，专业范围也由铁道、交通管理，扩大到工业、财务和公务各个领域。至此，管理学院的规模基本定型，虽经学校改隶教育部和抗战时期形势动荡的影响，仍然能够有所发展，一直坚持到新中国成立后的院系调整。

要发展工程学术，必须以理论知识为基础。学校开办初期即开设数学、物理、化学基础理论课程，作为工科、管理学科的"童子功"，历来备受重视。1928年，校长蔡元培实行改科设系，数学、物理、化学基础课程单独设系。随后校长孙科和副校长黎照寰鉴于理科与工科系"体用"关系，且两者互相提携，只有加强基础理论才能提高工程教育的效率；又鉴于教育部规定具备三个学院以上者（其中一个学院须是理学院，交大机械、电机、土木三个工程学院，教育部只承认一个工程学院）方能称为大学，于1930年将数、理、化三系扩充为科学学院。科学学院侧重科学应用，促进工科发展，而不搞纯粹理论的研究，这点有别于一般大学中的理学院。

除了涉及理、工、管的五大学院外，交大还设有"一所两系"。"一所"指的是研究所。在1926年南洋大学时期，学校就成立了国内最早的大学科学研究所——南洋大学工业研究所，侧重于铁路材料与工程方面的研究。但因政局的动荡，学校隶属关系的更迭及经费短缺等原因，到铁道部接收交通大学时，所务几乎陷于停顿。1930年春，学校将工业研究所扩建为交通大学研究所，下设工

【1】钟伟成（1895～1985），江苏江都人，1931～1947年任交通大学管理学院教授、院长。新中国成立后任复旦大学教授。

1935年科学学院全体教师合影

业、经济两大研究部，各部又分六个组，校长黎照寰亲任所长。研究所还先后在唐山工程学院、北平铁道管理学院设立了分所。改组扩充后的交通大学研究所组织制度更加完备，经费来源稳定，研究实力增强。"两系"是指中国文学系和外国文学系，均成立于1928年。其实，自南洋公学时期起，历任掌校人大多怀着"中体西用"思想，十分重视中文、外文的教学，设立国文科、外文科，期望培养出既具有近代科学知识，又怀有深厚国学基础的人才，专业课早就使用原版英文教材教学，全校还每年举行一次国文大会。设立学系后，两系仍不自行招生，专为理、工、管各学院讲授国文、外语课程。

总之，在20世纪30年代，交大建起了一个以工为主、管理为辅、理为基础的成熟的学科格局，用一句话来说就是"科学管理工程"，工程是主体，科学是工程的基础，管理是促进发展工程的条件。隶属于铁道部的交通大学在学科建设上自然侧重铁道交通领域，但是在办学实践中已突破部门专业的限制，学科涉及工学、管理学、理学等领域。脱离了20世纪20年代的动荡漩涡，交大的学科发展趋于完备，成为致力振兴交通及其他工业的工科为主的大学。

名 师 荟 萃

　　教育家梅贻琦曾言:"所谓大学者,非谓有大楼之谓也,有大师之谓也。"同期的交通大学,通过派遣留学生培养师资的同时,积极向海内外延揽名师,逐步建立起一支以留学归国人员为主体的"大师"队伍。他们掌握先进科学技术知识,具备新式教学理念和方法,怀有科学救国思想。

　　20世纪20年代初期的改组,使交通大学完成了向现代大学制度的转变,同时也启动了学校师资结构改变和素质提升的步伐。南洋公学曾长期依赖外籍教员实施专业教学及管理,自创立时就聘请美国人福开森为监院,特别是1907年开办工程教育后,各科专业课及负责人大都由外国教师担任。比如在改组前的1921年初,21名专科教员中外籍教员就占到9人。改组过程中,张铸主任把延请饱学之士作为重要任务,他抓住早年出国留学生陆续学成回国的时机,解聘不能胜任的外籍教员,多方延揽留学界知名之士。随着留学精英胡明复、周仁[1]、周铭、陈石英[2]、胡仁源先后来到学校,中外教师比例开始发生改变,本国教员占据压倒性的多数,外国教员成为"少数民族"。1922年10月,本科教员共37人,外籍教员仅占3人。至1926年,本科教员53人中外籍教员只有2人。30年代学校为使师资来源多元化,也曾积极聘请外籍教员,但外教人数最多的1933年也只有8人,而当年本国教员却有162人。

　　在中外教师结构发生转变的同时,教师数量和品质也都得到很快的提高。由于20世纪20年代末新设铁道部的重视,学校规模日益扩大,教师资格管理日趋规范化,生活待遇有了提高,教员人数增加,质量也相应得到提升。1929年全校共有教师103人,其中教授(包括副教授)33人,除了国文教授外,均是留学归国人员。1936年教师增加到188人,其中教授70人,教授中出国留学者有55人

---

[1] 周仁(1892～1973),江苏江宁人,1948年当选为中央研究院院士,新中国成立后任上海科技大学校长。1925年1月至1927年5月任南洋大学教务长。

[2] 陈石英(1890～1983),上海人,长期任职交大,1927年5月至6月任教务长,新中国成立后任交通大学副校长。

之多。这些教授大都留学美国和欧洲，获得过理工类硕士或博士学位，学有专长，业有所精，崇尚科技救国，并带来先进的教学经验和管理方法。

　　"回到母校来"，这句话对交大校友有着很强的吸引力。从交大走出去的留学生又回校任教的比比皆是，毕业留校任职的也不乏其人。交大学生大多来自教育水平发达又邻近沪滨的江浙两省，这样交大师资在具有本位特点的同时，又具备地域的特征。1921年本国教员13人，江苏籍12人，浙江籍1人，其中交大毕业生8人。1926年本国教员53人中，江苏籍33人，浙江籍7人，其中交大毕业生35人。在1936年的188名教员中，来自江浙两省的就占到121名。这种相近的地缘关系和对母校的认同感，使交大教师队伍相对稳定和具有凝聚力；交大理工科培养出来的学生又属国内最优秀之列，他们中的佼佼者回归母校，由此形成一个良性循环。由于这些因素，交大到全面抗战前夕，已经拥有较强的师资阵容，并在此基础上形成一支名师队伍。

胡明复　　　　　　　　徐名材　　　　　　　　周　铭

　　交大当年的学子们曾用生动形象的语言概括了二三十年代学校的名教授，"那五权宪法，英文唐，国文陈，微积胡，物理裘，化学徐，与年前的三民主义，值半斤而八两吧"。20世纪20年代南洋大学时期的数学系教授胡明复、物理系教授周铭、化学系教授徐名材，三人名字中都有个"民"字的谐音，就称呼他们为"三民主义"。而"五权宪法"则指的是20世纪30年代讲授基础课程的五大教授：英文的唐庆诒、国文的陈柱、数学的胡敦复、物理的裘维裕、化学的徐名材。

数学系教授胡明复，1901年与胞弟胡刚复同入南洋公学附属小学，次年兄弟俩一同升入附属中学。时主持南洋公学校务的张元济对胡明复兄弟十分欣赏，称他们为奇童。1910年胡明复与胡适等人一同考取了庚子赔款第二届留美生。1917年获得哈佛大学数学博士学位，是我国在国外获得数学博士学位的第一人，曾参与创建了中国科学社。1921年胡明复受聘来校，教授解析几何和微积分。他对教学工作非常认真，善于用生动的语言讲述深奥难懂的概念和问题，备受学生欢迎。1927年暑假，胡明复不幸在无锡老家溺水而逝。然而，与其并称"胡氏三杰"的长兄胡敦复、次兄胡刚复则长期在交大分别担任数学、物理教授，胡敦复还从1930年起担任数学系主任，直到1945年。

物理系教授周铭，麻省理工学院的化学博士，与胡明复同年受聘到校。为加强基础课的教学，他与稍后来校的哈佛大学电机硕士毕业生裴维裕，一同自愿担任物理课的教学，裴主讲物理课程，周主持物理试验。他们将物理课及试验由1学年改为2学年，每周开课至少3节，这在当时国内是绝无仅有的[1]；自编英文本教材和试验讲义，废用美国教材；重视教学方法，严格检查考核制度。到30年代，物理系一方面增聘物理学家胡刚复等，一方面自己培养教师骨干如赵富鑫、许国保等，继续增强物理教学力量，使物理课成为学校的"霸王课"。

化学系教授徐名材，1908年毕业于南洋公学，次年经浙江省公派赴美国留学，入麻省理工学院攻读化工，获得硕士学位。1922年到校任教，他学识渊博，视野开阔，善于联系实际，讲授精辟，与学生间的感情也相当融洽。20世纪30年代徐名材任化学系主任，仍继续坚持讲授普通化学；还编写了《工程化学手册》，改变了以往全部搬用国外教材的做法。胡敦复、周铭、徐名材三位教授主讲的数、理、化三课，是工科最基础的课程，名教授把关基础课，是交大教学特色的主要体现。当年学生们感觉三位主讲的一、二年级数理化课程，是大学最难通过的一关。30年代的教授接过他们的接力棒，继续牢牢把好基础课程这道关。中英文也是名师执教，英文教授唐庆诒为唐文治之子，美国哥伦比亚大学硕士。中文系主任陈柱则是唐文治高足，国学上富有素养，熟于周秦诸子，尤精于

【1】赵富鑫：《忆周铭、裴维裕两教授》，《交大校友》(1991年)，第54～56页。

子学,生平著述逾百部之多。

上述知名教授亲自上教学第一线,都是指执教基础课程的教授而言的。其实,工科及管理类著名教授同样值得可圈可点。教授机械的周仁、土木的凌鸿勋、管理的马寅初三人,1948年入选中央研究院首批院士;教授中还有我国电机工业的奠基人钟兆琳、给排水工程专家顾康乐、无线电专家张廷金、内燃机专家黄叔培、工程力学专家陈石英、铁路运输学家沈奏廷等,都是当时国内有名的工程技术专家。

数十年过去了,许多受教过的学生仍念念不忘当年辛勤培育他们的老师。当他们打开记忆的洪闸时,那些各具特色的教师形象,便栩栩如生地呈现在面前。裴维裕鹤发童颜,戴着金丝边眼镜,目光四射,炯炯有神。上课时,黑板后面的两扇大门忽然开启,他即从中出来,西装笔挺站到讲台上,同时助教散发他编写的英文讲义。然后,裴维裕开始口若悬河地讲课,全用英语讲授,非常流利清楚。那种清瘦潇洒的学者风度,令人难以忘怀。赵富鑫对物理课程滚瓜烂熟,无书无稿,只发讲义,一边滔滔不绝地讲,一边笔走龙蛇地写板书,每当4块黑板写完,就会听到下课的铃声,课课如此,从不拖堂。讲授应用力学的杜光祖,课讲得深入浅出,引人入胜,言语不多,意义很深。课堂中鸦雀无声,他在黑板上随手绘图,圆者如有用圆规画出,方者如有用直尺画出,几个简图,把道理说得清楚透彻。黄叔培讲汽油机和柴油机,英语十分流利。他既讲课,又指导实践,还带学生下工厂实习,又教学生开汽车,从理论到实践,一手全部包了下来。陈石英教热力工程,又有不同的风格。他上课只带粉笔,不带课本、讲义。一本《热力工程》,他可以随时告诉你第几页第几道题是什么内容。他授课的方法主要从示范解题入手,来阐明理论与公式的运用。在当时交大仅有数百亩的校园里,如此多的科技界精英汇集于此,勤勤恳恳,教书育人,钻研学问,他们是交大兴盛的脊梁!

教学特色“三字经”

20世纪二三十年代的交大,逐步实现了向现代大学的转变,办学资源相对充裕,建立起一套制度化的学校管理体系,教育宗旨愈发明晰,就是要把交大办成一所接近世界水平的理工管结合的大学。在实际的办学过程当中,学校秉承和发展唐文治时期办理工科"求实学,务实业"的教学传统和许多实效经验,形成了交大的教学特色:严格录取新生,宁缺毋滥;教学中重视数理化及工科基础课程;强调实践环节,学以致用;对学生管理严厉,考核严格。经过一大批较高水平教师的长期积累,又经过实践反复检验,被后人概括总结为"起点高、基础厚、要求严、重实践"的教学特色已经趋于定型。

交大一贯注重招生质量,坚持择优录取。交大改组之后,课程设置仿照欧美各国多所工科大学,水平较高,大都采用外文教材。为了选拔优秀的新生入学,由学校自行制定的考题难度较大,录取分数较高,考取比较困难。不过,交大是著名学府,历史悠久,享有盛誉;学生毕业后不愁找不到工作;加上当时社会流行工业救国思想。因此,一般青年及家长的愿望,都以考入交大为荣。尽管难考,每年报考的人数很多,被录取者却是少数,一般录取率在10%～20%之间。1925年大学部招收新生,报名300人,录取54人,录取率是18%;1936年报名者多达1 778人,录取只有181人,录取率约为10%,真可谓十里挑一。

交大招生秉持公正,坚决杜绝后门,宁缺而不滥。只要成绩合格,"虽家徒四壁,亦大加欢迎";若是考分不够,"虽豪门巨绅,亦拒诸门外"。孙科之子孙治平,曾经报考交大,因国文一科成绩不及格,未能被录取[1],只得作为一名选科生来交大旁听。这种公正的做法已经在师生中约定俗成,谁要违反,哪怕是校长,都会遭到全校一致的反对。1923年校长卢炳田私自免试收取数名学生,招致师生一致抗议,最后发动驱卢学潮,被迫离任。坚持择优录取,杜绝开后门,保证了新生质量,也维护了交大的声誉。入学后学生大都学习用功,成绩优异,以后成为社会中的栋梁之材。1939届校友傅景常对当年亲身经历的交大入学考试依然记忆犹新,他的精彩回忆再现了当初考试情形:

第一场考化学,限三小时交卷。题目之多,连数都数不清。每一大题下有很多小题,而小题并不小,内容非常复杂。奋笔疾书,只有写的时间,没有想的时间,更没有稍停休息的时间……考场肃静无声,只听到钢笔沙沙地响。偌大的考场,坐了黑

【1】黄曾甫等:《我们所知道的陈嘉勋先生》,《湖南文史资料选辑》(第22辑),第119页。

压压的满场考生,此时如有银针坠地,或许也可听到声音。收卷之后,肃静而退,秩序井然。一出考场,莫不唉声叹气:"完了!完了!"下一场是物理,又是三小时。物理的计算题很复杂,题目本身就占了半张考卷,都是拐弯抹角的难题,熟读物理课本是毫无用处的。次日又考英语、数学。第三日又考国文,都是三小时,也觉不易……三天考下来,精疲力竭,叫苦连天,自觉自讨苦吃。

考题量多,而且难度大,考生上考场形同上战场,精神高度紧张,一考就是3天,备受煎熬。交大的门槛如此高,确实不易考入。那么,通过千军万马"杀"进交大的学子们,应该可以轻松一阵了吧,事实却并非如此。还是看看这位校友回忆:

我侥幸考上了交大,但这只能说是过了第一关。过五关,斩六将,以后关还多着呢!入学后觉得功课不轻,多数老师授课时滔滔不绝,口若悬河,一小时要讲很多内容。很多课程每学期有定期考试两次,一般都在晚上考,一考就是三小时,以避免占用白天上课时间。尤其是考物理,同学们喻为"上屠宰场",言其难得要命。尤其是计算题,特意出难题,犹如入八阵图,迷魂阵里很难走出来。[1]

这个例子只是反映学校对学生严格要求的一个方面:考试多,小考、大考、期末考,考试不断。不仅如此,交大对升级、操行、实习、请假等学习的各个环节,都做了严密的规定,制定了周详的学行规则。严格治教,在于严师。这套管理制度,在一批以严格认真著称的教师们的付诸实施下,日趋定型。大多数教师是留学归国人员,深受教育救国论的影响,希望早日培养出一代专才,发展民族工业,振兴祖国。不少人又是交大毕业生,热爱母校,同时也深受先前严格教风的熏染,因此任教后能将之贯穿教学当中。1933年6月,机械工程学院"水力学"期末考试中,高才生钱学森答题全部正确,只是在最后一题公式推导的最后一步,将"Ns"写成了"N",被任课教师金悫扣去4分,没拿到100分。

"工程学问,非佐以数理,不能深造",交大改组后,学校开始加强数理化为主的基础理论课程体系。数学课把解析几何"下放"到附中,大学部专讲微积

【1】 傅景常:《饮水思源 怀念母校》,《同窗集——纪念上海交通大学1939届级友毕业60周年》(1999年)。

分。物理课更新内容,提高程度,延长授课时间,改1年为2年,被学生称为"霸王课",胡明复、周铭、裴维裕等著名教授亲自上讲台讲授"霸王课"。30年代学校将数理化三系,扩充为科学学院。各系主要的任务就是为工科和管理科学生讲授基础理论课程。同时,公共基础课和专业基础课的比重进一步提高。1936年,包括数理化及国文、英文在内的公共基础课,约占土木工程学院课程的25%,电机工程学院的32%,机械工程学院的36%。加上各专业基础课,合计基础课约占管理学院课程的60%,各工程学院的50%,也就是说,学生在校4年有一半时间用于打基础。重视基础课和基本技能的教学,是学校贯彻通识教育的重要举措,也是一个主要的教学特色。

"叮当叮当……"铁木厂里传出清脆的打铁声;"扑哧扑哧……"木工厂里有节奏的锯木声,它们和屋外的蝉声混合在一起,成为老交大校园里面常常奏响的"交响曲"。铁木厂的"铁匠"们,是一群练习打铁的机械工程学院初年级学生;

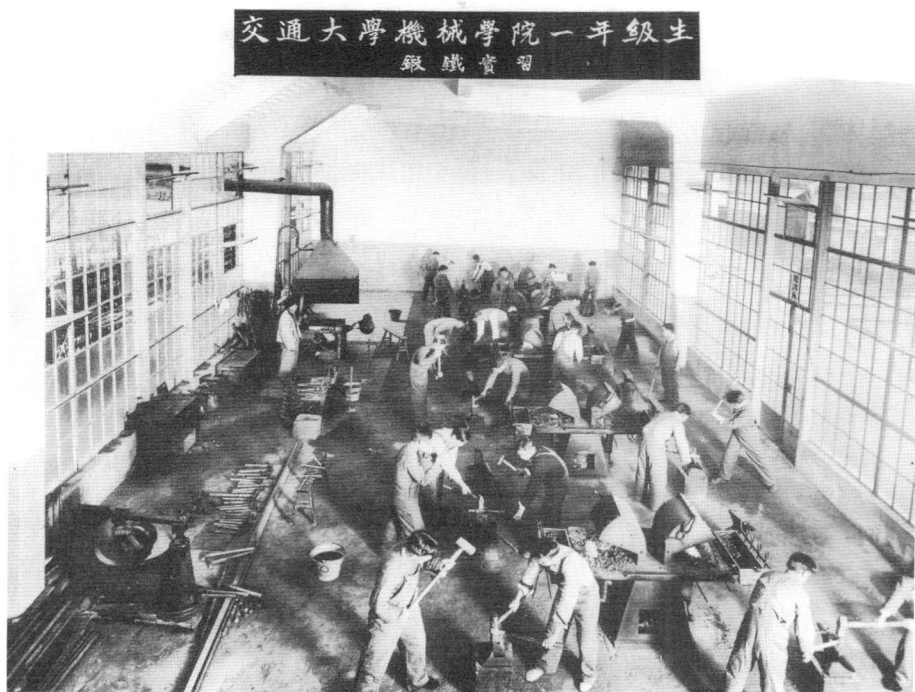

机械工程学院一年级学生锻铁实习

木工厂的"木匠"们，则是土木工程学院低年级学生在切磋手艺。这些基本"功夫"，是他们专业上的"童子功"。注重实践也是交大教学上的特色，学校一贯重视实践性教学环节和基本技能的训练。20年代的交大，因受战乱影响较少外出实习，校内工厂实习时间随即增加60%，实验课程也有所加重。黎照寰任校长后，为了做到学以致用，设置了实验、实习、设计、计划、专家演讲、参观实习、毕业旅行等项目，组成一个比较完善的实践性教学环节。这类课程在各学院的课程中占有一定的比例，各工程学院约占40%，其他学院约在10%～30%之间。各科实验从一年级到四年级连续不断。如工程学院一年级主要是理化等基础理论实验；二年级主要是专业基础理论实验；三四年级注重于应用实验。实习和毕业前的参观主要在校外进行，学校利用部路校合作关系的便利条件，将各级学生派往铁路等交通实业部门。

形成于20世纪初、定型在30年代、新中国成立后被概括总结为"起点高、基础厚、要求严、重实践"的交大教学特色，是交大在长期办学实践过程中摸索出来的经验。它的形成，既是学校学习西方先进教学经验的结果，也是对自身办学传统的继承。交大的教学特色，对当时教学水平的提高和人才的培养，无疑起到很大的推动作用；它更是交大历史上一种无形的精神财富，与在追求民族解放斗争中形成的爱国主义传统，相得益彰，交相辉映，为交通大学品牌的塑造增添了内涵。

"三大建筑"了夙愿

在绿荫遮蔽的交大徐家汇校园，矗立着一座座古朴的建筑：总办公厅（又名容闳堂）、工程馆（又名恭绰馆）、执信西斋（又名第一宿舍）、体育馆……它们见证着昔日的辉煌，也凝聚着历届交大人和校友们建设母校的智慧和心血。在20世纪20年代，交大人为建造体育馆、学生会集室和养病室这"三大建筑"奔走筹款，未能全部了愿；到30年代，交大步入快速发展期，校园又添列执信西斋、总办公厅、工程馆，终以"新三大建筑"遂愿。

20世纪20年代交通大学改组成立之初，沪校主任张铸竭力改善办学设施。

1921年底，规模宏大的机械工厂建成，耗资10余万元，此后交通部已无力另拨款项盖房建厂。然而，学校除了图书馆、机械工厂外，只有南洋公学创校时所建的中院、上院等几幢老校舍，体育活动、学生集会及卫生保健等附属设施长期缺乏。于是，张铸便参照1917年唐文治捐造图书馆的先例，在全校师生、历届校友及社会各界中发起募捐活动，筹资16万元建筑体育馆、学生会集室和养病室"三大建筑"。募捐首先得到师生们的热烈响应。在12月14日募捐动员大会上，师生当场募捐及代募共计4万余元。张铸还与教职员分头向校友、社会各界劝捐。盛宣怀遗孀盛庄夫人愿意捐款1万元建筑调养室。三大建筑的募捐开局顺利，捐款一天天多了起来。

　　然而，深得人心的张铸任职不及一年，到1922年5月，就随校长叶恭绰的解职而撤换离校。接下来学校发生了旷日持久的董事会风波，校务几近停顿，主校之人你来我走，应付学潮已力不从心，哪能管得上"三大建筑"。直到1924年，地位稍稍稳固的陈杜衡校长着手接管此事。不过先期捐款只有5万余元，离16万元相距太远。陈杜衡只好一边再次发起募捐，鼓励教师分途劝募，并收取学生每人体育馆建筑费30元；一边将体育馆、调养室先行动工，边捐边建。10月由盛庄夫人捐建的调养室告竣完工。建筑新颖、规模宏大的体育馆也于12月终告落成。体育馆由土木系校友、著名建筑师杨锡缪设计，耗银9万余两，占地近3 000平方米，高3层，设有室内游泳池、篮球场、小型舞台、跑道，能够容纳1 300余人。这样良善的设施在当时的上海乃至全国高校中皆属凤毛麟角。在当时国家多故、百业凋敝之际，费时持久、惨淡经营的"三大建筑"虽不能完满，但能实现其二，也算万幸了。

　　1928年底，交大改归铁道部。在孙科、黎照寰的争取下，经费直线式增加。1928年度上海本部岁入经费32万元，到1931年度达105余万元，到抗战前夕岁入经费都一直保持在百万元左右，学生人均经费超过1 000元。从全国范围内看，交大和清华、中央大学一样成为经费相对宽裕的少数几所"特殊"大学。在经费较为宽裕的条件下，学校大兴土木，增建校舍，一幢幢大楼接连而起。1929年夏，新宿舍的动工拉开了兴建校舍的帷幕，由于经费得到保障，到1930年1月即告竣工，面积4 300平方米，共152间寝室，室内设施完备精美，堪与宾馆媲美，为当时沪上条件最好的学生宿舍。为纪念孙中山先生的忠实追随者、早期资产阶级民主革命战士朱执信,遂将其定名为"执信西斋"。

当304位高年级学子入住执信西斋后,一座恢宏宽敞的工程馆在其东北面又拔地而起。早在1926年卅周年校庆前夕,南洋公学同学会唐文治、叶恭绰、蔡元培等人发起募捐工业馆,因捐款只有3万有余,一时无法开工。1930年底,铁道部拨发建筑专款,工程馆遂正式动工。1932年初,这座宽大的"口"字形二层建筑完竣(新中国成立后在二层之上加高一层)。工程馆占地8 700平方米,用于工程试验与教学,其设计出自沪上著名建筑设计师、匈牙利籍邬达克之手,造型洗练简洁,又不失雅致平和,本着实用主义原则,外观与名称十分相称。孙科题写了"工程馆"馆名。工程馆曾名工业馆,1947年校庆51周年时为纪念前校长叶恭绰改名"恭绰馆"。1996年百年校庆时1963届起重机专业的全体校友在馆内为叶恭绰树立铜像一尊,以纪念他对交大作出的贡献。

1932年11月,当工程馆尘土刚刚落定,总办公厅又破土动工。次年3月30日,在37周年校庆暨工业铁道展览会活动的首日举行了落成典礼。整幢建筑占地2 100平方米,共3层62间房,造价为13万余元,设计师是庄俊,建筑简洁庄重。门额上"总办公厅"由国民党元老胡汉民所书。为了纪念我国留学先驱容闳而命名"容闳堂"。它的建成改变了交大历来教学行政处所合一的状况,成为学校一直使用至近年的行政中枢之地。

美轮美奂之执信西斋、规模宏大之工程馆、刚毅沉静之容闳堂,三余年间三座大楼相继而起,成为20世纪30年代交大的"新三大建筑"。如果说20世纪20年代筹捐的"三大建筑",能够在政局混乱、校务不振的情形下实现其二,反映了师生在逆境中创造条件发展校务的勇气与毅力,那么20世纪30年代的"新三大建筑"的渐次建成,则体现了学校在上升时期所具有的进取精神。"新三大建筑"是20世纪30年代早期较大规模新建筑群中的三个代表,同时期还建有翻砂厂、锻铁厂、金工厂、铁木厂、工业化学实验室、道路材料试验室、图书馆书库,扩充了无线电实验室,重建了一座仿明清宫廷式样的校门,还在体育馆后面新辟一个运动场,将原运动场改建成绿草茵茵的"宫保花园"。数年间学校共建校舍2万余平方米,差不多是以前30余年的一倍,成为新中国成立前校舍增建最多的时期。

校门落成典礼（左起：张廷金、黎照寰、吴培初之女、裴维裕，1935年6月）

　　在校舍扩建的同时，校园面积、图书、仪器设备等其他教学设施也逐年扩增。当年南洋公学初创时，诸位先贤选中了上海西南角的徐家汇，使这块明代徐光启族人世居之地，成为近代高等教育的渊源之一。徐家汇得天独厚的区位优势，在当时甚至相当长的时间内是显而易见的，离开狭促的老城厢而获得了宽大空间，远离喧嚣的都市拥有了读书的宁静。到南洋大学时期的1925年，学校人数已达800余人，昔日地广人稀的校园已多了些许喧哗，而此时上海城市化触角也悄然而至，地价随之水涨船高。校长凌鸿勋遂赶紧将靠近法租界的校外宿舍基地10余亩卖出，用所得款项买进校西民地54亩，一进一出，一次净增40余亩。到1926年，学校面积200余亩。较大规模地扩地还是在兴建"新三大建筑"的30年代初，学校呈准圈购校西、北、南三方280余亩，每年购进多则50～60亩，少则数亩，实际购置约200亩。到1937年，校园占地达450余亩，基本确立了新中国成立前的校园规模。

　　图书馆是一所大学发展的基础设施，仪器设备又是理工科大学的必备条件。与校园的扩充相比，充足的图书仪器设备更显得急迫，这也是工科大学的特点。这一时期交大图书仪器增加较快。20年代中期学校聘请著名图书馆专家杜定友回母校任图书馆主任，增加购书经费，1926年图书馆藏图书4.5万册。1930年代初,校长黎照寰向管理英国退还庚款董事会申请90万元,拟建一座国内唯一保存科学文献的专门图书馆,可惜未能通过。黎氏见新建不成,就考虑增建原图书馆。1935年由唐文治、蔡元培、孙科等人发起捐建的图书馆书库落成,使图书馆功能大为扩增,藏书量最大可达20万册。学校不惜投入巨资购进先进试验仪器和大量中外理工类图书,至1937年设备价值达到近100万元,藏书较前增加一倍,达到82 000册,杂志近1 000种。特别值得指出的是,学校对于善本古籍亦多方搜罗。1932年购入清末何绍基遗书1 500余卷;复承盛宣怀后裔惠赠其愚斋藏书16 675册,其中有套慈禧赐赠北洋大臣王文韶的同文版《古今图书集成》;又有江南制造局赠送全套编译丛书735册,使收藏科学类图书见长的交大图书馆为保存善本也做出了重大贡献。

始于20世纪20年代初的三大建筑到30年代的"新三大建筑"渐次建成,校园发展空间的拓展,图书设备的大量扩增,使得学校教学设施趋于完善,成为当时国内办学条件最好的大学之一。优良的办学条件,为教学科研的正常开展、良师的聘任、学生的求学,营造了一个良好的环境。

20世纪30年代交通大学校景

把"麻省"搬到中国

1989 年,钱学森撰写文章《回顾与展望》,回忆在交大的读书时光,对母校的发展提出殷切的希望。在文中,钱学森谈到了考取清华留美公费生后赴美攻读时的一个"惊人"发现:"1935 年秋,我刚到美国麻省理工学院航空工程系学习,就发现交通大学的课程安排全部照抄此校的,连实验课的实验内容也都是一样的。交通大学是把此校搬到中国来了!"[1]因此钱学森认为,交通大学的大学本科教学水平在当时是属于世界先进行列的。

无独有偶。钱学森的同级校友、后来成为我国著名通信科学家的张煦院士,1937 年来到麻省留学,同样发现交大的教学、设施以及各年级所用的教材,都与MIT 的极为相似。

其实从 19 世纪 20、30 年代起,交通大学"东方的 MIT"的美誉,已经得到社会各界的广泛认同。1930 年 10 月在黎照寰任校长的就职仪式上,国民政府代表、上海市市长张群就说,"交大的地位,在中国可谓首屈一指的,而且是唯一的工业教育学府。外人看来,仿佛交大是英国的剑桥、美国的麻省理工学院。"[2]

"东方 MIT"之美誉是交大敢为人先、善于借鉴西方先进教育经验的凝结。20 年代初改组交通大学后,学校继续秉承前人向西方学习的做法,甚至打算与欧美部分大学建立直接沟通交流的机制,以达到追赶世界大学教育潮流的目的。叶恭绰在合组交通大学时就提出管理要师法欧美,设备要参酌中西,这样,"彼之秘密我得窥见,彼之失败我未身尝,倘以最新最后之方法,猛晋追求,未必无同趋一轨之日"[3]。从中可见渴望学习并追赶西方先进大学的热情。

此时,前监院福开森获悉美国麻省理工学院、哈佛大学拟在中国设立工程学院,认为设在交通大学是最好不过的,就将麻省草拟的办学章程寄送沪校主任张铸,这样的联合办学,部分交大毕业生也就同时可以成为麻省毕业生。叶恭绰与

【1】 钱学森:《回顾与展望》,《交大校友》(1993 年)。
【2】《交大黎校长宣誓就职》,《申报》1930 年 10 月 28 日。
【3】《交通大学开幕,叶恭绰校长致词》,《交通大学月刊》(1921 年)第 1 期。

麻省理工学院及哈佛大学一度接洽,拟双方合作,各出资金,改进我国工程教育。1922年,经叶恭绰出面,学校又与巴黎大学联合向法国当局提议,以法国部分庚子退款,用于沟通文化教育。可惜这两项合作正在筹划实施之时,因叶恭绰去职、大学再次改组而中途夭折。

直接与国外大学进行合作办学的愿望未能实现,而交大在课程设置、教学内容和学校管理等方面,效仿欧美各先进大学的努力一直在继续着。在改组成立大学时,学校举凡学制、课程、管理等都参照了各国大学办法,实现了向现代大学的转轨。学校仿照外国一些大学,改学年制为选科单位制度,4年内学生习满160至180单位(相当于学分)才能毕业,准予授予学士学位。预科或附中毕业之后,在工程或管理选择一科;到大学工程科三年级时再选择机械、电机中的一科;四年级时学科内分门,学生最后专选一门精研。这种选科单位制比学年制灵活,更加符合教学和培养人才的客观规律,在中国专门教育中属于创举,适应当时世界最新大学教育的趋势。从1928年度开始,交大又参考欧美一些大学的选修制,完善选科单位制,实行学年学分制。将课程一般分为必修课、选修课和规定选修课3类,只是选修课比例不大,所占课程比例不到10%,每门课程按照一定规则规定学分数,而不以先前授课时数计算单位。学生于四年内至少修满185个学分方可以毕业,实际各院执行过程中普遍超过这个标准。从学年制、选科单位制到学年学分制,是学习西方教育经验的结果,也是交大教学制度的一个进步,学位制的实行表明了教学和管理水平的提高。

效仿西方大学最直接的莫过于课程设置方面。这一时期的课程设置主要以美国为模仿对象,建立课程体系。工程学院和科学学院的课程,主要以麻省理工学院、康奈尔大学等相关系科为蓝本。教材也有不少直接从麻省和哈佛等院校引进,或是留美教师当年教科书及讲义的翻印本,多系外文原版。上课时中英文混用,试题与实验报告等作业都要求用英文书写。课程设置原则仍遵循美国的"通才教育"思想,主次兼习,知识面广,交叉课程多,基础理论课程多,重视实验、设计、实习等实践环节,一年级多为共同基础课,二年级为专业基础课,三年级为比较高深的专业理论,四年级分门,研习专业应用。整个安排先注意培养学术具有的广博基础,然后由博返约,使学生不至于偏于一科。麻省理工学院30

年代初提出"没有一流的
理科，就没有一流的工科"
口号，加强理科学系，实现
了向理工大学转型。此时，
交通大学也建立科学学院，
注重基础课程的教学，同样
走上理科与工管结合的道
路。1937 年 5 月，留学麻省
的 1934 届毕业生费骅应校
长黎照寰之约，给母校写了

留美学生费骅向母校报告麻省理工学院情况（部分，1937 年 5 月）

一封汇报该校情况的信，信中就谈到麻省专业课程除一二门最新外，与交大所授
课程大致相同。[1]

　　管理学院在仿照美国大学设置课程也十分突出。1929 年 12 月 29 日，新任
铁道管理学院院长钟伟成在院务会议提出根本改订课程议案。钟伟成鉴于管理
学院课程过于偏重学理而脱离实际，有重复、不衔接、不活动、杂乱四大弱点，指
出与其头疼医头，脚疼医脚，不如根本改订。他提议仿照美国纽约大学商学院，
将全部课程分为 5 大类：必修课程、选修的必修课程、普通必修课程、选修的普通
必修课程、其他选修课程。学生应在第三学年开始时于规定的主要科目中，选定
一门主要课程，每科至少需要习 25 学分；除了主要科目以外，须要认定第一次要
科、第二次要科，分别为 15、10 学分。对于四学年的课程安排，第一年专读普通
必修课，第二年普通必修及铁路管理之部分，第三年专重铁路管理主要必修各科
及一部分选修课，第四年专修铁路管理专门及高深学识。最后，会议通过钟伟成
关于根本改订课程编制的提案。这次会议遗留下的记录，保留至今，从中我们不
难看出交通大学对于学习美国大学教育经验是不遗余力的。

　　20 世纪以来，美国有着世界最新的西方科技教育，特别是实科教育最为发
达；交大教师中很多是留美返国的学生，以美国著名大学作为交大的蓝本成为

【1】《交大三日刊》1937 年 5 月 22 日。

必然。不过，交通大学效仿美国，经历了全盘西化到有选择有借鉴的演变。先是照搬全抄，通盘接受，从教科书到教员，都依赖外国"引进"。后来，随着本国教师主导地位的确定，自身教育经验的积累，学校结合我国学生特点、交通工业的实际情况等，对待欧美工科大学教育演变为"拿来"后借鉴消化，有所选择，有所变通，努力促进西方教育的民族化。有些教授根据多年的教学经验，也编写了一些中文教材。20年代大学教授编写授课讲义计有8种，由校图书馆印行；30年代学校鼓励教师暑假外出考察中国实业，编写适应国情的教材，其中由商务印书馆出版的"交通大学丛书"，到抗战前夕就不下10余种。至于以著作和讲义作为教材，就更多了。单就管理学院而言，到1936年全院写成50余部，使一半课程采用了自编自著的中文教材。

办学规模与条件的扩大和改善，师资力量的日渐雄厚，教学特色的逐步定型，有效的学习和借鉴西方先进经验，这是一个循序渐进的提升过程，同时在此过程中形成一种合力，提高了交大教学的实际效果和人才培养质量。到30年代，交大的教学质量基本接近世界同类院校的水平，这一点集中体现到对毕业生的社会国内外需求和评价方面。在历年考取的国家公派留学生名单中，交通大学毕业生名列前茅，引领风骚。比如全国最看重的清华留美公费考试。自1920年起至1925年止，全国考取清华留美公费生共计20名，交大学生考取者占到7名，一校独占三分之一强。从1933年留美公费考试重新恢复招考至1936共举行4届，本校考取18人，约占20%，其中有青年时代的钱学森、张光斗、张煦等著名科学家。再如，至1936年10月止，全国曾举办4届中英庚款公费生考试，计录取79名，其中工科类25人，考取的交大毕业生就有12人之多。1934年，教育部招考留欧官费生25人，赴意大利学习航空工程。交大独中13人，又占了半壁江山。

交通大学的教育水平不仅饮誉国内，也得到外国院校及教授的认可和赞誉。后任交通大学沪校主任的张铸自南洋公学毕业后，到英国申请入读格拉斯哥大学，照章应参加该校入学考试。当该校在审查张铸的文凭时，见南洋所授学程较高，就免试让他入学。自此之后，凡是南洋毕业生到英国进入大学，均可以直接入读，无须参加入学考试。"南洋"的这一品牌效应一直延续到交大时期。抗战期间，1940届毕业生王安去美国哈佛大学时，由于战乱没有能够带上交大毕业证书和成绩单,哈佛知道他是交大毕业的,决定破格录取。1934年10月,留美南洋同学会函告母校说,在麻省理工学院、康奈尔大学、伊利诺伊大学、密西根大学等院校的交大同学,成绩无不出人头地,教授对于交大同学之称誉,实远在其他各校之上。在与欧美大学隔绝数十年后,1979年交大首个访美代表团怀着"重续前缘"的热切愿望飞赴美国。在麻省理工学院,当代表们对院长说:"交大是东方的MIT",没想到这位院长却说"MIT是西方的交大"[1]。礼节性的答语再现了交大曾有的历史地位和辉煌时代。

三、特立独行的黎照寰

独立自主的办校理念

1934年,著名教育家、上海沪江大学校长刘湛恩赴欧美各国考察教育时,一些关心中国高等教育的美国人士问他:"中国的工业大学以哪所最好? 主持这所大学的人是抱着一种什么决心?"

刘湛恩不假思索地回答道:"你们美国有MIT,我们有交通大学。你们办教育的人,是希望以后能够转入政界;我们这位交通大学的校长是有官不做,辞去了铁道部次长,而来专心办学,希望他的学生能做中国的实业改革家。"[2]

美国人听后钦佩不已,急切探听这位舍弃仕途、专志办学的大学校长。刘湛恩告诉他们:这位校长便是黎照寰。

黎照寰(1888～1968),字曜生,广东南海人。

黎照寰校长

【1】张煦:《"东方的MIT"和"西方的交大"》,《谱写科学人生——张煦院士随笔》,上海交通大学出版社1998年版,第6页。

【2】《刘湛恩先生之演讲》,载《交大三日刊》1934年3月21日。

少年时代就读于广州府中学堂和两广游学馆预备科。1907年赴美国留学,起先攻读理学,后转学经济,先后获得哈弗福德大学理学士、纽约大学商学士、哥伦比亚大学经济学硕士、宾夕法尼亚大学政治学硕士四个学位,又曾赴柏林大学研修,可谓文理兼通,学识渊博。留学期间,黎照寰结识孙中山先生,并加入同盟会,投身革命活动,一度充任孙中山秘书。1919年至1924年,黎照寰曾先后担任香港工商银行行长、广东航政局局长、广九铁路管理局局长等职。1925年任中国公学教授。1927年任交通部铁道处长、财政部参事。1928年任铁道部参事、常务次长。1929年6月兼任交通大学副校长,次年10月辞却铁道部常务次长,专任交通大学校长职务,从此由仕途转入文化教育领域,长期从事高等教育工作。直到1942年汪伪政权接管交大时离职,实际到1944年才批准离任,主持交大长达14年之久。任职期间,他兢兢业业,身体力行,对学校的发展、人才的培植作出了重大贡献。到抗战前夕,黎照寰领导的交通大学迅速成为一所理工管结合的国内外知名大学,被广大校友称为新中国建立前交通大学的"黄金时期"。他坚持自由教育原则,主张教育独立,反对划一的模式化教育,力主学术自由及人的自由全面发展,注重改善办学条件,对交大黄金时期的形成起到重要的促进作用。

1934年12月,教育部派员到各国立大学视察。在交通大学,视察官员对交大"自以为是"的院系建制及名称震惊不已:所属的五个学院中竟然找不出一个"合法"学院。早在1929年,教育部即颁文明定大学设置学院的办法,应分文、理、工、商、农、医、法、师范八大学院,严令各大学遵照执行。而黎照寰主持下的交大一直对此"置若罔闻",应将由数理化三系组成的学院称理学院,却称科学学院,而且该院恰恰是建立在教育部颁文后的次年即1930年;机械、电机、土木应属工学院内的学系,在交大却升格为三大学院;管理学院更在八大学院之外,当属交大一家,全国绝无仅有。

这种"背经离道"的做法令教育部大为光火,当即令校长黎照寰将所有学院与法定院名"对号入座",一律统统改换,科学学院改为理学院,管理学院改称商学院,土木、电机、机械三学院降格为系,合称工学院。

行文到校,黎照寰将其束之高阁,片文不复,仍维持原状。教育部既非交大的主管机关，又非经费供给单位；既不能以行政命令的方式强令统一学院，又不能以"断饷"逼其就范，实在是拿交大没有办法。但是如果让交大继续"逍遥法外"，他校若群起效尤，教育行政哪能做到有令必行呢！教育部只得在次年 10 月要求铁道部督导自己的属下，而黎照寰却并不给教育部一点面子，一个学院的名称都没有动。

黎照寰为何敢于对上级部门说"不"，执意不同意更改学院设置，哪怕只是将学院名称作形式上的改换呢？其实，在黎照寰看来，改名看似小事一桩，实质关系到立校根本和教育原则，关系到院系设置的内在结构，以及建校以来积累的成功经验。黎照寰认为，教育行政部门要给各大学少加约束，多给自由。固定不变的学校制度与组织规程，将使整个教育无伸缩的可能。他还认为，按照培养目标的不同，大学可以分为机构、一般和特殊三类。机构性大学是培养学生专志研究良知与真理，文科类大学多属此类；一般性大学的组织及内容可以各不相同，而目的均在为国家社会训练人才，法科、商科等类大学当属此类；特殊性大学因国家特别需要或环境而特设，负有特殊使命。

以黎照寰看来，交通大学便是一所不同于国内其他大学的特殊学校，是应建设部门的需要而培养专才，造就包括工程、科学及管理在内的高级人才。因此，学校在编制组织、课程教法等方面，不必拘泥于划一的教育模式，应保持独立自主办理原则，须根据铁道部等建设部门的实业计划的进展与实施情况来拟定，而有别于教育部属下的一般性大学，编制应特殊化，具有独立性。黎照寰著文称交大应办成为一个国际著名的工科为主的大学，类似于美国麻省理工学院或日本东京工业大学，但不必广为设置许多工程学科，而要着重办好几个与交通事业有关的工科，如土木、机械、电机等。工程人才需求量很多，工程系别又繁复，各大工程的学科性质各异，为便于授课与管理，遂将土木、机械、电机三科扩充为三个学院，分别办理，而不似他校作为系别看待。之所以言科学学院而不称理学院，是因为科学学院的课程编制以实用为宗旨，讲求效率与科学方法的训练，重于应用。而国内各大学的理学院则偏重于学理，目的养成研究学问的专门人才。黎照寰还认为，科学学院的名称要比理学院恰当，既与通俗英文"science"译名相符合，又避免与我国历史上儒家学说中"理学"相混淆。

至于管理学院,黎照寰坚决认为绝不应更改为商学院。两者在范围、目的和课程内容上,有着根本的区别。商学院应对商业而设,管理学院则适用于各种实业组织;在学科目的上,商学是从私人立场出发,研究市场竞争的学科,管理学则从社会立场研究人、物、财三者之间的科学原理,以增加效率,节省费用。商学院的课程以贸易为主,管理学科则以组织效能、人事管理、业务统制等为主。另外,交大管理学院专为铁道部培养专用管理人才,非一般商业人才可以比拟。假使改名为商学院,而内部学科内容不变,只会名实不符,贻笑大方。

从1934年开始的院系设置及名实之争,一直持续到1937年8月交通大学改隶教育部后方告结束。失去铁道部支持的黎照寰已无力也无法再对抗教育部,只得将机械、电机、土木三个工程学院降格为系,合组工学院;科学学院改称理学院。不过,管理学院实在与商学院性质相去很远,仍然保持原名,维持其独立性。不管最终结果如何,这场名实之争实际反映了黎照寰自由的办学思想以及教育独立的原则。

培养"实业计划"的实行家

1930年1月9日,老上海新新酒楼,欢声笑语,觥筹交错。

交通大学副校长黎照寰设宴于此,欢送铁道部选派赴美的赵祖康、曹丽顺、沈奏廷等11名交大历届毕业生。席间,黎照寰亲手送给每人一份特殊的礼物——孙中山的两本英文版著作《实业计划》和《三民主义》,语重心长地对赴美学生说,孙先生在《实业计划》中提出了建设中国的宏伟蓝图和远景计划,中国还很落后,发展实业是唯一的振兴之路。叮嘱学生赴美后,要很好学习孙先生的思想主张,更要刻苦用功,勤奋钻研,增长知识,掌握先进技术,以学成归国做实业计划的实行家。

培育"《实业计划》的实行家",养成"高深建设专才",是黎照寰办理交大的宗旨,也是他的人才观念。黎照寰自幼接受新式教育,留美期间更是受西方自由主义思想的熏陶,追求民主科学、思想自由,以科学救国、实业兴邦为己任,在美时即加入中国科学社,参与组建中国经济问题研究会。归国后,追随孙中山参加反帝反封建的民主革命活动,信奉孙中山的建国方略,推崇实业救国,并长期在实业、交通部门任职,试图走实业救国的道路。他认为,清末以来武力救国、政治救国、思想救国等,都曾一一尝试,却未能救中国于水火之中。唯有精研科学,振兴工业,才能"外抗强敌,内裕民生"。而要实现科学救国,从根本上论,其关键更在于能否培养专才。北伐的成功,全国形式上的统一,被他认为是实施实业计划抱负的大好时机。而实现实业计划的关键在于人才,到交通大学任职为黎照寰提供了大显身手、一展宏图的舞台。黎照寰认为交通大学是当时国内唯一且是最高的工业学府,造就工程、科学及管理人才,是其当仁不让的使命。这些专才应是北伐统一后"新中国"的建设者,是实现铁道部整个建设计划的关键。掌校之初,他就在孙科的支持下制订了人才培养十年计划,约计培养工程、管理及科学高级人才2 800名。在随后主持制订的《交通大学规章》中,规定"养成三民主义化之交通建设专才"是学校宗旨,《交通大学学则》也明定学校"研究高深学术,养成交通建设专才"宗旨。这条宗旨贯穿于黎照寰掌校的十数年。多年后校友们还记得30年代校园里张贴的三条标语:"交大学生要以革命的精神来努力学问""交大学生将来要做《建国方略》的实行家""交大学生要做《实业计划》的实行家"。

所谓实行家,在黎照寰看来,一方面要学以致用,以适应中国建设的需要,人数不在其多,而在于其精。他在阐述交大人才培养宗旨时说:"我们的目的不是在芸芸众生中,用投机的方法,以期造出一两个有才华的人。有杰出的人才产生固然是更好,但未有也不要紧,只要我们每个同学都为可用之才。"一方面实行家又要成为专家,是个基础理论扎实的高级技术人才。他认为人才分高中低三级,交通大学立意在培养高级人才,由他们担负"指导管理与建设之责任",并期望他们有所发明和创造。

对于实行家所需的素质,黎照寰提出德智体三育并重的教育方针,强调塑造学生成为一个"完全的人"。在1930年的一次纪念周会上,他对学生说,"凡学生须注重于德、智、体三育上之修养,盖学生于学识上须有充分之涵养,于体格上须练成健全之体魄,于道德上须有相当之训练。才识丰,体力雄,志行高,具此三者,始能任重致远,为国效劳"。要求学生应"注重知识的获得,身体的锻炼,道德的修养,充分准备一切,务使成为一个完全的人"。[1]

大学教育不单是传授知识,更应重视人格的培养。黎照寰对于学生道德的教育、人格的养成特别重视。他批评当时的大学教育只重视知识的传授,忽视人格的陶冶,使学生读书不求甚解,为学只在为自己谋得一个职业,无任何国家民族观念。他认为健全人格的要素第一要有志向,有为科学救国而奋发有为的理想;第二要有意志,有进行坚忍不拔、孜孜不倦的努力。另外还要有自治独立精神,不为声色货利所引诱,穷则独善其身,达则兼济天下。据此,黎照寰主张对学生进行三民主义教育及道德修养,打破个人主义封建思想及投机取利的观念,"从积极方面,施以主义的熏陶,道德的修养,人格的养成,高尚兴趣的培养"。

为养成具有高深学问、德智体三育兼具的实行家,黎照寰极力劝导学生以求学为天职,不必过问政治。他认为交通实业为国家经济及国防命脉,应独立服务于国计民生,脱离政治漩涡。交大培养的交通工业人才,在培养时期只需明白其实行家之责任,锻炼其独立服务之意志,静修专务,避免卷入学潮。他谆谆告诫学生,"政治中党派系别繁多,同学于读书时,每易受外界影响而分读书之心","希望同学于读书时期,宜专心向学,待学成毕业后,再讲各种政治运动"。因此,他要求学生"只需在校潜心学术,惟冀学业之猛进,他事可不问也"。即使在为挽救民族危难的"一二·九"运动爆发后,黎照寰还是苦口婆心地劝说学生静心读书,"学生之天职为读书,勿忘天职","我国青年学生动辄高呼口号,为国牺牲,誓死抗敌等语,殊不知除战之外,尚有做与想二途也。深望诸君安心读书"。

为了保证学生专心求学,他制订公布了《交通大学学则》,推行较为严厉的管理措施。首先,增加课时和严格学分制管理,各班每周授课时数在30小时以上,至毕业时至少须修满180学分,实际各院毕业生所修学分超过此数,而教育部规定的学分限额最低132学分,最高为157学分。黎照寰认为这是对高等教育的增进,使交大学生以四年之所学等于他校五年。其次严格考试,考试分临时和学期两种,临时考试即小考次数频繁,每学期一般各种考试有四五十种。

【1】《交大三日刊》1930年10月8日。

再次严格考勤，按照旷课时数实施记点，合计每20点给予警告一次，三次警告予以退学。还规定一门科目旷课超过五分之一者不得参加考试。最后严格升留级制度。必修科补考不及格须重修，两门以上不及格者留级，接连两次留级者勒令退学。

对于黎照寰要求学生以求学为天职的做法，当时校内外即有不同看法。1934年教育部视察员认为，交大学生课业过重，缺少研习时间。学生也在疲于应付各种大小考试，并向黎照寰及铁道部提出减少课业时间的请求。黎照寰的这种做法，既有体现他主张学术远离政治的观点，也反映了作为自由主义知识分子对现实消极妥协的一面。在民族内外危机交迫的30年代，爱国青年热血沸腾，学生运动风起云涌，如火如荼。而国民政府当局三令五申要求学校防范学生的"越轨行动"。黎照寰不愿对学生的救国运动粗暴干涉，又不能置当局的"切责"于不顾，于是要求学生一心向学，这成为黎照寰"周旋"于学生与当局之间的"调和剂"。这样做法对于营造勤俭朴实的学风、教学管理的制度化、提高学生学业水平，确实起到积极促进作用。然而，在民族危亡的紧急关头，依然让学生埋首书斋，这不能不对当时进步青年的思想觉醒和革命活动产生消极的影响。而事实上，黎照寰要求学生关起门来读书，不仅学生们办不到，黎照寰自己也做不到"关门办学"。当1937年日军全面侵华，交大徐家汇校园被侵占，师生们在局促的租界中艰难维持交大续脉的时候，黎照寰极力要求学生"专心向学""不问政治"的理想也就此破灭。

倡行研究高深学术

学术的发达是社会进步的基础，关系到国家兴亡。大学是学术人才汇聚地，自然成为学术活动的中心。对于学术氛围的营造，科研水准的提升，黎照寰是不遗余力的。他认为高等教育与学术研究相互维系，互为因果，训练人才应与阐发学术并重。致力于学术研究，对学生来说可以达到探求学理的目的；教员更应研求学术，以期有所发明创造，然后能做到教学相长，于教学方面有所进步。由他制订颁布的《交通大学学则》开宗明义将"研究高深学术"作为交大办学宗旨之一。为了提高高等教育的学术质量，黎照寰采取了多方面的措施。

作为深受西方文明熏陶的自由主义知识分子，黎照寰主张学术自由，在交大营造一个宽松自在的学术研究氛围。他认为，自由研究是持续不断的、有系统的纯粹为学问的研究，它是文明进步之源，亦为研究科学之要诀。研究学问者，其目的并不在于能否成为一位科学家，而在于是否具备自由研究学问之精神。黎照寰认为自由研究的精神在中国极为缺乏，要求师生研究科学须有大无畏的精神及信仰真理之意志，发挥个人的自由理想，培育自由研究思想。即使抗战时期交大困守租界一隅之时，他仍然表示坚守交大这块阵地，要为中国保留一块自由独立的学术园地。

为提高科研水平，学校制订了鼓励教师研究及著述办法，教师的研究课题一经学校审查通过，学校予以"充分之合作"。主要措施是允许自由出入图书馆，提供试验场地、材料、仪器和研究助手，补助一定的出版经费，必要时可以减少授课钟点，仍可享受原薪待遇。以后又规定，凡是教授及副教授连续任教7年以上，愿意离开教职从事专门研究者，学校给予全年薪俸一次，研究结果著成论文，交付学校审查出版。黎照寰还与商务印书馆签订协议，将师生著述列为"交通大学丛书"公开出版，先后出版了管理学院马寅初的《中国经济改造》、沈奏廷的《铁道货运业务》、机械工程学院黄叔培的《自动车工程》、科学学院顾澄的《积分方程式》等10多种著作。

黎照寰主校后，为发展工程事业，增进学术自由，于1930年春改组扩充工业研究所，添置设备，兴建试验场所，礼聘学者专家，扩大规模，定名为交通大学研究所。下设工业研究与经济研究两大部，各部又分六个组。黎照寰亲任所长，研究学术骨干主要有化学系主任徐名材、物理系主任裘维裕、电机工程学院院长张廷金、管理学院教授马寅初等。黎照寰还聘请原校长、著名铁路工程专家凌鸿勋，统计局局长刘大钧，铁道部外籍顾问巴克（J. E. Baker）和加特里（Kenneth Cantlie）等为顾问。一时，研究所云集了校内外从事交通工业、经济研究的精英，学术研究阵容强盛。交大研究所专重调查、试验和研究，性质上与中央研究院各研究所相近，而与各大学附设研究院不同，后者招收大学毕业生，侧重高等学问的教学。

交通大学研究所成立 10 周年纪念

在铁道部部长孙科的支持下,铁道部批准拨给研究所常年经费,国有铁路对研究经费也"协力担保"。同时,由孙科出面向中华教育文化基金会申请到补助资金9万元,分三年划拨到校。以后研究所自编预算,经济独立,经费常年稳定在6万元左右。相对充裕的资金有利于研究的开展、设备的添置。改组扩充后的交通大学研究所组织制度更加完备,经费来源稳定,研究实力增强,研究领域进一步拓宽,使交通大学的科学研究工作走上了正常发展的轨道。

黎照寰为培养学生自由求学的习惯与从事科研的兴趣,提倡学生组织各种学术研究团体。1934年11月5日,他在工程学会全体会员大会发表讲话指出,研究学问,非仅一人之力所能成,需要建立良好的学术组织,才能够收到一定的功效。他还鼓励并资助学生组织成立各种研究团体。在30年代,交大恢复并建立了许多学生学术团体,如工程学会、经济学会、科学社三大常设研究会,以及读书合作社、军事交通工程研究会,等等。对于这些学术团体,黎照寰都极力予以支持,鼓励学生从事科学研究,成为富有自由研究精神的工程师、管理家及科学家。正是在他的支持下,交大学生在繁重的课业之外,学术活动十分活跃,丰富多彩。

黎照寰认为,与国内外学者进行学术交流能开阔师生视野,带来有益经验,有助于发展学术研究。接掌交大后,黎照寰通过聘请专家演讲、举办学术交流会议、开办展览会、选派教员外出考察等方式扩大与校外进行频繁的学术交流活动。近代上海是远东第一商埠,也是中西文化交流的汇集点,中外学者专家成

1933届学生工程学会会员

为上海滩上的常客。黎照寰利用这一优势，延请各路专家学者登上交大讲坛，演讲国内外有关的学术理论和实际问题。"无线电之父"马可尼、诺贝尔物理学奖获得者玻尔等学者先后光临校园。1933年4月，为纪念交大建校37周年，黎照寰主持举办了一次大规模的工业及铁道展览会，各路局、厂商、学术机关纷纷将新式机器运进交大。展览会期间，还举行特邀专家会议，邀请著名的工程、经济、管理专家，参加专题讨论。1932年暑假期间，黎照寰还向国内各公私立大学发出邀请，在交大召开"全国高等教育问题讨论会"。大夏、燕京、金陵、厦门等9所院校校长及其他高校代表共70余名参加会议，会议决定成立中国各大学联合会，以"协谋发展高等教育"。另外，中国数学会还在交大图书馆召开了成立大会，中国物理学会第二届年会也在交大举行。在"请进来"的同时，黎照寰也重视选派教员赴国内外参加会议，鼓励教员利用暑假外出调研考察，并对赴外考察的教员予以高额津贴，教授每日4元、讲师3元、助教2元。

黎照寰上述措施收效显著，学校学术成果丰硕。代表交大最高学术水平的研究所，至1936年成立10周年时，共完成54个研究项目，其中工业部38个，经济部16个，主要著作12部。此外还完成社会各界委托试验的工程材料约1 500件；修订名词17 000余条，撰成铁道辞典；编译部分专著。研究成绩昭然，为中外专家所称许。

纵观中外各大学的发展，每一所成功的大学无不与一位或数位优秀的校长相连。交大的初创和发展与盛宣怀、唐文治连接在一起，新中国成立前交大的鼎盛却是与黎照寰分不开的。黎氏办理交通大学的成功，在于遵循"部、路、校合作"的实科教育原则下，坚持大学自治与学术自由，独立地决定交大自身的发展目标和计划，形成理、工、管相结合为核心的比较完整的高等工程教育思想，并将其付诸实施。

黎照寰这种特有办学精神的形成，得益于他对唐文治、叶恭绰、凌鸿勋等前贤优良办学思想的继承；得益于他学兼中西，深怀西方大学理念的教育家视野；得益于他科工救国的赤子之心及由此而生的躬行任事的治校精神。他在风雨如晦的岁月里开创了交通大学的辉煌，为现代中国高等教育特别是工程教育的发展谱写了厚实的篇章，从教育思想与实践效果两方面来考察，黎照寰当属优秀校长、优秀教育家之列。

然而，由于长期以来对民国时期高等教育的低调评价，加上黎照寰是位实践型的大学校长，教育论著很少，因此对他的教育思想及其成功实践，未能得到应有的评价。作为深受西方大学理念影响的黎照寰，把大学自治和学术自由的办学精神成功地运用到办理中国高等工科教育上面，将交通大学推向新中国成立前发展的鼎盛阶段，并累积了诸多精辟的教育思想。当然，黎照寰在办理交通大学时，也存在着一些历史局限性，我们也要作认真的反思。

四、风华正茂的莘莘学子

执信西斋记忆

校园生活中除了读书，以及体育运动和各种团体活动之外，就数衣、食、住、行这四大生活要素了。说到住，交大学生宿舍的内部设备与周边环境，就是以今天的水准来看，也是不差的。1930 年初落成的执信西斋，可谓是沪上最好的学生宿舍。这座建筑面积为4 300平方米的宿舍楼呈马蹄形，中间为三层，两翼为二层，有152间寝室，另有交谊室、阅报室、理发室、卫生间、贮藏室等22间。内部设施完备精美，有舒服的铁床，嵌着镜子的衣柜，还配置了书架、桌椅、茶几等；盥洗间有冷热水供应，厕所内有西式马桶，并备有手纸；后来楼里还装上了直拨电话。宿舍前的空地铺设草地，种栽花木，环境幽雅，堪与宾馆媲美。

执信西斋落成后，即将毕业的1930届学生首先搬入新居，优先选择了最好的房间，短暂地享受到了"宾馆级"待遇。该届毕业生为感恩母校培育与关怀之情，在执信西斋楼前捐了一座饮水思源纪念碑，于1933年正式落成。此外，大三全体学生及大二部分学生也陆续迁入，每室2人。首批入住执信西斋的学生，过上了"生活快乐无穷，读书效率千丈"的生活。以后，执信西斋基本上属于大四大三学生的"乐巢"。这让低年级学生既羡且妒，大一新生先到校注册的就住中院三楼，不分学院和专业，5人一个大房间。虽是"古堡式"的老屋，却有三盏电灯，也算光亮。后来者只好住在新中院了，名为新中院实际上还不如中院好，白天房间光线不足，晚上电灯也暗弱不堪，到了夏天还要忍受蚊子的叮咬，因此被称为"黑洞式"宿舍。

不过，熬过一年后到了大二，就可以将新老中院留给"新鲜人"的一年级同学去"享受"，搬到靠近执信西斋旁边的西宿舍。西宿舍条件要好些，且是3个人一间。随着年级的升高，到了三年级就可以住进垂涎已久的执信西斋，直至毕业。学校收取每生每学期宿费10元，对于西宿舍、执信西斋的分配拿不出更好的办法，由各人约好挚友熟人，登记后抽签分配，房间的好坏只好听由命运来安排，少有怨言，多年来已成为不成文的校规。一次，校方决定改变方法，依照交学费的先后为分配宿舍优劣次序。及至开学日一大早，注册处门犹未开，数十名学生已齐集门口，互相拥挤争先相持不下，办公室内弄得桌椅翻身，墨水与砚台齐飞，会计们无法收款，结果仍旧恢复抽签。

学校在生活管理上很严，特别是对刚刚入学的应届新生。训育处定有专门的管理规则，还时常突击检查学生宿舍。有次检查员查出一位学生床头有台收音机，说是影响学习就将收音机收缴上去了。大多数学生能够循规蹈矩，注意卫生，而常常不叠被的也在所难免。有位懒散的学生说他在某一学期中，整理被褥

20世纪30年代的交大女生

仅有两次，一次是为学校清洁运动，劳驾校役替他整理的床；再一次是外国人来参观，他"亲自"铺床，为的是不让外国人小瞧中国人。同学们闻知都说他真能"爱国"。

说起清洁卫生，不能不提及交大女生们。交大是工科为主的学校，创办后30年间未招收过女生，1927年首次开始招收女生，人数亦甚少，仅有8人。到20世纪30年代女生常保持在20名左右，仅约占全校学生的3%。学校对她们的居住条件也较留意，将她们单独安排在一幢西洋式样的二层楼房里，该楼建于1923年，为盛宣怀遗孀庄夫人为孙子就读交大附小而捐造，今为盛宅校友之家。因这栋房子位于校园东部，被男同学戏称为"东宫"。东宫共有20间房间，大小不一，大者可住3人，小者可供1人独处。女生因人少不似男生那样抽签"抢"房子，可以随意挑选。只是房间过于狭小，后面的小房间终日不见阳光。前面有阳台的房间空气虽好，但前后左右均有缝隙，若遇大风急雨，雨水则由缝隙注入，几等置身于泽国。然而全校四级女生都挤在一起，无分彼此，情同姐妹，倒也热闹，并能够将室内料理得井然有序，经营出一块小天地，每每在学校清洁运动中拔得头筹。

提供学生饮食的场所有校内、校外两处。校内有学生自治会办理的食堂，实行包饭制度，一桌8人，每人每月6元。早饭多半是稀饭，再凑上花生米、乳豆腐之类的五六碟小菜。小菜哪够8位青头小伙吃，往往稀饭还未吃完，菜盆已经是底朝天！怎么办？有人就打起邻桌的主意，以迅雷不及掩耳之势，拿起几碟倒在自己桌上的碟中。同桌的人也心照不宣，以最快的速度吃完后溜之大吉。姗姗来迟的邻桌主人们，见桌上小菜不够数，他们也知道这是谁人所为，因为他们早先也是如此这般，但仍大声吆喝食堂管理员：“为什么桌上菜这么少？”管理员不敢得罪学生，只得为他们再添些。中午12点下课钟一敲，已经饿得直拉胡琴的学生们，连书本也来不及放下就奔向食堂，盛好饭后到固定的8人餐桌上，一阵风卷残云，餐桌上就已“一穷二白”。下午6点就餐钟声还没有响，食堂已是“胜友如云，高朋满座”。钟声一响，只见竹筷与汤匙齐飞，碗底朝天见白。不到一刻钟，一日第三餐的“战斗”就宣告结束。

校内的包饭“老面孔”不说，味道也不佳，大鱼大肉虽然午餐晚餐都有，但是吃起来味同嚼蜡。这就让可以自由用餐的高年级学生成为校外饭馆的常客。而一二年级学生只能按照校规吃学校包饭。校外有多家中西饭馆，有西菜馆、本帮菜馆、四川菜馆，湖南、广东菜馆也有不少。西菜馆价格昂贵，除了极少数富家子弟外，鲜有人光顾。交大学生多数中下等家庭出身，较为便宜的中式饭馆显然受到欢迎，这些馆子每餐需小洋两角，早上吃一碗肉丝烂糊面为一角，一个月要花12元半。虽然较校内贵一倍，但菜肴却是现点现炒的，味道比校内高一等，吃的人较多，要是去晚了还得饿着肚皮站着饭馆外面等着。

吃完了晚饭之后不能说“吃”的问题就停止了。交大学生课程重，测验多，晚饭后还得在图书馆中预习，或在宿室内做习题，或在实验室里与仪器做伴。总之，是不能去繁闹的市内优哉游哉。到晚上9点图书馆关门的时候，校内消费社不断有夹着书本的学生来买东西，面包、水果、牛肉干什么的；校外的馄饨摊和一家面店，也围的全是交大学生。

朴质的制服，粗布的衣裳，是交大学生最普通的服饰，与沪上其他学校相比，还算得上朴素节俭。新进来的一年级新人，以穿布长衫长裤居多数，尤其他们以为刚刚进来，读书尚且不暇，更何况讲究穿衣服呢？等到学校发下制服，在上课开会、会操军训的时候，一、二年级的学生都穿得整整齐齐。学校规定每两年缴制服费一次，仅可供做制服一套，不仅常因洗濯无可替代，而且不待一二年即常破烂不堪，因此，高年级学生穿的制服难保完整。所以在大典礼之日，如国庆纪念日之类，一、二年级的学生都穿戴整齐，再看那些"真牌老爷"（大四学生）与"候补老爷"（大三学生），却都穿得歪七扭八，不是少了帽子，就是以西装裤代替制服裤。这样学校虽有不少人穿制服，可是也难得标准划一。女生的衣饰当然比男生讲究，但穿绸衣丝袜者也很少。

平常上课时候，大家对于衣服问题都以马马虎虎的为多，而到星期六下午，有人就将皮鞋擦得光亮，西装拿去烫平，衬衣领带十分之九早已预备妥当，多准备着去看电影了，会朋友了。这些学生被称为"礼拜六西装者"，在交大屈指可数，一天到晚穿西装者更是绝无仅有。例外的是即将毕业的"老爷班"，都喜欢做套西服，好比那将要出阁的人，给娘家、婆家都留下一个良好的印象吧！

交大地处上海西南郊区，离闹市区还有十几里。远离市中心，倒是让交大成为莘莘学子理想的苦读修行之所，学校周围除了几家饭馆外，是沉穆静肃的，没有都市的喧闹，没有眩人的繁华，没有醉人的享乐，交大有着读书的好环境，也养成了学生们俭朴的生活态度。

组织"一社"

"一社"是交大学生在宿舍里面创办的组织，从翻译英文科技书籍开始到办杂志，联络有志青年，切磋砥砺学问，从事科普宣传，出校后社员们携手合作，创办实业，一步步走上了"发展实业，改善民生"的道路。

1937年3月某晚，电机工程学院即将毕业的学生沈家桢在宿舍里面忧于国事难以入眠。他起床对同室沈嘉英叹道："中国这么大，还受日本的欺负，原因就是中国的国力不强。国力不强的原因是实业不强，实业不强的原因是技术不强。"他想组织一个团体把同学们长久地联系在一起，在校能相互砥砺，出校能携手做事。沈嘉英表示赞成。沈家桢又思考了半天说："我想出了一个组织的名称，叫作建设事业励进社，宗旨就是八个字：发展实业，改善民生。"

沈嘉英一听就说:"好极了。不过,这个名称太长了一些,不容易让人记住。我建议把正式名称定成建设事业励进社,再给它起一个简单一点的名字。"他沉思了一会儿说:"古人常说一心一德,孔夫子还有'吾道一以贯之'的名言,我们成立这个组织,也是要一心一德做事,一以贯之坚持宗旨。再说,一字打头,登在电话本上的时候,别人第一眼看见的就是我们一社。我看就叫一社好了。"[1]

俩人非常兴奋,把同班同学魏重庆等人叫起来商议。一听说要成立一社,没有一个不赞成的,当下就成立了发起小组,拟定章程、分派工作,到天亮的时候,"建设事业励进社(一社)"便宣告成立了。消息传开,先是电机工程学院的四年级学生纷纷加入,接着电机工程学院其他班级的学生也加入进来,又发展到其他学院的学生,成为交大当时最有凝聚力的学生组织之一。

人多主意就多了起来,有要开办工厂的,有要修铁路的,有要建海港造轮船的,有要开发水利资源的……面对发展实业的方案一个接着一个地出笼。有人就俏皮地说,现在就缺钱了,如果把政府的财政部搬过来,这里马上成立一个实业部,就能够轰轰烈烈地干起来了。沈家桢认为不能仅仅纸上谈兵,办工厂、修铁路、造轮船是大家日后的事业。现在缺钱能不能想些办法搞到钱?能否办个科学杂志,联络科技青年,向大众推广科学技术,帮助社会进步?

创办杂志的想法得到同学们的响应,决定开办三份科学普及性的杂志:《科学大众》《大众医学》和《大众农业》,面向青少年和社会大众发行。如何筹集办刊经费?同学徐明甫出了一个主意:合作翻译一部英文科技书籍,送交出版公司,赚取的稿费就可以当作开办费用。说干就干,5位英文程度较好的同学找来一本当时最新的无线电专著《无线电原理及运用》,每人分担五分之一,连夜翻译,两个星期就把中文书稿送进了开明书店,三个月后就出版了。当译者们把数百元的稿费领回学校时,社员们欢声雷动,热情高涨。但是一合计,只能够办一份杂志的费用。社员们就决定先把《科学大众》办起来,推选沈嘉英担任杂志经理,分派社员任编辑、校对、通信等职务。所有的编辑、写稿都是义务的,谁也不支取编辑费、稿费。

【1】 何哲:《沈家桢传》,美国世界宗教研究院出版社1999年版。

数天之后,一份16开的科普杂志《科学大众》问世了。首期就印了5 000册,每册售价2角。就在发行的当日,兴奋不已的社员们把它拿到上海的书店和街头书摊上销售,受到读者喜爱,杂志很快售罄。接着第二期、第三期,也在热心的社员们协作下如期出版了。科普杂志的成功创办,使一社的名声不胫而走,成员从校内而校外,由上海而及国内外,逐渐增加,人数最多的时候达到320人。全部是青年科技精英,社会上誉之为"青年专家团"。"王安电脑"公司的创始人王安,水利专家张光斗,工程院院士吴祖恺,唐山交通大学前校长唐振绪,国际航运巨子沈家桢、陈启元,台湾"行政院"前院长孙运璿等等,这些日后科技界、企业界、教育界、政界卓有成就的人物当年都是一社社员。

正当他们筹划下期《科学大众》,计划出版其他两种杂志之时,全面抗战爆发,日军入侵上海,印刷厂被烧,杂志出版无以为继,被迫停止。然而,这本凝聚着莘莘学子赤诚爱国之心的杂志,并没有因此消失。1939年春,被迫迁入租界上课的交大学生王天一、王安、杨嘉墀等发起创办《科学生活》。抗战胜利后,一社社员重聚上海,共谋《科学大众》复刊。交大同学开办的人人公司提供资金、调拨房屋设备,在王天一主持下,《科学大众》在1946年10月重新与读者见面。1948年,又办起了《大众医学》和《大众农业》两种专业型科普期刊。中华人民共和国成立后,《科学大众》由中国科协接办,成为科普类主要杂志,至今仍然在南京出版,是深得人民群众喜爱的刊物。

一社是交大学生社团组织发展史上的典范,也是交大社团发展成熟的标志。其实,交大的社团组织自晚清时期组建以来,就一直成为学生的主要课外活动内容。1906年学校设置商务专科和铁道工程班后,成立了由专科生参加的研究会,这是学生团体组织的发端;次年又成立了工程学会,主要活动是管理西文图书、练习英文和邀请名人演讲;后又创建南洋学会,下设言语、编辑、游艺三部,创办了学校历史上的第一份刊物《南洋学报》(即《上海工业专门学校学生杂志》)。1916年春,土木、电机一年级两个班级组织戊午级文学会,这是最早的级会。不久,其他班级也相继成立级会。到五四运动前,社团组织刚刚起步,不仅数量较少,且仅限于切磋学问、联络感情的学会、级会等组织。

五四运动后,在自由民主精神的鼓励下,学生要求自治,参加社会服务、投入爱国运动的热情空前高涨,加上交通大学上海学校改组成立后,张铸主任极力提倡学生自治,于是学生社团如雨后春笋般地建立起来。1919年5月,南洋公学学生会在五四运动中一诞生,即从事社会政治运动,侧重于组织学生走上街头,走近社会大众,进行反帝爱国的新文化运动,成为学生参加五四运动的领导机关。它是学校第一个全校性的学生组织,也是我国第一批学生会组织之一。

　　1921年学校改组后的学生会将精力移至校内,注重维护学生自身权益,甚至掀起反对"恶"校长的学潮。1924年,随着国共合作后轰轰烈烈的国民革命到来,学生会再次转向社会政治运动,宣传民主革命思想,率领学生参加五卅运动,秘密从事民主革命活动。学生会下属的南洋义务学校还是向社会群众介绍科学知识、革命思想的场所,学生会会刊——《南洋周刊》是发表政治评论、宣传爱国救国思想的阵地。除了学生会外,救国十人团、学术研究会、青年救国团等均是当时比较进步的群众组织,一直活跃到"四一二"政变前夕。可以说这一时期的学生社团受五四运动及国民革命的影响,主要以从事社会政治运动为主,是偏向于带有政治性的团体。当然,诸如工程学会、经济学会、南洋学会等一些学术性、文化性团体仍在继续活动。此外,还有南洋歌社、铜乐队等游艺组织,以及级会、同学会、同乡会等学缘性及地缘性组织。所有这些学生社团组织构成20世纪20年代南洋大学时期多姿多彩的学生生活舞台,成为交大历史上学生社团组织最为活跃的一个时期。

1930年交通大学北京师大附中校友会合影(站立者左三钱学森)

　　南京国民政府成立以后,一度相当活跃的学生会停顿两年,到1929年底才重新恢复,但已经受到政府当局的控制,收起关注社会民生的锋芒,只是负责一些协助学校管理学生的事务。"九一八"事变以后,国难当头,学生情绪激昂,交大校园不平静起来,救国会、国防科学研究会、东三省铁路问题研究会等相继建立,组织学生从事政治性请愿、募捐、军事研究等工作。不过,这些救国组织表现出较强的时段性,在"九一八"事变和"一二·九"运动期间组建非常活跃,运动过后又沉寂下来。

然而,学术性的学会、学缘性的同学会、地缘性的同乡会、游艺性的乐会等传统社团却继续得到发展,显得相当活跃,成为20世纪30年代社团组织的主流。工程学会、经济学会、科学社为主的三大学会组织,社员众多,活动频繁,出版定期刊物。各种学会创办的学术期刊,除了互相切磋学问外,不少篇幅在于介绍科学知识,唤起群众对科学的兴趣。如科学社借助沪上销量较大的《晨报》发行副刊,发表大量科学普及的文章;经济学会的《管理》还是我国最早传播科学管理的专业性书刊。而像"一社"创办的《科学大众》则是专门从事科普的专业刊物。此外,同学会、同乡会组织增加较多,1930年时有11个同学会及13个同乡会,还有5个校友会,这是过去前所未有的。游艺性组织也很多,有话剧社、国乐社、西乐社、摄影社、京剧社、管弦社等,吸引了不少学生,钱学森当年就是管弦社的一名和弦乐手。

求学不忘爱国

1936年4月,交通大学校庆40周年。前校长叶恭绰著文《交通大学四十周年纪念感想》。其文曰:"交大学生潜心努力,有爱国不忘求学,求学不忘爱国之风;在国立大学之中,非特为东南各校所景仰,隐隐然可为全国之楷模。"[1]交大学子素以埋首书斋、学业精深出名,这其中却潜藏着一颗颗志在"科工救国""实业兴邦"的拳拳爱国之心。然而,在民族危难之际,国事日亟之秋,交大的莘莘学子毅然合上书本,走出校园,振臂高呼,一次次融入救国救民的洪流当中……

1911年10月10日,辛亥革命首义在武汉爆发。全国各省纷起响应,形成声势浩大的革命浪潮,清王朝处于风雨飘摇之中。11月3日,上海起义开始。消息

【1】叶恭绰:《交通大学四十周年纪念感想》,《交通大学四十周年纪念刊》(1936年)。

传来,师生奔走相告,热血沸腾。部分革命师生参加了围攻江南制造局的战斗。当日晚,上海宣布独立。革命师生胜利回校,第一件事情便是在上院的钟楼插上了白旗,以示脱离清政府,拥护革命。接着,学生们以学校用作军训的400支枪为基础,成立学生军,公推足球健将张松龄为队长,参加革命军。学生军荷枪实弹冲出校园,一举进驻李鸿章祠堂——李公祠,作为学生军的司令部。直至南北议和停战后,学生军解散,学生回校继续学业。

多数教师拥护革命,支持学生的行动,但以教务长辜鸿铭为首的少数保皇派,却不赞成革命。辜鸿铭在武昌首义后不久,在《字林西报》上著文,把革命军喻之为身体上的毒血,必须立即开刀,把脓血挤出来,否则蔓延全身不可救药。学生们对他的攻击和污蔑表示强烈愤慨,推选代表向他抗议。而顽固的辜鸿铭却坚持己见,面见校长唐文治要求惩办学生。唐文治表示"此为潮流所至",默许了学生的行为。及至上海独立后,校中升起白旗,革命师生对辜鸿铭说:"你污蔑革命为毒血,要开刀挤出消毒;现在全校已升起白旗革命军,你挤出毒血,还是革命挤出你?"辜闻言立即乘坐马车出校,学生早已预备好鞭炮,挂在马车后面,马突然听到鞭炮声响,惊得乱跑乱跳,学生们在马路两旁拍手欢呼。辜鸿铭就这样狼狈逃出校门。

辛亥革命虽然推翻了封建帝制,建立的却是徒有虚名的共和体制,军阀当道,民主践踏。政治革命而外,中国更需要一次文化层面的革命。1919年轰轰烈烈的五四运动应运而生。交大学生这一次不是拿起了枪,而是高举起反帝反封建的爱国主义思想旗帜,投身五四运动。5月6日,全校学生集会声援北京爱国学生,开除前师范班学生、卖国贼章宗祥的校籍。次日,600余学生参加了上海国民大会,高呼"争还青岛""挽回国权",走在游行队伍的最前列。26日,交大学生又参加了上海52所学校约25 000人的罢课宣誓典礼和游行示威,要求严惩卖国贼,外争国权。罢课后学生抱着"对社会着实做一番有益的事业"和"使得人民都有觉悟"的信念,有的组成宣讲团,在街头巷尾进行演说,唤起市民的爱国热情;有的深入工厂、农村进行社会调查,了解各阶层人民的生活境况,又创办南洋义务学校,与工农大众相结合;有的组成"救国十人团",约言抵制日货;有的编辑出版《南洋周刊》,评议国内外时政、探讨救亡之路,推进新文化运动,传播新思想。交大的学生队伍成为五四运动当中一支活跃的骨干力量。

　　爱国青年的行动有力地促进了五四运动的发展,同时,经过五四洗礼的青年学生,接受新文化新思想,成为先进青年,走上了为劳苦大众谋利益而战斗的革命道路。侯绍裘便是其中的杰出代表。侯绍裘,1896年生,松江人,1918年以优异成绩考入学校土木专业。五四运动中,他毅然抛开书本,"从爆发的时候起,直到烟消云散的时候止"[1],始终参与。他组织参与游行示威,宣传演说,发起编辑小报《劳动界》,开办义务学校,推广进步书刊。出色的组织才能,炽热的爱国情怀,深得同学的信任,被选为学生会评议长,后又推举到上海学联及全国学联工作。侯绍裘在运动中接受洗礼,从一个爱国主义者转变到反对军阀政府的民主主义者,再到一个初步具有共产主义思想的新青年。五四运动后不久,被开除出校的侯绍裘信念更加坚定,开始了革命生涯。1923年夏他加入了中国共产党。1925年领导上海学界投入五卅反帝运动。1926年主持国民党江苏省党部工作,担任省党部中共党团书记。"四一二"反革命政变前夕,侯绍裘发动群众与国民党右派势力做坚决斗争,英勇不屈,成为反革命政变中首批殉难的烈士。

　　五四运动促进了青年学生的觉醒,开始寻求真正实现民族独立、自由民主之路。1921年中国共产党在上海诞生后,始终坚持开展工人运动和青年运动,马克思主义开始进入南洋大学校园;1923年国共两党实行合作,共同发动旨在反帝反封建军阀的国民革命,这给南洋学生指引了方向和道路。陈独秀、恽代英、叶楚伧、汪精卫等国共两党的要人接连来校演讲,激励着热血青年加入国民党、共产党,踊跃参加国民革命。1924年夏,国民党区分部在校内建立,有学生党员20余人,负责人是已经加入共产党的顾谷宜(1925届电机科)、张永和[2](1926届电机科)。进步思想异常活跃,革命活动暗潮涌动。

　　1925年中共党员顾正红遭到日本资本家的枪杀,激起了上海工人的反日罢工和反帝怒潮,中共中央号召扩大反帝运动和组织五卅大示威。首先起而响应

【1】　侯绍裘:《我的参与学生运动的回顾》(1923年1月5日),《侯绍裘文集》,上海远东出版社1995年版,第33页。

【2】　张永和(1902～1992),云南泸西人,1926年毕业于南洋大学电机科,在校期间加入中国共产党,担任中共南洋大学党团支部首任书记。曾任中共云南临时省委书记。

交大校园内的五卅烈士纪念柱

的是上海的革命学生,南洋大学学生会两次发表公开宣言,誓为支援工人的"前驱"。5月30日清晨,南洋大、中学全体学生400余人,在校内大操场整队出发,前往公共租界指定地点进行演讲宣传,揭露顾正红遭枪杀的真相,散发反帝传单,同时为罢工工人募捐。午后,南洋游行队伍按上海学联指示,作为第一总队,与其他各校学生汇合,到交涉使公署请愿。队伍行至南京路时,川流不息的电车阻碍了去向,张永和果断跳上领头的一辆电车,拉闸停电,一连串的电车都停了下来。南洋大学1926届电机科学生陆定一[1]跃上高处,向群众演讲。数万队伍齐聚南京路老闸捕房门前,高呼"打倒帝国主义""废除不平等条约"的口号。荷枪实弹的英帝巡捕竟向徒手的学生和群众开枪,一时血肉横飞,伏尸满地。当场打死爱国学生及群众12人,重伤15人,被捕53人,酿成震撼全球的"五卅惨案"。

――――――――――――――

【1】 陆定一(1906～1996),江苏无锡人,1926届电机科毕业,在校期间加入中国共产党,任南洋大学共产主义青年团支部书记。新中国成立后历任中宣部部长、国务院副总理、中共中央书记处书记等职。

南洋大学附中年仅16岁的学生陈虞钦,在惨案中遭到了英国巡捕的枪杀,身中数弹,不治身亡,成为交大在校学生中为国捐躯第一人;附中同学吴恒慈为帝国主义暴行悲愤万分,引发旧疾复发,医治无效去世。次年,南洋师生在校园内建立"五卅纪念柱",柱石为苏州金山石,由校友、体育馆设计者杨锡缪设计,采用华表式样,上端折断,寓意英烈为国早逝。

南京路上的枪声并没有吓退爱国学生,烈士的鲜血激励他们前仆后继。惨案后的第二天即31日,南洋大学最先实行全体罢课,继续上街游行示威、宣传演讲、散发反帝传单,融入轰轰烈烈的五卅运动当中。张永和参加上海学联的领导工作,组织上海各校学生参与反帝斗争。陆定一被派往学联参与创办《血潮日刊》,报道五卅真相,揭露帝国主义的残暴行径。五卅运动一直持续到7月暑假开始后。在血与火凝铸成的五卅运动中,从烈士的血泊中,南洋学生看清了帝国主义的真面目和北洋政府的软弱无能,同时也亲身感受到中国共产党及其工人阶级的伟大,认识到自己的神圣使命。正如当年积极参加五卅运动的陆定一所说:"五卅运动给青年学生一个重要的启示,只是罢工、罢课、罢市,不搞暴动,固然能够打击帝国主义,鼓舞人民的斗志,却不能推翻旧的政权,取得革命的胜利。"[1]中国共产党和国民党共同发起领导的、旨在反帝反封建的国民革命运动深入人心,青年学生参加国民党或共产党以投身救国运动。五卅运动之后,一些进步学生和已是国民党员的学生,体验到中国共产党人在五卅风云中组织和领导作用,认识到只有以马克思主义为指导,进行无产阶级革命,才能彻底完成反帝反封建的任务,中国才有希望,人民才能真正从被压迫的地位解放出来。在实际斗争的考验和共产党的影响下,他们成为共产主义的坚定信仰者,义无反顾地加入共产党。陆定一、费振东、祝延璋(祝百英)、夏采曦、陈育生[2]等参加五卅运动的积极分子相继加入共产党。1925年底中共南洋大学党团支部建立,第一任党团支部书记是张永和。到四一二反革命政变前,党团成员已经发展到五六十名,为新民主主义革命继续谱写新章。

【1】 陈清泉、宋广渭:《陆定一传》,中共党史出版社1999年版,第62页。
【2】 陈育生(1906～1931),河南永城人,1924年9月考入南洋大学电机科。在校期间加入中国共产党,1926年4月任南洋大学党支部书记。1931年被捕牺牲,被追认为烈士。

1931年9月18日，日军对我国沈阳北大营的中国驻军发动武装进攻；接着，对我国东北地区进行大规模武装侵略，震惊中外的九一八事变爆发。国民政府实行"不抵抗主义"政策，致使东北三省很快沦陷。全国各界迅速掀起了抗日救国浪潮，沉寂多年的交大学生运动再次兴起。21日，交大学生自治会号召学生"一致共赴国难！"并组织抗日特种委员会（抗日会），专职领导学生抗日救亡活动，中共交大支部书记许邦和[1]当选为抗日会委员；同时，许又被选为出席上海各大学抗日联合会的交大首席代表，参加上海市学联的领导工作。当天下午，交大学生在抗日会的组织下，分赴市区各处宣传演讲。9月底至12月中旬，交大学生和上海各校学生连续三次集体赴南京请愿，抗议国民党的投降卖国政策，请求出兵抗日。最后一次赴宁请愿时，遭到武装军警的镇压，全国各地学生死伤100余人，数十人被捕，其中被捕学生有交大学生多人，史称"珍珠桥惨案"。血腥镇压并未遏止学生救亡运动，惨案的噩耗传来，以交大抗日会为主，联合上海各校学生捣毁国民党上海市党部。上海市当局对交大学生异常警觉，非法逮捕交大学生代表、中共党员许邦和、袁逸群两人。经过学生坚持斗争，被捕学生终于获释。

九一八事变尚未平定，一·二八事变又起。交大学生同仇敌忾，全力以赴，支援奋起抗日的十九路军。学生张家瑞、徐威等人参加抗日义勇军，开赴前线，与抗日军队并肩作战；在借作国民伤兵医院院址（由宋庆龄、何香凝主持）的新宿舍执信西斋，一些学生与校工加入了救护伤病将士的行列。在1935年的一二·九运动中，交大学生再次掀起了火热的救亡运动。

高举"工业救国"大旗的交通大学，信奉"科学兴国"为圭臬的交大学生，在积贫积弱的社会里，能够孜孜不倦，潜心向学，寻求真知。其实，在他们的心底里潜流着爱国的热血，怀着一颗救人民于水火的赤诚之心。而在外强入侵、政府无能的年月，交大一批批进步学生义无反顾，直接投身革命斗争与救亡运动当中。

【1】 许邦和（1910～1933），浙江吴兴人，1928年考入交通大学电机工程学院，1930年秋至九一八事变前夕期间任中共交通大学支部书记。1933年病逝。

第四章　在动荡岁月中薪传

"崎岖七日似登天，几见骷髅倚道边。小店鸡鸣凉共被，酒家虎咽饱加鞭。"这是交通大学1943届校友、已故中国工程院院士许国志作的一首诗，描述了他在抗战时期从上海交大远赴重庆交大总校途中的艰难行程。在那个战火弥漫的非常时期，全民族都遭到了空前劫难和莫大损失，濒临火线的交通大学同样难于幸免，被迫分设两地，艰难维持。然而，在民族危难之秋，广大师生坚忍不拔，同心同德，克服重重困难，竭力保存和延续了交大基业和优良传统，以致弦诵不辍，谱写出交大风雨兼程、生生不息的历史篇章。

一、孤岛中艰难维持

移校法租界

1937年7月7日,抗日战争全面爆发。8月13日,日军又挑起八一三事变,将战火烧到我国经济、文化中心的上海。处在战区之内的交通大学,被推至生死存亡的紧要关头,校园随时会遭到日军的轰炸和侵占,为应付危局保存学校,交大师生体验时艰,处惊不乱,于硝烟弥漫中就近将图书、设备转移到较为安全的地带——法租界,在炮火隆隆声中维持了基本教学,将损失降低到最低限度。

七七事变战端一开,东南沿海一带形势紧张。校长黎照寰意识到战祸必定殃及学校,便着手组织搬移委员会,筹备转移图书、仪器。根据1932年一·二八事变时的搬迁经验,学校在法租界租房数处,将重要图书快速地迁至租界内分散储藏。各个实验室、工场的仪器设备也尽量装箱待运。八一三事变爆发后,战火首先在沪东北地区点燃,交大偏居沪西南,距淞沪战场相对较远,且与保持中立状态的法租界只有一路之隔,校外宿舍更是在校门对面的租界境内。有利的地理位置加上先期的准备,给转移图书设备提供了空间和时间。到上海失陷前,价值30万元共8万余册的图书资料全部迁出校园。以后经过多次转移整理,图书大部分存藏于借租的震旦大学(今上海交通大学医学院院址)校内,开课后仍可部分满足师生参考借阅。实验机械、仪器设备的搬迁,以工学院任务最重,机器设备除一部分供实验应用外,均装箱搬运至震旦大学、汶林路(今宛平南路)、辣斐德路(今复兴中路)等处存放,后又搬至震旦大学地下层;理学院各系精密仪器很多,各系师生们连夜抢运。化学系的实验仪器极易损坏,系主任徐名材和学生借来一辆大板车,轻拿轻放,缓缓而行,往返数十次,才把实验设备运至校外宿舍。迁移出校的物品遵循分散保存的原则,分别存放在校外宿舍、震旦大学、中华学艺社、中国科学社、中华化学工业会、文华油墨厂、永固油漆厂等十余处。到日军侵占交大校园时,除了房屋、土地等不动产,以及少数不能拆卸的锅炉、汽轮机外,仪器、图书、机件、家具等价值共计110万余元的可移动校产大部分搬运出校,保存了交大经营数十年的教学设备,为全面抗战期间留在上海的交大在租界维持艰难的教学,提供了最基本的物质保障。

搬迁教学设备进行得较为有序顺利,但在上海濒临沦亡、校园即将被占之际,交大是如同图书设备一般就近迁入租界内,在外国势力的庇护下开课,还是像当时许多东南沿海高等院校一样,内迁到大后方更为安全的地带,成为交大师生首先面临的艰难抉择。抗战爆发前后,国民政府和教育部对战争的长期性估计不足,缺乏对战时全国教育的统筹规划,未能就高等院校内迁做出合理的安排,这在一定程度上延误了交大实现内迁的可能。

1937年8月12日,刚刚从铁道部手中接过交大管辖权的教育部,在战云密布之时指令交大仍在沪作开学准备,对内迁一事只字不提。及至9月初即将开学时,战事日益猛烈,日军战机时常在徐家汇校园上空盘旋,校内开课无法进行。9月6日,交大教授会议决定,三、四年级先设法在法租界租屋上课,一、二年级暂迁内地上课,首次提出部分内迁的想法。然而却得不到教育主管机关的同意。同日,教育部密电:"交大素著成绩,政府期望至殷,所处环境可勉励进行,务望立即设法开学,为国效力。"[1]指令学校在原校址或上海其他处所设法开学。学校在情况危急之中,多次召开教授会议和教务会议,商议预备开课的问题,分函各级学生于9月20日至30日通讯注册,待人数确定后再择期分散开学;同时作出"暂时迁移内地"的决定,制定内迁方案,准备先让一、二年级迁往浙江兰溪,必要时三、四年级学生也迁往该地,并派人前往查看校址;还议定在西南内地择地筹备正式校址。应该说学校明显倾向于内迁,至少主张部分留沪、部分内迁的两地分校办法,这是一种视战时局势变化较为明智的可进可退之策。但是上报教育部后又遭到断然否决,教育部要求交大"应在原址及上海租界内其他地方设法疏散,使各年级一律开课"。致使分设上海、内地两处,待时而举的内迁计划仍然无法实施。当冒着战火前来注册的学生日益增多时,学校遂决定三、四年级先行开学。10月11日,学校在炮火的隆隆声中开学,三、四年级在校外宿舍开

【1】《交通大学校史》编写组:《交通大学校史(1896～1949)》,上海教育出版社1986年版,第323页。

始上课，大多数教职员均能按时到校报到。10月下旬，战线逐渐西移，上海大部分地区沦陷，租界边缘的校外宿舍也变得岌岌可危，内迁再次成为师生上下一致的主张。在校的高年级学生群情激奋，强烈建议校方撤离校外宿舍，着手内迁至云、贵、川一带。校方也以为上海沦陷敌手后，租界将变成孤岛，即使能在其中暂时上课，师生安全也无保障，经费汇兑阻滞，并且随时可能爆发的世界大战会让租界也演变成战场。因此，交大势必难以维持而告中断。与其在租界仰人鼻息，听人支配，不如早日搬迁内地刻苦自强。11月初上海沦陷前，学校以教授会名义推选钟伟成、丁嗣贤两位教授赴南京，向教育、铁道两部陈述准允立即内迁昆明、并拨10万元搬迁费的请求。教育、铁道两部以内地条件不如上海、内迁须要通盘规划、租界开课较为安全等为由，不同意交大内迁。钟、丁两教授无功而返，在回沪途中闻知上海已经失陷，辗转折回南京再次请求内迁，两部仍以维持上课不必内迁相告。

内迁屡屡受挫难以成行，学校不得不采取权宜之计，决计暂先顺势在法租界开课，日后再作迁校打算。法租界开始不准交大租屋，交涉多次后才获准租借震旦大学部分校舍和中华学艺社（今上海文艺出版社社址）大部分房屋，作为教学、办公、住宿使用。储藏各处有待内迁的大部分图书、办公家具及部分实验设备，也逐渐分批转移到震旦、学艺社两处。到上海失陷前为止，学校完成了移校租界，各院系四个年级全部上课，到职教职员210人，报到入学的学生共计566人（包括其他大学的借读生89人）。交大撤离徐家汇后，原校址一度成为国际救济会的第五难民收容所，拥入大量流离失所的中国难民，一度达15 000多人。11月30日，日本宪兵队开进徐家汇校舍，设立"宪兵队徐家汇分驻所"，交大所遗校产全部被占用。翌年4月，经日本军部和外务省协商同意，大部分校舍让与原在虹桥路的日本东亚同文书院。随后，日本宪兵队将难民全部驱离校园，4月8日，也就是在交大42周年校庆日，东亚同文书院师生进驻交大校园，摘下交通大学校牌，改挂东亚同文书院（今日本爱知大学）的校牌。

从1937年11月12日国民党军队撤离上海，至1941年12月8日珍珠港事变爆发日军侵占上海租界为止，上海经历了长达4年的"孤岛"时期。这一时期，日本势力还暂时无法全部控制租界，对存在于租界内的交大也奈何不得。然而，公

徐汇校园被日本东亚同文书院占用,上院钟楼插上了日本军旗

共租界、法租界已被日军团团包围,内迁路线基本被切断,学校失去内迁的可能,只得继续设法在租界上课,开始了交大有史以来最为艰难的办学历程。

无校区的大学

大片国土沦陷敌手,同胞陷入水深火热之中,日军入侵使中华民族处于存亡危急之秋,交通大学也不得已蛰伏孤岛一隅,艰难维持着教学活动。甘于清苦的教师们在险象丛生、困境重重之中忍辱负重,培育着拯救国家未来的民族精英;风华正茂的交大学子们,压抑着亡国灭种的悲愤,在逼仄的教室中,在统舱般的宿舍里,埋首书本,发奋用功,默默地为民族复兴积蓄着智慧和力量。

陆续迁入法租界内的交通大学,临时校舍不是密集一地,而是分散于租界内数处。1937年底,学校与法租界当局经过反复磋商交涉,才租得震旦大学新建红楼的第四层作为一、二年级学生教室,五层顶楼作为图书馆的临时书库,地下室作为物理实验室、测量仪器室等。待震旦大学校舍安定后,早先在校外宿舍开课的三、四年级,因安全难保也搬迁至中华学艺社。中华学艺社位于法租界爱麦虞限路45号(今绍兴路7号),建筑面积不大,楼高三层,二层楼上有个礼堂,除

临时租用的主要校址之一——法租界内震旦大学的红楼，现为交大医学院重庆南路校区

了少数房间作为行政、教务办公外，多数作为三、四年级学生的教室和宿舍。震旦大学和中华学艺社两处成为抗战时期交通大学最主要的校舍。但是，交大规模较大，师生人数近千人，上述两处校舍还是显得狭小，震旦大学校舍只有一层可作教室，学艺社房间虽多，但作为教室并不适用。有些教室小得容不下听讲和旁听的学生，连走廊里也有人在听课；有些教室白天排不上课，就排到晚上，就连星期日也排上课；有时教室不够用，就等他校学生上完课后，见缝插针地进入他校教室上课；[1]到了高年级经过细分专业后，有些专业门类只有为数很少的几个学生，授课教师就干脆将学生带到自己家里客厅或写字间里上课。

实验室和实习工场为理工科大学教学上的必要设施，一贯推崇"学理与手艺并进"的交通大学，更视其为培植人才不可或缺的教学手段。以文、法、医学类为主的震旦大学少有工科设备，中华学艺社是一个学术机构，没有一间实验室可供使用。价值达百万余元的学校贵重仪器设备迁入租界后，为避免日伪进入租界遭受全盘接收，大多数均封存隐藏起来。因此，实验实习课程受到很大影响，刚迁入租界的一段时间内实践课几乎陷于停顿。学校师生千方百计克服困难，因陋就简，各显神通，或创办一些简易实验室，或租借校外工场设备，逐步恢复了大部分实验课。物理系各种试验多在中国科学社进行；化学系借用工程学会工业试验所进行实验，实习则借用文华油墨厂和永利制革厂房屋进行；电机系借震旦大学和中法工学院等处的电机实验室，恢复了电机试验，但须排在两校的教学空挡或放学之后。土木系在中华学艺社搭建一座简易木屋，权作为木工

【1】仇启琴：《寻梦步行，追忆往事》，《交大校友》（1987年）。

厂供学生实习；机械系于暑假借用中法工学院和震旦大学的实验室，集中完成各项试验。

租界里的交通大学，教室、图书仪器、试验场所等教学设施散居十余处，成为一所无校区的大学。师生们穿插其间，往来奔波，茶饭无常，弄得疲惫不堪。这一时期教职员人数保持在200名左右，与全面抗战爆发前相当，只是被迫迁出条件优裕的校舍和宽敞的教工宿舍后，租住在狭小的阁楼里，生活待遇一落千丈。八一三事变爆发后，货币贬值、物价飞涨，学校经费又被拖延拨付，教职员工资时常拖欠或降低，生活十分清苦。1942年3月11日，是机械系老教授梁士超执教交大20周年纪念日。这日，他在给校长的信中这样凄凉地写道："最近两年来因遭遇生活上之难堪，个人经济上更形恶劣，至本年开始所有子女教育事项，已觉无力支持，其日后情形何堪设想！"堂堂一资深教授尚且无力抚育子女，一般教职员生活情形更是相形而下了。由于教室紧张拥挤，学生宿食尤为困难。学校规定凡是上海市内学生一律走读，食宿自理。中华学艺社内原有部分房屋专供外地学生住宿，后改为教室，学校只得把二楼的大礼堂改作宿舍。一百来人济济一堂，学生的床铺和书桌一个紧挨一个，被学生称之为"统舱"。即便这样还是僧多粥少，容量有限，有些住不进校内的外地学生只能三五人一起，合租附近民房。整个学校散居各处，没有设立食堂，学生一日三餐自行在外解决，而校外伙食昂贵，因此学生营养状况很差。然而，学校在办学经费得不到保证、教师待遇一落千丈的困难情况下，仍坚持为学生设立各种免费、公费制度，免费生一度增至全校学生的10%以上，公费生增至4%以上，还专门为部分来自沦陷区的学生实行免费或设立贷金制度。这些助学措施是非常难得的，它在战乱年代为学生安心学业提供了经济保障，帮助了那些经济窘迫的学子得以顺利完成学业。

拥挤狭窄的教室，东拼西凑的实验室，统舱似的宿舍，奔波清苦的生活，交大师生们心中装着国难，毫无怨言地承担着苦难，用辛酸和血泪共同谱写着交大历史上最艰难的篇章。1939年春，教育部曾派代表到上海租界，表达对坚持在租界内办学的黎照寰等各大学校长的感激之情，称他们是坚持在第一线为国而战的勇士。然而，被日伪势力团团包围的孤岛并非安全之地，学校处境愈见险恶，随时面临着被敌伪接管的存亡危机。1937年底，日军占领上海后即声称已是大上海的主人,它可于必要时对尚未占领的租界采取任何断然措施,并暗中派遣大量日伪特务,向租界进行渗透和侵犯,相继渗入警察、法院、新闻等机构,同时觊觎着迁入租界的教育文化机构。租界当局苟安一时,步步退让,对进入租界的中方机构作出种种限制。保持"中立"的租界内政治环境日趋危迫。1938年4月,沪江大学校长刘湛恩因不畏强暴,拒受伪职,遭到日伪特务暗杀。同年,上海雷士德学校校长、英国人烈里因日兵制造车祸惨死。交通大学是一所历史悠久、饮誉中外的国立大学,校长黎照寰系国民政府任命的大学校长,又曾官至铁道部常务次长。一旦日军侵入租界,交大定然被作为"敌产"对待首先遭到接收,校长则会被拘捕。为了保全校产不致落入敌手,学校上下想尽各种办法脱离险境。1938年初,学校再次提出内迁广西的建议遭到教育部、交通部(1938年1月交大原主辖机关铁道部并入交通部)否决后,遂转而立足租界,谋求内部组织不作更动的情况下,名义上改为私立。学校曾打算由教职员出面对外发表一份非正式宣言,说明交大自创校以来即带有私立性质,并准备聘请南洋公学时期监院、美国人福开森出面组织董事会。不久,黎照寰校长又致函教育部,建议名义上与震旦大学合并,震旦对外称交大为该校一部分,对内一切仍完全独立。不过,组织董事会改私立、与震旦大学合并的应变措施,都未能得到教育部、交通部的同意。

租界里的交大不仅要和迁移大后方的高校一样,承受着办学物质上的贫乏,而且学校师生还要承受在豺狼之口下生存所带来精神上的屈辱和折磨。1939年9月,德国已在欧洲挑起大战,日本与英美等国开战不可避免,租界随时会被日伪方接管,汪精卫组建的伪"国民政府"在南京粉墨登场,加强了对日伪统治区内政治、经济、文化教育的控制,交通大学面临着更加严峻和复杂的局面。1940年10月,国民政府教育部终于同意交大在必要时对外改为私立大学。经多次与教育部密商后,学校于1941年9月成立由前校长唐文治、黎照寰、张廷金、福开森等11人组成的董事会,唐文治任董事长,正式对外改名"私立南洋大学",仍由黎照寰任校长,暗中主持校务,经费由重庆政府继续暗中汇来,毕业生仍发交通大学文凭,由交通部、资源委员会等单位安排工作。这样,无校区的大学连校名"交通大学"的牌子也挂不出来了。然而,"换名改姓"后的私立南洋大学勉力维持大半年后,在日军的淫威和经费告绝的情况下陷入绝境。

张廷金维持校务

改名私立南洋大学后不久,1941年12月太平洋战争即爆发,日军铁蹄随即踏进了租界。租界内到处可见荷枪实弹的日兵和听到笃笃的马队声音,戒严、宵禁、封锁、搜查逮捕,屡见不鲜。学校虽然以私立南洋大学名义照常上课,师生心绪难宁,教学秩序大受影响。一天,一群荷枪实弹的日本宪兵耀武扬威地冲进中华学艺社某班教室,指名要逮捕一位交大学生,说他是抗日活动分子。这位学生幸好当时不在课堂,后在学校师生的掩护下,悄悄地离开了上海。到12月底,学校没有举行大考就放了寒假。等到1942年2月新学期开始,学校仍以私立南洋大学的名义继续维持开学。支撑到5月,日本宪兵队及特务机关强令学校各学院院长、系主任前往国际饭店谈话。日本侵略者声色俱厉地说,私立南洋大学实为国立交通大学的变相,若不改组,即将全部校产没收。这时国民政府教育部至上海的汇款路线断绝,学校连续四五个月拿不到经费,校长黎照寰也受到敌伪监视,不便公开行动,难能到校视事。日伪方即将接收的消息在校内引起恐慌,像上学期一样没有大考就草草结束,开始提前放假。教育部眼看在租界的交大已难以保全,1942年8月初一纸命令宣布将交通大学上海总部迁至重庆九龙坡,和设在那里的交通大学分校合成总校,重庆本部由吴保丰代理校长职务;不能迁渝的师生仍以南洋大学名义继续招生开课,对内称交大上海分校。应该说,沪渝两地的交大地位变换是可以预见的,太平洋战争爆发后租界形势的突变加快了这种角色变换,创办两年已粗具规模的重庆分校就势升格为总部。在租界内艰难维持近5年的总校自身难保,在名义上更名换姓后又被降为分校。其实,教育部清楚上海总部早已无法实现搬迁,只在名义上将重庆分校改成总校而已,租界部分只能任其自生自灭。

在租界内的交通大学岌岌可危之时,校董事会于1942年暑假间多次召开会议反复商议:交通梗阻,内迁已经绝无可能;要是关闭学校,师生员工冒险抢救出来的贵重仪器设备全部失去,反资敌用,而且近800名学生、200名教职员即将失学失业。因此,董事会最后决定在校内推选一位真心爱校、勇于承担的人士出

张廷金

面主持校务,以不被接收改组,不被日伪方派员掌校,维持学校一贯的立教精神,并以获取经费为原则进行谈判,保存东南工科学府之命脉。最后,董事会一致同意决定商请工学院院长张廷金代行校长职务,与汪伪政权进行消极周旋,保存交大校产维持基本教学。

张廷金(1886～1959),字贡九,江苏无锡人。1909年从上海高等实业学堂(交大时名)附中毕业,考取第一届庚子赔款留美官费生,赴美国俄亥俄州大学,毕业后又进哈佛大学攻读硕士学位,主修无线电专业,1915年获电机学硕士学位。归国后即回母校任电机科教授,在我国首先开课讲授无线电,着手在校内建成了国内第一个无线电实验室,并组建一个无线电台,张廷金因此被称为"中国无线电元老"。1922年任教务长,尽职尽责教务一年,颇得人望,后因不满校长卢炳田破坏校章私自招生而愤然离校,出校后任东南大学电机、机械两系主任,吴淞无线电总厂工程师等职。

1927年张廷金被聘为中央研究院30名筹备委员之一,主持理化实业研究所无线电技术。此时交通大学再次改组扩充,张廷金又复归交大任教,任电机工程学院院长。他主持院务期间兼重理论与实验教学,扩充电机试验设备,亲自主教,严格要求。1933年学校复设教务长,规定各学院院长轮流兼任,张被推首任此职。抗战初期,学校奉命将电机、机械、土木三个工程学院合并组成工学院,他又被推为首任院长。此时,学校已迁入租界,四面受日寇包围,环境恶劣,条件极差,学校千方百计设法使交大财产不被没收,使学校能生存下来。校长黎照寰为此夜不能眠,健康不佳,加上受到敌方暗中监视,很少到校直接办公。张廷金就积极协助黎照寰校长,出面维持学校秩序,坚持教学。从1938年起,教育部与交大之间不能进行正常汇款,学校选定张廷金作为转交人,将经费汇给他私人再转交学校。随着局势的不断恶化,到1940年下半年,学校的校务会议基本上都由张廷金出面主持。这是黎照寰校长与教育部部长陈立夫商定的,因黎照寰是国民党中央委派,若汪伪有所要求,难以出面周旋。陈立夫同意不得已时可由校内教授出面，以便于应付。张廷金自知时局艰难，为了交大的生存，竭尽全力出面支撑局面。

此时，在汪伪财政部任司长的校友杨惺华表示"愿意拨给经费把学校办下去"。中文系主任陈柱愿意去南京汪伪教育部"打通关节"，唯一的代价是接受汪伪教育部的管辖。1942年8月，张廷金受黎校长和董事会之托，以私立南洋大学代校长的身份去文汪伪教育部，要求恢复国立交通大学，提出只要不派人，不改变教学制度，肯给经费，愿意忍辱续办学校。并与胡敦复、范会国两教授到南京洽谈。范会国曾在汪精卫妻子陈璧君家里当过家庭教师，门径熟悉。洽谈后，交大接受登记，由汪伪教育部拨给经费，改私立南洋大学为"国立交通大学"，于9月又开学上课。

汪伪教育部委以张廷金校长名义，宣布归其管辖，但并未派员干涉校务。张廷金虽不能公开否认，然既不宣誓就职，也不办移交手续。在任职的三年中，他不容敌籍员工和学生侵入，拒绝奴化教育，忍辱负重维持交大的生存，使交大仍成为东南沦陷区青年学生向往的最高学府，学风及学术水准基本上继承了原有的校风和传统。正如当年在校就读学生、中共地下党员陈警众所说：一是办学方针没有变，学校坚持了起点高，要求严，以学术为主的方针。二是课程体系没有变，包括汪伪规定的要把日语作为必修课，也未实行。三是原聘教授没有变，除部分离校教师外，学校继续聘用原来的教授。四是实际解决了学校生存问题。交大自己无校舍，租房要房租，经费来源断了就没有办法，争取到经费就可使学校生存下去。张廷金实质上是维护了交大，体现了民族性。在战火纷飞的特殊岁月，坚持办学，保留了学校发展的生生血脉。

可是在抗战胜利后，在一片"伪学生""伪工人""伪教师"的声浪中，有人却把张廷金加上"汉奸"罪名，要求加以审判。张廷金在交大30多年，固守教育职位，奉命周旋，保存校产，历尽艰险。知晓原委的交大当事人和社会名流纷纷出面，证明为清白身份。立法院院长、前交大校长孙科亲笔致函司法部部长："交大校产得以保全实属张（廷金）君之劳绩"，要求免于汉奸嫌疑提起公诉。曾亲历过此事、时任校董事长的唐文治更为直接地说："张廷金于恶劣环境之中，艰苦奋斗卒能维护教育，保全校产以待中央接收，其奉职之忠，卫国之诚，可与前线作战将士相比"。前校长黎照寰也说:教育部下令保存校产,环境恶劣非得人对外不可,乃同意表决请张廷金代行校务。抗战胜利后前来接收租界内交通大学的吴保丰校长为其证明说:"沪校理工各系贵重图书仪器机件等设备以及各项校产单契多半完整保存,学生程度亦属优良,此皆张廷金君历尽艰苦保全维持之功"。就连抗战期间的教育部长陈立夫也证明道:张廷金任职既由校务会议推举与商请,其目的在于维护校产,对当时处境不能公开否认伪命,唯有置之不理,他见危授命,真难得之国士。1948年,上海高等法院鉴于上述当事人和社会名流的陈述,宣判"张廷金无罪",[1]肯定了张廷金为交大的发展特别是抗战期间在敌伪势力下维持做出贡献。

二、大后方工程教育重镇

从小龙坎到九龙坡

　　全面抗战爆发后,国民政府实施"战时教育须作平时看"的办学方针,采取了一些有利于高等教育尤其是高等工科教育发展的政策措施,使高等教育没有因战争而偏离正规教育的轨道。战争进入相持阶段后,国民政府将重庆作为陪都,统治重心西移大后方。为了保存国力坚持长期抗战,国民政府运用国家力量,大力发展相对落后的西南地区经济,着重建设交通运输业、通讯业、兵器重工业及公私营工矿业为主体的国民经济体系。这为高等院校特别是类似交大这样的工科院校提供了大量的就业机会,更提出了迫切的人才培养要求。

　　1939年8月,教育部要求身陷孤岛的交通大学扩招学生,增加电机和机械的班数,并设立工科研究所培养工科硕士,以满足大后方对高级工科人才在数量和质量上的急切需求。学校同意开办工科研究所,但是鉴于租界内校舍狭促、师资

【1】上海市高等法院:《关于张廷金汉奸疑案》(1948年6月),上海市档案馆馆藏号:187-02-00806。

不足及局势难料、学校朝不保夕等客观原因，建议在四川筹备设立分校，暂时设立电机、机械各一个班级，并推荐刚刚离开交大教职、时任资源委员会化工处处长的徐名材主持筹备事宜。在内地设立分校，既有利于交大借大后方急需人才之际实现异地办学，扩充规模，又为身处租界危境中的交大留下了可进可退的伸缩余地。若日军败退、孤岛解围，则两处合并后规模增大；若租界被日伪接收，交大可以实行间接转移，或将分校变成总校以保全交通大学。这一提议立即获得教育部和交通部的同意，决定将增加电机、机械的经费用于在陪都重庆设立交大分校。

　　大后方广大校友一直为母校身陷孤岛、处境险恶而深表担忧，多次希望母校能够内迁。当得知设立分校的消息后欢欣鼓舞，校友们纷纷伸出援手竭力相助，以促成分校早日实现。交大四川同学会表示，愿意全力为母校服务，协助寻觅校址，并号召校友前往任教。重庆中央无线电器材厂厂长、交大校友王端骧愿意将器材厂空闲宿舍借给交大作校舍，宿舍地处重庆市郊小龙坎，有平房2幢，大小房间60余间，可以成为分校的暂时栖身之所。教学师资基本上来源于校友，原在他校任教或学成归国的20多位交大校友响应母校号召，相继从大后方聚拢而来，组成以校友为主体的师资队伍。

　　曹鹤荪，这位交大1934届高才生，意大利都灵大学航空工程博士学位获得者，时任航空委员会下设的成都空军机械学校基本学术组组长。1940年暑假，曹鹤荪到重庆招生时，得知交大将设分校的消息，当即前往看望母校化学老师、筹备主任徐名材，主动要求回母校任教。徐名材当场决定聘他为分校教授。但是，将他视为顶梁柱的空军机械学校根本就不放人，一再催促曹鹤荪回校，以致一年后下了通缉令，要传唤上军事法庭。后来还是新任分校代校长的吴保丰辗转托了上层关系才平息此事，使这位年仅28岁的年轻学者得以在交大一展抱负。曹鹤荪来校后聚集起一批具有真才实学的年轻教授，在艰难困苦中主持成立了航空工程系，成为交大历史上最年轻的系主任。与曹鹤荪同届的校友张煦，1940年在美国哈佛大学读完博士学位，毅然在祖国母亲最困难的时候踏上了回家的路，听从母校的召唤，受聘为交大重庆分校电机工程系的教授，在低矮昏暗的简易教室中，悉心传授着国外先进通讯理论和技术。曹鹤荪、张煦等一批刚从

九龙坡校园里朝气蓬勃的交大学子

欧美留学归来的年轻学者,精力充沛,爱国爱校,坚忍不拔,成为一支富有朝气、掌握世界科技先进知识和前沿动态的优秀师资力量。

1940年11月,经过两个多月奔走筹备,交大分校在重庆小龙坎正式上课。分校仅设电机、机械两个专业各一个班级,每班招收一年级新生40名。因与上海总校相隔较远,且战时音讯阻隔,分校在行政、教务、经费上都有相对的独立性。分校主任由总校推荐的原化学系主任徐名材兼任,教务长聘中央大学工学院院长、1921届校友陈章[1]兼任,教职员20多人大都也是校友,这对保持交大办学宗旨和教学传统提供了师资保证。次年8月,徐名材辞去分校主任职务,教育部任命吴保丰为主任,教务长改聘原在浙江大学工作的交大校友李熙谋[2]担任。分校组织招生委员会分别在重庆、成都、桂林、昆明同时招生,招收电机、机械专业新生各一班,每班仍为40名。到秋季开学时,连同原有班级共有一、二年级四

【1】 陈章(1900~1992),电子学家,江苏苏州人,1921年毕业于交通大学电机科,1940年秋至1941年冬任重庆分校教务长,著有《无线电工程学》等。曾任中央大学工学院院长。

【2】 李熙谋(1896~1975),浙江嘉善人,早年毕业于上海工业专门学校电机科。1941冬至1947年秋任交通大学教务长。

个班级,学生160余人,教职员也增加到30余人,小龙坎交大分校虽然初具规模,但已显房屋拥挤。

抗战期间,大后方川、滇、黔、桂、湘及西北等省和地区的公路、铁路、航空、电讯、航业等交通实业亟待发展,迫切需要大量工程技术和管理人才。实业界特别是交通工程界急切希望在小龙坎分校的基础上扩建交通大学。1941年底太平洋战争爆发,日军占领上海租界,上海总校朝不保夕,随时将被日伪方接管,总校濒危处境也加速了渝校的扩建进程。在后方交通部门工作的许多校友,出于战时对人才的需要和维系母校校脉的双重愿望,积极支持扩建重庆交大分校。

小龙坎分校原是借用中央无线电器材厂宿舍作临时校址,只是一时权宜之计。器材厂地方狭小,随着人员增加,急需另行觅地扩建。此时,学校得知交通部技术人员训练所计划在九龙坡购地建造新舍。分校主任吴保丰兼任训练所副所长,他向交通部提出拨款扩大建筑面积,将该所建筑新舍的一部分作为交大分校。建议得到交通部部长兼交通技术训练所所长张嘉璈的同意,及交通部财务司司长、交大校友徐承焕的支持,当即获得批准。分校扩建过程,还得到宝天铁路工程局局长、交大南洋大学时期的校长凌鸿勋的经费支援,以及交通部电信局局长朱一成、交通部次长徐恩曾等校友的支持与帮助。九龙坡扩建校舍于1942年夏完工。8月初,分校由小龙坎迁入九龙坡。新校舍占地近500亩,计有办公室连大礼堂楼房1座、教室2座、男生宿舍2幢、女生宿舍6间、教职员宿舍13座,操场、工房、饭堂等均全。校舍虽然简陋,但九龙坡的扩建为不久以后成为交大总校创造了条件。

分校到总校的转换

九龙坡地处距重庆市区大约20公里的长江江畔,远离闹市,环境优美,在烽火连天的战争年代也算是个安静的教读场所。但是,与其他内迁院校一样,国难期间的交大校舍简陋,图书仪器稀缺,生活艰苦。师生们凭着坚忍不拔、共赴国难的意志,因陋就简,创造条件,在青山土坡上造就出民族的精英。

九龙坡校园（今四川美术学院黄桷坪校区）

教室是竹篾、糊泥为墙的简易房屋，用土坯垒起来或用木料钉成简单木架，搭上木板，便成了桌凳。学生住着篱笆墙抹白灰的大宿舍，一个班级三四十人挤在一大间里，喧闹拥挤，空气混浊。床铺分上、下两层，仅有的少量桌椅供放置脸盆及招待来客之用，没有专供自习用的桌椅，学生们便各具匠心，睡下铺者用衣箱当书桌，用床铺当座椅；睡上铺者用绳索吊木板悬挂在屋梁下，当作书桌，两腿下垂，高坐在上铺上，伏板自习，偶一欠身就摇摇摆摆，好像演杂技一样，然而熟能生巧，倒也没有弄出什么事故。[1]

教师大多住在校内，住宿条件比起学生宿舍也好不了多少，即便是教授也是如此。从美国麻省理工学院归来的青年博士张钟俊教授，住的就是一间十一二平方米的宿舍。室内仅有一张斗桌，一椅一凳，还有一竹架和一中人床，房间便显得很拥挤。房间的窗户朝西开，正好对着相隔仅两米远的大厨房，以至于室内光线很暗，厨房里的油烟味，一天三次飘入室内。他很有风趣地说："我是最先享受到饭菜的香味，太幸福了。"[2]这种乐观情绪，带动大家在艰苦的条件下，把学校办得很有朝气。

【1】 申土标：《记忆里的浪花》，黄昌勇、陈华新编：《老交大的故事》，江苏文艺出版社1998年版，第215页。
【2】 曹鹤荪：《怀念张钟俊兄》，《上海交通大学通讯》1998年第1期，第56页。

战争年代,很多学生家乡沦陷,日常费用接济不上,生活十分困难。不少学生连笔记本都买不起,只得将用过的一面翻过来,再用一次。学生的用书,也是"代代相传"的。上届学生用过的书,大都留给下届学生,学生们还通过这种书缘关系因此成为至交。因囊空如洗,学生的伙食是差之又差的,常常数日难见荤腥。饭厅里也没有凳子,大家都站着吃饭。这种情形被同学们形容为"饥肠辘辘野蔬香,日进三餐立桌旁"。不过,学生们也有改善伙食的机会,那就是碰到老师请他们到家里吃饭的日子。虽然生活清苦单调,但是师生接触较多,上至校长吴保丰,下至一般教师,自家的餐桌上有时会有三五个学生客人。一遇到师长请客,学生们便以风卷残云之势,将饭桌上的菜肴一扫而光。所以吴保丰把这帮客人笑称作"蝗虫"。

上海租界里的交大被迫接受汪伪管辖后,不少师生不愿合作,愤而离校。九龙坡改成交大总校(交大渝校)后,为离校的师生提供了内迁的条件。不久,有条件的师生纷纷背起行囊,悲壮地奔赴大西南。土木系教授康时清,是南洋公学时期的毕业生,后留学英国,曾被选为英国皇家科技学院院士,1928年交大复设土木科时来校任教。汪伪接管交大沪校后,康时清不愿接受聘书,毅然退出从教十余年的母校。他变卖住房自筹了一笔路费,不顾自己体弱有病,携带全家老小,经过半年胆战心惊的水陆兼程,顺利到达九龙坡总校任教。如康时清这样不畏艰险、跋山涉水赴重庆的教师不乏其人,还有钟伟成、熊大惠、沈奏廷、吴清友等。

被汪伪接管的交通大学无法组织内迁,内迁的部分师生是自发的,零散的,有只身独往者,有三五结伴而行者,有举家西迁者。在途中,有的学生为了躲避日伪军的搜查,离沪时请皮鞋匠人把鞋后跟挖空,将学校签发的证件和成绩单藏在里面;有的由于缺少路费,几个月的艰难行途,每天只靠几个烤山芋维持生活;住的旅店又破又脏,令人难以容忍的是无穷无尽的臭虫,灯一熄灭,就爬满了身体各部;有的染上了流行痢疾,当地没有治痢疾药,也没有补液的静脉注射剂,只得把盐水注入骨瘦如柴的大腿里,大腿便膨胀得像一纸晶亮的灯笼,令人痛不欲生;有的女生为了躲避到处寻花问柳的日本败兵,只得闷在船壳夹层里,不敢外出……

1943届校友、已故中国工程院院士许国志曾作诗一首，为我们描述了他当年奔赴重庆途中的一段艰难行程：

> 崎岖七日似登天，几见骷髅倚道边。
>
> 小店鸡鸣凉共被，酒家虎咽饱加鞭。
>
> 南来北往多商贾，东云西输半帛烟。
>
> 堪笑书生身瘦弱，行囊尤得假人肩。

逾越险阻奔赴重庆的师生，在路途中得到了广大校友的大力资助。内地校友利用多在交通部门工作的便利条件，在各地车站、旅社张贴联络方法，给西去的学生提供免费的车票，还发给一定的旅费补贴。赴渝的师生千里迢迢，途经多个省份，穿过日伪军封锁线，克服重重苦难，经过数月的艰苦跋涉和辗转劳顿，终于有将近100名师生到达了重庆九龙坡，给正在扩建中的重庆总校注入了新鲜血液。

1942年8月，迁往九龙坡新校址，顺势升格为交大总校，这使重庆的交通大学得到良好的发展机遇，规模日益扩大。11月九龙坡总校正式开课时，增设了航空、土木、管理三系，连同原有的电机、机械共有5个学系，学生人数达到493人，教师也增至65人，学校逐渐恢复了工程、管理相结合的传统学科体系。

"陆海空"学科皆备

经过二三十年代特别是"黄金时期"的发展，到抗战前，交大的办学方向和学科格局已经定型，形成一个以工程为重点，理科为基础，兼重管理的学科框架体系。迁入租界后，交大依照教育部要求将科学学院改称理学院，土木、机械、电机三个工程学院改称学系，合组为工学院，管理学院仍保持原名称，这种名称变化或重新组合只是形式上的更改，并没有改变原先的学科格局。在之后艰难维持的岁月里，租界里的交通大学理、工、管三个学院一直与学校共存至抗战胜利，基本保持了战前教学面貌和内涵，只是机械系内航空工程门因师资不足于1942年被迫停办。

设在大后方的交通大学，从小龙坎分校到九龙坡总校，学科专业从少到多，迅速建成一个涵括土木、机械、电机、航空、造船、管理等在内的陆海空皆备、兼具

交通大学机械、土木工程两系在重庆培养的首批毕业生合影(1943年7月)

管理的学科体系。1940年交大小龙坎分校组织建立时,先设电机、机械两学系,后增设航空、土木、管理三系,共有5个学系。改属教育部后,学校虽然在办学经费、实习安排、学生就业等方面,不如隶属于铁道部时期具有优势,然而在专业设置上具有更大的拓展空间,航空工程系的创办就表明了交大的专业设置已突破侧重于铁道交通的局限。

吴保丰接任分校主任不久,就找到讲授物理课的航空工程博士曹鹤荪谈话。他说交通大学过去只重视陆上交通技术人才的培养,现在是否也应该考虑培养海空方面的技术人才,这样陆海空人才全面培养才能说得上名副其实的交通大学。吴问曹鹤荪要是办理航空系有无困难。"困难当然有,但教师是最主要的,有了教师,其他事情就好办了。请教师的事情我可以负责",曹鹤荪非常高兴地回答。[1]曹将此事告诉了与他一道留学意大利学航空的季文美和许玉赞。季、

【1】　曹鹤荪:《母校航空系十年(1942~1945)回忆》,《交大校友》(1987年)。

许也是交大毕业生,都愿意回母校任教,两人先后退出航空部门来到交大。不久学校又聘任马明德[1]、杨彭基等人来校。在师资得到保证的同时,吴保丰也征得了教育部同意创办航空系,但教育部不提供筹办经费和设备费,要求学校自筹。吴保丰只得求助于主管全国空军的航空委员会。该会曾于1935年资助交大在机械工程学院内办过一个航空门,至1942年停办时毕业学生72人,大都服务于航空技术部门。此时正逢航空门停办,国内大学设有该专业的寥寥无几,战时的空军部门又急需大量技术人才。因此,航空委员会很快就同意交大的请求,资助开办费每年每班2万元,调拨了战斗机3架、发动机8座等一批实验实习器材,并允许学生到所属飞机厂实习。1942年10月,航空工程系在九龙坡新校址上正式成立,曹鹤荪任代理系主任。当年即开设一、二年级两个班,一年级招收新生30名,二年级由在校机械、电机两系8名学生自愿转入。到1945年,全系达到了4个年级共有学生116名。复员东迁上海后,航空工程系有所扩充,添置设备、改进课程,依托学校自身强大的工科优势,遂使交大成为国内航空工程教育规模最大的学校之一。航空工程系的创办,不仅拓展了工科专业范围,还为学校与社会机关、企业单位合作办学提供了典范。1943年,学校再与交通部电信总局、中央广播事业管理处、中央无线电器材厂等单位合作,创办电信研究所,培养硕士研究生层次的电信技术与研究人才,由张钟俊教授主持,一切经费和设备由上述各方资助。电信所1944年开始招生,到1949年共招考录取硕士研究生36名,其中获得硕士学位19名,成为新中国建立前培养工学硕士学位研究生最多的机构。

有了"陆、空"两方面工科及管理专业的交大,1943年又得到了"海"科专业,成全了"陆海空"皆备的真正交通大学的愿望。这年6月,教育部一纸训令来校,将设在重庆溉澜溪的商船专科学校划归交通大学接办,造船、航海、轮机等专业由交大整理后继续开办。重庆商船专科学校素与交大有着深厚的渊源,其前身系1909年创办于邮传部上海高等实业学堂(交大前身)的船政科,后发展为吴淞商船学校。抗战期间该校迁往重庆造船业中心的溉澜溪复课,改名为重庆商船专科学校。1941年因校长任命问题发生学潮,一直闹到1943年也没能平息

【1】马明德,1938届交通大学机械系航空门毕业生,1939年获密西根大学航空工程硕士学位。

下来。教育部实在难以忍受,一怒之下将校长解职,学校全体解散,归并交通大学重新改组设系。交大接收商船专科学校后,经过一番整理和重组,将原来基础较好的造船科改为造船工程系,改学制为4年,聘任民生造船厂总工程师、原商船专科学校造船科主任叶在馥为首任系主任,这是国内大学的第一个造船工程系。另外还组成轮机和航海3年制专修科。原商船专科学校未毕业的近200余名学生,对并入交大升格为本科均感到满意,经过交大的严格学分甄别后,分别被编入相应系科就读。原溉澜溪校址为交大分校,作为各系一年级上课之用,二年级以上均在九龙坡本部上课。收并重庆商船专科学校后,交大校园面积扩大,师生人数激增,一次性增加一个本科学系和两个专科专业。

在合并商船学校的这种来自外部的发展之外,学校也通过自身努力增设专业。1943年暑假,学校增设了工业管理系和财务管理系,将原设管理系改为运输管理系,三系合成一个管理学院。至此,学校规模迅速扩充,人数急剧上升。到抗战胜利为止,交通大学渝校已经发展到9个学系,2个专修科,1个研究所,囊括"陆海空"在内,门类较为齐全的工科专业,教育层次上以本科为主,兼有专科和研究生教育,学生达到1 700多人,教职员有280余人。尽管在学科上没有恢复注重基础科学教学的理学院,但在规模上较前有很大的发展,为复员后的交通大学构建起了发展框架,成为大后方高等工程教育的重镇。

复员上海后,沪渝两地会合建校,经过整合和扩充,学科设置上较抗战时期有了一定的充实和发展。沪校的工学院与渝校的工学院实行同类合并,将各自的电机、机械、土木三系合在一起,把原属于渝校管理学科的工业管理系和沪校的实业管理系合并,组成工业管理工程系,划归到工学院之中,上述4个学系加上造船、航空2个学系,一共有6个系,还有轮机、电信、航海3个专修科;渝校未能设立理学院,沪校的理学院顺理成章成为新的理学院,仍设数、理、化三系;两地均有的管理学院也加以合组,设立运输管理系、财务管理系。经过两地的院系整合,迅速恢复了抗战前的理工管三院制。接着,学校对各院系进行了扩充,将原化学系中的化工组独立建成化学工程系,土木系中水利组独立为水利工程系,重建了纺织工程系,轮机专修科在经过护校运动后得以保存,并被扩建为轮机工程系,上述4系都归属于工学院,使得工学院建成10个学系。在着力充实工学院的同时，管理学院加强与社会企业的合作办学，在交通部电信总局的协助下，设立电信管理系和电信管理专修科。原属工学院的航海专修科改为航业管理系；之后还设立轮机管理系，这样管理学院下设财务、运输、电信、航业、轮机五个管理系，规模较前有所扩展。到新中国成立前夕，交通大学一共设有18个学系、2个专修科和1个研究所，在专业规模上确实比抗战前有很大的进展，学科范围进一步得到拓展。但是，由于众所周知的时代原因，除了老的学系电机、机械、土木、运输管理等及部分新设学系得到一定的完善和健全外，其他新设专业限于筹建时间短、师资不足、设备简陋等原因，在初建时期就显得有些先天不足。不过，随着上海的解放及新中国的诞生，这些不太成熟的专业连同老专业一道，很快迎来了新的发展机遇。

沪渝两地教风同

1937年，日本帝国主义发动了长达八年的全面侵华战争，给我国人民生命财产带来了无穷无尽的灾难，也给文化教育事业造成了难以估计的损失。有着四十余年的积淀，特别是20世纪30年代得到相当发展的交通大学，被迫撤离校园迁入孤岛维持办学，后又在重庆建校保存续脉。在严重的民族危机期间，交大在教学、科研等方面处于勉强维持的阶段，然而，沪渝两地的交大师生不避艰险、执着奋斗，使长期以来形成的理、工、管相结合的学科格局没有改变，一贯的办学宗旨和人才培养目标没有改变，初步形成的教学传统也没有改变，两地交大人的处惊不乱和自强不息延续着交大的基业和精神。

交大迁移进入法租界后，主校者和院系负责人没有变动，师资队伍基本上也没有更动，学校的培养目标和教育方针都一如既往，仍以培养交通工程技术和管理人才为办学宗旨，各院系的教学内容和作风与战前一脉相承，理、工、管三院制的学科体系一直贯穿于整个抗战时期。在重庆，无论在草创时期的小龙坎，还是初具规模的九龙坡，交通大学都沿袭上海本校的办学传统，把学校办成培养交通工程和管理人才的最高学府。颇具工程教育思想的教务长李熙谋日后在回忆中写道："交通大学在唐蔚芝（编者注：即唐文治）先生掌校时代，即以工程学系为主,管理学系为辅,迁渝以后,仍本此旨。"[1]在渝数年中,交大几乎年年增设学系,但是均不离工程、管理两大门类。在实际办学中,贯彻通才教育思想,注意工程与管理相结合。当时任职土木系的部聘教授茅以升,在教学中注重做到工管结合。他曾对交大学生说:"古人评王维的诗画说:'画中有诗,诗中有画',我们同样的可以说:'工程中有管理,管理中有工程'。"[2]

全面抗战开始之后,江浙一些著名中学如上海中学相继内迁,中学教育程度普遍下降,而西南地区的基础教育又比较薄弱,严重影响了沪渝两地交大的招生质量。总体看来,这一时期的生源较战前减少,质量也有所下降。尽管如此,交大仍然坚持"宁缺毋滥"的招生原则,要求高,考题难,择优录取,尽力确保新生质量。抗战期间,政府当局在各大中学校实行贷金、公费制度,继续鼓励发展工科院校,在很大程度上刺激着生源质量的回升,加上交大历来的办学声誉和毕业出路较好的优势,前来投考交大的学生还是比较多,竞争激烈,入学率很低。1945年,被归为"伪学生"的交大学生在向当局的抗议书中提道:"每次招生,总要八人中取一人,程度差或者不用功的,绝对考不进交通大学。"在渝校,"学校单独招生,考生约四五千名,几乎全是各中学的优秀学生,擅长数理化。成绩一般的学生望而却步,不敢问津。"[3]这是一位当年"上线"考生日后写的回忆,从略带自豪语气的描述中也可以看出报考交大的火爆场面。

交大素以严格要求学生而著称,课业重,课时紧,考试多,要求高。抗战时期沪渝两校教师在万般艰难困苦当中,皆抱定为国培养抗日和建设人才的决心,仍然一如既往地坚持对学生的严格要求。就拿沪校的考试来说,当年"身经百战"的1943届土木系校友田正平回忆道:

"当时每周上课30余学时,除大考在期终停课进行外,小考不停课,也不占用上课时间,都排在星期天下午,因此那时的学生认为星期天是每周最紧张、最吃苦的日子! 交大的考试可用两个字来概括:多和繁。以物理课为例,开学后不久就贴出一张小考日程表,这周考理论,下周考计算题,周而复始,直至大考。"

【1】 李熙谋:《交通大学在重庆》,《友声》第23期。
【2】 茅以升讲、薛传道记:《谈谈求学之道并论工程与管理之关系》,《交大土木》第1期(1943年)。
【3】 申士标:《记忆里的浪花》,黄昌勇、陈华新编:《老交大的故事》,江苏文艺出版社1998年版,第215页。

在渝校，考试分为学期考试、临时考试、补考、甄别考试、会考五种，题量大难度高，交大学生虽属沙里淘金筛选出来的，但要考得八九十分，却如挟泰山以超北海，绝对难以做到。多数学生的目标是60分，如果问一个学生考了多少分？他若回答"我赢了，他输了"。就知道他及格了。所谓"他输了"，是指教师而言，没有将他考倒。交大的低分标准，还曾引起一次交涉。当时安徽省政府规定：凡得80分以上的安徽籍在校大学生，可按学期发给奖学金。交大皖籍学生一听就急了，推派代表去安徽省教育厅请愿。官员们听了代表们的陈诉，也觉得把交大的分数和其他学校的分数同样看待确实有失公道。经研究特准交大皖籍学生，凡平均分数在65分以上者，也发给奖学金。

交大遵循通才教育思想，重视自然科学课程、专业基础课程及人文道德素质的教育，以培养基础扎实、知识面宽的素有涵养的工程师和高级管理人才。沪渝两地交大在抗战时期能够不约而同做到打好学生的基础，一是表现在各系科所学的专业面较宽，如学机械的同时也要学电机、汽车、造船、管理等专业课；二是注重基础学科数理化以及中英文的教学。被学生称为"霸王课"的物理，其霸主地位在这期间仍然没有动摇。工程学系的物理课比其他大学上得多，电机系要修2年，每周4学时，其他如机械、土木、航空等系学习一年半。同样作为基础课的国文和英文继续受到重视，理学院、工学院开设1年，管理学院要开设2年。由唐文治掌校时代开创的中文、英文会考制度在沪渝两地都保留下来，一年一度举行全校性会考。沪校还聘请唐文治担任特约导师，每周一次为全校阐释"正人心、救民命"的古仁人救国之道，其高足王蘧常也被聘为国文主任教授。

在烽火连天、动荡不安的战争环境中，没有自己校区的沪校大量迁出的器材设备无处使用，同时也为了安全起见只得藏而不用；渝校仓促建成，缺乏实验设备，因此两处开设实验课和开展实习要比理论课程更为艰难。然而为了保证人才的培养质量，继承交大重视实验实习的优良传统，沪渝两处总是想方设法排除困难，创造条件，开展实验实习的教学。沪校做实验除了自设简陋的实验室外，主要是借他校的实验室，如在中法工学院、震旦大学、中国科学社等处，一般安排在课后、晚上，或暑假集中进行。因身处孤岛，不少工厂内迁或毁于战火，战前大量的实习活动至此大大减少，毕业旅行实习无形取消，只能利用暑假时间到市内的一些工厂、公司进行。不过，学校仍然将实验、实习、毕业设计等实践环节，作为整个教学过程中的重要环节，如机械系四年的课程安排中，实践性课时高达23％，虽然实际质量不高，有些停留在纸上谈"工"，但还是反映了学校坚持实践教学的原则没有放弃。与沪校一样，渝校因器械短缺，实验课不能按时进行，大都借用附近中央大学、重庆大学的实验室。但相对说来，外出实习倒是能够利用重庆地区工厂企业集中，交大校友甚多的优势，经常组织学生参加暑假工厂实习。

　　日军侵华的浩劫，使交大失去了校园，在物质上遭受到从未有过的损失和煎熬。然而，沪渝两地交大师生在民族危难之际，体谅时艰，自强不息，在设备简陋、环境恶劣、经费短绌、生活困苦的条件下，认真执教，严格要求，共同发扬和继承了交大的教学传统，为国家培养了大批品学兼优的年轻学子。1942年3月11日，机械系教授梁士超执教交大20周年。他感慨至深地致信黎照寰校长，谈及迁校租界后，"交大学生多能发奋用功，而学业成绩并不比战前低劣"。1939届沪校机械系航空门毕业生胡声求，在学校资助下只身赴美求学。3年即获得麻省理工学院博士学位，被宋美龄看中，选为我国在美国设立的飞机制造厂总经理兼总工程师。飞机厂在抗战时期生产了大量作战飞机，一时名声遐迩，而胡声求时年仅25岁。渝校也同样培养出一批抗战和建设所需的交通技术和管理人才，日后成为科教界精英的不乏其人。

九龙坡校园中的大礼堂——文治堂

萌发于唐文治掌校时代,经过二三十年代不断实践大致定型的交大教学传统——重视招生质量、要求严格、注重基础和实践教学,在抗战时期经受了血与火的考验,并得到继承和发扬。在物质极度贫乏的情况下,交大人的精神却岿然屹立,创造了交大校史上的奇迹。

三、困境中的蛰伏

会 合 复 校

1945年8月15日,日本宣布无条件投降,经过长达八年艰苦卓绝斗争,中国军民终于赢得了抗日战争的胜利。消息传到九龙坡上的交大渝校,师生们个个奔走相告,齐鸣爆竹,整个校园沉浸在一片欢乐的海洋当中。大家敲着洗脸盆,热泪盈眶,兴奋若狂,快乐得跳了起来。"忽闻日寇报投降,喜泪横流润侵裳。山上喧腾游火炬,破书漫卷下川江"。这首交大电机系1946届校友崔季周仿杜甫《闻官军收河南河北》原意的赋诗,道出了此时交大师生们的心情。

"下川江""还乡",多么甜蜜多么诱人的字眼,成为背井离乡的渝校交大师生们共同的心愿。他们满怀着胜利喜悦,心里装着对上海徐家汇老校园的遐想,开始踏上艰难漫长的复校征程。从重庆到上海有三种交通途径,第一种是乘飞机空运,5个小时就可以到达,但是绝非一个偌大的交大所能够行得通的。复员开始时,有十几位教授因受命回沪接收而享受这种高级待遇,之后就只能靠水陆两路了。第二种是走陆路,先乘汽车走川陕公路到宝鸡,再到西安乘火车到沪,总共约花3周的时间。第三种是轮船,只要包得一条大船,一千多学生一起上船,顺流东下,十天半月也可以到沪,且坐船不像走陆路那样费劲和麻烦。可是大后方各部门各学校争着复员东迁,各路交通拥挤不堪,一票难求,哪来这般巨型客轮,于是复员只能分批陆续搬离重庆。

9月间,学校组织复员委员会,制定了先高年级后低年级的搬迁原则,开始积极联系车船,有条不紊地组织学校复员东返。好在交通大学在交通部门的校友比较多,特别是造船系和船运公司更有联系。当时实际主持造船系的辛一心教授一方面在交大授课,一方面又任招商局船务处副处长,正主持修理复员专用船只。9月下旬,辛一心联系到刚刚修竣的"江建"号轮船,搭载着造船系教师和三、四年级学生离开重庆沿长江东下,10月初抵达上海,有幸作为首批学生进入徐家汇交大,开始了迁校建设工作。造船系师生虽然是全校第一批返沪的幸运者,但是乘船的条件很差。据当年曾经乘坐该船的1947届校友何志刚回忆说:

"全部同学睡在四周通风的双层甲板间,用自带的被单挂起来避风雨,每日三餐是自备的干粮。那时可没有方便面,只能用馒头和窝窝头充饥。船过三峡不久,就在城陵矶滩头搁浅。一连数日,粮断水尽,不得已只能把亲友托带的四川榨菜和云南大头菜打开。馒头早已硬得咬不动,只能用冷水泡着吃,同学们称为'原子弹'。"

第二批四年级师生140人搭乘"鸿达"号轮船,于10月24日从渝校启程东迁,11月初会合于上海校园。第三批主要以教职员、家眷和部分二年级学生为主,有340人。当时交通工具极度紧张,经校方和师生们多方努力,才设法借来没有动力的旧军舰"法库"号,并肩绑在一条小火轮上拖行。"法库"号很小,只有一间不大的客舱,根本容纳不下300余人,只能让妇女小孩留在舱内,而教授、学生都只能睡在四面通风的甲板上,就是这样还是显得人多船狭,师生就搬来几十张双人课桌,放在比较牢靠些的甲板处,排列成行,这样就成了上下铺,桌上桌下都可以睡人。小火轮很小,拖着比它大许多的"法库"号,很难灵活驾驭。走平直的航道还可以,可是要通过处处是暗礁险滩的三峡,实在艰险的很,一不小心就会船破身亡葬鱼腹。待到小心翼翼地穿过三峡之后,航行就比较顺利了。"法库"号拖拖拉拉,一路上总算平安,于12月中旬到达南京。听说从南京拖到上海还有三天的时间,早就归心似箭的师生实在忍不住了,不少人弃船登岸换火车直奔上海。至此,三、四年级学生已全部到校,并陆续上课。

一、二年级的复员按照计划放在假期当中进行,可是因大后方各机关纷纷开始复员,水陆交通更为紧张,致使交大复员进程一拖再拖。学校在1946年1月就联系好了一艘"永利"号轮船,可是到2月中旬才得以成行,载着第四批以二年级师生为主的450余人,经过半月航程抵达上海。3月15日,第五批复员师生及眷属约870人,当中以一年级新生及部分二年级学生为主,改由陆路经大西北返回上海。开始出发时,每天从九龙坡发出几部汽车,每车25人,满载着同学,满载着欢呼,浩浩荡荡,离开九龙坡校园。那几日崎岖的川陕公路上到处都能碰到交大的汽车和师生,沿途旅馆、饭店、公房,到处都可以看到交大学生,整个公路似乎成了交大的专用线,车来车往,一片欢腾。穿巴山蜀水,越秦岭险关,到西安后换乘火车,西安至潼关的路面不好走,行进缓慢,遇到爬坡,火车甚至还不如人走得快。学生可以下车沿着轨道两边小道徐徐前进,要上就上,要下就下,并肩而行,互相呼应。甚至有一段爬坡,火车实在爬不动了,全体同学就下车帮助推火车,两边各排成一行,双手用力推着车皮,哼哼哈哈,匍匐前进,居然将这一庞然大物推过山坡,师生们上车后,火车逐渐加速前进……[1]经过一个多月的艰难行程,从陆路出发的最大一支复员队伍总算在4月踏进已绿草茵茵的交大校园。8月暑假期间,留守渝校的最后一批教职员及眷属150余人,带着大批图书、教学设备仪器、文件、账册等物,搭乘重庆佛亨轮船公司的"国庆"轮离开九龙坡。行至九江湖口,拖挂的两艘木船中的一艘失事沉没,致使包括图书、文件、账册、设备仪器等共50箱公物及59件教职员私人财产全部卷入江底。直到8月底,这批历尽艰辛的复员队伍终于抵达上海。至此,渝校2 040多名师生员工几乎花了将近一年的时间,分六批经水陆空各路陆续回到上海,复员工作全部结束。三百余亩校园,先是移交国立女子师范学院,即今西南大学前身之一部;1950年西北军政大学艺术学院入渝,选址交大渝校旧址,创建西南人民艺术学院(今四川美术学院黄桷坪校区)。

抗日战争的胜利,同样也极大鼓舞了沪校师生员工,经过长达八年屈辱负重的生活,终于可以扬眉吐气地回到近在咫尺的徐家汇校园了。原沪校理学院院长裘维裕教授,在汪伪接管交大时愤然离开耕耘近20年的母校,闭门谢客,过起了艰辛贫苦、深居简出的生活,是为当时沪上有名的"反伪六教授"之一。终于

【1】 柴克锐:《在交大迁回上海途中》,《上海交通大学通讯》1996年第1期,第52页。

等到胜利的裘维裕这时挺身而出,第一个赶到徐家汇交大校舍,保护及协助接收残存的仪器设备,使之不再遭受损失。沪校的广大师生也纷纷回校,投入清理、搬运等恢复工作,争取早日会合渝校师生开课。

当占用交大校园长达7年之久的日本东亚同文书院仓皇撤离的时候,沪校师生欢天喜地地清理伤痕累累的校园,准备从狭小分散的租界校舍搬入数年来可望而不可即的宽敞校舍;渝校师生也正怀着游子般归心似箭的热情,从水陆空各路分批踏上复员之路。然而,国民党军队新六军某部却开进了校园,把学生饭厅当弹药库,工程馆作营房,体育馆、铁木工厂当马厩,容闳堂、中院、图书馆等处住满了吊儿郎当的大兵们,把个原本千疮百孔的校园弄成乱糟糟的军营。他们以"抗日功臣"自居,不可一世,终日在校内吵吵嚷嚷,肆意寻衅,严重阻碍了百废待兴的复员建校工作。一日,一名校工阻止士兵们任意搬运校内家具,却被他们拖到"营房"里吊起来毒打。总务长季文美闻讯匆匆前去交涉,哪知道秀才遇到兵有理说不清,也遭到围殴,被打成重伤。全校师生难耐怒火,愤慨异常,当天就罢教罢课以示抗议。新六军最后不得不向交大师生道歉,并表示要赔偿损失,处分打人凶手,且限期全部撤离交大校舍。最后,教务长李熙谋通过关系,找到了京沪地区受降主官汤恩伯,驻军才于1946年7月全部撤出校园。

陆续复员的渝校学生先后在徐家汇校舍复课,先期到校的渝校教务长李熙谋正会合原沪校裘维裕、陈石英等教授,对法租界沪校进行接收,准备会合并校上课。然而,1945年9月底,国民政府教育部却下令解散南京中央大学,将沦陷区专科以上的公立学校定为"伪学校",一律关闭整顿。原本在教育部默许下忍辱接受汪伪接管的沪校交大,顿时成了"伪交大",学生需甄审,教师被停职,师生陷入了迷茫愤怒之中。经过中共地下党组织的发动,在社会各界的同情支持下各校师生群起力争,教育部被迫取消甄审,于年底成立"国立上海临时大学补习班",在交大校舍开学上课。学生以交大沪校近700名学生为主体,另外还包括从上海大同大学、雷士德工学院、南京中央大学高年级部分学生。

起初,临时大学的学生与渝校复员学生虽然同校上课,但是由于交大与"临大"的现实差别,再加上部分人心存"正统"与"非正统"观念,两部分学生在思想上存在着一定隔阂,因此仍然各自为班,各自有自己的班长;学生会也分别成立,重庆的称交大学生会,上海的称临大学生会,宿舍也是各自分开。1946年6月,上海临时大学补习班补习期满,经过考试合格,707名学生分发至国立交通大学上课。在合并上课的基础上,交大地下党组织通过深入的群众工作,消除学生之间的隔阂,逐步改组两个学生会,选举成立统一的学生自治会,使交通大学的全体学生联合成为一个整体。

吴保丰并非"无能治校"

1947年春夏之交,风雨如晦,战云密布,国民党政府将内战扩大到全国范围。长期饱受战乱之苦的广大人民群众纷起反对,投入到反内战、反独裁、争民主和平的爱国民主运动当中。在上海,交大学生和其他各校学生一起不断掀起声势浩大的爱国学生运动,冲击着国民党统治的后方防线,让地方当政者们头痛不已。5月19日,上海市市长吴国桢、议长潘公展等一大批党政要员们神情严肃地直奔交大,召集交大校长吴保丰及各院院长开会。会上,吴国桢责问吴保丰为什么交大学潮总是接连不断,对吴保丰施加压力。可是,交大学生运动的热潮并没有因此冷却下来,反而更加高涨。教育部认为吴保丰已"无能治理学校",准备撤换校长。7月,蒋介石把吴保丰召到南京训话,当面斥责身为国民党中央执行委员的吴保丰是个"糊涂"校长,扬言要开除他党籍,并要求他立即离开学校。于是,吴保丰挥泪离开了苦心经营多年的交大。吴保丰果真"无能"治理交大吗?从吴保丰1941年在小龙坎任分校主任,继而任渝校代理校长,到1947年被迫离职而去,前后共6年。我们仔细梳理这段艰辛的校史,对主校者吴保丰是毁还是誉,也就一目了然了。

1941年6月,小龙坎交大分校主任徐名材被资源委员会任命为重庆动力油料厂厂长,主持冶炼生产大后方极端紧缺的军用燃料,不能继续担任主任职务。以"辅助母校发展"为宗旨的交大同学会推请中央广播事业管理处处长吴保丰继任。应该说这位与交通、教育两部以及交大都有着或公或私的密切关系的实力人物,确实是初创时期分校的最佳接任者。吴保丰是交大校友,在交通部任要职,更重要的一点,他是教育部部长陈立夫的得力干将,而交大归属教育部不久,需要寻求教育部的支持。当交大同学会徐恩曾向陈立夫推荐吴保丰任主任时，当即获准通过。

吴保丰（1899～1963），江苏昆山人。1921年毕业于交通大学电机科。读书期间追随时代潮流，参加了五四爱国学生运动，任校学生会干事，做过一段时间的南洋义务学校教员，在毕业之际加入了爱国社团"少年中国学会"，不失为一位有抱负的热血青年。吴保丰出校后去美国密西根大学深造，获得电机工程硕士学位。留美期间结识就读于匹兹堡大学的陈立夫，并在陈的介绍下加入中国国民党，使得这位"拟在工业界尽力"的学

吴保丰校长（1941年秋至1947年6月在任）

子在人生轨迹上发生了逆转。回国后，吴保丰在陈立夫兄弟的提携下，一头扎进国民党的最高党务机构，先后担任了中央组织部的总干事、秘书、科长等要职。九一八事变后，吴保丰逐渐从党务系统中脱离出来，进入交通实业部门，先后担任了交通部技正、电政管理局局长、中央广播事业管理处处长，又兼任交通部技术人员训练所副所长，成为新中国成立前广播三巨头之一，也实现了留美期间他所说的"启发国民科学观念愿有所贡献"的愿望。1935年吴保丰还当选为国民党中央执行委员会候补委员，1945年被选为中央执行委员。

吴保丰接任交大渝校主任后不久，上海总校因太平洋战争爆发租界沦陷而面临被接管的危境，带有预备应变色彩的重庆分校随即顺利改为总校，原教育部拨发的办学经费一并移交渝校，部分沪校师生不辞艰险来渝汇合建校；再加上大后方对工程技术及工业管理人才的迫切需求，交大校友对保存和发展母校的强烈愿望和鼎力援手，这些因素形成一股强大的合力，极大地推动着草创仅一年、规模狭小的渝校得以迅速扩建，在总规模上较战前上海的交大又有很大的发展。作为主校人的吴保丰，在改为总校后即被任命代理校长，继而任校长。他在传承和发展交大的过程中竭尽所能，苦心经营，功不可没。接任之初，分校暂时借租小龙坎厂舍，没有正式的校址，寻址筹资建校舍成为当务之急。吴保丰借自己实际主持的技术人员训练所迁址九龙坡时，征得交通部同意，拨款扩大建筑面

积，以该所新舍一部分划归交大作为新校舍。过了2年，技术人员训练所改组，吴保丰又出面将九龙坡的技训所的房舍与溉澜溪交大分校房屋对调，使原为训练所的九龙坡全部成为交大校园。他还利用身兼实业部门行政职务的便利，推动学校与社会单位进行合作，电信研究所便是他商请交通部电信总局、中央广播事业管理处等单位合作创办的，专门培养电信工程专业的硕士研究生，解决企业的技术难题。基本上在异地另起炉灶的情况下，重庆交大在办校宗旨和教学传统上均能够秉承老交大的优良传统，实属难能可贵。这其中，吴保丰发挥了重要作用。吴保丰与其他负责人一直致力于发展工程与管理，把交大办成培养交通工程和管理人才的最高学府，这正是长期以来交大始终坚持的办学宗旨。他坚持优良的教学传统，聘请受过母校良好校风熏陶并且接受过国外先进知识教育的留学人员来校任教，并重视基础教学，严格考试制度，提高招生质量。当时的重庆是达官贵人聚集之地，一些权贵人士常为其子女说情进交大就读，而吴保丰为保证新生质量，执行"宁缺毋滥"的考试制度，凡是不到录取分数线者均予拒绝。

抗战胜利后，吴保丰并没有以"交大接收大员"身份到上海，而是留守九龙坡，一边继续维持正常教学，一边组织全校师生分批复员东迁。用了近一年的时间实现全部迁移沪校，复员的迅速也已经属于"全国之冠"。

到上海后吴保丰一度情绪高昂，对新交大的未来充满着希望，力图有所作为。他首先开始整理校务，恢复理、工、管三个学院建制；积极推行教授治校、民主管理校务的原则，组织教授会、校务会；努力消融原来渝沪两地师生的隔阂，会合建校；设法克服严重的经费危机，谋划扩充系科与设施，力图在规模扩增的条件下提高办学质量。然而，时事变幻，国事日非，让这位已由党务行政、技术管理转入教育事业并且稍见成就的校长，不得不从发展校务转到维持学校生存和应付学潮上，在政府与学生之间疲于奔波。1947年初，教育部长朱家骅下令交大停办航海、轮机两系，取消一个学院。交大师生员工闻讯激愤异常，迅速成立护校委员会，发起了声势浩大的护校运动。吴保丰始终与师生站在一起，保存学校完整，支持师生护校。在晋京向教育部交涉失败后，他私下里让总务长季文美给学生自治会一笔护校活动经费，还利用个人关系暗中帮助学生租借到一批卡车，开往火车站晋京请愿。运动开始后，他穿梭于学生、教育部及上海市当局之间斡旋，为护校运动的胜利做出了贡献。一波刚平，一波又起，交大学生为反对政府发动的全面内战，和全国学生一起开展反饥饿、反内战、反迫害运动。吴保丰同样不满当局抗战后热衷内战、摧残教育的做法，对学生们的爱国运动表示同情和理解，拒绝执行镇压交大学生运动的指令，多方设法营救掩护进步学生。5月27日，上海市当局出动军警包围交通大学，寻机进校逮捕学运积极分子。中共地下党组织决定发动全体同学集体住在体育馆，以防不测。吴保丰一边致电当局，要求军警立即撤出校园，一边与其他教授一起参加在体育馆的值班守夜，不让军警靠近学生。30日，在军警进校实施大逮捕前，吴保丰以找市长吴国桢谈判为名，用自己的汽车亲自护送地下党员周寿昌、周盼吾逃离学校，使得学运领导人一个也没有被抓走，遂与国民党的矛盾激化。大逮捕后，蒋介石召他去南京训话时，他还准备了一批材料，力陈交通大学学生运动"并非共党操纵"，但被蒋介石斥为"糊涂"，并责令其立即离校。得知吴校长将要离职而去，全校百余名教授联名具函挽留，学生千人自动签名挽留，但是被当局认定"无能治校"的他必须离去。这位在艰难困苦中能够维持并发展校务的校长，是有所作为的。他对学生运动抱有同情态度，因未能也不愿将学运"镇压"下去而遭到解职，虽是吴保丰本人仕途的不幸，却赢得交大人对这位校长长久的尊敬。

吴保丰离开交大后束装北上天津，到交大读书时代的老同学王崇植负责的开滦矿务局作顾问。在津期间，他经常接触中共地下党员，坚定了跟共产党走的决心，决定留在天津迎接解放。上海解放后，吴保丰回到上海，任华东人民广播电台、上海人民广播电台顾问，并参加中国国民党革命委员会，任上海市政协委员。

程孝刚"安定中求进步"

治校有方但对学运"镇压不力"的吴保丰被迫离开交大之后，教育部有意让时任交通大学校友会理事长的茅以升继任校长，负责处理护校运动及大逮捕后的善后事宜。茅以升没有同意。教育部一时物色不到合适的继任人选，遂暂时

程孝刚校长（1947年秋至1948年秋在任）

成立一个整理委员会，在1947年暑假期间维持了一阵。

临近8月底开学时，教育部决定聘请回国探亲的钱学森接任校长，朱家骅部长还专门委托北大校长胡适、清华大学理学院院长叶企孙出面劝说钱学森。钱学森以"责任甚重"婉辞。[1]9月初开学在即，在交通部次长凌鸿勋等有影响的校友推荐下，教育部派交通部技监程孝刚接任校长职务。程孝刚（1892～1977），江西宜黄人，铁道机械工程专家，被誉为火车头制造权威。1917年获美国普渡大学学士学位，1948年当选第一届中央研究院院士候选人，新中国成立后当选中科院学部委员，在交大和全国工程技术界有相当影响。早在1928年蔡元培兼任交大校长时，他就曾以秘书长身份代主校政一年多，对交大很有感情。

当时教育部部长朱家骅选中程孝刚，是因为他在工程、交通界有一定的威望，又无党派背景。程孝刚开始因政局动荡、学潮不断而不愿接受任命。在多方做工作不成后，朱家骅只有请蒋介石出面。据程孝刚日后回忆，当蒋介石问他为什么不愿意去交大，他推托说："我是搞铁路的，不是办教育的，怕难以搞好。"蒋介石说："我也不是办教育的，黄埔军校不是办得很好吗？"他无言以对，只得接受校长的任命。接任校长后，程孝刚对朱家骅当面提出"学府以内，思想自由"的治校方针，并且开玩笑地说："军警不能进学校抓人，如果进学校抓人，他们前脚走，我就后脚卷铺盖。"[2]

得知程孝刚当上了交大校长后，江西老家宜黄县的一些乡绅名流和亲朋好友很是兴奋，都想通过他的关系把自己的孩子送到交大深造。不久，宜黄城一位有名的绅士，领着高中刚毕业的儿子，带着厚礼千里迢迢来到上海交大程孝刚家里。

【1】《交大校长人选教部内定钱学森》，《申报》1947年8月28日。
【2】吴振东：《政治漩涡中的程孝刚校长》，《水之源——解放战争时期交通大学革命斗争回忆录（二）》，上海交通大学出版社2001年版，第238页。

程在家里办了一桌很丰盛的酒席款待客人。席间,那乡绅要他开开后门将儿子留在交大读书。程孝刚连忙回绝说:"老叔,这可是有规矩的。"乡绅笑着说:"什么规矩不规矩,你是校长,还不是你说了算。"程孝刚幽默地说:"我早就说了呀。"乡绅见有些门路,喜笑颜开道:"你说了什么嘛?"程道:"我们交大早有规矩,凭考分入学,严格堵死歪门邪道。"这位绅士一听完就像泄了气的皮球,连酒食也没有兴致吃完,便带着儿子悻悻地溜走了,返乡后大骂程孝刚无情无义。程孝刚听到后付之一笑,不无讥讽地说:"如果讲这种情义,交大就不要办下去了。"[1]

交大师生对这位为人正直、德高望重的新校长,表示尊敬和欢迎,召开了隆重的欢迎会。学生自治会向程孝刚敬献一面锦旗,上面写着"欢迎您来交大"。程孝刚来校后即提出了"在安定中求进步"的办学方针,坚持交大优良的办学传统,克服经费困难,改进课程设置与调整充实系科。1947年将轮机专科扩建为轮机工程系,航海专科扩建为航业管理系,将来之不易的护校运动取得的成果落在了实处。同时,他不遗余力扩展机械工程系,增设电信管理专修科,逐步充实复员之后的理、工、管三院制学科格局。此外,程孝刚为保持交大教学传统,努力恢复实验实习课程与组织校外参观调查。"在安定中求进步"的治校方针和实施重建交大传统的诸多措施,受到师生们的普遍好感和热情拥护,除了1948年1月发生了抗议九龙暴行、声援同济大学学潮外,全校学生大多能安心读书,学校教学秩序日益趋于正常,各项校务有所发展。程孝刚对此显得较为乐观,在1948年4月8日52周年校庆大会上他对师生们说:"交大最近是力求安定,在安定中求进步。虽然经费是异常的缺少,但仍尽量在各种困难下恢复旧观,在课程与设备方面多有改进。"

然而,南京政府继续推行的内战、独裁、卖国政策,再次激起了国统区高校师生波澜壮阔的爱国民主浪潮。1948年5月4日晚,全市一万多名学生汇聚交大,在交大广场上举行了盛大的民主晚会,通电全国反对美国扶植日本。随即一场由上海发起波及全国各地的反美扶日运动迅猛开展起来。

作为这场运动发起学校的校长,程孝刚出于爱国心和正义感,对学生运动予

【1】黄翠江:《铁道专家程孝刚轶事》,《宜黄县文史资料》(第二辑),第99～101页。

以同情和支持，并与政府当局进行了针锋相对的斗争，保护了一批进步学生。6月1日，他和其他各校校长、教授联名上书美国总统杜鲁门，反对美国扶植日本。这次上书推动了学生运动的进一步扩大，4日，上海学联决定举行全市性示威大游行。被一次次学潮搅得疲惫不堪的上海市市长吴国桢，得到消息后焦急不安，立即召开各大学校长会议，要求他们阻止学生游行。会上，吴国桢当众责问程孝刚："交大学生整天唱解放歌，跳秧歌舞，把校园搞得像是赤色租界，你知道吗？"程说："我完全清楚，我认为这和我提出并经朱家骅部长同意的'学府以内思想自由'的办学方针没有什么抵触。"吴国桢又说："对学生不能过于放任，否则是要出轨的。孔夫子不是说过'道之以政，齐之以刑'吗？"程孝刚接过话头说："市长先生，孔夫子接着也说过'道之以德，齐之以礼'的话呀。"一席话让曾任国民党中宣部部长、口才极佳的吴国桢竟然顿时语塞，无言以对。[1]

程孝刚当日返校后，得知学生自治会决定参加第二天的全市学生游行示威，立即和各院系主任深夜规劝学生不要上街，避免流血。他们对学生表示，学校支持学生的反美扶日要求，不会干预在校内发表自由言论和行动；但要是走出校门，就超越了"学府以内"的限度，学校难以和当局进行周旋，对保护学生安全也无能为力。然而，第二天仍有300多名学生坚持要参加反美扶日大游行，整装待发时才知道整个学校已被千余名军警团团包围，被迫改在校内游行。看到学生改在校内游行，彻夜未眠的程孝刚终于松了口气，在上院前鼓掌赞许，高兴地向队伍挥手。在应付当局和保护学生难以两全的境况下，程孝刚承受着巨大的心理压力。执行当局镇压学生运动的指令，为这位正直的校长所不能；完全支持学生运动，跟着学生后面跑，为政府当局所不容。他只能竭力同当局周旋，保护学生正义的爱国活动，连续两次拒绝了上海市特刑庭进校拘捕学生自治会干事的无理要求。

程孝刚保护学生爱国运动的正义之举，引起了政府当局的不满，上海市市长吴国桢多次责问和威胁他。程孝刚在黑暗现实当中也体会到，濒临绝境的国

【1】 吴振东：《政治漩涡中的程孝刚校长》，《水之源——解放战争时期交通大学革命斗争回忆录》（二），上海交通大学出版社2001年版，第238页。

民党政权不可能给交大带来一个安定的环境，自己提出的"在安定中求进步"办学方针没有实现的可能，就于6月辞去校长职务。程孝刚辞职时，全校师生一致表示挽留，学生自治会又向他赠送一面锦旗，旗上写着："我们不愿意您离开交大"。这真挚的字眼，比年前的"我们欢迎您来交大"更增添了一份尊敬，多了一份真心留恋，更是对他勉力维持校务和爱护学生的最好评价。

困境中维持教学

　　抗日战争的胜利，一洗百年来中华民族屡遭列强侵凌的屈辱历史。经过八年战争浩劫的交大师生，欢欣鼓舞地顺利完成复员和接收工作，渴望在和平安宁的环境中重建交大，恢复教学活动，提高教学质量。但是，国民党当局挑起的全面反共内战，使得有待恢复发展的交大又陷入深深的困境之中，办学活动因濒临绝境的经费危机、风起云涌的学生运动、频繁的人事变动等原因而无法正常开展，教学活动受到严重干扰。然而，大多曾受业或多年执教于交大的教师们，怀着对母校的深爱，甘于清贫，乐于奉献，在困境中坚守着交大的教学传统。

　　复员不久国民党即发动内战，教育经费一减再减，原本有希望继续发展的教育事业陷入危机当中。在经历了抗战的磨难与奋争之后，弦诵不辍且规模扩大的交大，不仅没有迎来和平安宁的办学环境，反而饱受了经费严重缺乏的困扰。1947年学校每月经费1 000万元，而学校实际开销需5 000万元以上，如此巨大的缺口，致使学校连买粉笔的钱也没有。程孝刚校长在任职不到一年当中，除了夹在保护进步学生和应付当局压力之间难以处理外，最令他焦头烂额的就是极度短缺的经费了。1948年2月，他贴出布告，向全校师生摊出了学校经费的底牌：每月经费只有1.5亿，而1月份水电煤就需要4个亿。此时，国统区经济几近崩溃，货币就像脱缰的野马般一路狂跌，亿元只具有象征意义，毫无购买能力。继程孝刚之后任校长的是原工学院院长王之卓[1]，他年富力强，专业精深，对母

【1】　王之卓（1909～2002），河北丰润人，1932年交大土木工程学院毕业。1948年9月至1949年5月任交通大学校长。中科院学部委员，曾任武汉测绘科技大学名誉校长。

校满怀着拳拳之心，努力维持交大的正常教学和办学传统。然而此时国民党政权已日暮穷途，一切努力都受困于经费无法施展。1948年7月上任后，为了解决经费问题经常到南京教育部催讨，几乎成了一位"讨钱"校长。9月新学期开始，王之卓第一次到南京教育部催讨增加经费，结果要了一周时间，总算解决一时燃眉之急，让学校正常开了学。但以后几乎每个月都要到南京催讨。到了年底，学校经费临近枯竭，师生生活陷于绝境，王之卓就和上海其他高校一起联合行动，一次次地上书教育部及行政院，并联合赴南京请愿，甚至集体以辞职相抗议，但是问题依然得不到解决。由于经费上的山穷水尽和局势的动荡，学校实际上到1949年二三月间不得不停课，等待着新生的政权给它注入新鲜的血液。

办学经费匮乏的严重危机，连教职员生活都得不到保障，教学条件的改善更是无从谈起。承担全校基础学科教学任务的理学院，师资短缺，设备不敷应用。如化学系在复员后三年中因经费拮据，难以办事，系主任更迭达四次之多。教学急需的工业化学实验室和普通化学大实验室，复员后就开始筹建，一直拖到1948年冬才建成，建好的实验室中连不可缺少的硫酸、盐酸也无力购买，很大程度上影响着教学质量。

抗战前交大图书馆藏量比较丰富，计中西文图书8万余册，期刊约千种，是国内工程图书最为丰富的图书馆。抗战时期这些图书绝大部分迁入租界中得以保存，抗战胜利后又迁回学校，连同渝校图书，构成复员后交大图书的主体。之后图书馆苦于经费短缺基本上没有增购，到新中国成立前有中西文图书约10万册，期刊仅130余种。不过在试验仪器设备方面，虽然同样没有购买多少，但是抗战后国内外单位的馈赠和校友们的捐献，使得仪器设备增添不少，到新中国成立前夕，恢复或新建实验室计理学院13个、工学院33个、管理学院2个，较抗战前增加了近一倍。校舍建设尤显得非常滞后，原先容纳1 000余人的校舍，复员后超负荷接纳了3 000多名师生，不堪重负，在沪学生大都成为走读生，不少外来学生也只能租住校外，住校的也是七八人合挤一间宿舍，增建校舍成为学校的第一要务。1946年到1947年，学校依靠有限的复员重建经费建成了两幢宿舍和科学馆，之后再也无力兴建其他必要的设施。1946年原东亚同文书院校址百余亩划入学校，拟用于筹建学生教工校舍，一直到新中国成立前夕连一座房屋也没有建成,倒是成为学校的农场和部分老师的菜园地。

交大复员后,沪渝两地的教师汇合起来,组成了一支数量相对不足但是质量较高的教师队伍。1946年共有教师290人,而这一年的学生数量达到3 400人左右,师生比例差不多是1∶12,与十年前1936年约1∶4的师生比相比较,整整差了3倍。当时与交大学生数量相差不多的中央大学、北京大学,则分别有教师约1 000名、600名。学校一再申请增加教师名额,教育部批复只给编制不给经费,增加教师的批复也就成为空头支票。1946年教育部核准增加18名教师,可是到1947年全校教师仅有280名,不但没有增加,反而减少了10名。到新中国成立前夕,教师总数仍然只有286人。数量不足使教师承担着繁重的课业任务,势必影响了教学效果。

尽管数量上显得严重不足,但是就质量而言在国内各大学中毫不逊色。在1947年280名教师当中,拥有教授、副教授职衔的就有167人,所占比例高达60%,要远高于1936年的37%。教师基本上沪渝两地各占到一半,上海部分大多数是二三十年代就执教于交大,在经历了八年租界办学后留守下来的,诸如裴维裕、陈石英、钟兆琳、周铭等,他们有着丰富的工程教育经验,其中多数是留学归国的早期交大毕业生,对交大怀有深厚的感情。重庆部分的教师与沪校一样,大多数也为交大毕业生,所不同的是以20世纪30年代"黄金时期"的毕业生为多。他们大都是抗战爆发后从欧美各国留学归来、奔赴国难的年轻学者,比如曹鹤荪、张煦、季文美、张钟俊、王之卓等,一方面他们年富力强,精力充沛,积极进取,带回来了欧美各国的先进科学知识,授课内容趋于新和深;另一方面,不少正、副教授曾经担任过或兼任过实业部门的工作,在教学中注意与实际应用相结合。非常有意思的是,沪校与渝校教师之间存在着"师徒"关系。然而,在复员会合后的一段时间,沪校"元老派"因曾存身汪伪这段历史而变为"伪教师",渝校"少壮派"复员后掌管学校实权,使"师徒"之间一时蒙上了难以挥却的阴影。不过,还是因为有着这层难以割舍的"师徒"关系,经过一阵时间的磨合,在共同应对奇缺的经费危机和风起云涌的学潮中,两派的"对立"很快变得冰释云散了。

这一时期严重短缺的经费,使在职教师不仅课业繁重,而且工资待遇大大降低,生活每况愈下,日益陷入贫困状况,单靠正常工资难以养家糊口,只得四处兼职兼课,疲于奔命。1924年以来一直任教交大的裴维裕,身为理学院院长,每月工资却不足维持生计,只得外出兼任江南造纸厂厂长,生活才算过得去。航空系教授马明德先后在光华大学、大同大学、兵工学校和商船学校兼课,以维持生计。讲授课程多达八九门,每周最多达30学时,在此重压下,他变成了教书机器,也练就成了一个多面手。不少教师为了解决生活所需,拿起了锄头,在新并入的原东亚同文书院原址上开起荒来,种上了各色蔬菜,以获得生活上部分自给。

国民党政府的独裁统治和反共内战,激起了交大学生追求和平民主的强烈愿望,他们不得不放下书本走出校园,汇入风起云涌的爱国民主运动当中。在一波又一波的学潮当中,教师们本不愿意学生们牺牲学业,中断学校正常教学活动;但是看到国民党当局日益腐败,这批不少参加过"五四""五卅""九一八"爱国运动的"前辈们",从内心深处对学生表示同情和支持,甚至不惜生命保护营救学生。理学院院长裴维裕教授,由于目睹当时政治腐败,民生凋敝,逐步由质朴的爱国思想转而追求民主进步,和其他教授一起,积极支持学生民主运动。1948年隆冬,国民党军警包围交大校园,欲进校搜捕学生。裴维裕和其他教授手挽手一字排开,站在校门口和军警对峙。蛮横无理的军警以武力冲进校内抓走了十几位学生。在冲突中裴维裕背部和腿部被枪托击伤,但他不顾伤痛和高血压症,不听师生们的劝阻,在服下降压药后和几位教授赶到上海市政府,找市长吴国桢交涉,最终使学生们得到释放。航空系教授季文美也是支持学生运动的典型代表,他于1934年交大电机系毕业后,考取公费留学赴意大利都灵大学攻读航空工程,1936年获博士学位。归国后先后在江西南昌飞机制造厂、四川南川飞机制造厂任工程师、厂长佐理等职,参与仿制苏联伊-16驱逐机。1942年飞机厂停工待料,而立之年的他不愿虚度时日,甘愿冒着被军事法庭的传唤的风险,毅然应聘来母校任教,1944年任航空系主任,专心致力于培养高级航空工程人才。复员回到上海后,积极支持学生运动。1947年"五三〇"大逮捕时,军警包围交大校园,一片白色恐怖。季文美和其他教授大义凛然,到学生集中住宿的体育馆值班守夜,并对学生说:"如来抓人,叫他们先抓我们。"

动荡不安的时局,接二连三的学运,使交大缺乏一个稳定的教学环境。然而,广大教师们在困境中能够勉强维持基本教学,经受了抗战严峻考验的教学传统,再次得到锤炼,薪火相传,延绵不绝。

当代著名历史学家戴逸,1946年至1948年曾就读交通大学管理学院。2003年4月,戴老先生在接受上海交通大学校史研究人员专访时,特别提到了当年交大入学考试之难,教学管理之严。他说他考交大的考题,国文的作文题目是"仁,人之安宅也;义,人之正路也。"据此写一篇文章。英文考题是翻译陶渊明的《桃花源记》。考进交大后,学生座位按成绩排名进行分配,第一名坐第一排第一座,第二名坐第二排第二座,以此类推。班长也由考第一名的同学担任。平常学习,发下来的题目像题海,做也做不完。如果学生有丝毫懈怠,不听课,不做题,成绩很快就会落下来。比如物理系教授裴维裕,教得好,但考试很严格,大多数学生得分不高。计分时采用开方乘以10的方法,即考试得36分,$\sqrt{36} \times 10=60$(分),及格;若得25分,$\sqrt{25} \times 10=50$(分),不及格。

下面是1948年3月一张由教务长周铭签发公布的处分作弊考生布告中的部分内容,从中不难看出一个"严"字。

"电机系三年级学生×××考交流电路时抄袭夹带,当场查获有据,应即令退学;造船系三年级学生×××考高等材料力学时抄袭夹带,当场查获有据,应即令退学……工管系四年级学生×××考机械制造时,携有夹带入场,违反了考试规则,着记大过两次,该科成绩为零分,重读……"

向来以严格要求学生著称的周铭、裴维裕等教授,在这一时期仍然坚持历来一贯的教学原则,并影响着全校的教风。学校对学生的学籍管理作了"1/3"与"1/2"规定,即学期成绩不及格科目的学分超过总数三分之一以上者留级,超过二分之一以上者退学。在照章严格执行下出现了较高的淘汰率。1947年4月,几十位超过1/2、1/3学分不及格的学生,在即将离校或留级之际,悲切地向师长呼吁说,他们是在学习环境不安定、为衣食担忧奔走的情况下,才成为时代悲剧的牺牲者,恳请继续留在学校里。

交大师生还在艰苦卓绝的办学环境中努力加强基础课教学,对一年级学生数理化等基础理论课程予以高度重视,安排富有经验的教授上讲台授课,当时的理学院院长裴维裕、物理系主任周同庆、数学系主任汤彦颐等,均亲自为学生上

交通大学航空系毕业生合影（1948年）

基础课。1947届毕业生陈警众回忆说，汤彦颐教授开微分方程课，非常严格，学生背后都叫他"汤老虎"。实验实习是理工科人才培养的必要手段，也是交大历来重视的教学环节。这一时期虽然比抗战时期改善不少，但是因受到设备条件和经费影响，还是显得比较薄弱。不过，重视实习实验的传统做法，依然在教学中得到体现。物理系复员后获得交通部补贴，采购了必要的实验仪器，恢复了理工两院基本的物理实验课程。在重庆创办的航空系，大部分设备因无法搬运留在了重庆。为重新建设航空工程系，交大师生四处筹添设备，终于得到空军总司令部的资助，愿意捐给飞机5架和发动机12座。其中一架零式22型是日本仿照美国制造的巨型运输机。它两轮之间的距离是36尺，上海的马路除北四川路、外滩外几乎都难容纳这样大的躯干，许多人认为没有拆运到交大的可能。航空系师生在系主任曹鹤荪教授的带领下，冒着严寒，用4天时间把飞机拆卸下来，在一个风雪的黑夜从江湾机场，穿过狭小的市区把飞机运到徐家汇校园。师生们的努力，使上海解放前交大实验设备相对齐全，基本能满足航空系学生的实验需要。在风雨飘摇的1948年5月，工学院院长王之卓等带领117名四年级学生，渡过台湾海峡,恢复抗战以前的毕业旅行。历时半月的台湾之旅,他们先后考察参观了樟脑厂、机车厂、水泥厂、机器厂、高雄港、台湾大学等,还饱览了台湾宝岛的旖旎风光。

四、不平静的校园

"人民无伪,学生无伪"

高昂的口号、触目的标语、挥舞的大旗,原本期盼抗战胜利后重建美好家园的交大学生在政府当局的倒行逆施下一步步趋于绝望,纷纷走向抗争的道路。一波又一波的学生运动让远离市区幽静祥和的徐家汇校园沸腾起来,与国统区的其他学生运动与群众运动一起,构成了人民战争的第二条战线,为解放战争和新中国的诞生贡献出自己的力量。

"人民无伪、学生无伪",在1945年的寒冬,群情激愤的交大学生奔上街头向国民党政府喊出这样的口号,反对政府对学生所谓的"甄审"措施,掀起了抗战后交大学生运动的第一波。

这场反甄审运动的导火线,是1945年9月下旬国民党政府在教育复员会议上通过并颁布的《收复区中等以上学校学生甄审办法》。该办法认为,原沦陷区公立专科以上学校都是"伪学校",一律关闭;在校学生都是"伪学生",要进行"甄审";甄审合格后,还要"补习"3个月,交出研读蒋介石的《中国之命运》的报告与学术论文各2万字以上,才准许上学。"伪学生"? "伪学校"? 我们都是"伪的"? 对于广大交大学生来说,不啻当头一棒。而一个多月以前,交大学生还与全国人民一样欢欣鼓舞,奔走相告! 抗战胜利了,从此可以好好学习了! 不少同学还赶往机场欢迎那些从大后方飞来的接收大员们!

忆及上海沦陷时期,交大学生在极其困难的环境下,忍辱负重,埋头苦读,期盼抗战早日胜利,以实现"科学救国""工业救国"的理想。现在他们却被国民党政府宣布为"伪学生",遭遇停课甄审的不公正待遇,而真正鱼肉人民的汪伪汉奸大多摇身一变,成为国民政府的"地下工作者",配合接收大员们,一道搞起"五子(位子、车子、票子、房子、女子)登科"式的接收。如此的真伪颠倒,黑白不分,令交大学生难以平静。

1945年9月下旬,上海的私立学校都已经开学,原租界内的交大却被停闭,学生无法复课。心急如焚的学生们聚集在中华学艺社的空地上开始酝酿着抗争。在交大地下党组织的支持下,由各班级推派代表组织成立的学生自治会,成了这场反甄审斗争的领导组织者。周寿昌,这位化学系三年级品学兼优的同学,被推举为自治会主席,走在了抗争队伍的前列。

呈文申诉,是交大学生采取的第一步。由机械系三年级国学根底很好的"老夫子"王惟本起草润色的抗议呈文,被一份份送到国民党特派员、交大接收委员和教育部部长案头,但都若石沉大海,杳无音信,这个原本思想正统的"老夫子"这时也被激怒了,而期盼早日复课的广大同学更是极为气愤。

呈文无用就去请愿。11月初,周寿昌和几位同学代表交大学生先后找教育部部长朱家骅和交大的接收员请愿,却遭到无理的声斥。现在很多同学还记得代表们回来讲述谈判经过的一幕:周寿昌穿一件青布长衫,戴一副近视眼镜,讲得气愤时,满头蓬乱的头发都跳动起来,像一头狮子在怒吼。发动大规模的游行示威成为交大学生的最终选择。

1945年11月11日,愤怒的交大学生走上街头游行。前面的横幅上写着:"因荒废学业而请愿",学生们高呼着"人民无伪""学生无伪""我们要读书"等口号,整齐地列队前进。游行队伍中间推动着一辆三轮车,车上堆满了理科、工科、商科、医科……各种书籍,上面贴着"教育部封"的大封条。交大学生的请愿游行引起了广大上海市民和媒体的支持。时任上海市教育局局长的顾毓琇对记者说:"沦陷区的学生要读书,说学生附逆是不对的。"[1]《申报》《新闻报》《字林西报》等纷纷表示同情。《大公报》的社评指出:"不能因为要纠正思想而不读书,正如不能因为要吃菜而不吃饭。……为了甄别而剥蚀了

【1】 程传辉等:《"反甄审"斗争的回忆》,载《水之源——解放战争时期交通大学革命斗争回忆录》(二),上海交通大学出版社2001年版,第66页。

他们读书进修的机会，一年半载的光阴，可能就此荒废，则个人的损失、国家的损失，更不可估计。"

此时，全国的学生也先后行动起来，反对"甄审"。在这种形势下，国民党政府不得不改变一些做法，把原来的先甄审后上课，改为一边上课一边甄审。1945年12月，教育部成立了"国立上海临时大学补习班"，交大所谓的"伪学生"转为国立临时大学的学生，开始上课。经过两个月的抗争，取得了初步的胜利。但是，学生们并没有取得正式的交大学籍，还要等待半年的"思想训练"。

1946年2月，蒋介石来沪，广大学生得知消息后，在学生自治会的组织下，于13日晚列队到蒋介石的驻地东平路公馆请愿。游行队伍靠近东平路时，即遭到大批武警的阻挡。游行队伍在寒风中伫立了一个通宵也没有等到蒋介石的接见。第二天报载，当时蒋介石正在出席宴会，这个消息使同学十分痛心，在现实面前，对这位最高领袖的幻想破灭了。

然而，由于全国学生的不间断的斗争，使国民党当局不得不同意改变"思想训练"为"军训"和集体上三民主义课，用考试来代替甄审。经交大地下党支部研究，为防止当局用"三民主义"课不及格来打击排斥进步同学，由学生自治会对"三民主义"考卷准备了一份"标准答案"，然后全体学生照抄答案。1946年6月"补习班"期满，临时大学补习班四分部（包括原交通大学上海部分，上海雷士德工学院，原南京中央大学一部分）学生全部正式转入国立交通大学。反"甄审"斗争胜利结束。

自驾火车赴南京请愿

"谁会相信，交通大学五十一大庆的今天，也就是她变成残废的一天？教育部饬令本校停办航海、轮机二科的命令下来了，而本校的交通人才教育，也就成为半身不遂了。"1947年5月，在国立交通大学护校委员会宣言的开篇赫然这样写道，"今天可以一纸命令停办航海、轮机二科，明天也可以一张条谕中止电机、土木或者管理。我们五十年悠久历史的工程学府容得了这种宰割吗？……这不但是二科的存续问题，而是整个交大的完整与残缺问题，所以我们强调地提出了交大的护校运动！"[1]

1946年冬，国民党迫于内战压力，压缩教育经费，并下令取消交大的航海、轮机二科，由此引发了交大历史上最为声势浩大的学生运动。交大是一所历史悠久的，集理科、工科、管理学科以及运输、航运学科于一体的多科性大学，在国内外学界、工程界以及交通、电信界享有盛名。正因为有着这样的传统和背景，对于国民党政府的随意宰割，全校师生以及广大校友群情激愤，护校的要求像野火春风在全校蔓延开来。

航海、轮机两科学生首先奋起反抗，其他系科学生纷纷响应，要求教育部收回成命。1947年3月底4月初，校园内大字报已经铺天盖地，用语也越来越激烈。4月初，1 000多名学生联名要求开展护校运动，敦促学生自治会出面组织。学生自治会成立了由周盼吾、周寿昌、张公纬等学生组成的护校委员会。1947年5月初，护校委员会派出周盼吾、张公纬和航海、轮机两科代表与校长吴保丰一起，前往南京教育部请愿。教育部部长朱家骅根本不理睬吴校长和学生们的要求，蛮横地宣称："航海、轮机两科取消的决定不能更改；水利、纺织两系不准设立；化工系是否开办，尚在考虑中；院系调整也是既定了的。""交大为工程学院，非工程学科需要调整，校名'交通'也要更改。"请愿毫无结果，全校师生激愤异常。5月9日晚，系科代表大会在文治堂召开，会场内外挤满了旁听的学生。学生代表情绪激昂，"团结起来，共赴校难！""集体到南京请愿去！"的呼声不时响彻会场，会议通过了全校学生晋京请愿的决议，提出了八项严正要求：交大校名不容更改，交大不容歧视；院系不容分割，航海、轮机两科不容停办；纺织、水利、化工三系必须设立；学校经费必须增加；教职员工名额必须补足；增加仪器设备和校舍；增加公费名额及公费金额等。一场大规模的护校运动全面开展起来。

晋京请愿的决定获得了社会各方包括交大校友的广泛同情和支援。老校长、教育界耆宿唐文治老先生发表了"全校师生团结一致共赴校难"的讲话，进

【1】《国立交通大学护校委员会宣言》(1947年5月)，《交通大学校史资料选编》(第二卷)，西安交通大学出版社1986年版，第698页。

一步增强了学生们的决心和信心。

在短短几天内，晋京请愿准备工作在严密分工下，紧张而有序地进行。护校运动设主席团统一领导，为防止特务破坏，主席团受纠察严密保护，下设专门谈判的谈判组、主席团发言人、学生队伍的正副总指挥、宣传组、总务组、组织组、交通组等24个小组。总务组做了大量艰辛的后勤供应准备工作，并得到了市青年会中爱国民主人士的帮助，从救济总署调来一批黑面包，在很大程度上解决了晋京请愿过程中的食粮问题；交通组通过吴保丰校长的关系，与学校附近书店老板协商，以书店搬书的名义租借到50多辆卡车，冲破了市政府不准出租汽车给交大的禁令。5月12日晚，晋京请愿队伍总指挥张公纬组织了编队演习。

5月13日清晨5时，学生们开始集合。经过整队、列队，全校95%以上的学生近3 000人，分别登上57辆卡车。队伍总指挥以及各大队、中队、小队队长均佩戴鲜明的袖标，俨然是一支纪律严明的队伍。请愿车队以队伍总指挥张公纬等人乘坐的车为前导，副总指挥胡国定等人乘坐的车断后，中间有护校委员会其他成员乘坐的车。此时，市长吴国桢慌忙赶来，他站在请愿车队之前双臂横拦，企图阻止车队出门。面对这种突发情况，有几个机灵聪明的学生一边高呼"保

自驾火车晋京请愿

护市长"，一边将吴国桢拽至路旁，请愿车队迅速开出校门。浩浩荡荡的车队沿着当时的林森中路（今淮海中路）、常熟路、中正中路（今延安中路）、西藏路、北京路、浙江路抵达北站。由于这是冲破国民党当局严格禁令的第一次车队大游行，交大又是全国享有盛名的高等学府，因而引起了社会的普遍关注。沿途观众很多，眼神里夹杂着惊异和兴奋，并不断响起热烈的掌声。

请愿车队到达北站后，学生们井然有序地下车，列队进入铁路局新建的旅客休息室。然而，车站已经奉令不卖车票给学生，前往南京的火车停开，车站内空无一人。没有车，怎么晋京？主席团成员商量后，决定组织几个小组，沿各条铁路分头寻找机车和车皮。在铁路员工的暗中指引下，学生们很快找到了火车。一列由机械系学生傅家邦、丁仰炎等开动的火车进入月台。丁、傅两位同学都是机械系四年级的学生，学过蒸汽机原理。傅曾经实习过开火车，就权作司机。丁过去在学生会组织的春游中，曾上机车和工人交朋友，学到一些加煤的诀窍，就权作司炉。火车要预先加水，没有一个学生学过加水，幸好身边带着有书，于是他们根据书上所示的图纸给火车加上了水。当火车缓缓开进车站时，请愿学生群情激奋。宣传组的学生们跳上了火车头，在上面贴上"交大万岁"的大幅标语，又在机车上书写了"国立交通大学晋京请愿专车"几个红色大字。上海音乐专科学校学生陈良指挥大家唱起了用"打倒列强"曲调填写的新词："火车不开，火车不开，自家开，自家开！交大同学真正崭，交大同学真正崭，真正崭、真正崭！"学生们无比振奋，纷纷要求立即上车。

国民党当局借口谈判，拖延时间，一再阻挡交大学生出发，并威胁说："朱（家骅）部长限学生于6时半退出月台，明晨8时上课，否则全部开除。"当局的气势汹汹不仅未能压倒击垮交大学生们的斗志，相反更激起大家心中的怒火。此时，暨南大学、上海医学院以及正在赴京请愿途中的浙江英士大学的学生代表，冲破军警阻拦，来到月台，高呼"支援交大护校斗争！""欢送交大同学晋京请愿！""交大万岁！"等口号。交大学生备受鼓舞，在热烈的掌声和欢呼声中，下午6时45分，火车汽笛长鸣，缓缓驶出车站。此前，北站客车管理组的一位工作人员（交大校友）悄悄地来到机车上告诉开车的同学："这个车头牵引力太小，拖不动这许多车厢，恐怕路上会出危险，所以每小时的车速决不可超过10公里。"

这充分体现了交大校友和铁路员工对请愿学生的关怀和爱护。

下午6时55分，列车开到麦根路大扬旗路口，铁路局奉当局命令，竟将前方一段铁轨拆除，列车不得不停止前进。但是铁路工人却把拆下的铁轨和工具留在路旁。几位土木系的学生立即把路轨重新铺好，列车继续前进。行进了一段路程，前面的铁轨又被拆除，这次把拆下来的铁轨也搬走了，土木系的学生毫不气馁，将列车后面的一段铁轨拆下来抬到列车之前，补上被拆除的铁轨，列车继续前进。

当学生请愿火车艰难行进时，在交大总办公厅里，一场镇压阴谋正在酝酿，蒋经国带着青年军来到这里，他和朱家骅、教育部次长田培林一起研究镇压措施。列车驶至真如车站，已是午夜时分。此时，国民党当局又将前面一大段弯道铁轨拆除。学生们一时找不到合适的弯道替补，同时机车里的水也快耗尽。列车实际上已难以再前进。但学生们斗志不减，不肯下车返校。5月14日凌晨1时左右，与铁路相隔一条小溪的公路上，亮起了一长串车灯。教育部长朱家骅终于坐着装甲车赶来了。他用扩音器叫喊："交大学生集体中断交通，已经不是学生的行为了。你们要马上回校，不然就全体开除。"此时，青年军已在路口严密布阵。当时的形势十分紧张，一场血腥的镇压迫在眉睫。

在此关键时刻，交大中共地下党传达了上海局书记刘晓的指示："要掌握有理、有利、有节的原则，争取及时妥善解决，胜利返校，避开敌人的血腥镇压，保护群众的积极性。"[1]拂晓，学生们下车与公路上国民党当局的车队隔着一条小溪对峙，支持主席团跨过小溪去谈判。田培林把朱家骅亲自签署的书面答复交给交大的学生代表，答应交大校名不更改；航海、轮机两科不停办；学校经费依照实际需要增加；员工名额照章增加。主席团成员经过研究，认为朱家骅本人已经签字保证，护校要求基本达到。当即由周寿昌向全体同学宣读朱家骅签署的书面答复，学生们热烈鼓掌，欢呼胜利。随即分乘上海市公用局专门调来的40辆公共汽车凯旋返校。

【1】李蒙蔚执笔：《团结就是力量——交大护校运动纪实》，载《水之源——解放战争时期交通大学革命斗争回忆录》(三)，上海交通大学出版社2002年版，第14页。

这次护校运动是1947年5月国民党统治区爱国民主运动的重要组成部分，是对国民党反动统治的重拳出击，在交大的历史上、在上海和全国爱国民主运动的历史上，谱写了光辉灿烂的一页，将永远留在人们的记忆当中。新中国成立后，毛泽东在上海接见航空会议第一批火箭研制代表时，当知道与会代表潘先觉是交大毕业生的时候，立即问道：就是那个学生自己开火车、修铁路上南京请愿的交通大学吗？当得到肯定答复时，毛主席紧握潘先觉的双手，赞赏之情溢于言表。

"民主堡垒"

忆及那段不平静的交大校园生活，许多老校友会将丰富而又略显纷繁的思绪汇聚于一点——老上院。在这座有"东方斯莫尔尼"之称的老建筑里，有战斗着的学生自治会工作室，有学生运动的工作总部小礼堂，还有114室、303室，神秘的钟楼……在那个年代，一批批学生领袖和积极分子在此忙碌工作，开展活动、讨论、读书、写标语、画漫画、抄写新华社新闻、学习收听发报机等，凝铸起了交大反对国民党反动统治的民主堡垒。

护校运动的胜利结束并没有换来交大校园的宁静。国民党发动的内战，节节败退，对国统区的政治统治愈加黑暗，经济掠夺也愈加疯狂。作为时代的先锋，全国的大中学生奋起抗争，汇合成全国规模的学潮。交大学生在"反饥饿、反内战、反迫害""反美扶日"等全国颇具影响的学生运动中，始终冲在战斗的第一线。与以往学生运动诸如"反甄审""贾子干事件""护校运动"不同，交大学生的斗争锋芒不再仅仅局限于争取学校自己的生存发展环境，而且是响应全国学运，将矛盾直指政府当局发动内战、迫害民众、纵容美国扶植日本的反动政策。

"反饥饿、反内战、反迫害"运动，其实是中共中央部署和指挥的一次在国统区范围内的大斗争，运动最先从南京发起，上海学生群起响应。1947年5月19日，上海各大院校的学生共计7 000多人，在北站广场欢送学生代表晋京请愿，会后举行了"反饥饿、反内战"大游行。交大学生队伍的大卡车吊着一块大型标语传单，下面挂着两根半大油条，形象地说明学生一天的副食费只能购买到两根半油条。队伍前头有5人各举一只破饭碗，碗上各写一个字，连成"我们要吃饭"

5个大字。有人还拿着"向炮口要饭吃"的大幅漫画。这些赢得了沿途市民的同情和共鸣。游行队伍多次受到国民党军警拦截,都被英勇无惧的学生冲破。

政府当局慑于全国学生"反饥饿、反内战、反迫害"运动来势很猛,于1947年5月18日颁布《戡乱期间维持社会秩序临时办法》,要对爱国学生进行镇压。5月25日,交大宣传小分队在外滩宣传"反饥饿、反内战、反迫害"时被捕。晚上,徐家汇警察局和特务学生冲击了系科代表大会会场,打伤逮捕学生多名。30日凌晨,国民党军警3 000多人冲进校园,抓捕进步学生。面对政府当局的步步进逼,交大学生临危不惧,在地下党的领导下联合广大教师和社会人士,与政府当局展开了机智灵活的斗争,营救被捕学生,掩护上了"黑名单"的进步学生。作为学生领导组织的学生自治会,有成员被捕或被迫离校,就有学生勇敢地站出来补充进去,交大学生自治会虽几遭镇压却始终未被摧垮,英勇地斗争着……

1948年,美国为了利用日本反苏反共,背离《波茨坦宣言》有关彻底摧毁日本战争力的基本原则,援助日本复兴和军国主义复活,而国民党政府却公然为美国扶植日本的政策辩解。此事激起上海学生同文化新闻界和其他人士的无比愤慨,由地下党指示上海学联出面,在交大举行了一系列的大规模政治集会,组织全市学生参加,交大成为上海反美扶日运动的主战场。

5月4日晚,全市一万多学生涌往交大广场,举行了规模盛大的营火晚会,主题是反对美国扶植日本军国主义势力,通电全国反对美国扶植日本;在交大广场上临时搭建了题名为"民主堡垒"的竹架子。从交大门口到广场,还用大量学生运动的历史资料、大型图片,布置了一条"从五四

交大校园成为上海学生运动的"民主堡垒"(1948年)

到五二〇"的中国青年革命斗争道路。年轻的学生们围坐在篝火旁，斗志昂扬。大会成立了"上海市学生反对美国扶植日本、抢救民族危机联合会"。当象征美帝、日本法西斯和蒋介石的三个稻草人被埋葬在烈火中时，全场欢声雷动。"团结就是力量""反对美国扶植日本帝国主义"的声浪震荡夜空。营火晚会后，交大的反美扶日运动沸腾起来。10日，国际学联代表布立克曼在交大接见了全市学生代表，支持上海学生的正义行为；22日，全市一万五千名学生再次汇聚交大校园，发起10万人反美扶日签名运动。5月22日，上海学联正式命名交大广场为民主广场，同时在民主广场上召开了1万5千多人参加的"五二〇"一周年和上海学联成立一周年大会。6月3日，全市学生准备举行"反美扶日"大游行，国民党如临大敌，调动大批军警对交大进行层层包围封锁。面对全副武装、荷枪实弹的军警，硬冲出去势必将流血牺牲。学生自治会宣布，改变斗争方式，在校内游行，同时利用日夜赶制出来的宣传资料、图片，向包围交大的军警宣传。学校大门内侧的小土山成为向军警们宣传的阵地，标语牌、漫画牌向校外高举，话筒不断喊话，宣传："日本军国主义复活，中国人又要吃苦"，"枪口对外，一致打击敌人"。带队军官只好命令军警跑步，喊口令，来干扰交大校内广播。但只要军警一停，广播声又起来。军官们命令军警向后转，背向交大，不看宣传牌，宣传牌又从左边、右边的墙头伸出来。许多市民聚集在马路对面，远远地向交大同学鼓掌，表示同情支持。

上海市市长吴国桢对学生反美扶日大游行打击破坏后，自以为得势，接着又向交大学生进行所谓的"神经战"，向交大学生提出"七点质询""八点质询"，并扬言将交大学生交由"特刑庭"审讯。在险恶的形势面前，交大地下党组织决定召开由各界名流参加的"公断会"，让整个社会来审判吴国桢。6月26日晚，各界代表公断会在交大体育馆举行，与会代表陈叔通、史良、许广平、马寅初等在会议上发表演说，驳斥吴国桢的卖国言论，坚决站在交大学生一方，支持学生的爱国运动。全场热血沸腾，欢呼雀跃。交大学生对吴国桢神经战的有力反击，在社会上产生巨大影响。第二天，《正言报》发表了"交大公断会，吴市长被缺席判决"的消息。《益世报》在6月28日的社论中也承认，"反扶日之为全国公意，实在用不到怀疑。"公断会粉碎了吴国桢对交大的"神经战"，取得了政治上的重大胜利。[1]

面对学生运动的风起云涌,国民政府十分恐慌。6月29日《中央日报》发表了题为"操刀一割"的社论,恶狠狠地叫嚷:"惟有操刀一割,为大学割去盲肠"。一场恶战即将来临。学生自治会首先成为国民党政府的眼中钉,自治会骨干不断被通缉搜捕,致使他们被迫告别学业离开交大。1949年初,根据严酷的斗争形势,学生自治会按照新的组织原则进行了改选,把以个人为代表的学生自治会理事,改为以班级集体为代表。理事由班级推选,经常调换,既可以发动较多的人参加学生自治会的工作,又能起到保护骨干的作用。当骨干转移或受到迫害时,班级随时可以有人顶上。由于采取了上述组织措施,交大学生自治会这一合法公开的机构,始终未被打垮。这一时期,交大地下党为适应广大积极分子日益高涨的革命要求,建立了秘密的党的外围组织"交大新民主主义青年联合会"(简称"新青联"),明确提出了"要为建设新民主主义新中国而奋斗"的纲领,这样就把全校的进步学生基本上都组织起来。学生自治会坚持斗争和新青联的成立,为交大学生在白色恐怖下继续活动,开展反迁校、护校应变运动,提供了组织上的有力保障。

1948年12月下旬,一项关于交大要被迁往台湾的消息,引起交大党组织和广大学生的关注。寒假即将来临,为了防止国民党当局乘学校放假,将学校迁走或乘机抓人,一个不放寒假继续上课的办法被提出。1948年12月底,学生自治会召开系科代表大会,通过了不放寒假、继续上课的决议,掀开了再次护校的序幕。经过众多同学上门对教师与校方做工作,教授会及校领导均表示同意并予以支持。各社团也努力利用各种社会关系请来了赵丹、黄宗英、吴茵等进步演员及周小燕等歌唱家来校演出。大型著名话剧《原野》在上海剧团的支持下也在新文治堂上演了。全校师生员工愉快地度过了春节。1949年4月,国民党政府准备在上海外围构筑工事负隅顽抗,同时积极策划镇压市内革命力量。党组织号召全校师生员工全部团结起来,组织应变委员会"应变护校",保卫学校财产和人员安全。应变委员会由校方、教授会、讲师助教会、职员励进会、校工会与学

【1】吴振东等:《忆反美扶日运动》,载《水之源——解放战争时期交通大学革命斗争回忆录》(二),上海交通大学出版社2001年版,第124页。

生自治会6个方面联合组成，教授会主席陈石英担任应变会主席。党总支直接领导筹组了以"新青联"成员为主要力量的护校总队。

护校队员在护校总队张泽仁、陈如庆与曹子真等同志的指挥下，布置周密、岗哨设置也很完善。可是，国民党政府的大逮捕在4月26日凌晨突然动手了。他们以装甲车为前导冲破后校门，大批卡车装载着武装军警相继而入，一边开枪一边呼喊，护校队员虽鸣钟发出警报，但手无寸铁，无力与军警对抗。校内特务带领反动军警，按照几百人的黑名单搜捕，交大师生共50多人被抓。不过，不少学生按照平时的准备，采取了紧急措施：有些趁黑夜混乱躲进澡堂的锅炉、大烟囱、下水道和污水塘里，有的跑进教授宿舍隐藏起来，有的藏在天花板上，有的隐蔽在杂物中，有的巧妙地利用宿舍的几个扶梯上下或不断转移房间与敌人"捉迷藏"，躲过了这场劫难。

紧接着，国民党警备司令部下令军队进驻各大学，限令各校三天内紧急疏散。从"四二六"大逮捕限令交大紧急疏散，一直到上海解放这一个月的时间里，是上海黎明前最黑暗最艰苦的时期。交大党组织在极其艰难的环境下，通过党员联系"新青联"会员，再通过会员联系广大群众，把散布在上海市区的广大学生团结在交大党组织和"新青联"周围，建立了一个严密的联络网，在校外坚守岗位，迎接解放上海的最后斗争。

为防止敌特和坏人的破坏，准备接管，党总支根据上级指示，组织交大党员、"新青联"会员和广大积极分子，进行徐家汇、常熟、龙华三个地区的调查。调查对象包括敌人的军事设施、军政机关、仓库物资、战犯住宅及其资产、街道里弄交通图、伪保甲组织、地痞流氓和破坏分子、工厂、学校、社会团体以及街道等。学生们设想了多种办法以完成任务，有的用逛马路的办法，有的用在有关地点打球到院里找球的办法，有的利用关系去搞户口材料等等。交大党总支还抽调了一些党员参加区委组织的专门调查小组，绘制全区地图，为解放和接管工作做了准备。正在紧张战斗迎接解放的时候，共产党员穆汉祥[1]、新青联会员史

【1】穆汉祥（1924～1949），天津武清人，1946年考入电信管理系，1947年7月加入中国共产党，1948年起先后担任中共交通大学总支委员会组织委员、中共徐龙区委、徐汇地区分区委员。

霄雯[1]在执行任务时又相继被捕。

交大党组织全力营救被捕同学，并在武康路成立了"营救被捕同学党组"。党组发动被捕学生家长，通过不同渠道、不同社会关系，对国民党施加压力，要求释放被捕学生。国民党当局被迫同意分批分期保释学生出狱，后来除18名学生未获保释外，其余全部出狱。上海全部解放前夕，未获释的同学也一批批回校了。他们中有的是在解放军将要到达，敌人已下枪决令来不及执行的情况下，从关押处逃出来的。大家在欢迎之余，发现穆汉祥、史霄雯两同学没有回校，立即派人四处寻找，终于

交大校园内的史穆烈士墓

在普善山庄发现他们的遗体。5月20日，国民党军警将史霄雯、穆汉祥押送到宋公园（今闸北公园）林深树密处，临刑前，史、穆两人高呼"中国共产党万岁！"壮烈牺牲。战斗在第二条战线上的交大学生，为迎接新中国的胜利到来付出血的代价，不仅续写了交大爱国主义革命传统的光辉篇章，也为迈入新时期的交大留下了宝贵的精神财富。

5月27日，交大师生发现盼望已久的中国人民解放军有秩序地坐在街上休息，于是，师生们都高兴地奔走相告："解放军来了！""解放了！"这时，一面鲜艳的红旗，在交通大学校门口冉冉升起，迎风飘扬。师生们高举着一幅幅大标语，一面面小红旗或彩旗，汇入到全市欢迎解放的人流当中。从此，历经沧桑的交通大学度过了艰难岁月，获得了新的生命，进入新型的发展时期。

【1】史霄雯（1926～1949），江苏武进人，1945年考入化学系，任学生化学会会长、学生自治会执委，是党的外围组织——新民主主义青年联合会成员，主办《雄风》等刊物。

第五章　与共和国砥砺同行

　　1949年，一唱雄鸡天下白！新中国成立，交通大学跨入"建设新型的人民交大"的历史时期。新中国成立后的17年，交大人怀着高昂的热情为发展新中国高等教育事业及建设新型教育制度和教学体系进行不懈的探索；虽历经艰难曲折，却始终秉承高水平的育人标准，发扬"门槛高、基础厚、要求严"的教学传统，为国家工业化建设和国防科技发展输送了大批科学技术人才。

一、交通大学历史新起点

两个"第一号令"

1949年5月27日,上海解放!在欢庆解放的日子里,交通大学校园内沸腾了。师生员工们欢欣鼓舞地返回学校,奔走相告:"解放了!""解放军来了!"校门前竖起一面鲜艳的红旗,"九头鸟"大喇叭里传出雄壮响亮的《人民解放军进行曲》。同学们组织起宣传小队,高唱着"解放区的天是明朗的天,解放区的人民好喜欢……"走向街头,欢庆解放。大家激情高涨,扭着秧歌,敲着锣鼓。队伍走到哪里,欢乐就带到哪里,沿途很多市民纷纷加入同学们的队伍中。同学们向群众宣传:人民从此翻身做了主人,今后要用自己的双手创造幸福的生活……讲的、听的都激动得热泪盈眶。

在庆祝解放的同时,广大师生迅速投入到恢复学校、重整校园的工作之中。上海解放前夕,国民党军警占据校园,师生员工采取各种办法保护学校财产。解放后,大家组织起来,打扫教室和实验室,修复、整理被破坏的校园;把保存在校外的贵重实验仪器及设备搬回学校重新安装;将集中在工程馆、科学馆的仪器设备启封复原;图书馆也着手整理被封存的图书……仅用一周时间,6月2日全校即复课。当同学们又坐在教室里专心地听课,在实验室里精心地做实验,在图书馆里发奋地阅读;当教师们站到讲台上认真地讲授,大家都禁不住心潮起伏,这一切是多么的来之不易啊!

上海解放后,交大迎来的第一件大事是军事接管。当时,百业待举,迅速稳定局势是当务之急。中国人民解放军上海市军事管制委员会十分重视交大。交通大学是一所具有国际影响的中国著名大学,在上海有着举足轻重的地位;交大向来具有光荣的革命传统,素有"民主堡垒"的称号,又有广大师生的大力支持,因此上海市军管会决定首先接管交通大学,先后向交大发布两个"第一号令",以此来稳定上海教育界的局势。

1949年6月15日，上海市军管会主任陈毅和副主任粟裕共同签发了上海市军事管制委员会命令文字第一号："令国立交通大学：兹任命唐守愚同志为本会代表，负责接管该校，仰即知照。此令。"同一日上午，接管仪式在交大新文治堂隆重举行。军代表唐守愚向全体师生宣读了"第一号令"，阐明接管方针是"改造旧教育，建设新教育"，宣布"取消党义、公民等反动的政治课，取缔国民党的训导制度，解散校内一切反动团体"，并称赞这个隆重的接管典礼是英勇的中国人民解放军和在国民党反动统治下坚持斗争、有着"民主堡垒"

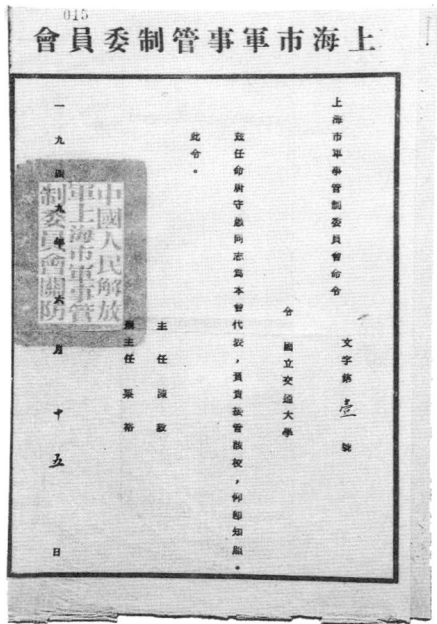

上海市军事管制委员会接管国立交通大学的命令
（1949年6月15日，文字第壹号）

光荣称号的交大师生两股民主力量的胜利会师，殷切希望交大能成为建设新中国的新交大，成为人民自己的交大。从此，交通大学这所在风雨如磐中历经沧桑变迁的高等学府，跨入了新中国高等教育发展的轨道，走上为新中国建设服务的历程。

在完成了"接"的工作以后，开始了更为艰巨和复杂的"管"的工作，首先是组建好新的领导机构。军管会依靠学校广大师生员工并经过反复酝酿，决定建立交大校务委员会。1949年7月29日，上海市军管会又向交大发布由军管会主任陈毅、副主任粟裕签署的第二个"第一号令"，即上海市军事管制委员会命令文高教字第一号。全文如下：

令国立交通大学：

兹派吴有训、陈石英、王之卓、钟伟成、陈大燮、朱物华、陈维稷、钟兆琳、王龙甫、黄席棠、曹鹤荪、裘维裕、张鸿、张震、汪旭庄、胡永畅、蒋大宗、沈友益（学生代表）、张立秉（学生代表）为国立交通大学校务委员，并以吴有训、陈石英、王之卓、钟伟成、陈

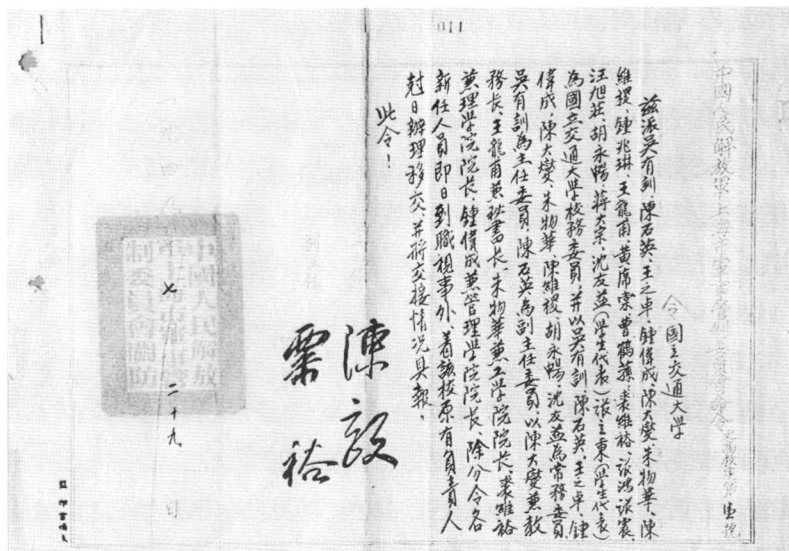

上海市军事管制委员会令国立交通大学成立校务委员会的命令（1949年7月29日，文高教字第壹号）

大燮、朱物华、陈维稷、胡永畅、沈友益为常务委员，吴有训为主任委员，陈石英为副主任委员，以陈大燮兼教务长，王龙甫兼秘书长，朱物华兼工学院院长，裘维裕兼理学院院长，钟伟成兼管理学院院长，除分令各新任人员即日到职视事外，着该校原有负责人克日办理移交，并将交接情况具报。此令！

　　上海市军管会任命的校务委员会由校负责人和教授代表、学生代表组成，其中教授代表占大多数。他们都是在学界具有很高声望、深受广大师生敬仰的专家学者，其中有长期执掌教鞭、熟悉学校事务的"老交大"，有追求光明、向往和平、心系祖国和人民的爱国知识分子。交大新"当家人"吴有训（1897～1977），是杰出的物理学家、教育家。江西省高安县人，1920年毕业于南京高等师范学校，1926年获美国芝加哥大学物理系博士学位。先后任清华大学、西南联合大学物理系教授、主任，中国物理学会理事长，中央研究院院士。1945年出任中央大学校长，因对国民党当局腐败无能十分不满，屡辞中央大学校长职务。在中共地下党的帮助下，于1948年底从南京秘密迁家上海，受聘为交通大学物理系教授，以躲避国民党政府要求他速去台湾的胁迫。当时，国民党中央电台每天晚上都会广播一则寻人启事："吴有训先生，你在哪里？听到广播后请立即启程赴厦门，那里有人接你……"担任交大校务委员会主任委员后，吴有训凭着对新中国教育事业的无比热爱以及对交大的高度责任心，带领校务委员会卓有成效地开展各项整顿、建设工作。1950年8月调任华东军政委员会文化教育委员会副主任、华东教育部部长，后调北京任中国科学院近代物理研究所所长、中国科学院副院长。1955年当选为中国科学院学部委员。

校务委员会主任委员吴有训

1949年8月2日，校内就贴出由校务委员会主任委员吴有训、副主任委员陈石英签署的布告，宣布全体校务委员会委员到职视事，并于当天举行校务委员会第一次会议，对学校当前最迫切的问题广泛交换意见、研讨对策。以后平均每周举行一次会议，先后制订《交通大学校务委员会组织章程》《交通大学行政系统组织条例草案》《交通大学聘任教员规则》《交通大学学生学籍规则》等一系列新的规章制度，解决人事、教学、财政各方面问题，推动学校行政机构有效运行。与此同时，学校还恢复和健全了教职工群众组织教授会、讲助（讲师、助教）会和职工励进会。

全校师生在校务委员会的领导下，以焕然一新的精神面貌工作学习着。接管后，师生们带着主人翁的责任感，认真参加清点工作。全校由800名学生、100名教师和职工组成90个清点小队，对校产进行全面清点，仅用6天时间就顺利完成清点任务。当大家手持清册进出办公室、教室、实验室、工厂时，都切身感受到自己参与了学校的管理，当家作主的自豪感油然从内心升起。

随着民主改革的进行，知识分子改造运动也在学校中开展起来。经历新旧社会翻天覆地的巨大变化，师生员工政治热情高涨，凭着对新中国的热爱和对中国共产党的信任，自觉地参加学校组织的政治学习。学校建立起每周一次的学习制度。1949年新学期开学后，全校90%以上的师生员工参加了时事和政治理论学习，学习内容有《目前形势和我们的任务》《社会发展史》等。政治学习取得了成效，师生们对马克思主义理论、新民主主义社会及中国的革命问题、中国共产党和党的方针政策有了初步认识，逐步建立起为人民服务的思想。

新中国刚刚成立,国家经济非常困难,学校积极开展节约运动。在评议人民助学金和减免学杂费的过程中,许多同学了解到国家财政困难,主动放弃助学金和减免学杂费的申请,把困难留给自己。学校各部门也想方设法为国家节省每一分钱。如1949年学生试卷的页脚出现这样一行小字:"字体不宜大,以节省用纸,一律不发加卷纸,草稿可用最后两页。"广大师生响应节约水电、办公用品的号召,全校处处精打细算,勤俭节约成风。仅毛笔一项,每月节省500多支;利用旧考卷,每月节省白报纸3令多。此外,学生们还走出校园,积极投入社会活动,如开展拥护解放军、反对银圆投机等宣传活动,上海市的大街小巷处处留下了交大人的身影。积极投入社会扫盲教育,仅1949年下半年就有177名交大学生在18所徐汇区工人夜校中进行义务教学工作,辅导工人学员1 555人。

广大师生鼓足干劲,认真工作学习的同时,不会忘记胜利果实是无数先烈抛头颅、洒热血换来的。穆汉祥、史霄雯就是在上海解放前夕英勇牺牲于敌人枪口下的交大学生。1949年6月5日,学校举行追悼会,在校园内安葬两位烈士遗骸。全校师生沉痛悼念这两位优秀的交大学子,化悲痛为力量,誓言"我们一定要加强学习,努力工作,为建设新中国、新上海而斗争!"事隔一年之后,交大校务委员会决定在校园内修缮史、穆二烈士墓。1950年5月6日,校务委员会主任委员吴有训写信给陈毅市长,请他为烈士墓题词。翌日陈毅便复信给吴有训,寄来题词"为人民利益而光荣就义是值得永远纪念的"。陈毅市长复信原文:

有训先生:

　　承嘱题字,兹照办,不知合格否?最好不用,另请人写。多年不写毛笔字,提笔时不胜惶恐。即颂

　　教安

弟　陈毅　顿首

五月七日[1]

【1】 王宗光主编,潘鈜、蔡西玲、范祖德编著:《上海交通大学史(第5卷,1949～1959)》,上海交通大学出版社2006年版,第4页。

　　上海解放初期，交大师生还以大无畏的勇气投身到保卫新中国的战斗中，英勇地站在斗争的第一线。当时，溃退到台湾的国民党军队不甘心失败，乘华东地区尚无空中设防力量，经常对华东地区特别是上海空袭轰炸。1950年2月6日，国民党空军数十架飞机轮番轰炸了上海杨树浦、闸北等地的发电厂和自来水厂，致使城市停电、停水，无辜市民伤亡千余人，史称"二六轰炸"。华东军区司令员、上海市市长陈毅严肃指出："1949年5月27日我们解放了上海，但只解放了领土，还未解放领空。所以上海只能算解放了一半。"他下达指示，立即借调交通大学即将毕业的部分大学生，前往淞沪警备司令部防空处帮助开展雷达工作，加强上海防空的远程预警。2月16日下午，一辆淞沪警备司令部的卡车将交大电机系电讯组毕业班21名学生送到上海提篮桥安国路76号防空处雷达队。他们是林学昌、唐安琪、陈辅伦、叶隆骏、石松年、孙祥麟、周思文、桂体仁、乔云台、计燕华、吴炯明（女）、刘瑜（女）、曹美琪（女）、史济民、刘簏、黄秀铭、李曾善、卢象畴、李龙荪、夏克同、沈逢吉，包括2名党员、18名团员和1名主动请缨的非团员学生。这批学生刚学过无线电理论知识，面对从国民党军队缴获来的日本旧雷达，真不知从何下手。但是，在交大教师蒋大宗的精心指导和在上海国际无线电台总工程师、交大兼职教授钱尚平的帮助下，交大学子凭着一股强烈的爱国热情和不服输的闯劲，边学边干，夜以继日地钻在机器堆里查线路，找故障，经过多次全面仔细地调试，架设在大楼顶上的雷达终于能开机工作了。接着他们又将另一部313雷达架到了更高的外白渡桥畔百老汇大厦（现上海大厦）顶上。3月20日，这两台刚修复的雷达先后发现了东南方向250公里外来袭的敌机，及时发出警报，使解放军高射炮部队在第一时间做好了战斗准备，为保卫新政权、保卫大上海作出了贡献。5月下旬，雷达队划归上海防空司令部电讯营，编为第一中队。这21名学生除1人转业到地方工作外，其余全部留在部队，先后分配到华东、华北、东北、中南各大军区，成为新中国雷达部队的技术中坚力量。

　　在抗美援朝、保家卫国运动中，交大学生再次发扬光荣的革命传统，开展时事学习和宣传活动，向全市大中小学倡议捐献"新中国学生号"飞机，获得许多学校的热烈响应。1950年12月1日，中央人民政府政务院发出招收青年工人、学生参加军事干部学校的决定。交大沸腾了！很多同学当天就争着报名，几天内就有650多位同学报名参军，要求上朝鲜前线。最后批准380人，占全校学生总数的16.43％。被批准参军的同学坚决表示："到部队里要争取主动，在保家卫国的战争中争取做战斗英雄！"没有被批准的同学也表示留在学校里要搞好学习，练好身体，积极工作，随时准备响应祖国的召唤。1951年1月9日，徐汇、长宁、普陀、龙华、洋泾、新泾6个区参加军事干校的学生共1 200多人佩戴光荣花，在交大举行欢送仪式后出发。同年7月，中央决定军事干校第二次招生，学校又有200多名学生积极报名，113名学生获批准，其中73名为应届毕业生。

交大学生不仅积极献身于保卫祖国的国防事业，也将聪明才智和满腔热情，毫无保留地奉献给祖国经济建设事业……新中国成立伊始，百废待兴，需要大量的干部和建设者。交大学生在奋发学习的同时，时刻将国家和人民的需要作为个人奋斗的志向。校友们常常回忆起，当年在交大求学时，一些同学头一天还在一起上课，第二天竟突然离校，被抽调去参加工作了。没有毕业照，来不及告别，但每个人都踌躇满志。为尽快向国家输送专业人才，学校加快了课程进度。学生抓紧学完全部课程，例如，电机、机械两系1950届学生以一年时间学完两年课程，提前结束学业，响应国家号召奔赴东北，参加重工业基地的建设工作。

交通大学参加军事干校的学生雄壮地行进在游行队伍中（1950年12月9日）

1951年，毛泽东发出"一定要把淮河修好"的号召。交大土木系和水利系是全国著名的系科，有72名师生无条件服从组织分配，奔赴苏北治淮第一线，其中土木系四年级学生53人、助教1人，水利系四年级学生18人，前后长达一年，于1952年7月底返校。师生们在寒冬里冒着风雪，在酷暑里顶着烈日，运用他们学到的技术，奋战在治淮第一线。有些同学参加了运河堤坝春修工程，他们和民工一起住在滩地上搭起的工棚里，泥地上铺一层稻草就是床铺，除了进行工程指导外，晚上还经常和民工一起加班挑土。有些同学参加了洪泽湖大堤护岸春修工程，他们动脑筋想办法，使工程设计力求经济，将工程经费由原来预算的83万斤大米下降为60万斤大米。有些同学参加了淮河故道中山河的查勘，他们在风沙满天、大雪纷飞的荒野里，每天长途跋涉30里路程，测量1 500亩地形。

院系调整中的交大

20世纪50年代初，我国国民经济处于全面恢复和发展时期，1953年起执行发展国民经济的第一个五年计划，开始了大规模的经济建设。为了改变我国高等教育中存在着布局不合理、办学小而全、系科庞杂、师资不足等问题，使高等教育能够适应我国社会发展和建设的需要，中央人民政府教育部统一部署，参照苏联高等教育的模式，对全国高校有计划、有步骤地进行院系调整。1951年11月，在北京召开的全国工学院院长会议揭开了全国范围大规模院系调整的序幕。调整方针是"以培养工业建设干部和师资为重点，发展专门学院和专科学校，整顿和加强综合性大学"[1]。

交通大学在院系调整前共设3个学院17个系1个专修科和1个研究所，即理学院的数学、物理、化学3个系，工学院的土木、机械、电机、航空、造船、工业管理、化工、轮机、水利、纺织10个系及电信技术专修科，管理学院的运输管理、财务管理、电信管理、航业管理4个系，此外还设1个电信研究所。从1949年下半

【1】《交通大学校史（1949～1959）》，高等教育出版社1996年版，第32页；杨东平：《艰难的日出——中国现代教育的20世纪》，文汇出版社2003年版，第126页。

年到1956年，学校前后经历过大大小小8次调整，其中1951年和1952年两次大规模的调整，使其传统办学格局发生了很大变化。

1951年6月12日，华东军政委员会教育部发文对交大院系进行调整：电信管理系调整到电机系；工业管理工程系调整到机械系；轮机系调整到造船系，设轮机组；纺织系与私立上海纺织工学院合并成立华东纺织工学院；运输管理系调整到北方交通大学（是年6月10日已发文）；财务管理系调整到上海财经学院；复旦大学土木系调整到交大土木系。为此，学校成立了院系调整委员会，专门负责实施院系调整方案，并解决在实施中的各项具体问题。这样，交大管理学院被撤销（航业管理系已于1950年并入上海航务学院），将原有的院系设置调整为2个学院10个系和1个专修科，即理学院下设数学、物理、化学3个系，工学院下设化工、机械、电机、造船、水利、土木、航空7个系，还有1个电信专修科。

1952年根据中央统一布置，又进行第二次大规模的院系调整。8月华东军政委员会教育部下达《华东区高等学校院系调整设置方案》，其中从交通大学调整到其他学校的系科有：理学院的数学、物理、化学3系的师资、设备除留下工学

院系调整前交大理学院数学系师生合影

院教学所需之外调整到复旦大学,部分师资调整到华东师范大学;土木系调整到同济大学;航空系调整到新成立的华东航空学院;水利系调整到新成立的华东水利学院;化工系调整到新成立的华东化工学院。交通大学调整后各类系科的设置为:机械类由交通大学、同济大学、大同大学三校的机械系,中华工商专科学校、华东交通专科学校两校的机械科及上海市工业专科学校动力科合组而成;电机类由交通大学、同济大学、大同大学、震旦大学四校的电机系,沪江大学物理系电讯组、交通大学电讯科及上海市工业专科学校电力科合组而成;造船类由交通大学、同济大学、武汉交通学院三校的造船系及武汉交通学院、上海市工业专科学校两校的造船科合组而成。

　　这次大规模的院系调整工作是全国一盘棋,由中央和各大区统一考虑高等学校的布局和系科设置情况下进行的,在校党委直接领导下,经过两个多月的准备和实施,教职工、学生的调进和调出,器材、设备、图书、家具的调进和调出,进展顺利,一切照计划进行。10月按《华东区高等学校院系调整设置方案》基本完成调整工作,并于10月15日按新的系科设置开学上课。至此,开办多年且历史悠久的交通大学理学院撤销了,同时在校内取消了学院建制,学校调整为机械、电机、造船三大类,下设机械制造系、动力机械制造系、运输起重机械制造系、电力工程系、电讯工程系、电工器材制造系、造船工程系7个系,成为多科性的工业大学。

　　此后又经过几次个别系科的调整,到1956年7月,交通大学从原先共设有3个学院17个系1个专修科和1个研究所调整为设有机械制造、动力机械系、运输起重系、电工器材制造系、电力工程系5个系,马列主义教研组以及教务处下设的物理教研组、化学教研组、数学教研组、俄文教研组、体育教研组、工程画教研组、材料力学教研组、理论力学教研组、机械原理教研组、机械零件教研组和电工原理教研组11个公共课教研组。

　　为适应国家经济建设及教育事业发展的需要,交大调整出去的一批系科连同师资、设备,同其他院校有关系科合并,成立了一所所新的理工学院,如华东纺织工学院、华东航空学院、华东水利学院、华东化工学院等;或者直接并入其他院校,大大加强了相关专业领域的力量,如交大理学院及国文科、英文科绝大部分师资和设备调整到复旦大学,部分师资调整到华东师范大学。据不完全统计,交大调出的教师中有教授50余人,如航空系教授曹鹤荪、季文美、姜长英等调往华东航空学院,国文科教授王蘧常、化工系教授顾翼东、物理系教授周同庆等调往复旦大学,国文科教授钱谷融、英文科教授邵秀林、数学系教授武崇林等调往华东师范大学,土木系教授康时清、王龙甫等调往同济大学,土木系教授王之卓调往山东大学工学院,管理学院教授钟伟成调往上海财经学院,等等;调出教师中有10人以后当选为中国科学院院士或中国工程院院士。院系调整中,交大还调出图书86 528册,其中线装书64 155册。学校珍藏多年的1908年慈禧太后、光绪皇帝御赐的《古今图书集成》(全书共1万卷,5 044册,1894年同文书局版本),1955年调至华东师范大学。

院系调整之所以能够顺利有序地进行,离不开广大师生强烈的爱国热情和主人翁精神。交大在全国院系调整中所作的贡献,也是全体交大师生共同努力的结果。当调整方案公布后,绝大多数教师以大局为重,积极拥护院系调整工作,服从国家需要,听从组织分配。1952年院系调整中召开的"交通大学代表会议"上,即将调出交大的师生表示赞同调整方案,克服困难保证完成任务。留在交大的师生也纷纷表示要主动帮助、团结关心从兄弟院校调来交大的师生。他们这样说了,也这样做了。尤其在调出交大的教师中,有不少教师舍小家、为大家,放弃了大都市较为舒适的工作和生活条件,远赴内地艰苦办学。对于调整中出现的实际问题,如有的教师调出后专业不对口,无课可教;有的学生不愿读原专业,希望转系;毕业班学生希望留校如期完成既定学业等,学校也酌情予以解决。

从全国而言,通过院系调整,一定程度上改变了高等教育地区布局极不合理的状况,加强了工程、师范和农业等专业的发展。交通大学在国家"优先发展重工业"的方针下,成为一所多科性工业大学,一直得到国家的重视和重点支持。调整后交大机械类、电机类和造船类的系科得到了加强,特别调进一批骨干教师和著名教授,诸如周志宏、贝季瑶、朱麟五、罗致睿、程福秀、陈铁云等,为这些学科专业在全国处于领先地位奠定了基础,有条件满足国家对建设人才的迫切需要,交大人才培养的规模得以逐年扩大,招生人数从1950年的851人发展到

1956年的2 194人；毕业人数从1950年的540人扩展到1956年的1 350人，增长了两倍多，直接为国家建设输送了大批专业对口的技术人才。

在肯定院系调整成绩的同时，也要看到当时工作中存在的不足和问题。正如时任高等教育部部长马叙伦在1953年一次关于综合大学的报告中谈道："在某些地方调整时未能照顾到某些大学的原有的优点与系科特长及其本身的需要，或者移重就轻，使其多年积累起来的能代表该校特点的教学基础失掉应有的作用，或者把某些重要系科连根拔掉，使该校其他相关系科的教学和研究工作受到影响。"[1]这段话用来概括院系调整带给交通大学的某些消极作用，也是非常恰当的。交大作为一所具有理、工、管结合的传统办学特色及优势的著名大学，被调整成为多科性工业院校，而且是"理工分家"格局下的工程教育，系科设置的减损和学科综合性的丧失，给学校整体实力带来较大的影响。

全面学习苏联教育经验

在进行院系调整的同时，为了加快社会主义建设步伐，中央教育部要求高等学校按照苏联经验，进行全面的教学改革。1950年学习苏联教育家凯洛夫的《教育学》《苏维埃的教育法原则》等。1953年9月的全国综合大学会议上，提出了结合实际学习苏联问题，强调"学习苏联教学思想的实质，要将学习苏联教学形式和教学实质统一起来，学习苏联的经验和中国的实际情况结合起来。"1952年起，交通大学根据高等教育部统一部署，从专业设置、教学制度、教学方法、教学组织等方面进行了一系列改革。

教学改革以改变原系科、设置专业为起点。大学按专业招生，人才按专业培养，大学的教学活动则以专业为基本单位而展开，这是苏联大学的教学模式。为使人才培养同国民经济建设对口，实际的专业设置也按照苏联大学的模式进行。1952年院系调整后，交通大学基本按工艺、装备、产品及行业等，在7个系下设了

【1】 胡建华：《关于新中国成立初期17年高等教育改革的若干理论分析》，《中国高等教育百年》，广东高等教育出版社2003年版，第83页。

27个专业、15个专修科。专业分得比较细，也比较狭窄。如交大原来的机械系，学习苏联调整为机械制造、动力机械制造、运输起重机械制造3个系共17个专业。学校自此改变"通才教育"的培养模式，走上了按专业培养各类专门人才的道路。

建立以专业为中心，按照统一的教学计划和教学大纲开展教学活动的教学制度，按专业方向、按统一规格培养人才。按照苏联的教育观点，教学计划是学校培养人才的"宪法"，具有高度的严肃性和计划性。其特点是：不仅专业课程多，而且对教学进程，各门课程的学时数、周学时数、各教学环节的时数分配，每学期及寒暑假的起止日期等都有规定，安排得非常严密，对培养专业人才有固定的规格。教学大纲是国家制定的学生在各项课程中所应获得的知识、技能和技巧范围的规定性文件；教学大纲中规定的内容与要求，都是学生所必须掌握的。交大院系调整后，各专业先后采用参照苏联大学的教学计划和教学大纲制订出的全国统一的教学计划和教学大纲，同时组织教师对苏联高校有关专业的教学计划和一些课程的教学大纲、教学法指导书进行翻译，并立即在相应专业及课程中实施。

大量采用苏联的教材和教法。由于苏联教材理论性强，所以全部基础课都以苏联教材为主。学习苏联大学的教学方法，将原先的讲授、实验、实习、考试等教学环节，增加成为课堂讲授、课题学习、习题课、实验课、辅导、答疑、质疑、生产实习、毕业实习、学年论文、课程设计、毕业论文、毕业设计等，并实行苏联高校的五级记分制、口试、考查、考试、答辩，以及教学日历、教学法指导书、教师教学工作量与工作日制度等。

建立基层教学组织，各系普遍成立教研室。原先教师的活动，特别是教学活动仅仅限于个人方式。成立教研室后，教学成为教师们的集体活动。在同一教研室内，以教研室主任及教研室秘书为核心，团结所有教师，在教学工作中发挥集体智慧的作用。譬如，讲课内容和方法经教研室讨论决定，同一教研室的教师相互听课，定期检查教学效果等。许多教研室还成立了进修、参观、实习、资料等若干小组，做到分工负责每项具体工作，协调配合，抓好教学中的常规环节。

20世纪上半叶的中国高等学校，虽然办学宗旨、学校性质、校名、院系设置、管理机构、教师资格、学生修业年限等均由国家制定和管理；但具体的学校管理和教学、招生、考试等历来由学校自主进行，校长拥有较大的办学自主权，而学术管理则集中在教授会。此时，通过全面学习苏联高等教育经验，交大确立了新中国大学教育模式。学校的各项工作均按照中央教育主管部门的统一指令执行，国家对高校的集中计划管理得以加强，学校的办学自主权受到极大的限制。而在学校内部，彻底改变了原有的"大学——学院——系"的组织结构，代之建立起"大学——系——专业（教研室）"新的组织结构。

　　为更好地学习苏联教育经验，搞好教学改革，交通大学在高教部的安排下聘请苏联专家来校任教。从1953年至1959年先后到校工作的苏联专家共计26人，苏联专家组组长阿·依·舒金还担任校长顾问。苏联专家在交大任教期间，对学校教学倾注了满腔热情，他们工作认真负责，作风踏实细致，帮助学校进行专业建设，介绍苏联高校关于本专业的教学计划、教学大纲以及教学内容和各教学环节应达到的要求；规划实验室发展，指导建立实验室22个；通过开讲座、系统上课、指导论文（设计）等方式带教青年教师，先后培养研究生

学校领导彭康（左七）等与在校工作的苏联专家合影

116人，为建立一支专业化的师资队伍做了许多工作；亲自为大学生开课，编写讲义52种，并将教材和讲义留下作为本课程教材建设的基础。他们尊重交大的教师和学生，不干涉学校的行政事务，为这一时期学校的教学改革和人才培养发挥了积极的作用。

在全面学习苏联的过程中，交大教师认真学习，以尽快适应新的教学模式。据1952年统计显示：全校109名教授中，留学国外回来的有80人，占教授总人数的74%。其中留学美国者最多，有50人；其次分别是留学英国11人，留学德国10人；而留学苏联者仅1人。可见，不仅交大原有教学模式受欧美教育，尤其受美国教育的影响极大，学校教师亦大多接受过欧美教育的培养和熏陶。如今，要在极短的时间内熟悉和掌握苏联教学模式的各个环节，学习和运用俄语，熟练阅读各种苏联教材和教学资料，难度之大可想而知。为此，广大教师付出了艰辛的努力。以教师学俄文为例，1953年10月21日，学校成立由沈尚贤、朱物华等13位教授组成的教师俄文学习委员会，在全体教师中掀起学习俄文的热潮。学习班分为初级、中级、高级三个层次，有317位教师参加了学习。许多教研室也都成立了俄文学习小组，组织教师相互交流，共同提高。在学习苏联教育经验过程中，一批青年教师也快速地成长了起来。

学习苏联教育经验取得了一定的成绩，也有经验教训。新中国成立初期，中国高等教育借鉴苏联教育经验是必要的、有用的，因为苏联教育经验有不少是符合教育规律的。端正人才培养方向，教学改革中重视加强基础理论和实践性教学环节，重视教学与科研的结合，增强教学的系统性和实用性等，对于提高教学水平和学术水平都有积极作用，对交大"门槛高、基础厚、要求严"的优良办学传统也有促进作用。但是，在教育理论上"一边倒"，全盘套用苏联高校模式，盲目照搬，脱离中国实际和学校实际，尤其对交大这样一所已有自身独特办学传统和成功经验的学校来说，骤然来个大的转变，必然产生一定的影响。如交大原来按系招生、选课制、学分制等较为灵活有效的人才培养方法均被取消；专业设置上，不少专业划分过细，连外语学习也是一刀切，普遍学习俄语，结果导致学生专业面过窄、工作适应性降低。教学改革过程中也一度出现了忙乱、被动局面和学生负担过重、健康下降等问题。

彭康说"要为国家多培养几个钱学森"

　　1952年2月,经中共中央华东局组织部批复,正式建立中共交通大学委员会,以李培南为书记。学校实行党委领导。同年9月23日,华东教育部提名彭康任交通大学校长。11月15日,毛泽东签署彭康任交大校长的任命书。1953年1月21日,中共中央华东局组织部批复彭康任交大党委书记。在彭康未到校前,由李培南代理党委书记和校长职务。

　　李培南(1905～1993),江苏沛县人,1927年3月加入中国共产党,参加过二万五千里长征。他是党和军队优秀的党务工作和政治工作领导干部,华东局党校原第二副校长。主持交大工作期间,领导了学校的思想改造运动、院系调整和学习苏联进行全面教学改革。1953年7月彭康到校任职后,李培南仍回华东局党校任副校长、党委书记。后调任上海社会科学院党委书记,上海市人大常委会副主任。晚年他追忆说:"在交大的20个月,回忆起来,是很值得纪念的。"

党委书记、代理校长李培南

　　彭康(1901～1968),江西萍乡人。早年留学日本,就读于鹿儿岛第七高等专科学校和京都帝国大学(即后来的京都大学)哲学系。1927年回国投身革命,1928年加入中国共产党。他是二三十年代沪上著名文学团体——创造社的发起人之一,先后翻译恩格斯《费尔巴哈论》、马克思《法兰西唯物论史》、普列汉诺夫《马克思主义的根本问题》等经典哲学著作。1930年,彭康等与鲁迅一道发起成立左翼作家联盟(即左联)。不久彭康被捕,先后关押在上海提篮桥监狱和苏州反省院,在狱中组织难友进行抗争。1937年获释出狱后即走上抗日战争的第一线,在抗日民主革命根据地及后来的解放区历任党政领导职务,主持宣传、文教工作。新中国成立初期,任中共山东分局宣传部部长、山东省人民政府文教委员会主任兼华东大学校长。1952年作为中央文化教育考察团副团长出访东欧七国，以半年多的时间系统考察了苏联和东欧的高等教育。1953年7月正式到交大任职，直至1968年3月在"文化大革命"中被迫害致死，彭康在交通大学及西安交通大学职掌校务达15年之久。

彭康是一位马克思主义革命家、哲学家、教育家。数十年的教育生涯使其积累了丰富的办学经验，懂得运用唯物辩证法及按照教育规律开展学校的工作。他的办学箴言是"办好社会主义大学就是两条，一条是党的领导，一条是师资队伍"。

党委书记、校长彭康

他认为党的领导主要是政治领导和思想领导。在他出任交大党委书记和校长期间，坚持实事求是，创造性地执行党的方针政策。建立党委领导下的校长负责制，开设马克思主义理论课体系，建立学生思想政治教育制度，完善院系和学科体系，制订一系列教育、教学管理制度，为建立社会主义的教育事业、促进交大的发展做出了不懈的努力。

彭康到交大任职之际，正当学校全面开展教学改革。他积极倡导学习苏联的教育经验，尊重来校工作的苏联专家的建议。由于改革要求过高过急，在院系调整和重组教研室的情况下仓促开课，教研室工作一度出现被动、混乱，彭康及时进行调查研究，采取各种办法努力克服忙乱现象，逐步安定教学秩序。鉴于改革铺开的面太广，步伐不稳，他在校务委员会常委会上提出某些课程内容精简、某些课程缓开、程度较差的学生免修俄文、考试测验暂停3周等建议。他认为苏联的经验与中国国情并不完全吻合，苏联大学是5年制，而我国大学是4年制，因此提出运用苏联教材、制订教学计划与教学大纲时，必须从实际出发，既要积极采用，又要有充分准备，要求全体教师积极备课，对课程内容进行适量缩减，根据学生的实际程度和接受能力来传授，以提高课堂效率。当他发现学生健康水平有所下降时，便果断地中止"六节一贯制"（即一个上午连上六节课，然后吃中饭；一周共排三十六节课）的试验，对学生作息时间作了调整。他十分尊重陈大燮、张鸿、钟兆琳、赵富鑫等教授的教学和管理经验，要求教务等部门根据第一个五年计划的基本任务,制订出适合国情的"四年教学规划"。这样通过一边实践、一边改革、一边调整,彭康不断检验并总结出符合实际的教学经验,提出"学习苏联经验,还要很好总结运用我国过去的教学经验,特别是老解放区的教学经验",注意"发扬老交大的优良教学传统",并希望教师、干部要"领会苏联教学经验的思想性"。在当时政治气氛下,彭康说要"发扬老交大优良教学传统",这是很不容易的。

交通大学优良办学传统之一是"基础厚",彭康继承和发扬了这一传统。他一直强调学生到学校来的主要任务就是学习最基本的东西——基础理论、基础知识和基本技能。他常说"先打基础,再建高楼""只有在学得博的基础上,才能更好地专"。1954年,交大成立一年级办公室和二年级办公室,其后合并创建基础课程部,其主要任务是加强一、二年级学生的基础理论课教学。长期在基础部工作的赵富鑫教授回忆道:"每次我们向彭康汇报工作,他不仅从原则上予以指导,而且常在具体工作上加以帮助。……有一天晚上,我正在为学生答疑,彭康来到答疑室听我答疑。这对一个学校的负责人来说是难能可贵的。"

办好学校,关键是抓好师资建设,提高教师教学和学术水平。因此,彭康十分注意建设师资队伍,尊重知识,关心爱护教师。他说"教学质量不高,关键在于教师的水平"。他认为教育事业要代代相传,重视发挥老教师作用,青年教师与老教师结合,结成师徒关系,造就尊重老教师、爱护青年教师,互相帮助,互相促进的良好风气。1955年夏,彭康在交通大学首届党员代表大会上做报告强调指出,学校工作总的方针是"面向教学、面向学生"。他还经常在校园中走走,到学生宿舍、食堂、实验室看看,与师生员工聊聊,对干部教师的精神状态和工作情况心中有数。

彭康一贯重视提高教学质量,培养高素质人才。他明确提出:"交大应多培养几个像钱学森那样的大科学家,这就是最大的政治,也是对国家的最大贡献。"强调培养为社会主义建设服务的高质量人才是高等学校的根本任务,也是高等教育为无产阶级政治服务的根本所在。要求全校师生把钱学森作为学习的楷模,希望学校能不断培养出像钱学森那样的杰出人才。这一人才培养观是彭康办学理念的一大特色，也成为全体交大人始终不渝的奋斗目标。广大教师都本着必须对学生全面负责的态度，认真教学，努力争取"要为国家多培养几个钱学森"。交大始终保持高水平、严要求的育人标准，为新中国建设培养了大批栋梁之材。

二、上海、西安两所交大的出现

国务院决定交大西迁

20世纪50年代前期，新成立的中华人民共和国遭受以美国为首的欧美国家威胁封锁，国际形势比较紧张。第一个五年计划确定把工业布局的重点放在西北、西南内陆地区，重要工矿企业内迁。同时根据全国工业的布局和国防建设的需要，对高等学校的布局进行调整，沿海地区的个别高等学校也要内迁。1955年3月30日，高等教育部党组根据中央方针，向国务院周恩来总理上报《关于沿海城市高等学校1955年基本建设任务处理方案的报告》，提出缩减沿海城市高等学校发展规模、扩建内地学校的任务。报告涉及交通大学的内容有：一是将交通大学机械、电机等专业迁至西北设交通大学分校，准备在两三年内全部迁出；二是交通大学等校的电讯工程有关专业调出，在成都成立电讯工程学院；三是原计划成立的造船学院仍设在上海，暂借用交通大学的校舍进行招生教学[1]。这是高教部党组报国务院决定交大西迁最早见于文字的一份报告。次日，国务院第二办公室将该报告批呈陈毅副总理，其后几天送陈云副总理批示同意，报经刘少奇、朱德、彭真、邓小平等中央领导圈阅后退总理办公室，送周恩来总理审阅批准。这样，交通大学内迁决定就在党和国家的最高领导层决定下来。几天后，即1955年4月初，高教部部务会议文件《1955年到1957年高等学校院系调整及新建学校计划（草案）》明确提出："将交通大学内迁西安，于1955年在西安开始

【1】凌安谷等编著：《交通大学内迁西安史实》，西安交通大学出版社1995年版，第98页。

基本建设，自1956年起分批内迁，最大发展规模为12 000人。"[1]7月21日，高教部正式发文通知交通大学："经我部研究并经国务院批准，决定你校自1956年开始内迁西安，并提前于1955年开始进行基本建设工作。"[2]

1955年4月7日晚，交通大学党委书记、校长彭康就接到内迁西安的高教部电话通知。学校立即启动准备工作。4月9日，彭康在校党委会议和校务委员会会议上首次传达了中央指示精神和迁校西安的决定。4月14日，指派总务长任梦林等人去北京高教部接受新校址的筹建任务。他们在听取了高教部副部长刘皑风关于交通大学迁校和在西安建校的意见后，随即赴西安察看及选择校址。5月，彭康从北京直接到西安，并电请朱物华、程孝刚、周志宏、钟兆琳、朱麟五等几位全校最有影响、德高望重的系主任、老教授奔赴西安，共同察看和商议校址。几经勘查，他们在西安和平门外东南近郊的一片麦海里选定了校址。新校址与对面著名的唐代兴庆宫和龙池遗址仅一路之隔，占地84公顷。

1955年5月25日，学校召开校务委员会扩大会议，一致通过《交通大学校务委员会关于迁校问题的决议》。《决议》指出：国务院的迁校决定是正确的，必须坚决执行，并保证顺利完成。在迁校工作中，要尽可能减少对教学工作的影响，兼顾基本建设任务可能完成的程度，故决定1955年和1956年入学的学生及有关教师和相应的职工应于1956学年度起在西安新址进行教学；其余的师生员工于1957年暑假前基本上完成搬迁任务。为加强对迁校工作的领导及研究处理迁校中的各项具体问题，9月24日学校正式成立交通大学迁校委员会，由副校长陈石英任主任委员，教务长陈大燮、总务长任梦林任副主任委员。党内也成立由苏庄、邓旭初和任梦林组成的领导小组，统一领导全校的搬迁工作。11月24日，经校务委员会讨论通过的《交通大学迁校方案》向全校公布，就迁校的任务、工作进程、宣传、人事、总务和招生等各项工作作了具体安排。

迁校西安的消息很快传遍了交大校园，全校为搬迁工作而沸腾、忙碌着。彭康等校领导多次召开座谈会和各种会议，征求民主党派对迁校工作的意见，在全

【1】《交通大学校史（1949～1959）》，高等教育出版社1996年版，第58页。
【2】《交通大学校史（1949～1959）》，高等教育出版社1996年版，第60页。

校教职工和学生大会上传达中央和高教部关于迁校的决定和有关精神。系领导和党团干部走访每位教工家属,向他们进行政策宣传和迁校动员,了解实际困难并切实协助解决或向学校反映。校刊上登载了教务长陈大燮教授《深刻认识迁校的重大意义,坚决愉快地响应祖国号召》的文章和不少班级拥护迁校决定的来稿和西安新校址介绍等。

1955年5月,西安新校址选定后,基建工作随之紧锣密鼓地启动。当地农民听说要从上海迁来一所知名大学,感到十分鼓舞,在皇甫庄党支部热情帮助和宣传动员下,得到当地农民支持,很快完成了征地任务。随后,华东建设工程设计院专门组成设计组,来西安进行现场设计。西安市第三建筑工程公司组织1 000多名(最多时达2 000多名)建筑工人开赴工地,夜以继日,争分夺秒,进行雨季和冬季施工,不论是刮风、下雨、下雪,甚至是除夕之夜,都没有停止过。在不到一年的时间内完成了10万平方米的基建任务,包括中心大楼、行政楼、学生宿舍、食堂等,从而确保了第一批迁校师生教学和生活用房的需要。同时进行了配套绿化工作,在校园周围及道路两边种植梧桐、白杨和杨槐数千棵。

1956年1月,学校组织由副校长苏庄带队,教师、学生、职员、工人、工会、团委和家属会代表33人组成的"交通大学西北访问团",赴西北参观洛阳、兰州、西安等地的工业建设、城市规划、文化教育情况和人情风俗,考察西安新校舍、新环境的总体布局。他们亲身体验到陕西省、西安市领导对交大迁往西安的殷切期望,感受到西北物产的富饶和工业建设欣欣向荣的景象,同时也了解西北在文化教育、生活福利、工业水平方面存在的差距。回校后,访问团成员分别向全校教职工、家属和学生做报告,介绍参观情况,推动了迁校工作的进展。

1956年4月,学校举行庆祝建校60周年的盛大活动。开放全校实验室,供中学生参观;举办校庆展览馆,内设"远景馆",陈列了交大远景规划和西安新校舍总体规划模型,接待万余名应届高中毕业生来校参观。很多中学生表示:无论交大搬到哪里,我都要投考交大。新华社发了交大师生员工热烈庆祝60周年校庆的通讯稿,其中专门介绍了西安新校舍,在各地报纸上刊登,扩大了在全国的影响。

广大师生员工也以各种形式表示对迁校的拥护。电制53班提出倡议,结合体育锻炼开展上海到西安的象征性长跑——"跑西安"，作为对迁校的献礼。各班热烈响应，声势浩大。从1956年3月4日到6月6日，有41个班级跑到了"西安"，累计跑了80 455公里，相当于绕地球赤道两圈。机制56班、电制54班等学生还纷纷向校长彭康写信，表示坚决服从迁校决定，保证全班百分之百愉快地迁往西安。

在全校师生员工共同努力下，按照迁校方案的部署，1956年暑期成功实现了第一批搬迁工作。7月20日副教务长张鸿等首批教职工和家属迁往西安新校安家，8月10日在副校长苏庄率领下，400名教职工及家属、600名学生组成的西迁"大部队"乘专列开往西安。图书、设备、物资等也络绎不绝地运往西安，沿线的火车站上形成了一股浩浩荡荡的迁校声势。9月初，2 133名新生直接到西安新校址报到。9月10日在西安人民大厦礼堂举行隆重的开学典礼，陕西省、西安市领导和兄弟院校、有关单位代表及上海特别派出的代表参加了大会。1956年秋，交通大学在西安有一年级新生和上海迁来的二年级学生共3 906人；教职工815人，其中教师243人；家属约1 200人。一所崭新的交大校园在古城西安出现了。

设备装箱，准备运往西安

首批迁校教职员工踏上西迁征途。图为当时在徐家汇火车站热烈欢送的情景（1956年7月20日）

　　进行迁校的同时，成立上海造船学院的工作也紧锣密鼓地展开着。早在1954年10月28日，第一机械工业部、高等教育部联合通知，以交通大学和大连工学院两校现有造船专业的师资和设备为基础，成立上海造船学院。1955年1月7日，两部通知组成上海造船学院筹备委员会，任命彭康为主任委员，明确指出交通大学在师资培养、教学行政组织等筹备工作方面，都负有更多责任。随即，大连工学院造船系教师及学生全部合并到交大造船系。1956年7月1日，上海造船学院在交大校址挂牌成立，交大造船系调入上海造船学院。上海造船学院设船舶制造、船舶内燃发动机及装置、船舶蒸汽发动机及装置、船舶电气设备、船舶企业经济与组织、机械制造工艺、焊接工艺与设备等7个专业，胡辛人任院长。

周总理关怀下调整方案

　　1956年，国内外形势发生了变化。中美两国间紧张关系自1955年8月中美大使级会谈后逐步趋于缓和。1956年5月，毛泽东发表《论十大关系》的讲话，提出要更多利用和发展沿海工业。9月，中国共产党第八次全国代表大会通过决议，认为我国社会主义改造基本完成，社会主义制度已经建立，全党要集中力量发展社会生产力，实施大规模的经济建设。在此背景下，1956年6、7月间，国务院和高教部对交大迁校问题进行了复议，研究结果是仍维持迁校西安的决定。但考虑到交大西迁后，上海经济建设同样需要高水平的工科专业人才，上海市委提议由交大负责为上海筹建一所新的电机机械大学。经研究决定，高教部部长杨秀峰转来周恩来总理的口头指示："交大迁校，必须留一个机电底子，以为南洋公学之续。"根据这一指示精神，同年8月25日，经上海市委批准同意，在交大校址又成立了南洋工学院筹备委员会。南洋工学院设机械、电机、仪表3个系，交大副校长陈石英兼任南洋工学院院长。

1957年春，中央决定全党开展整风运动。交大师生员工认真学习毛泽东《关于正确处理人民内部矛盾的问题》，以整风精神就迁校西安问题展开鸣放，出现了该不该迁校的争议。一种意见认为：交通大学迁校西安是中央的部署，是正确的，应该迁；另一种意见认为：鉴于国内外形势的变化，上海及沿海地区也要发展，同样需要交通大学这样一所工科大学，不应该再迁，迁到西安是不正确的；还有意见认为：不要全迁，可以在西安设分校，或者缓迁等等。学校党委如实向高教部汇报情况，并慎重研究对迁校的各种意见，同时暂停一切搬运工作和西安新校址的基建工作。

交通大学就迁校问题引发的讨论，不仅事关交大，而且牵涉到地方和许多部委，因此国务院、高教部高度重视，周恩来总理亲自过问并处理这一问题。他从5月23日至25日连续3天与交大的教工代表和有关负责人谈话。5月28日，他在听取彭康汇报后，当晚又邀请交大陈大燮、程孝刚、沈三多、林海明、殷大钧等教授座谈，从下午7时直至次日凌晨2时。之后，他又听取了与交大迁校有关的上海造船学院、南洋工学院、西安动力学院、西北工学院、西安航天学院以及中央有关部委、上海市委、陕西省委、西安市委等各方面的意见。6月4日，周恩来在国务院召开关于交通大学迁校西安问题的专题会议，并作重要讲话。他指出：

1955年决定交大内迁，是根据西北工业基地建设的要求和离开国防前线的条件下提出来的，是必要的。1956年从十大关系、新形势新安排，是可搬可不搬，也可以由交大支援一部分。但是交通大学在西安已招收二千多名新生，西安校舍已基本建成，家也搬了一半，造船学院也分出来了。到1957年，是"骑虎难下"了。困难是由国内外、校内外许多原因造成的，影响很大。……交大问题如何解决？着眼点还是从一切有利于社会主义建设，一切为了更好地动员力量为社会主义服务，变消极因素为积极因素。[1]

就此，周总理提出两大解决方针。一是坚持搬西安，只要有大多数教师去，做到交通大学的老底子仍保存，那对西北建设很有利。二是搬回上海，有三个搬回方案。第一方案是多留些专业在西安。第二方案是全部搬回上海，一个不留。这恐怕不好，交大师生也于心不忍。第三方案是折中方案，师生愿留西安的可留西安。这样做，可照顾各方面，对支援西北有好处，对全国人民的团结有利，对交通大学也有利。

最后，周总理着重指出，请交通大学全体师生自己讨论，全面考虑，决定后再报送高等教育部批准。总理再三强调"总的原则是求得合理安排，条件虽然变了，但是支援西北的方针是不能变的"。

总理讲话精神传达到学校后，广大师生认为周恩来的讲话中肯、全面、客观，关心交大，信任师生，把交通大学的问题交给交大师生自己决定，既是对交大师生的尊重，也是对交大师生在政治上的考验。大家根据国家利益和社会主义建设的需要，认真负责地研究利弊得失，反复细致地进行了商议。在高教部直接领导下，1957年6月23日校党委扩大会提出交大分设两地的新方案，7月4日校务委员会扩大会议通过了新方案的细则，并于7月29日正式呈报高教部："交通大学分设西安、上海两地，两部分为一个学校，一个系统，统一领导。"

1957年8月4日，高教部正式向国务院呈报《关于交通大学迁校及上海、西安有关学校的调整方案的报告》：将上海造船学院和正在筹建的南洋工学院并入交通大学上海部分；将西北工学院的地质、采矿、纺织系和西北农学院的水利、土壤改良系以及西安动力学院的全部并入交通大学西安部分。9月5日，周

【1】《周恩来总理在国务院召开的交大迁校会议上的讲话》(记录稿)，《交通大学内迁西安史实》，西安交通大学出版社1995年版，第121页。

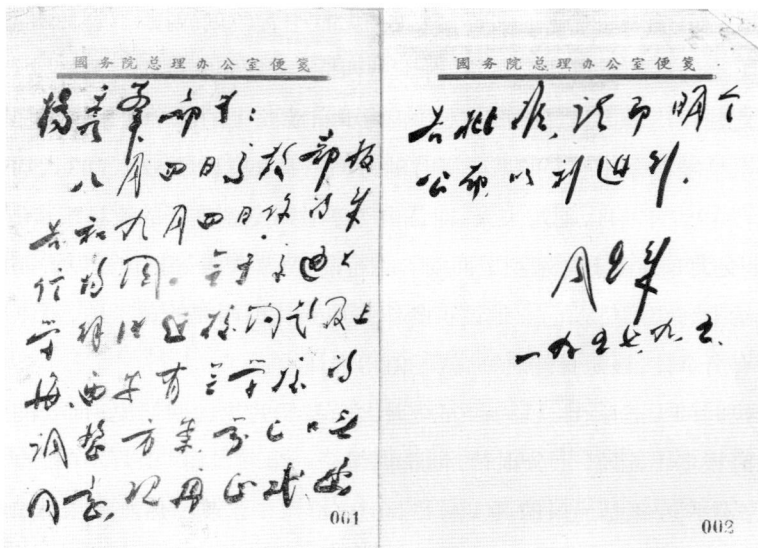

周恩来总理写给高教部部长杨秀峰的亲笔信，批准交通大学迁校调整方案（1957年9月5日）

恩来亲笔致函高教部部长杨秀峰通知国务院批准交通大学分设两地的新方案。9月12日，国务院下发《关于交通大学迁校问题的批复》，正式批准交通大学迁校及上海、西安有关学校的调整方案。

从分设两地到独立建校

　　1957年7月4日交大分设两地方案确定后，基建、搬迁、合校、招生等工作继续紧张有序地展开。以党委书记、校长彭康为首的交大党政领导班子毅然担起了领导广大师生迁往西安以及学校分设两地后专业归并、人事调配、机构重组等一系列艰巨的任务。彭康反复强调："交大是国家的交大、社会主义的交大……这是一个基本原则。"两年后，当中央决定分别成立上海交大、西安交大时，组织上给了彭康一个选择：是留在上海还是远赴西安，他只说了四个字"我应该去"。他用自己的行动带头举家西迁，在西北扎下根。

　　西迁的著名教授有赵富鑫、殷大钧、沈尚贤、孙成璠、周惠久、陈大燮、严晙、钟兆琳、张鸿、黄席椿、顾崇衔、吴之凤、冯桐、吴有荣、袁轶群、江宏俊、陆振国、顾逢时、刘美荫、陈季丹、沈三多等，以及一大批中青年副教授和讲师。他们毅然放弃了上海舒适的生活和工作条件，奔赴西北，重新安家创业，以实际行动支援了大西北建设。动力机械系副主任、后为中科院院士的陈学俊教授回忆说："动力机械系是唯一全迁西安的系。当时动力机械系共有教师52人，43人均全家迁往西安。"1957年9月，他与夫人、时任电工学教研室副主任的袁旦庆带着4个孩子，乘坐交大专列由上海来到了西安。临行前，陈学俊夫妇把位于牯岭路的两间房子交给上海市房管部门。他说："既然去西安扎根西北的黄土地，就不要再为房子而有所牵挂，钱是身外之物，就不值得去计较了。"

迁校时的大二学生、后为西安交通大学教授的沈莲回忆说，西安的生活条件和上海根本不能比，十分艰苦，同学们编了一个顺口溜"电灯不明，自来水不灵，道路不平"，正是当时的真实写照。但这群风华正茂的热血青年对求学西安充满激情，他们在校刊上热情撰文，呼吁高唱一支"建设祖国富饶的内地"之歌。同学们在广大教师言传身教的影响下，继承发扬老交大严谨、踏实的学风，刻苦学习，徜徉于广阔的知识海洋。

西迁中的交大师生也永远不会忘记为确保迁校工作有序进行而付出了艰辛劳动的总务科、膳食科、花木组等后勤部门的数百位职工。他们不仅要搬迁自己的小家庭，还为搬迁交通大学这个大家庭而辛劳。担任西安部分建校总指挥的总务长任梦林，更是被师生们亲切地称呼为后勤"大管家"。为解决师生工作生活困难，在上海、西安两地政府支持下，学校妥善安排教职工家属工作调动和子女入学问题，还先后从上海动员迁来了幼儿园、成衣、修鞋、理发、洗染、煤球制作等生活服务部门，在西安教工宿舍形成一个"上海新村"，使师生员工尽快地适应西安的生活。

在西迁的同时，上海部分坚持正常的教学、科研，安排好经常性工作和生活，广大干部、教师认真勤奋地工作着。造船类专业经过分、合的调整，集中了全国有关造船专业的全部师生，队伍明显壮大。为牢牢把握这一发展机会并保持上升优势，全体教职工埋头苦干，默默耕耘着。机、电各专业分设上海、西安两地，服从组织安排留在上海的教师和学生，对迁往西安的师生们给予了热情的帮助和支持。全校师生凝聚集体的力量，以实际行动做到了迁校和教学两不误。无论是西安部分还是上海部分，都没有因为迁校而延误开学，没有因为迁校而停开课程，没有因为迁校而影响原定的教学实验。

交大分设两地后，至1957年底，西安部分设有机械制造、动力机械制造、电力工程、电工器材制造、无线电、水利、工程力学、应用数理、纺织、采矿、地质11个系23个专业。教职工总数2 585人，其中教师1 083人，在校学生6 881人，其中研究生17人。上海部分设有机械制造、运输起重机械制造、电力工程、电工器材制造、船舶制造、船舶动力、动力机械7个系19个专业。教职工总数为2 300人，其中教师890人，学生5 078人，包括交大留在上海的师生员工及合并到交大上海部分的上海造船学院和南洋工学院的师生员工。可以说，交通大学的主要力量迁到了西安，达到了周恩来总理希望的"尽最大的可能支援西北建设"。

1959年3月12日，中央公布一批重点学校的名单，交通大学上海部分、交通大学西安部分列为全国16所重点大学中的两所。6月2日，教育部给国务院专门报告，提出交大两部分在专业设置和师资设备方面已初步就绪，且都有很大的发展和提高。由于两个部分规模都很大，距离又远，行政上再实行统一管理，有许多不便之处，拟将交通大学西安及上海部分分别独立成为两个学校。7月31日，国务院正式批准成立上海交通大学和西安交通大学。9月5日，国务院批准谢邦治任上海交通大学党委书记兼校长，并参加上海市委为常务委员。10月10日，国务院任命彭康为西安交通大学党委书记兼校长。

谢邦治（1916～2008），黑龙江五常人。1935年考入北京大学物理系，1936年加入中国共产党，1937年奔赴抗战第一线。后长期从事党政工作，新中国成立后历任武汉市委副书记、交通部部长助理和党组成员、司法部副部长和党组书记等职。1959年至1962年任上海交通大学党委书记兼校长，中共上海市委常委、市委秘书长。后调外交部工作，出任我国驻保加利亚、阿富汗、上沃尔特、芬兰等国大使、使馆党委书记。1980年任司法部副部长、党组成员，1982年任中央纪委委员，

党委书记、校长谢邦治

1995年离休。

毫无疑问,20世纪50年代交大西迁是一项具有开拓意义的战略行动,这就是中国要开发建设大西部!从全部内迁西安到一校分设两地再到分建两校,交通大学迁校问题最终得以妥善地解决,并实现了中央的决定和周恩来的指示,既支援了西部建设,又满足了上海需要,使交通大学这所国内外知名大学在新中国大地上发展成两所高水平的重点大学。2017年,上海交大和西安交大又双双跻身"双一流建设"高校。教育部原部长蒋南翔曾评价说,交通大学的迁校"是我国在调整高等教育事业战略布局方面的一个成功范例"[1]。可以说,交大西迁是继院系调整后,交通大学又一次对新中国高等教育事业发展作出的巨大贡献。上海交通大学和西安交通大学,一个雄踞祖国的东南,一个屹立祖国的西北,他们是一对同根生的孪生子,共同继承和发扬了交通大学优良的教学传统和严谨学风,为祖国建设源源不断地输送优秀人才。

2020年,习近平总书记在陕西考察时指出:"交大西迁精神的核心是爱国主义,精髓是听党指挥跟党走,与党和国家、与民族和人民同呼吸、共命运。"全体交大人在西迁中胸怀大局,爱国为民,服从党和国家的安排闻风而动,服务社会主义建设的需要义无反顾,到祖国最需要的地方建功立业,把现代科学技术传播到祖国的每一寸山川大地。交大西迁孕育而成的西迁精神,为百廿年交大文化注入了新的元素,值得代代交大人珍视、传承和发扬。

三、在曲折中前进

整风与反右派斗争

1956年1月,中共中央召开知识分子问题会议,周恩来总理代表党中央作《关于知识分子问题的报告》,对知识分子地位做了新估计,并发出"向科学进

【1】《交通大学内迁西安史实》,西安交通大学出版社1995年版,第91页。

军"的号召。交通大学广大教师政治热情空前高涨。

1957年4月27日,中共中央发出《关于整风运动的指示》,决定在全党开展普遍、深入的反对官僚主义、宗派主义和主观主义的整风运动。要用各种形式听取党内外群众意见,揭露矛盾,改进作风;动员广大知识分子向党提意见要知无不言,言无不尽。当时,全国出现"大鸣、大放、大字报",广大群众积极向党提出意见和建议。6月8日,中共中央发出关于组织力量准备反击右派分子进攻的内部指示。同日《人民日报》发表社论《这是为什么?》,指出"右派分子"利用党的整风运动向共产党发起进攻,反对社会主义制度,要求全国人民开展"大鸣、大放、大辩论",批判"右派分子"的言论。中国政治形势顷刻间发生了根本性变化,从要求帮助党整风变成反右派斗争。

1957年7月1日起,交通大学根据上级统一部署进行反右派斗争,错误地将一批对党提意见,以及对某些政治问题发表了不同看法的师生划为"右派分子"。不少校领导和著名教授、学者成为重点批判对象。又由于交通大学的反右斗争发生在迁校辩论刚刚结束之后,一些反对迁校的观点也被视为"反党""反社会主义"的言论,使一部分师生因为对迁校有不同的看法而被错划为"右派"。从1957年的反右派斗争到1958年上半年的"反右补课",由于反右斗争扩大化,交大上海部分共错划"右派"300多人,其中有学生、教师和干部,也有几位名教授和老干部。1960年夏秋,被错划为"右派"的100余人,其中多数为学生,分两批被遣送至新疆等地及市郊农村劳动改造。

反右派斗争严重扩大化,以致把一大批知识分子和党的干部错误地划为"右派分子",使他们蒙受几十年的冤情,承受巨大的不幸和磨难,直到十一届三中全会后方才得以平反。同时,对知识分子阶级地位的错误估计,导致了"左"的倾向在学校工作中的膨胀与发展。

"大跃进"时期的教学科研

1958年5月召开的党的八大二次会议,制定了"鼓足干劲、力争上游、多快好省地建设社会主义"的总路线。紧接着,在全国范围内掀起了"总路线""大跃进""人民公社"的"三面红旗"运动,热火朝天,如火如荼。在高教领域,9月,中共中央、国务院发布《关于教育工作的指示》,明确提出"党的教育工作方针,是教育为无产阶级政治服务,教育与生产劳动相结合",号召进行教育大革命,争取15年内普及高等教育。在"大跃进"浪潮推动下并以"跃进"姿态出现的教育大革命,成为1958年到1960年高校各项工作的中心。

1958年2月6日,交大上海部分召开党委常委扩大会议,号召全校师生员工"厉行勤工俭学,实行半工半读,把学校办成一所先进的社会主义大学"。紧接着,在教师和学生中发起了关于教育方针和培养目标的辩论,即"红专辩论"。在大鸣大放、大争大辩声浪中,各教研室、班级和师生个人纷纷制定红专规划。中共八大二次会议后,根据中央部署,教育界开展"拔白旗、插红旗"政治运动,批判"资产阶级个人主义"和"白专道路"。"白旗""红旗",是对所谓"白专道路""红专道路"典型表现的形象性称谓。交大全体师生参加各种生产劳动和各种形式的马列主义、毛泽东思想学习小组和毛泽东教育思想学习会,相互"拔白旗",揭露"资产阶级思想作风"。这场全校性政治运动尚未结束,按上级部署,学校又立即掀起学习、贯彻"多快好省建设社会主义"总路线的热潮。校园内贴出大型横幅"破除迷信,解放思想,拔白旗,插红旗,坚决贯彻总路线"。党委号召全体师生员工"放下一切包袱,横扫'三风'(即官僚主义、宗派主义、主观主义)、'五气'(即官气、暮气、骄气、娇气、阔气),彻底把心交给党、把知识献给人民,轻装奔向红专"。"交心运动"和"放下包袱运动"很快在全校范围内开展起来。接二连三的政治运动给知识分子以沉重的思想压力,也破坏着学校日常的教学秩序和生活规律。

当时,社会上从农村到城市"大跃进"的局面已经出现,学校则以贯彻党的教育方针为中心,开展教育革命。从勤工俭学到大办工厂、大搞生产、大炼钢铁、大力支援地方工农业建设,教学方面出现改革教学内容、教学方法的群众运动,科学研究方面大搞各种"献礼"活动,校园内是一片"大跃进"景象。

1958年6月校务委员会通过的《交通大学(上海部分)关于修订勤工俭学教学计划的几点意见》正式将劳动列入教学计划,学制维持5年制,其中要以1年左右的时间进行劳动生产。同月,3 200多名师生停课两周,参加郊区夏收夏种；8月，4 000多名学生下乡到颛桥支援农业，参加抢收、抢种劳动；10月，3 000名师生又以民兵师形式徒步前往南汇泥城公社参加"三秋"（秋收、秋种、秋耕）劳动，1 000余名师生参加上海钢铁厂建筑工地劳动。下乡下厂的师生员工与农民、工人"同吃、同住、同劳动"，亲历了农村"大办公共食堂，敞开肚皮吃饭"的场面。校

学生在硅铁车间劳动（1958年）

内也出现了大办工厂、大搞生产劳动的喧闹场景，先后办起机械、造船、电机、冶金等工厂。到了9、10月，"全民大炼钢铁""炼钢又炼人"的群众运动也出现在校园内，土高炉炼出了成堆的废铁。交大上海部分根据上海市有关部门要求成立钢铁学院，设立钢铁冶金、金相热处理、钢铁压力加工、冶金厂机械设备、稀有金属冶炼5个专业，加速培养炼钢人才。当时的气氛是数年内全国钢铁产量就可以超英赶美，中国也就强盛了。

为了贯彻"教育为无产阶级政治服务，教育与生产劳动相结合"的教育方针，学校开设社会主义教育课程，实行在党支部领导下教师、学生、工人三结合的教育方法。办工厂、搞生产，使教师和学生劳动时间增多了，原有的教学计划已不适应形势发展的需要。学校布置修订教学计划和教学大纲，力求解决教学中"重理论，轻实际；重技术，轻经验；重讲授，轻实验；重设计，轻工艺"等理论脱离实际的问题。学校还一度安排实行"单课独进""双课并进"，即在课程安排上，不是多课混合上课，而是一门课一门课或两门课两门课的连续讲授。以"单课独进"为例，即将一门课，包括讲授、鸣放、辩论、大字报、习题、实验、参观生产、实习劳动、科研、设计、考试、总结12个教学环节，集中在一个短时期内突击完成。这种教学方法在部分班级试行半年后停止。教学上，还鼓励学生上讲

台、编教材,聘请工人农民讲课。各系和各班级的学生创造出许多教学"奇迹",急功近利、浮夸不实之风急剧增长。如6名二年级学生花两昼夜编写出《材料力学》教材,经现场辩论,被肯定其质量"超过"了原先三校联合编写的《材料力学》教材,教师们"甘拜下风"。

受全国盛行的"高指标""浮夸风"影响,学校科研工作也是三五天就要出一个"成果",十天、半月就要放一颗"卫星"。1958年的"七一""八一""十一"和1959年的"元旦","献礼"活动一浪高过一浪;仅"十一国庆献礼"项目就有1702项。这些"献礼成果"在"报喜"后大多烟消云散。用一哄而上的群众运动来搞科研,违背科学研究工作的规律,浪费了大量的人力和物力。连续几个月的教育革命"大跃进",师生们已很疲惫,学校教学秩序也很混乱。在这种情况下,党委提出科学研究要"以我为主",把当时在外面参加劳动和科研的师生全部"收兵回营",调回学校。

1958年底,中央开始对"大跃进"进行调整。1959年1月中共中央书记处召开教育工作会议,明确新的一年教育工作的方针是巩固、调整和提高,并在此基础上有重点地发展。上海交大校务委员会通过《1959年上海交通大学规划》,强调本年的中心任务是"巩固、发展教育革命的成果,切实贯彻上海市委提出的'教好、学好、劳动好、安排好'方针,提高教学质量"。学校教学秩序开始趋于稳定。1959年夏庐山会议后,全党开展"反右倾"斗争,新一轮的教育革命又开始了。为了体现教育更好地为无产阶级政治服务,1960年春,学校组织5000余名师生分期分批走出校门,下乡、下厂、下船参加技术革新和技术革命运动。这时,许多干部教师对1958年"大跃进"造成的失误已有所认识。因此在"双革运动"中已不再是越"左"越好,浮夸之风也少了许多;"双革运动"在一定程度上实现了教学与业务技术的结合,而不是单纯地搞政治运动或喊政治口号。因此学校教学秩序未再大乱,学生在专业学习上也多少有所收获。

1958年"大跃进"浪潮下的教育革命及其后教育革命的反复,使交大和全国高校一样走了不少弯路,付出了沉重代价。但是,广大教师还是设法多做一些对国家、学校和学生有益的实事。这一时期,学校规模基本稳定,教育事业也有相当的发展,还创建了一批新兴学科和专业。1958年9月,为适应上海市及华东地区尖端技术的发展需要，交大上海部分开设工程物理、原子能动力装置、无线电技术、工程力学等9个新专业。11月，又将上述9个专业筹建成无线电系（下设计算机、自动控制、无线电、水声学设备4个专业）、工程力学系（下设工程力学、火箭技术2个专业）、工程物理系（下设原子工程、放射化工、电物理3个专业，1959年4月根据中央专业调整决定，调整为反应堆设计1个专业）3个新系。1959年，上海交大修订了27个专业的教学计划，开出近百门新课，编写244种教材和16种教科书，调105名教师深入学生班级任学习指导教师，第一学期学生期终考试成绩优良率占79.09％。同时新建和扩建了27个实验室，增加实验设备500万元，开出各种实验近400项。

　　此时，学校承担国家及地方重点科研项目，也有重大科研成果的取得。1958年，在钱学森的直接指导下，上海筹建从事尖端科学技术研究的上海机电研究院。校船舶动力系副主任王希季教授受命担任研究院总工程师，教师潘先觉任首枚探空火箭主任工程师，研究院还从交大应届毕业生中选拔了一批专业骨干参加研制。1960年2月19日，新中国自行设计、制造的第一枚探空火箭在上海南汇滨海地带成功发射。消息传开后，引起中央高度重视。毛泽东主席、中共中央军委副主席聂荣臻、北京市委书记兼市长彭真先后来上海参观。5月28日，毛泽东在参观并听取潘先觉汇报时，详细了解了火箭的设计研制经过、技术性能、各部组件名称及功用等，他还问潘先觉"哪个大学毕业的？""上海交通大学。"毛泽东说："啊，交通大学！是不是那个学生会自己开火车到南京请愿的交通大学？"潘先觉点点头："是的。"毛泽东紧接着问："那你是学火车的，还是学火箭的？""交通大学有火箭专业吗？"他风趣地说道："你们能把这枚火箭自力更生发射成功，也就是火箭大学研究院毕业。"[1]

　　前一日，即1960年5月27日晚8时，毛泽东还观看了上海交大在上海市四新展览会上展出的气垫船模型。1960年初春，学校抽调部分教师和四年级学生100多人，集中进行设计并试制水上气垫船。5月初，JT号气垫船研制成功，被运

【1】潘先觉：《难忘的一小时》，中共上海市委党史研究室编：《毛泽东在上海》，中共党史出版社1993年版，第204页。

到黄浦江上游进行水上试飞并获得成功。4吨多重的船体凌空浮起，悬浮高度4～5厘米，前进速度达40码。后根据上海市委、市科委指示，学校制作气垫船模型到上海科技馆展出，这就是毛泽东参观时看到的模型。毛泽东仔细询问了气垫船的性能等，并说："你们的气垫船很好，但能不能飞得更高一些？"[1]

划归国防科委领导

1961年2月6日，中共中央决定，上海交通大学、哈尔滨工业大学、北京工业学院、北京航空学院、南京航空学院、成都电讯工程学院和西北工业大学共7所高等院校划归国防科委直接领导，同时受教育部及当地党委领导。国防科委主管上海交大的任务、方向、规模、科研、基建、干部、保密；教育部主管教学业务，上海市委主管政治思想和日常事务。国防科委和教育部进一步明确：上海交大的任务主要是为国防工业服务，以造船为中心，军用为主，过渡时期军民兼顾；学校规模定为在校学生8 000人，设置28个专业。

1961年4月4日，负责国防科技工作的国务院副总理、中央军委副主席、国防科委主任聂荣臻元帅接见谢邦治、余仁、邓旭初、朱麟五等上海交大领导及教授代表，对上海交大及其他几所国防工业院校的工作做了明确指示。聂荣臻说："这几所学校都是为了培养国防科学技术干部的，毕业出来的学生，必须在政治上、学业上是高质量，真正一个顶一个，不出废品。""学校的基本任务是培养人才，必须以主要力量搞好教学。……提高教学质量，中心问题是培养和提高师资。""科学研究一定要积极搞。但是科学研究的目的，必须明确主要是为教学服务，提高教学质量。国家委托的研究任务也必须针对学校的特点和条件，不能打乱教学秩序。"[2]聂荣臻还专门就上海交大的建设与发展提出了要求："学校很大了，已经有一万多人了，规模不要太大，主要是提高质量问题。""以军用舰艇为主，还要军民兼顾……为国防服务在科学技术上要求高了，这样对交大提高

【1】 何友声：《关于伟大领袖毛主席观看我校研制的气垫船模型情况的回忆》(1978年1月14日)，上海交通大学档案：长期702。

【2】《聂荣臻元帅对几所国防工业高等院校工作的指示》(1961年4月)，上海交通大学档案：永久316。

会快一些。火箭和船舶联在一起为海军服务。""学校培养目标是为国防工业生产,为军用造船培养设计、研究工程师。海军自己有军事学校,加上交大培养工程技术人才,海军就完备了。"[1]

聂荣臻的一席话,点出了上海交大应如何为国防建设服务、教学科研主要抓什么、怎样利用好师资等几个关键问题,为学校发展指明了方向。其后,国防科委、海军及有关部门在对学校的具体领导中遵循聂荣臻的讲话精神,尤其在经费投入、物质保障及提供保密技术资料等方面给予了很多照顾和帮助。海军先后调拨一条退役潜水艇和一艘快艇给交大,停在黄浦江上,供教学实习及科学研究使用。还下拨一批仪器设备,给学校有关专业的实验室。在三年自然灾害期间,海军拿出自己生产的粮食、黄豆、水产品等食品物资支援学校,改善师生员工生活。

随着学校性质及任务的变化,全校上下统一思想,围绕着办好国防工业院校的要求,调整专业设置并全面落实各项教学工作。学校依据"以军用造船为主,兼顾民用,同时设置部分舰艇用导弹专业"的原则,积极稳妥地对专业设置进行调整。调整中注意对非国防专业的保留,不搞"一刀切"。调整后全校设船舶制造系、船舶动力机械系、工程物理系、无线电工程系、工程力学系、船舶电机工程系、冶金系、机械制造系、机车系9个系及所属32个专业,师生及教学设备也有相应的归属。在调整专业设置的同时,学校贯彻国防科委有关规定,对原有的教学计划进行了修订,确定"培养又红又

国防科委副主任张爱萍(右三)来校视察科研工作(1963年4月)

【1】《聂总指示纪要》(1961年4月4日),上海交通大学档案:永久316。

专、身体健康的国防科学研究和国防工业的高级技术人才"的培养目标。学校改建国防工业院校后,校内各部门接触国防机密的范围越来越广,国防尖端专业的分布扩大到全校各系,势必需要加强保密工作。学校根据中央有关部门的规定,结合本校情况拟定"保密工作计划要点",建立和健全保密制度,充实专业保密队伍,加强保密教育,不断提高保密业务水平。

学校在国防科委的直接领导下,所需的办学资源在最大限度内获得了支持,建立起教学、科研工作与国防工业的紧密联系,从培养高素质的国防工程技术干部和承担重大国防科研任务两方面,为新中国国防建设作出了贡献。据不完全统计,1961年至1970年,上海交大向国家输送本科毕业生11 620名,其中分配至国防部门工作的有6 162人,占毕业生总数的53%。学校一贯重视研究生教育。新中国成立前招收的电信专业研究生,最后一届于1952年毕业。1953年起,学校根据高教部有关规定,每年对外公开招收研究生,并逐步建立研究生培养的规章制度。据统计,从1959年至1965年共培养研究生200名。1961年至1965年期间,进一步确定科学研究工作在高等学校中的重要地位,积极开展科学研究工作。1963年承接国家十年规划任务、国家任务、地方任务、协作任务和自选课题37项,国防科委下达的任务26项,另外还有国防尖端任务、为国民经济服务和基础理论研究任务等课题,并与42个研究单位,51个工厂、企业建有密切的协作关系。1964年,承担国家十年规划任务和国家任务27项,国防科委下达的任务8项。

上海交大归属国防科委主管,加强了领导,增加了教育经费,为学校在高精尖学科领域的发展打下了较好的基础。但也有几个专业较难得到其他业务部门的支持;某些专业的毕业生因专业面过于狭窄,毕业分配有些困难;还有几个民用专业的投入相对少一些,影响了它们的发展。

1962年4月30日,党中央正式任命谢邦治为中国驻保加利亚特命全权大使,免去其上海交大党委书记、校长之职。谢邦治调离后,学校的党委书记、校长一度空缺,党政日常工作由党委副书记余仁主持。1963年9月,国务院总理周恩来签署任命,刘述周任上海交通大学校长。1964年7月,经上海市委同意,余仁任党委代理书记。

刘述周（1911～1985），原名刘其镐，江苏靖江人。年轻时曾就读上海大夏大学、持志大学等校，并参加进步学生运动；1931年加入中国共产党。历任淮海区党委敌工部长、苏浙区党委秘书长兼民运部长、第三野战军政治部秘书长等职。新中国成立后先后任南京市委、市政府秘书长兼统战部部长，华东局工业部副部长，上海市委统战部部长、副市长，上海市委书记处候补书记、书记等。1963年9月起兼任上海交通大学校长，1965年5月调任中共中央统战部副部长，1978年任中国科协党组副书记、副主席。刘述周兼任上海交大校长期间，身为上海市领导，虽然工作比较繁忙，但十分重视交大的建设与发展，学校的一些重大决策都向他汇报请示，以作定夺。

校长刘述周

余仁（1920～2006），山东黄县人。1939年参加革命工作，1939年11月入党。1940年起，历任抗大胶东分校支部书记、政治指导员，胶东建设学校教育科长、副校长、党委副书记。1950年10月起，任华东人民革命大学副部主任、部主任、教务处副处长；1952年10月起，任华东化工学院副院

党委代理书记余仁

长、党委副书记；1960年4月起，任上海交通大学党委副书记、副校长、党委代理书记。1981年起，任华东化工学院党委书记。1985年5月，离职休养。

贯彻"高教六十条"

1961年1月，中共八届九中全会决定对国民经济实行"调整、巩固、充实、提高"的方针。在中央"八字方针"的指导下，教育界全面展开调整工作。同月，教育部召开全国重点高等学校工作会议，提出要在全国高等学校中实行"定规

模、定任务、定方向、定专业"。9月15日,中共中央批准试行《教育部直属高等学校暂行工作条例(草案)》(简称"高教六十条")。"高教六十条"是在中共中央总书记邓小平主持下,由教育部组织拟定的。在起草过程中,进行了大量的调查研究工作。上海交大等学校的教学质量、师资培养、知识分子政策执行情况和领导体制等几项调查报告成为教育部起草时的重要参考资料。条例形成草案后,学校曾组织部分干部和教师对其进行讨论,并将讨论意见上报中央。"高教六十条"明确规定高校的基本任务是贯彻执行党的教育方针,培养社会主义建设所需要的各种专门人才;强调"高等学校必须以教学为主,努力提高教学质量",并提出了恢复教学秩序、提高教学质量的一系列规章制度;重申"双百"方针,改进高校思想政治工作,正确执行知识分子政策,对高等学校的领导和管理体制也做了相应的规定。该条例对高等学校各项工作起到了规范性作用,成为各高校调整、改进学校工作的纲领性文件。

1962年3月,周恩来总理和陈毅副总理在广州召开的科学工作会议上重申知识分子是工人阶级的一部分,宣布为知识分子"脱帽加冕",即去掉"资产阶级知识分子"之帽,加上"劳动人民知识分子"之冕。随即,上海交大对在党内外受到错误批判的干部和教师进行甄别复查,解决他们在工作、生活方面遇到的困难。虽然这些做法和措施是有限的;但学校得以从连续不断的政治运动中喘一口气,把精力主要放在办学上。

学校在贯彻"高教六十条"的过程中,对老交大教学传统进行了提炼总结。什么是老交大教学传统?其文字表述为"门槛高、基础厚、要求严",这在交大师生员工、校友以及社会上已广为流传。20世纪50年代后期,交通大学副教务长张鸿教授首次将广大教师的教学实践经验归纳总结为"门槛高、基础厚、要求严"9个字。1957年4月,高等教育部部长杨秀峰在北京召开的"研究学制改革问题"座谈会上,肯定了交大的教学传统。他说:"要保证交大不但有六十年的历史,而且有六百年的历史","要保持'老交大传统',就要发挥老教师的主导作用"。1961年上海交大划归国防科委领导后,1962年初国防科委主任聂荣臻在听取"二弹一箭"专家学者对高等教育的意见时,有专家发言说,老交大的毕业学生基础厚,物理是"霸王课";老交大对学生要求很严格,学得不好就要淘汰;

老交大的"门槛"很高,考进交大很不容易等。当时,国防科委有关部门领导对正在北京开会的上海交大教务处负责人范祖德说了上述情况,并要他回校后调查交大教学方面的好传统。于是,学校进行了充分的调查研究,查阅档案资料,连开3次老教师座谈会,最后以教务处名义整理出一篇题为《关于老交大教学特点》的报告,上报国防科委。基于当时"左"的环境,报告将老交大传统"门槛高、基础厚、要求严"写成"老交大的教学特点"。10月,国防科委向所属各院校印发《关于学习老交通大学有益的教学经验,改进教学工作的通报》,并抄送教育部。老交大传统就此被推向了全国。"文化大革命"中,老交大传统被视为"封资修教育黑线"而遭到无情的批判。粉碎"四人帮"后,1978年5月新华社发表题为《为"老交大传统"恢复名誉》的报道。

20世纪60年代,老交大教学传统真正落到学校教育工作的实际,主要是通过贯彻执行"高教六十条"并在实践中归纳总结和实施上海交大"教学十七条"来实现的。1961年"高教六十条"公布下达后,学校组织全体教师学习领会其精神。其后在调查研究的基础上,按照"教学为主,质量第一"的原则,全面修订教学计划,强调提高课堂教学质量,加强基础理论课程的教育和基本技能的训练,切实保证学生学好基础课、练好基本功;发挥各系与各教研组对教学工作的领导作用,开展教学法研究,贯彻"加强三基(基本理论、基本知识、基本训练)""劳逸结合""因材施教""勤俭办学"等原则。1964年起,学校根据国防科委要求,兴起学习郭兴福教学方法的运动,结合本校特点和实践体会,提出以"革命化、少而精、启发式、理论联系实际"为重点进行教改。在教学为主的前提下,密切联系生产实际,积极开展科学研究。正确处理教学工作与科学研究、生产劳动、社会活动之间的关系,全面安排教学、科研、实验三方面的力量,并相应地开展了诸多工作。

1964年,学校对以上这些稳定教学秩序、调整教学工作的措施加以总结,并吸收新中国成立后教学工作中行之有效的经验,形成了《上海交通大学关于教学工作中若干具体问题的暂行规定》。该文件就教学工作中17个具体问题作了详细规定,故简称为"教学十七条"。其主要内容有:"理论联系实际""少而精""学到手"是教学工作的重要指导原则;教学计划是实现培养目标的基本依据，必须严肃认真地贯彻执行；加强教学第一线、稳定教学任务是进一步提高教学质量的基本前提之一；教研室应充分发挥对教学工作的组织领导作用。该文件还对讲课、习题课、实验、生产实习、毕业设计、测试、考试和考查等各个教学环节，以及教师职责、学生管理等提出明确要求，成为这一时期学校教学工作的纲领性文件。

工程画教研组蔡有常教授给学生讲解"立体相贯线"的画法　　物理教研组周铭教授刻制高精度光栅，充实教学设备

通过实施"教学十七条"，教师们把主要精力放在教学和学生身上，教学效果突出，学校教学秩序的整顿和教育质量的提高取得显著成绩。学校一贯把好招生关，即便在突出政治的"左"的阴影下，也决不降低"门槛"乱招生。克服国防院校政治性强、专业密级高的局限，贯彻政治与学业兼顾的原则，严肃认真地挑选政治思想好、学业成绩好、身体健康的学生入学。特别与新中国成立前相比，有相当一批家境贫寒的优秀学生实现了跨入交通大学这所全国知名学府的愿望。据招生统计显示，1962年在上海市和8个省招收900名新生，平均录取率为11.3∶1；1963年浙江省招生录取率达19.84∶1。

对学生的培养紧紧扣住"基础厚"的教学传统不放。早在20世纪50年代，交大在全国率先设立统筹全校数学、物理、化学、工程画图、外语及体育教学的基础课程部；后随着学校行政体制及组织机构的变更，基础课程部一度撤并。1962年，国防科委批复同意上海交大恢复基础课教学部，负责一年级教学工作，并将数理化等基础课教学组织统一集中起来管理。学校还要求教师在教学中加强基础,讲解时要突出重点;注意启发引导,培养学生独立钻研能力;增加习题实验,注重对学生平时的基本训练。除此之外,许多教师还有意识地将理论联系实际原则贯彻到各个教学环节,加强教学、实验、实习内容与生产技术的联系;将思想政治工作做到教学中去,培养德、智、体全面发展的高质量专门人才,这为"基础厚"的教学传统增添了新的内涵。

对学生在学习上的要求则尤为严格,注重平时成绩的考核和升留级制度的执行。学校规定每学期考试2门到4门,不及格者可补考2次,补考后只要有一门主课或仍有3门副课不及格者则令其留级,最多只能留级2次;一学期有4门不及格者不得参加补考,由校长令其退学。当年的主课"流体力学"就因课程难、要求严而被学生称为"留级力学";"结构力学"被称为"结棍力学"(上海话"结棍"是"厉害"之意)。同时,学校要求教师实事求是地制定考试及评分标准,既要避免要求过高以致很多人不及格,也不可降低要求,使不合格的也通过;要求学生全面复习,消化巩固,而不是死记硬背书本知识去应付考试。

在良好的校园学习氛围下,学生们都能集中精力读书,严谨、求实的科学精神蔚然成风。他们热爱专业、刻苦钻研,涌现出一批成绩优异、全面发展的优秀学生,被同学们自发地称呼为"小先生""活字典""小教授""一只鼎"(上海话"了不起"的意思)。他们精神焕发、朝气蓬勃,皆以成长为有社会主义觉悟、有文化的无产阶级劳动者为奋斗目标。据船舶制造系校友回忆,有一次学校组织学生去科学会堂听学术报告,同学们看到与会的专家学者大多白发苍苍,听到专家介绍说:我国自行制造的第一艘万吨轮"东风号",因主机不过关而长期停靠在码头,不能下海远航。大家感慨万千……"海洋是我们的,我们是海洋的主人!"全体学生立志为改变祖国"一穷二白"面貌、振兴中国造船事业而努力学习。当时学生的读书条件非常艰苦,有一个被评为上海市优秀集体的班级利用假期捡废纸换钱,买回一本5元2角的《英华大词典》,供大家使用,一时传为佳话。后来成长为全国气垫船专家、优秀共产党员的华怡,就是这批勤奋求学的青年学子中的一员。"实现雄心壮志,还需今朝努力!""为革命不怕纪律严,为事业不怕生活苦,为国家不怕事业难,为人民不怕父母劝。""千红万紫满园花,英雄儿女走天下,双手能改乾坤貌,祖国到处是我家。"这都是20世纪60年代交大学子精神面貌的生动写照。

但是，由于国际上中苏关系的恶化和对国内形势错误的估量，使得阶级斗争和反修防修成为毛泽东关注的重点，中央提出要在全国城乡进行社会主义教育运动。根据上海市委统一部署，上海交大自1963年5月中旬起开展"五反"（反贪污盗窃、反投机倒把、反铺张浪费、反分散主义、反官僚主义）运动，历时一年；1964年11月至1965年4月，全校2 000多名师生员工参加市郊奉贤县（今奉贤区）14个人民公社和1个城镇的"四清"（清政治、清经济、清思想、清组织）运动；1965年1月，在校内以实验室为重点开展经济"四清"（清账目、清物资、清仓库、清资金）工作；1966年上半年，继续组织师生员工参加农村"四清"。此时，由于中央"八字方针""高教六十条"仍在执行中，上海交大继续按照"教学十七条"的规定，稳定教学秩序、提高教学质量，学校教学工作和其他工作仍基本正常运转。

随着"阶级斗争为主课"的极"左"思潮愈演愈烈，终于，一场波及全国的劫难——"无产阶级文化大革命"来临了。

四、"十年动乱"的艰难岁月

"动乱"发生，全校大乱

1966年5月4日至26日，中共中央召开政治局扩大会议，通过了《中国共产党中央委员会通知》（简称《五一六通知》），要求"高举无产阶级文化革命的大旗，彻底揭露那批……的所谓'学术权威'的资产阶级反动立场，彻底批判学术界、教育界、新闻界、文艺界、出版界的资产阶级反动思想，夺取在这些文化领域中的领导权。而要做到这一点，必须同时批判混进党里、政府里、军队里和文化领域的各界里的资产阶级代表人物，清洗这些人，有些则要调动他们的职务。"[1]这成为发动"文化大革命"的纲领性文件。6月1日，《人民日报》发表社论《横

【1】 席宣、金春明：《"文化大革命"简史》，中共党史出版社2005年版，第79页。

扫一切牛鬼蛇神》。当晚，中央人民广播电台广播了北京大学聂元梓等7人贴出的攻击北大党委和北京市委的大字报。"文化大革命"作为大规模的政治运动，在全国全面展开。

上海交大迅速被卷入运动。1966年6月2日上午，交大一教研组贴出了全校第一张大字报《坚决支持北大师生的革命行动》。当天下午，校党委组织师生员工8 000多人举行声讨"反党反社会主义分子黑帮"动员大会，会上宣布停课3天搞运动。这一天上午到次日凌晨3点，校内贴出大小字报5 000多张。到6月13日，全校大字报猛增至5万余份，在大字报上被点名的党政干部和教师有361人。广大师生出于对党中央的信赖，以朴素的感情投身到"文化大革命"风暴之中。

"文化大革命"开始之初，学校党委根据上海市委指示，力图主导校内运动发展态势：放手发动群众，开展大揭发、大批判、大斗争，组织了对所谓党内"资产阶级代表人物"和"资产阶级反动学术权威"的批判；自觉"引火烧身"，"自我革命"，欢迎群众提出批评、贴党委的大字报，深挖在党内的"资产阶级代理人"。同时，学校试图在学生中恢复部分课程，使运动与学习兼顾。可是，运动进展却事与愿违，"声讨会""批判会"接二连三，大小字报遮天盖地，教学工作始终恢复不起来。到8月4日，全校揭发出"牛鬼蛇神"56人。8月5日，上海市委根据中央指示，正式宣布了大中学校一律"停课闹革命"。

1966年8月1日至12日，中共八届十一中全会在北京召开，毛泽东写《炮打司令部——我的一张大字报》并印发全会。会议通过了《关于无产阶级文化大革命的决定》（简称"十六条"），这是继《五一六通知》后关于"文化大革命"的又一个全局性"左"倾错误指导方针。8月中下旬，全国红卫兵运动迅猛兴起。上海交大校内纷纷成立红卫兵组织，主要有"反到底战斗队""延安游击队"等，各造反组织将矛头对准各级领导干部和广大教师。8月18日，毛泽东在北京天安门广场首次接见全国各地的群众和红卫兵。8月19日，在北京首先发起一场规模空前的"破四旧"（旧思想、旧文化、旧风俗、旧习惯）运动，并迅速波及上海。交大师生为保护交通大学校门和龙华塔作出了努力。9月5日，中共中央、国务院发出"关于组织外地革命师生代表来北京参观文化大革命运动"的通知，全国性的大串联由此开始。北京各大中学校的红卫兵陆续来校串联、"点火",交大师生员工也纷纷外出串联。

10月,《红旗》杂志第13期发表社论,首次提出批判"资产阶级反动路线"的问题,把对"文化大革命"运动不理解、支持不得力以及持有抵触情绪的各级领导干部定性为执行"资产阶级反动路线",很快在全国掀起一场声势浩大的声讨批判风暴。党的基层组织和党的干部被指责为执行了"资产阶级反动路线",成为受批判的主要对象。10月10日,"反到底战斗队"贴出《舍得一身剐,要把党委拉下马!》的大字报,把斗争矛头直指学校党委。10月18日,以"反到底战斗队"为基础成立"反到底兵团"。10月19日,上海市委作出《关于大专院校和中等学校各级党组织中断对无产阶级文化大革命领导的决定》。自此,学校各级党组织完全瘫痪,党员停止过组织生活。"反到底兵团"等十几个造反组织以党委执行"资产阶级反动路线"、存有"整学生的黑材料"为由,冲击总办公厅(当时被造反派改名为"反修楼"),挟持干部,冲砸办公室,殴打工作人员。造反派强行占据、封查办公大楼的局面延续近一个月,被称为"反修楼事件"。在这起事件中,党委领导和党的干部在危难之际挺身而出,尽最大努力保护学校的档案、机要文件的安全,使党和国家的机密少受损失。

"反修楼事件"后,交大许多党员干部对于"文化大革命"以来发生的一系列"打砸抢"现象和一些明显违反政策的问题,感到无法理解。11月25日,部分党委成员围绕中央刚刚颁布的《关于处理无产阶级文化大革命中档案材料问题的补充规定》等文件进行议论,认为什么是"要整群众的黑材料"概念不明确,决定向当时在沪的中央文革小组副组长张春桥请示。当日在党委副书记张华的带领下,上海交大一行10余人来到张春桥家。张华针对运动中出现的不正常情况向张春桥提出了一些尖锐的问题,并反映了当时基层党组织普遍存在的困境和疑虑。在张华等质问面前,张春桥态度傲慢,没有直接回答所提问题。此事后被诬称为到张春桥家"造反",即"张华事件"。张春桥对此事长期怀恨在心,以致他在其后的政治运动中对交大一再发难。

在交大造反派的嚣张气焰下,校党委从"靠边"到被夺权,学校正常工作秩序已难以维持。"踢开党委闹革命"成为广泛流行的口号，种种不法行为都可以不受约束，校园内出现了各种名目的群众组织，有些组织大搞揪斗、抄家、游行、集会、逼供信等。各级党政领导、许多教师职工尤其是一些资深教授都受到冲击迫害，学校陷入无政府状态。

1967年1月1日，《人民日报》《红旗》杂志发表元旦社论《把无产阶级文化大革命进行到底》，提出"向党内外一小撮走资本主义道路的当权派和社会上的牛鬼蛇神展开总攻击"。中央文革小组成员张春桥、姚文元直接指挥了夺取上海市党政领导权的所谓上海"一月革命"，造反派夺权风暴迅速遍及全国。随着上海市红卫兵运动风起云涌，上海交大各红卫兵组织从1966年11月起将注意力转移至校外，纷纷冲向社会。严步东、申志明等交大造反派直接参与了1966年底上海"安亭事件""《解放日报》事件""康平路事件"及1967年"一月革命"。之后他们在张春桥的授意下，于1967年1月17日从社会上"杀回"学校夺权。以严步东为主要骨干的"反到底兵团"强占学校广播台和印刷厂，又以张春桥的题字"反到底好得很"为依据，摘下学校大门边以毛体（毛泽东书法）书写的"交通大学"校牌，挂上"反到底大学"校牌，并制作了数千枚"反到底大学"校徽，准备发放。但立即遭到了广大师生的强烈反对，"反到底大学"校牌挂出数日后被迫取下，重新挂上"交通大学"校牌。而张春桥却进一步鼓动"反到底兵团""要造反到底，把老交大兜底翻过来就好了"。

学校各红卫兵组织都介入了夺权斗争，相互攻击、争吵、冲突；争相批斗干部，责令干部站到本派群众中来"亮相"，以标榜本派"最革命"。这是一场持久的派性夺权"内战"，最终形成了"反到底"和"红师筹"（上海交通大学红卫兵师〈筹〉）两大造反组织。1967年2月，谭震林、陈毅、叶剑英、李富春、李先念、徐向前、聂荣臻等老一辈革命家忧国忧民，对林彪、江青等人的倒行逆施奋力抗争，却被诬为"二月逆流"。在上海交大，"反到底"执行张春桥对交大运动的指示，定调"张华是交大资产阶级代理人"，诬蔑他是"交大二月逆流的代表"、是"交大的谭震林"，必须坚决打倒。派性纷争愈演愈烈，全校陷入了更为严重的混乱。

针对全国高校愈益无序的动乱局面，中共中央于1967年3月7日发出《关于大专院校当前无产阶级文化大革命的规定（草案）》，要求学校师生停止大串联，返校参加本校"文化大革命"，分期分批地进行短期军政训练；并规定大专院校必须由革命学生、教职员工和革命领导干部组成临时权力机构，领导"文化大革命"。3月20日起，外出串联的交大师生陆续返校。至7月，校园内到处都是"杀回教学班，复课闹革命，促进革命大联合，开展大批判"等大标语。一周内，校园内出现了复课闹革命的景象，各系已有57个班级和专业实现了复课闹革命。不过，这一时期系统的教学活动基本无法开展，只是学生返校人数多了一些。

1967年9月1日，遵照中央《关于人民解放军坚决支持革命左派群众的决定》，东海舰队派出军训团进驻交大。由于人民解放军在全国人民心中具有很高的威望，他们的到来受到广大师生的尊重和欢迎。当时，"反到底兵团"作为极"左"思潮在上海交大的代表，提出"大联合必须以我为主！""在反到底的大旗下联合起来！""让反到底精神统治交大、全上海、全中国、全世界！"等口号，以致校内革命大联合始终无法实现。7月至9月，毛泽东在视察华北、中南和华东地区时号召各地革命群众组织实现革命的大联合，他反对"以我为核心"，批

"文化大革命"中徐汇校园红太阳广场集会场景

评说:"核心是在斗争中实践中群众公认的,不是自封的。"[1]9月19日,交大各造反组织负责人在军训团的主持下召开联席会议,"反到底兵团"和"红师筹"两大组织实现大联合,成立"交大红卫兵师"。不过,这仅仅是形式上的联合,实际争斗依旧愈演愈烈;其中,结合张华问题始终是交大各造反组织争论的焦点。张春桥指示要尽快成立上海交大革命委员会,但张华不能结合。而校内要求解放、结合张华的呼声仍不绝于耳。对此,张春桥大为恼火,却也有些无奈。经过近一年的打派仗,直至1968年1月27日,方才成立上海交通大学革命委员会,召集人为严步东(学生)、张国栋(学生)、孟庆杰(学生)、夏平(干部)、马惠民(干部)5人。

"清队"和"一打三反"

"文化大革命"始终是在"无产阶级专政下继续革命"的错误理论和"以阶级斗争为纲"的错误方针指导下进行的,因此教育领域以"清理阶级队伍"和"一打三反"为主要内容的"斗、批、改",实际引发并助长了新的混乱和迫害。

1968年5月,中共中央通知各单位:"有步骤地有领导地把清理阶级队伍这项工作做好。"1月起,张春桥就插手交大运动,多次下达指示:"交大盖子没揭开,可乱一乱,彻底揭开盖子。""交大山高林密老虎多,是否存在一个地下资产阶级司令部?"这些指示直接为上海交大"清理阶级队伍"(简称"清队")定下了调子。严步东、申志明一伙在"清队"一开始就叫嚣"交大教师50%是地、富、反、坏、右,大多数有海外关系",提出揪所谓"余、张、邓地下黑司令部",对党委3位负责人余仁、张华、邓旭初分别成立专案组进行隔离审查,使他们在精神和肉体上遭受严重折磨。同时在校内大搞逼、供、信,制造了一大批冤假错案,致使许多干部和教师受到冲击和迫害。甚至在学生中也揪出一批所谓"反革命小爬虫"进行批斗。仅从3月22日至5月17日一个多月中,就在13个单位揪出347人,分别被定为"走资派""叛徒""特务""反革命""阶级异己分子""漏网右派"等；抄家52户，隔离108人，批斗229人，专案审查6人，因不忍残酷批斗而逃跑6人、自杀5人。但造反派却说"当前仍是右倾为主，还应当深入"。

1968年8月2日，东海舰队军训团结束在交大的军训任务，除少数人留下组成驻交大解放军毛泽东思想宣传队外，大部撤离学校。8月27日，根据中共中央《关于派工人宣传队进驻学校的通知》精神，由上钢一厂、上钢十厂、沪东造船厂等单位抽调组成的工人毛泽东思想宣传队1 000多人进驻学校。他们在全校范围内采取突然行动，搜抄各部门、系、教研室和实验室，查封所有专案材料、文书资料及被审查对象的材料，把分散的隔离审查对象集中起来统一管理，陆续组成由工宣队领导的专案组，进行"清理阶级队伍"的复查。全校组成工、军、革领导小组，统一领导全校"斗、批、改"。1969年上半年继续进行"清队"，大批干部、师生被定性为犯各种"错误"后再予以"解放"，到群众中参加学习。是年7月至9月，又对全校"清队"和落实政策情况进行了复查。据交通大学工宣队、军

工人毛泽东思想宣传队进驻上海交大（1968年8月）

宣队、革委会"落实政策调查组"所作《上海交通大学清队落实政策复查总结》统计，在全校3 086名教职工中，先后被批斗、审查、隔离的就有574人，占教职工总数的18.6%。

根据张春桥"把老交大兜底翻过来就好了"的要求，"清队"中还对老交大传统进行了错误的"大批判"。1968年12月27日，工宣队、校革委会等炮制出《上海交大教师队伍调查报告》，对原学校领导班子、政工干部和教师队伍进行所谓的阶级分析后，认为"老交大传统的要害是复辟资本主义"；"传统从1962年全面出笼……是一场夺权"，是"资产阶级统治学校，利用传统向工农兵专政，对抗毛主席的教育方针，扼杀教育革命"。1969年，工、军、革又先后炮制数篇《调查报告》，说对知识分子的改造必须突出"恨、臭、爱"三个字，即"对修正主义教育路线产生刻骨的仇恨、对自己身上的资产阶级世界观感到臭、对毛泽东的无产阶级革命路线产生无比的爱"。这样的《调查报告》颠倒是非，混淆黑白，将新中国成立以来17年学校工作归结为长期受"反革命修正主义教育路线"毒害，彻底否定交大17年教育事业的巨大成就，对学校的发展造成极其恶劣的影响。

1970年1月和2月，中共中央分别发出《关于打击反革命破坏活动的指示》《关于反对贪污盗窃、投机倒把的指示》《关于反对铺张浪费的通知》等文件，后统称为"一打三反"运动。由此，上海市文教系统结合"清理阶级队伍""整党建党"，全面开展"一打三反"。据统计，上海交大在"清队"审查574人的基础上，在"一打三反"运动中又有124人被审查。

在"文化大革命"这个非常时期，大批干部和教师无辜受到迫害，教师队伍遭到严重摧残和破坏。据统计："文化大革命"中，全校教职工中被揪斗的有1 065人，占当时总人数的三分之一。全校101名正副教授，被作为"敌我矛盾"审查的有95人，占总数的94%。有19位干部、教师、职工非正常死亡。学生中也有一批被揪斗，其中非正常死亡的3人。全校有295人（其中高知92人）被扣减工资，共计615 581.75元；有290户被抄家，抄、没及上缴财物值124万余元；有117人（其中高知68人）被缩减住房。一组组数字，如此沉重；数字背后的故事，更是斑斑血泪，触目惊心。

上海交大的广大师生员工，无论是从旧社会过来的老知识分子，长期参加革命的老干部，还是新中国成立以来培养成才的年轻教师和干部，他们都是热爱社会主义、热爱党的；广大学生更是在红旗下成长起来的。运动初期，当理想和激情被唤起的时候，他们积极投身于"文化大革命"的洪流之中。可是谁都无法预料到，在"怀疑一切，打倒一切"的极"左"思潮席卷下，众多干部、教师于旦夕之间变成了"异己"的力量，被视为"资产阶级臭老九"。校系两级和部处干部大多被定为"走资派"，一些老教授和老教师被打成"资产阶级反动学术权威""牛鬼蛇神"。他们被戴高帽，挂黑牌，游街示众，挨打挨骂，有的还被关进"牛棚"，编入"黑帮劳改队"，失去行动自由。新中国成立后培养起来的中青年教师也被分期分批下放劳动，"政治上接受再教育，业务上进行再学习"。20世纪90年代出任校党委书记的王宗光，在"文化大革命"中被诬陷为"阶级异己分子"，关进教学二楼的"牛棚"。一天，她从三楼窗口看到：80岁高龄的老校长程孝刚教授被几名造反派用麻袋蒙着头、用绳子牵着走。还有一次她看到，解放战争时期奋力保护过学生的陈石英老教授被迫在新文治堂门前参加劳动。由于年老体衰，腿脚行动不方便，他只能拿一个小木凳绑在臀部下方，坐着扫地，扫完一处，再艰难地往前挪几步……其惨状令人不忍直视。

背负着强大的政治压力，承受着身体和精神的双重折磨，上海交大广大干部教师的处境极为艰难。不论是被打倒的、打倒后又出来工作的，还是一直工作的，绝大多数人对"文化大革命"很不理解，对于知识分子被打入另册、成为低人八等的"老九"感到无法接受。无论是教师还是干部，他们在当时那种形势下不得不做违心的检查和交代，但从内心深处，他们对这种目无党纪国法的行为，都以不同的形式进行着抵制和抗争。

譬如，校党委常委、总务处处长、1939年入党的朱士亮神秘失踪事件。"文化大革命"爆发后，朱士亮因对南下来校的北京红卫兵与学校炊事员之间的纠纷进行过调解及贴出"做好本职工作就是搞好文化大革命"的大字报，而被批斗游街。1967年5月造反派成立了朱士亮专案组，追查其所谓"政治问题"，诬其有"叛徒嫌疑"。其后他被隔离审查，白天劳动，晚上被批斗。7月17日晚，朱士亮因不堪忍受毒打，服用"灭刺毛虫"药水自杀未遂，但被造反派安上"装死对抗"的罪名。

7月22日,朱士亮在被隔离的公务班越窗出走,到上海西郊的七宝地区给毛主席写信,讲述自己被审讯拷打、痛苦难忍的悲惨情况。7月25日下午,朱士亮回到学校,当晚又遭毒打。其后又以种种莫须有的罪名继续被批斗游街。8月1日下午在教学三楼化学实验室再遭审讯后,于次日凌晨失踪,从此杳无音信。"文化大革命"结束后,学校在搜寻调查的基础上确定朱士亮"作为被迫害致死处理"。

随着运动的发展,广大师生逐渐对"文化大革命"的正确性产生怀疑,慢慢出现抵触的心理。于是,有了"牛鬼蛇神"们在"牛棚"内巧妙抵制、斗争的一幕幕。当时教室、实验室、办公室、车间、学生宿舍等,几乎都可做"牛棚"。"清队"开始后,校内大小"牛棚"无数。"牛棚"内死气沉沉,气氛极度压抑,无奈、痛苦、担心、忧愁,甚至是绝望的情绪吞噬着每一位被关押者。但他们内心深处始终没有被悲观、消极情绪所打倒,还是相信这种非人的日子总会结束的。于是,他们在被提审、被强迫劳动之余,有人轻轻地哼起革命歌曲,安慰"难友",相互鼓劲;有人趁造反派放松监视,偷偷传递着一张张用英文书写的小纸条,互通信息,坚持斗争。

在"斗、批、改"过程中,还进行了所谓"教育革命"的试点。1968年7月21日,毛泽东为调查报告《从上海机床厂看培养工程技术人员的道路》作批示:"大学还是要办的,我这里主要说的是理工科大学还要办,但学制要缩短,教育要革命,要无产阶级政治挂帅,走上海机床厂从工人中培养技术人员的道路。要从有实践经验的工人农民中间选拔学生,到学校学几年以后,又回到生产实践中去。"(简称"七二一指示")[1]据此,1969年3月上海交大工、军、革向上海市革命委员会报送《关于开展教育革命试点的请示报告》。从1969年至1971年,学校先后派出14支教育革命小分队,深入上海10多个工厂和常州市戚墅堰机车厂,探索社会主义理工科大学的办学之路;又有3支小分队在校内探索校办工厂,建立校内三结合基地,人数最多时达600余人。学校与沪东船厂、上海船厂、东方红船厂、上海柴油机厂及上海第三机床厂合作举办5所工人大学,学制从一年到两年不等,共计9个专业,工人学员达200多名。各教改小分队普遍开办不同类型的

【1】席宣、金春明:《"文化大革命"简史》,中共党史出版社2005年版,第192页。

工人技术培训班共10多期，工人学员达1 000多人；还普遍成立以工人为主的三结合教材编写小组，编写造船、机械、电子、力学、数学各类教材70余种，在试点班和培训班中使用。1970年，校内还进行系改大队的体制改革，打破过去系的界限，把所有专业纳入厂校挂钩、校办工厂系统，将原有的9个系、1个基础部改为造船、船舶机械、船舶电工、电子仪器设备、特殊材料5个大队，下设30个专业连队，各专业与校外28个工厂实行厂校挂钩。经过一番折腾，改制没有取得成效，到1972年3月，学校重新恢复系和专业组的设置，将5个大队改为船舶制造系、船舶动力系、电机系、无线电系、热加工系、机械制造系6个系，并恢复基础部。

"文化大革命"爆发后，学校科研同样遭受了空前的破坏。当时，全校陷入"斗、批、改"，许多项"文化大革命"之前承接的在研项目被迫停顿，原由交大主持的合作研究项目也因学校无法继续进行工作而转给外单位负责。1969年12月，中共中央、中央军委决定，上海交大自1970年1月起划归海军领导。1970年1月，国务院、中央军委又通知，从1970年2月15日起将上海交大划归六机部建制并领导。六机部是国务院下设的一个工业部，主管军用船舶制造工业。由于"文化大革命"期间国家始终没有降低对国防的重视，先后划归海军和六机部领导的上海交大承担着国防科研任务，停滞3年之久的科研工作由此得以重新恢复。当时，学校科研处作为主管科研业务的行政职能部门，分成大小两套班子开展工作，大班子搞斗批改，"抓革命"；小班子搞业务，"促生产"。因科研项目大多有密级，参加小班子工作的必须是出身好、成分好、没有政治问题的教师和干部。

"交大运动是温吞水"

"文化大革命"时期，上海是"四人帮"反革命集团篡党夺权的一个重要基地，上海交通大学作为一所有着很大社会影响的知名大学和国家重点建设的国防院校，自然成为"四人帮"觊觎的对象。"文化大革命"一开始，张春桥便直接出面，多次插手交大运动；而交大师生进行着各种形式的反对和抵制。对此，张春桥及其在上海的党羽极其不满。

　　1968年8月，严步东在校革委会向工宣队、军宣队汇报工作的一次会议上说："交大的阶级斗争特点是复杂的：交大没有大乱过，也没有进行武斗过。叛徒、特务揪得不多，党内的叛徒挖得不多，交大走资派的黑线查得不多；交大阶级斗争的水平是很高的，交大阶级斗争的盖子没有揭深揭透，交大阶级斗争总是在70度到80度。交大革委会的权威不大。"严步东是忠实执行张春桥旨意的"打手"，他那略显无奈的讲话表明了"四人帮"对交大"斗、批、改"进展不满，认为没有搞深搞透。

　　1970年6月2日，张春桥、姚文元在上海召开理工科大学教育革命座谈会。在6月1日的预备会上，市革委会第一办公室负责人多次放空气，说交大是"独立王国"。座谈会上，张春桥、姚文元点名批评"交大运动是温吞水"，要交大广大群众撇开校"三结合"领导，"自己解放自己"[1]。张春桥所谓"交大运动是温吞水"，是指交大"文化大革命""左"得还不够，"揪"出的知识分子还不多，"反到底"还控制不住交大。当时情况是校内争吵不断，造反派"反到底"在校内始终不得人心。于是，他们给交大的"斗、批、改"戴上"温吞水"的帽子。

　　迫于张春桥的压力，学校提出要以"教育革命"为中心，以整党建党补课为动力，"革命加拼命，烧开交大温吞水"。一场席卷全校的所谓揭矛盾、烧"温吞水"的政治运动，前后长达2年之久。戴上"温吞水"这顶大帽子，不仅使上海交大陷入烧"温吞水"的漩涡；上海市革委会更以此为理由，就是不同意交大成立党的核心小组和招收工农兵学员。

　　成立党的核心小组，继而恢复建立党委，是1969年全国整党建党工作的一项主要任务。此次"整党建党"是在党的组织生活停止近3年后，在毛泽东"50字建党纲领"的指导下进行的。1969年8月下旬起，全校普遍举办了各种类型的"抗大"式毛泽东思想学习班，开展"火线"（指大批判）整党。经过"思想整顿"，党员恢复组织生活的有604人，占参加整党党员数的71.3%。1969年12月19日，上海交大工、军、革领导小组向上海市革委会递交《关于成立交通大学党核心领导小组的请示报告》。市革委会以"交大运动是温吞水"的落后面貌为

【1】《上海理工科大学教育革命座谈会纪要》，《红旗》，1970年第8期。

由,迟迟不予批准。此后2年内学校又写过几次报告,但一直未获批准。

"温吞水"的干扰给学校工作带来的另一方面损失是招生工作的延缓。1970年2月,上海交大划归六机部领导。3月,六机部调查组来交大视察,认为学校"斗、批、改"开展得很好,"教育革命"经验丰富,他们向上海市革委会一办做了汇报并建议交大立即招生。当年,市革委会原已下达了关于上海交大等4所大学进行招生试点的指示,交大招生人员也与其他3所学校一起参加了培训工作。正当学校按照"新"的招生办法,为招收工农兵大学生做大量准备工作之时,9月,市革委会突然又下达指示,要交大待领导班子整顿好以后再招生。张春桥控制的市革委会的这一决定,再一次严重挫伤交大广大教职工的感情和工作积极性,给学校稳定局势、恢复教学秩序造成严重影响。1972年开始,上海高校全面正式招生,交大仍未列入招生单位。

五、逆境中的坚韧与抗争

恢复党委工作

1971年"九一三"事件爆发,林彪集团覆灭。该事件对中国"文化大革命"进程产生重大影响,"客观上宣告了'文化大革命'理论和实践的失败"[1],也在客观上提供了有可能纠正"文化大革命"极左错误、把中国引上正常发展轨道的一次历史转机。只是,"以阶级斗争为纲"的错误方针仍在延续,全局性的极"左"思潮根深蒂固,特别是受到"四人帮"之流的钳制,中国高等教育还不可能朝着正确的方向发展。

1971年4月15日至7月31日,全国教育工作会议在北京召开,通过了《全国教育工作会议纪要》。《纪要》否定新中国成立后17年教育战线的成就,提出了

【1】 中共中央文献研究室:《关于建国以来党的若干历史问题的决议注释本(修订)》,人民出版社1985年版,第420页。

所谓"两个估计",即：新中国成立后17年，"毛主席的无产阶级教育路线基本上没有得到贯彻执行"，"资产阶级专了无产阶级的政"；大多数教师和新中国成立后培养的大批学生的"世界观基本上是资产阶级的"[1]。这种完全背离实际情况的"两个估计"，长时期成为广大知识分子的精神枷锁。《纪要》经毛泽东同意后于8月13日由中共中央批准下发。上海交大被迫贯彻错误的"两个估计"，在全校再次掀起"彻底批判修正主义教育路线"的高潮。

1972年，主持中共中央工作的周恩来结合"批林整风"，在教育领域采取措施，抵制和纠正"左"的错误，开始了调整和整顿的初步努力。上海交大的干部教师对此极为拥护，一方面举办各种专题学习班，批判林彪集团在破坏造船工业、破坏国防院校建设等方面的罪行及其极左谬论、空头政治；一方面理直气壮地恢复学校秩序，开展"教育革命"实践和科学研究工作，学习业务，钻研技术。1972年4月24日，《人民日报》发表社论《惩前毖后，治病救人》。社论针对"文化大革命"中老干部遭受打击和迫害，冤案、假案、错案遍及全国的事实，重申党的干部政策，肯定绝大多数干部是好的。根据此精神，学校开始落实干部和知识分子政策，多数干部和教师的处境和地位较以前有了些变化。从1972年11月起，学校各组、室、系及工厂负责人皆由本校干部和教师担任。至1973年，原校级领导干部全部"解放"，张华被处以"党内严重警告"（"文化大革命"后该错误处分被撤销）；处及处以下干部不做"走资派"的结论；全校教职工有300人不做结论，材料予以销毁。

迟迟未得上海市委批准的上海交大成立党的核心小组的请示，在这一时期也有了新的进展。1972年10月18日，上海市委派杨恺来上海交大担任主要负责人。11月23日，批准成立以杨恺为组长、由6人组成的上海交通大学党的核心小组，在党委成立前由党的核心小组行使党委权力。1973年7月，学校召开第四次党员大会，并经上海市委批复同意建立上海交大党委，杨恺任党委书记。明确党委负责全校工作和党务工作；校革委会行使行政权力；工宣队在党委领导下发挥政治作用，以保证党的一元化领导。

【1】 席宣、金春明：《"文化大革命"简史》，中共党史出版社2005年版，第193页。

上海交通大学召开第四次党员大会，恢复党委工作（1973年7月）

杨恺（1920～1986），浙江慈溪人。1940年加入中国共产党，曾任新四军苏浙军区政治部宣传科科长、《苏浙前线》报总编辑、华东野战军宣教部部长，参加过莱芜、孟良崮、淮海等战役。新中国成立后，历任华东军政大学宣传部部长、

党委书记杨恺

中国人民解放军军事学院宣传部部长、政治部副主任、中共中央华东局宣传部副部长，1973年至1977年任上海交通大学党委书记，后任上海市教育卫生办公室主任、上海市副市长、市人民政府顾问、市第六届政协副主席。

"文化大革命"期间，按照毛泽东"五七指示"精神举办"五七干校"，把大批干部和知识分子下放劳动，作为知识分子接受所谓"贫下中农的再教育"的一种基本途径。1972年上海市革委会决定上海交大在安徽凤阳县大庙公社举办"五七干

校"。5月7日，首期185名干部教师到干校"学习锻炼"。每批为期半年，前后共组织了11期，有千余名干部和教师参加。他们分成大田队、蔬菜班、养猪班、运输队和基建队，种粮食和蔬菜，养猪，盖房子。自己动手挖深井，建水塔，接管子，架设起"自来水"；从学校带去发电机，自行发电，以供生产和生活之用。除在干校内学习、劳动外，每人必须有两星期到当地农民家进行"五同"，即"同吃、同住、同劳动、同学习、同批判"，接受思想改造。

1973年8月，中国共产党第十次全国代表大会在北京召开，会议继续九大的"左"倾错误。全国"批林整风"运动出现从批"左"到批右的转变，江青、张春桥等在教育界掀起了"反右倾回潮"运动。到1974年1月，毛泽东发动"批林批孔"运动，江青一伙趁机加紧进行全面夺取党政军领导权的阴谋活动。张春桥写信给上海市委马天水、徐景贤、王秀珍等说："一些方面、一些单位的权并没有夺过来，在一月风暴中夺过来的权力又失掉了。"要他们在上海"进行第二次夺权"，"亲自抓一些单位，开开刀"。在随即展开的"批林批孔"运动中，王秀珍等借揭批林彪、李作鹏破坏国防院校建设之机，企图引申出"第十次路线斗争"（当时，林彪事件被视为中国共产党历史上的"第十次路线斗争"）在交大的反映。上海团市委负责人对交大团委煽动说："你们党委右倾保守"，

上海交大首批赴安徽凤阳参加"五七干校"的部分教职工（1972年5月）

要"发扬反潮流精神"；而团市委另一负责人、原交大"反到底"成员杨小兵也说"交大是一个复辟的典型"。这样，学校再一次笼罩在政治批判的阴影中，批判会、讲座、大字报又冒出来了。但与前期"斗、批、改"已有明显不同，杨恺主持的学校党委根据中央文件精神，不搞层层检查，不与基层相联系，从而较好地稳住了运动的局面；同时通过调查研究，答复市委"上海交大不存在'第十次路线斗争'的反映"。

"反右倾回潮"运动中，教育领域发生了一些可笑可恨的荒唐事，其中就包括在全国各地普遍出现的"考教授"事件。1974年1月5日上午，上海市革委会文教组让全市18所高等院校的教授和副教授参加一次突然袭击式的考试。对此，包括交大在内的许多教师都表现出强烈的气愤，以不同方式进行抵制。如交大王公衡教授走出考场后对学校一位工作人员说："今天你们这种办法，不光明正大，你们骗人。你们骗了支部书记，支部书记骗了我，说是搞教育革命。今后不能搞阴谋诡计。"交大哲学副教授孙法祥在试卷上写道："运动后期隔离十多个月，接着下乡劳动八个月，接着工厂劳动二年半，接着五七干校半年，回来只半年，又帮市里编书，不少东西尚需补课，遗忘了不少东西。"

1975年1月，邓小平主持中央的日常工作，排除江青、张春桥之流的干扰破坏，对各项工作展开全面整顿。在教育领域的整顿浪潮中，上海交大广大师生自觉地对学校秩序进行规范，以保证教学时间和教学质量的提高，加强文化课的传授和学习，注意发挥教师和学生双方的积极性；认真开展科学研究工作，抓好各项基本建设；加强落实党的政策工作，一批老干部得到重新安排使用，对校革委会进行调整充实，增补朱物华、周志宏为上海交通大学革命委员会委员、常委、副主任。

1975年11月，教育领域又刮起"反击右倾翻案风"的狂潮。但是，上海交大校园局势已有了明显的变化，经过周恩来、邓小平前后两次整顿教育工作，干部和师生对极"左"思潮非常反感，自觉或不自觉地从思想和行动上加以抵制。所以，交大党委因"领导不力"，校内大字报数列全市高校倒数第二而被市革委会文教组在全市高校干部大会上点名批评。党委被迫采取"措施"，改变"工作方法"，主要是增加大字报的统计数和向上报送《简报》的数量。譬如，将篇幅较长的大字报拆分成几篇，一个小标题算一篇，由此大字报数量快速上升，据统计最多的一天有372篇。上海市革委会文教组要交大党委总结经验，党委书记杨恺说"要总结，只有总结'爬坡'（意即被别人赶着走）的经验"，这再次引来市革委会文教组的极度不满。1976年2月，学校采取办骨干学习班、开批判会、贴大字报、出《大字报选》等方式，在形式上把"反击右倾翻案风"搞得轰轰烈烈，此后竟有外单位干部群众来校"取经"，以此应付了市革委会文教组。

违背客观规律的"教育革命"

1973年9月17日，来自24个省市1 138名工农兵学员入学上海交大。这是"文化大革命"以来交大第一次招生。自"文化大革命"开始后学校停止招生已长达7年之久，其中包括因受"温吞水"之干扰，学校被上海市革委会取消招生试点资格而延误的3年。至1976年，共招收四届工农兵学员约4 700人。

在停止招收研究生长达8年后的1974年，上海交大根据市委有关部门的指示，在全校22个专业试办研究生班，学制2年，共招收由上海市相关工厂、研究单位选送的工农兵研究生班学员85人。1976年又招收了工农兵研究生79人。

工农兵大学生由群众推荐，当地领导批准，经学校复审即可招收入校，学制由"文化大革命"前的5年缩短为3年。这种"新"的招生办法突出政治表现，强调实践经验，而文化标准则被放在次要的地位。为此，学校课程设置不得不进行调整、删减，降低难度。这实际上是降低了大学教育标准，使大学名不符实。1971年出台的《全国教育工作会议纪要》

学生赴宝山县横沙岛参加军训

还确定了工农兵学员学习期间的一项重要任务,要"上大学、管大学、用毛泽东思想改造大学"(简称"上、管、改")。虽然"四人帮"希望将工农兵学员培养成"头上长角、身上长刺"的造反者,但是交大工农兵学员中的多数学生还是渴望读书、勤奋好学的,也有不少人经过努力,日后成为国家杰出的栋梁之材。

在"教育革命"中,"开门办学"和"围绕典型产品教学"强制性地成为唯一和必须遵循的模式。教学中,建立一支工人、革命技术人员和原有教师三结合的教师队伍;"工人讲师"进入学校,对教师队伍进行"掺沙子",如1972年学校向沪东造船厂、上海电机厂、上海起重机厂等单位聘请专职工人讲师12人来校工作,1974年请工人师傅700多人来校讲课。实行开门办学,厂校挂钩,校办工厂,厂带专业,建立教学、科研、生产三结合的办学体制,即走出教室,走出学校,在工厂、研究所、工地等实际生产、科研部门边生产劳动,边组织教学。结合生产、科研任务中的典型工程、典型产品、典型工艺、技术革新等进行教学,即打破过去基础课、专业基础课和专业课界限分明的"三段式",改变以课本为中心,忽视理论教学,突出实践活动,边学边干,在干中学。为此,交大教师们四处奔波联系挂钩单位,多次申报上级部门协商落实,无谓地耗费了精力和时间。一些教师对"开门办学""围绕典型产品教学"产生质疑,却被视为"资产阶级教育思想"的复燃,招来了批评甚至是批判。

为围绕典型产品开展教学,1972年1月,上海交大公布《关于制订各专业教育计划的几点意见》,明确规定:政治课的时间占总教育时间的20%;军事体育课和学农各占总教育时间的5%;业务教育课占总教育时间的70%,其中学工、科研、设计、实习等实践环节占业务教学时间的40%左右。在教学实践中,许多教师针对学员的实际情况,反复研究专业教学计划,在结合典型产品进行教学的同时注重培养学员分析和解决问题的能力。例如230教研组"新"的教学计划将教学重新划分为四阶段:第一阶段是扩大实践面(包括基础知识学习);第二阶段是结合典型产品设计,边干、边学;第三阶段是在实践基础上学习理论;第四阶段是通过专题研究再实践。该教学计划突出"柴油机工作过程的试验"这一实践环节,将其贯穿在学习的第二和第三阶段中;在业务学习的总学时分配比例上,理论学习约占55%,实践环节(包括典型产品设计)约占45%,尽可能不放松对学员理论学习的要求。

"开门办学"最高潮时，学校与上海市55个工厂单位建立起长期固定的厂校挂钩关系，还与其他省市工厂和部属研究所实行厂校挂钩或所校挂钩。各专业纷纷确定典型产品组织教学，如150专业1973级学员赴上海港驳船厂，结合200T机动驳船的设计开展教学；370专业1973级学员结合防雷变压器的设计，到上海变压器厂开门办学；210专业1974级学员到上海新中动力机厂开门办学，进行25型增压器改型设计，等等。据校教革组汇总各专业一、二年级1975年开门办学、结合典型产品教学情况：全校承担典型任务66项。3～5月份在校班级34个，共1 156人；外出班级40个，共1 308人。

上海交大的"教育革命"实践，除招收工农兵学员、组织开门办学、围绕典型产品教学外，还开展了多种形式办学活动。例如，为六机部及有关工厂、研究所举办各种类型的短训班，学制2个月到半年，1974年举办26期，招生1 988人；1975年举办112期，招生5 790余人。又如，为上山下乡知识青年承办"农用柴油机""农村电工""农用化肥""农机基础""农村广播""政治"等科目的函授教育，从1974年至1976年函授招收学员14 580名，生源分布上海、云南、安徽、江苏等省市的26个县、11个农场，函授班级132个，共有132名教师参加教学，印发教材63种计93 445册，为农服务维修农村机电1 162台。此外，还举办学制一年半的工人进修班，为农场业余大学、"七二一"工人大学和高等学校举办师资培训班，等等。

实践证明，"文化大革命"中的"教育革命"违背了高等教育客观规律，实际上是将理工科高等教育的培养目标改为以培养实用人才、推广和普及实用技术为主。因此在教学过程中完全否定系统理论教学和课堂教学，搞乱了办学体制和教学建制，给上海交大教育事业带来了巨大的损失。

但是，值得注意的是，即使在"文化大革命"这种长期压抑的特殊环境中，上海交大广大教师没有忘却为人师表、教书育人的使命与职责。他们凭着强烈的爱国心和由此产生的责任感，在形势趋于缓和、条件有所许可的情况下，即全身心地投入到教学工作中，默默地奉献着……如在开门办学中，交大师生以其智力创造和辛勤劳动，将生产中急需解决的实际问题作为典型任务组织教学，改良技术,降低成本,提高生产效率,得到生产单位及社会的广泛好评。到"文化大革命"末期,一些工厂主动邀请上海交大去他们单位开门办学,帮助他们进行技术改造或协助科研。在短训班、函授班等多种形式办学中,交大教师不怕苦,不怕累,来到艰苦的农村和山区,推广和普及实用技术,满足了当地群众基本的学习需求。这些都是上海交大知识分子在逆境中为国家和人民作出的贡献。

夹缝中的科学研究

自20世纪60年代初学校划归国防科委领导以后,由国防科委下达的科学研究项目稳步增加,科研工作成为学校的重要任务和办学特色。但是,"文化大革命"期间,学校陷入混乱之中,广大教师在政治上、精神上、生活上受到严重迫害与摧残,相当一部分教学仪器、设备、图书资料被毁坏和丢失,实验室、资料室被造反派占用、破坏,科研工作陷于停顿。不久,由于老一辈革命家的坚持,国防科研项目仍作为国家重点任务得到重视。在极其困难情况下,上海交大的广大教师顾全大局,忍辱负重,学校科研工作从夹缝中逐步开展。"文化大革命"期间的科研工作主要有:

一是来自上级部门下达的科研任务。承接国防科委下达的研究项目,试制和生产国防工业急需的产品。1970年划归六机部领导后,主要承接造船工业产品、新工艺研究及标准化项目。1973年以来,学校各专业的服务面从六机部扩大到一机部、三机部、四机部、水电部等,承接来自中央各部委的科研协作项目。此外还承接上海市科学技术重点项目,参加大型民航客机、核电站、上海新客站等重大工程的技术攻关。据统计,1966年至1976年,全校经由国家下达的科学研究经费1 317.56万元,年均近120万元;同期科研活动支出为1 252.34万元,年均113.8万元。先后承担和参与国家下达的科研任务及各方面的研究项目共计500多项,已完成并取得重大成果的300多项。这些科研项目主要分布在舰船、电力、电子技术及自动化、计算机、激光、新型材料、机械、工艺等多个学科领域,诸如静电陀螺电罗径、"7103"项目、玻璃钢扫雷艇、大功率液力偶合器、358雷达、双三七指挥仪、水下激光电视等。这些都是紧密结合国防建设,直接服务于国民经济,尤其是造船工业发展的项目。

　　二是来自协作单位委托的科研任务,主要包括厂校挂钩协作项目及校选典型产品及工艺。早在"文化大革命"前,在党的"教育与生产劳动相结合"的方针指引下,上海交大师生便积极参加面向实际生产的科学研究和技术开发活动。"文化大革命"中进行"教育革命"的实践,建立教学、科研、生产三结合的基地,客观上使得学校与研究单位、工厂及农村的协作关系有了显著增强。广大师生主动承担工农业生产上迫切需要解决的科研课题,工厂企业及研究单位委托的新技术、新产品、新工艺研究项目也陆续增加。如1975年电机41班赴无锡电机厂进行5万吨油轮主发电机的设计,交大师生过硬的专业技术和认真的工作作风给电机厂留下了深刻的印象。次年该厂要进行10万吨油轮800千瓦主发电机设计与制造工作,专程派革委会副主任来校邀请,一再希望电机51班师生前往参加研究试制工作,并为师生们做好了食宿准备,答应提供该专业开门办学经费。类似的合作事例在"文化大革命"后期频频涌现。可以说,这正是改革开放以后学校蓬勃发展的横向科研和科技服务的雏形。

　　"文化大革命"中的科研攻关在工作方法上带有明显的政治烙印。学校接到科研任务后,采取校内三结合和校外三结合这两种形式。校内三结合就是以校办工厂为基地,以工人为主体,实行工人、教师和干部三结合;校外三结合就是以校外协作工厂为基础,以工厂工人为主体,在厂党委的直接领导下进行三结合。这反映出学校知识分子地位的下降。但是,若将强烈的政治色彩排除掉,开展教学、科研和生产相结合,对于学校科研工作更好地面向社会、服务于经济建设,不无有益的启迪,并且实际上完成这些项目的主力还是教师。

　　从1973年起,学校编辑出版了内部科技刊物《上海交大科技》,先后出版6期,每期约印3 000多册,与全国2 000多个单位进行了科技情况的交流。后因学校印刷能力跟不上,将此暂定为内部不定期刊物出版,分为综合性和专刊两种。至1976年又恢复正常出版。1974年8月,学校又设置了船舶结构力学等12个研究室,加强科研组织和管理工作。

　　处在"文化大革命"这一非常态时期,许多教师长期遭受极"左"路线的迫害和折磨,生活极其艰苦,从事科研工作的条件亦不尽如人意。许多承担科研项目又处于教学第一线的"老讲师""老助教"们，上有老，下有小，月工资60元，一家三代人均住房面积不超过4平方米，教学科研用书籍不得不堆在床底下，找书本得用手电筒照明。即便如此，他们还是全身心投入科研工作，研制出一批高水平的成果。1995年当选中国科学院院士的徐祖耀，在"文化大革命"期间利用开展工农兵学员教学及参加编写教材的机会，开始中断多年的科学研究工作。不久，他被检查出肺结核活动期，向组织请了长病假，因祸得福，获得了更多的时间进行科学研究。在没有电子显微镜和切片机的条件下，他凭借扎实的基本功，利用大量的文献资料，在金属马氏体相变的微观世界开展了大量分析研究工作。1978年，其研究成果《马氏体相变与马氏体》交付科学出版社出版。编辑们惊呼：作者在"文化大革命"中竟能写出这样一部世界领先水平的著作，真是奇迹！

还有，"814"第二期工程需要使用10多个六级精密小模数齿轮，但学校仅有七级机床，精密度不够。但交大研制人员凭着精湛的技术，创造了用七级精度机床加工六级精密齿轮的奇迹，从而顺利攻破阻碍工程进展的关键性难点。某科研课题需要一套价值近万元的离子交换树脂系统，科研人员自力更生，发动群众到处拾废管，自行加工拼装而得，确保了研究工作正常进行。一台积压12年之久的高频电炉因年久失修，全部生锈，成了老鼠窝，科研人员经过一个多月的抢修，使这样一台废旧设备重新得以使用。类似的例子举不胜举。上海交大广大教师及科研人员在十分困难的环境中开展科学研究，知难而上，乱中求进，展示了一代知识分子独特的精神风貌。

"文化大革命"结束后的1976年12月28日，上海市教育局在上海交大召开高校科研现场会，来自上海市高教系统约300人参加了会议。翌年，教育部部长蒋南翔到全国有关高校进行调研和考察。老部长深知我国高等教育在十年动乱中已被摧残得千疮百孔，许多实验室也被破坏殆尽。当他来到上海交大，在船模试验池考察时，陪同人员告诉他这是1958年建成、整套仪器设备都是从德国引进的实验室，在"文化大革命"中没有受到破坏，还完成了许多科研项目的试验研究，并自行研制了一些仪器设备。参观空泡水筒实验室时，陪同人员汇报说这是"文化大革命"中经过漫长岁月才建成的实验室，全部仪器设备都是自行设计，国内制造。蒋南翔十分感慨地说："上海交大船舶流体力学研究室真是了不起,船模实验室不仅保养完好,做了许多科研工作,还新建了一个现代化的空泡水筒实验室,实在是太了不起了。这种自力更生、坚忍不拔、在逆境中努力拼搏的精神应该大力发扬!"

1978年2月4日,上海市科学大会召开。上海交大获市重大科学技术成果奖27项,并有船舶流体力学研究室等6个集体获先进科技单位称号,李渤仲等13人获先进科技工作者称号。相隔一个月,在3月18日至31日中共中央召开的全国科学大会上,上海交大有33个项目荣获全国科技大会科技成果奖,周志宏、朱物华、阮雪榆3位教授被评为全国先进个人,船舶流体力学研究室被评为全国先进集体。众所周知,获奖科研成果绝非一蹴即就、轻而易举完成的,从科研立项、攻关、试制,直到取得成果,获得奖励,有着一定的周期性。一分耕耘,一分收获!"文化大革命"时期,交大人在夹缝中的潜心努力和默默工作,赢得了"文化大革命"结束后科学研究成果的大丰收。当然这并非"文化大革命"的成果,如果没有"文化大革命"的冲击和干扰,这十年的科研成就一定会更大、更多。

"文化大革命"期间建成的空泡水筒实验室

师生揭批"四人帮"

1976年1月8日，周恩来总理逝世。"四人帮"公然与人民为敌，下达禁令，"不准戴黑纱、白花，不准送花圈，不准设灵堂"，压制人民群众悼念周恩来的活动。"四人帮"的倒行逆施与拙劣行径，激起了广大干部教师的无比愤慨。上海交大冲破阻力，积极开展悼念活动。1月12日下午，全校师生员工分4批在大礼堂举行吊唁仪式。校内贴出了悼念总理的大字报和大标语。1月15日，交大师生又收听了北京举行的周恩来同志追悼大会的实况，学习邓小平代表党中央所致的悼词。随后，学校又多次组织师生进行座谈。当时，上海市革委会要求各校在追悼会结束后，马上用"反击右倾翻案风"的大字报来覆盖悼念总理的诗词和标语，这一举动再度引起广大师生的不满。

1976年9月9日，毛泽东主席逝世的消息传到上海。交大师生怀着极其悲痛的心情收听中央《告全党、全军、全国各族人民书》，设立灵堂，佩戴黑纱，举行各种座谈会，沉痛悼念毛泽东的逝世，并对国家的前途命运深为担忧。

1976年10月6日，中共中央采取果断措施，对王洪文、张春桥、江青、姚文元实行隔离审查。由于中央的决定是分批、逐级传达的，最初人民群众对于处置"四人帮"的行动尚不知情。10月12日，上海交大无线电系41031班学生接到北京来信闻悉此消息后，异常兴奋，深感"四人帮"的末日已经到来。当晚，无线电系41031、42031班学生骑"黄鱼车"（三轮车）从法华镇路分部出发，在华山路等地张贴"任何搞修正主义、搞分裂、搞阴谋诡计的人，绝没有好下场！""篡改毛主席指示的人，绝没有好下场！"等大字标语，在上海街头引起极大震动。仍为"四人帮"余党控制的市革委会立即作出反应，要求有关部门对交大进行追查。当晚市革委会第一办公室在给学校总值班室的电话中，要求学校对当事人立即作出处理，学校未予理睬。

10月14日下午，按照中央的部署，上海交大党委召开会议，先在党内干部中传达中央决定，当晚各总支又向党员进行传达。10月15日，学校党委在新文治堂召开全校大会，正式传达中央一举粉碎"四人帮"篡党夺权阴谋的特大喜讯。

会议尚未开始,礼堂内外便挤满了人,还有许多学生席地坐在主席台上。传达过程中,整个会场口号声此起彼伏。广大师生坚决拥护党中央的英明决策,热烈欢呼这一事关党和国家命运前途的伟大胜利。还有不少师生不待会议结束,便按捺不住喜悦的心情,自发地在校门口集队,涌上街头,想要把这一特大喜讯告诉全市人民。当时市革委会企图以有重大外事活动为由,不准交大师生上街,要求党委做劝说工作。但多年来压在广大师生员工心头的怒火像火山爆发,势不可挡。这一天,交大师生员工2 000多人自发上街举行庆祝游行,师生们四人一排,秩序井然,精神饱满,斗志昂扬。队伍所到之处,千千万万上海市民都热烈欢呼,齐声响应。人民警察为游行队伍一路开绿灯放行,解放军战士也向游行队伍敬礼致敬。

　　上海交大在结合学校实际情况,以各种形式开展深入揭批"四人帮"工作的同时,还积极参与并组织全市群众性揭批运动。鉴于当时被"四人帮"余党把持的上海市委、市革委会迟迟不执行中共中央通知精神、不召开全市人民声讨"四人帮"反革命罪行的大会,有多所高校和厂矿企业单位纷纷来到交大,交流情况

两千余名交大师生走上街头,欢庆粉碎"四人帮"的伟大胜利(1976年10月)

和看法,要求联合声讨"四人帮"反党集团。经酝酿研究,各单位决定于10月19日下午在文化广场召开上海高校工农兵学员愤怒声讨"四人帮"罪行的大会,并于20日下午在人民广场召开上海市人民愤怒声讨"四人帮"反革命罪行的大会。两次大会都进行得热烈又成功! 19日的大会有16所高校约3万人参加,会议由上海交大学生会主持,交大、复旦、音乐学院等校代表相继发言。20日的大会更是规模宏大,全市各系统、各单位及广大市民100万人参加,可谓群情振奋! 大会筹备组联系点就设在上海交大团委、学生会。会前筹备组向党中央发去电报予以请示,并向全市人民发出团结战斗、支持办好此次大会的倡议书。交大党委十分关心大会的筹备工作,调配了专用的办公室、车辆和电话线路,保证筹备工作顺利进行。下午2时整,大会在人民广场准时召开。会议由上海交大团委主持,上海市各单位代表纷纷上台进行揭发批判,愤怒声讨"四人帮"的滔天罪行。会上还宣读了《告上海全市人民书》。会后,百万人民举行了声势浩大的游行活动。次日,遵照党中央不准串联、不拉山头、不准成立任何形式的战斗队的指示,大会筹备组向外发表声明宣告结束工作,大会发起单位和大会筹备组成员都回原单位,继续深入揭发"四人帮"反革命罪行,并要把各项工作搞得更好。

历时10年的"文化大革命"以党中央一举粉碎"四人帮"而落下帷幕,笼罩在中国上空的乌云终于被驱散。上海交大和全国一样,在经历了新中国成立以来最为剧烈的震荡之后,学校教育事业即将进入新的发展阶段。

第六章 改革开放勃发生机

　　党的十一届三中全会呼唤着科教春天的到来！上海交大在解放思想、实事求是的思想路线指引下，锐意改革，敢闯敢试，率先呼吁否定"两个估计"，率先组团访问美国，率先探索高校管理改革，率先启动新校区建设，为建设教学、科研两个中心开辟了更为广阔的空间，走出来一条在改革开放中重新崛起的发展之路。

一、在拨乱反正中迎接改革开放

率先呼吁否定"两个估计"

1976年10月，党中央果断粉碎"四人帮"，结束了"文化大革命"这场灾难。上海交大师生员工和全国人民一样，激动万分地欢庆胜利。面对百废待举的教育事业，大家满怀热切期待，以"将荒废了的宝贵光阴补回来"的质朴情感，全身心地投入到学校各项工作，调整课程、新编教材、埋头实验、开展科学研究……交大校园内到处洋溢着忙碌又紧张的工作气氛。

1976年12月，杨恺调往上海市革委会工作，由邓旭初主持校党委日常工作。1977年6月12日，上海市委正式任命邓旭初为上海交大党委书记，同时免去杨恺上海交大党委书记职务。邓旭初（1921～2012），广东开平人。1938年10月加入中国共产党，同年入陕北公学学习。历任新四军军部文化教员、青年干事，连指导员，团部宣传股长，山东省滨海军分区海防警卫团政治处主任等职。1950年参加抗美援朝，任中国人民志愿军某汽车团政委兼团长。1953年初调任华东航空学院政治辅导处主任。1954年4月调入交通大学，历任校长办公室主任、副校长、党委副书记，1977年至1986年任上海交大党委书记。1986年后任中共上海市委顾问委员会委员。上海市第七、第八届人大代表。

在新的党委领导下，广大干部教师发出了要求中央否定"两个估计"的强烈呼声。"两个估计"系1971年"四人帮"在全国教育工作会议上炮制推出。由于"两个估计"被写入《全国教育工作会议纪要》并经毛泽东圈阅，粉碎"四人帮"后，在当时"凡是毛主席作出的决策，我们都坚决维护；凡是毛主席的指示，我们都始终不渝地遵

党委书记邓旭初

循"（即"两个凡是"）的思想禁锢下，人们不敢直接加以否定。但上海交大师生在揭批"四人帮"篡党夺权罪行的过程中，对"两个估计"表示了强烈的不满，认为这是强加在教育战线广大知识分子头上的"紧箍咒"。新中国成立后17年教育战线究竟应当怎样评价？成为大家普遍关注和议论的焦点。

1977年复职后的邓小平自告奋勇主管科教工作，"愿意当大家的后勤部长"，直接领导了教育领域的拨乱反正。这一年的8月4～8日，他邀请33位科学家和教育工作者在北京举行科学和教育工作座谈会。座谈会召开之前的7月底，上海市委通知上海交大派代表与会，学校党委决定派中年骨干教师吴健中赴京参加会议。8月4日座谈会开始的第一天，邓小平说："这次座谈会的目的就是请大家一起来研究和讨论，科学研究怎样才能搞得更快、更好些，教育怎样才能适应我国四个现代化建设的要求，适应赶超世界先进水平的要求。"4日和5日的会议上，许多老科学家和老教授纷纷揭露"四人帮"破坏大学和研究机构的罪行，控诉了"四人帮"对教学和科研人员的残酷迫害，指出了我国科学、教育工作与发达国家的差距。邓小平仔细听取大家的发言，并不时插话和提问。

6日上午的会议，上海交通大学吴健中第一个发言，直接提出对教育战线17年的评价是路线问题。据《科教座谈会发言记录》记载，吴健中发言指出："教育的问题，主要还是在路线问题上界限不清。因此，一碰到具体问题，就不知道怎么做才是正确的。"他认为，如果说教育工作17年是修正主义路线，其他战线都是红线，那么教育培养的人为什么到其他战线、到科技战线都是红人，是各条战线的实力派？吴健中对教育战线17年执行什么路线的质疑，实质是对"四人帮"提出"两个估计"的否定。他的发言切中要害，掷地有声，表达了广大知识分子的心声，更是道出了与会者心里想说而没有说的话，会场顿时活跃起来。大家纷纷对教育战线上17年的估计问题发表了看法和意见。在吴健中等人发言之后，邓小平当即对17年教育战线的估计问题做了严肃回答："这个问题应该快点解决！——我个人的看法，主导方面是红线，是毛主席革命红线嘛！"

在8月8日上午会议总结时，邓小平将否定"两个估计"作为座谈会提出的第一个问题。他说："对全国教育战线17年的工作怎样估计？我看，主导方面是红线。应当肯定，17年中，绝大多数知识分子，不管是科学工作者还是教育工作者，在毛泽东思想的光辉照耀下，在党的正确领导下，辛勤劳动，努力工作，取得了很大成绩。特别是教育工作者，他们的劳动更辛苦。现在差不多各条战线的骨干力量，大都是中华人民共和国成立以后我们自己培养的，特别是前十几年培养出来的。如果对17年不做这样的估计，就无法解释我们所取得的一切成就了。"[1]这就是著名的"八八讲话"。邓小平以大无畏的政治气魄和理论勇气对教育战线上重大问题的路线是非、思想是非进行了拨乱反正，坚定地推翻了"四人帮"炮制的"两个估计"，激起全体与会同志的强烈共鸣。

邓小平在这次座谈会上的讲话《关于科学和教育工作的几点意见》和9月19日邓小平与教育部主要负责人的谈话《教育战线的拨乱反正问题》的精神传达到上海交大后，全校师生员工十分激动、喜悦，迅即掀起批判"两个估计"的高潮。1978年5月，《光明日报》发表了特约评论员文章《实践是检验真理的唯一标准》，引起全国关于真理标准问题的热烈讨论。上海交大党委积极组织全校师生投入这一大讨论之中。这场讨论冲破了"两个凡是"的严重束缚，成为实现党和国家历史性转折的思想先导，也为教育战线彻底推翻"两个估计"奠定了理论基础。1979年3月19日，中共中央正式发文转批教育部党组的报告，决定撤销1971年《全国教育工作会议纪要》。至此，全国教育界、知识界彻底冲破"两个估计"的思想禁区，粉碎了多年来禁锢广大知识分子的精神枷锁。

随着揭批"四人帮"运动的层层深入，上海交大根据党中央落实知识分子政策的精神，从1977年起积极稳妥地复查"文化大革命"以来的积案，为受"四人帮"迫害的千余名师生员工平反昭雪；同时，对被错划的右派分子进行复查，做好安置和善后工作。至1987年1月，学校落实知识分子政策、解决历史遗留问题的任务基本完成，复查改正冤假错案1 161人；补发工资318人计人民币69.7万元；清理退还199人在"文化大革命"中被查抄的财物；被没收或挤占的住房得到归还或落实补偿。

这一时期，学校领导班子进一步得到调整。1978年7月12日，中共上海市

【1】邓小平：《关于科学和教育工作的几点意见》(1977年8月8日)，《邓小平文选》(第2卷)，人民出版社1994年第2版，第49页。

委任命朱物华为上海交大校长,结束了"文化大革命"中产生的革命委员会体制,实行党委领导下的校长分工负责制。朱物华(1902～1998),江苏扬州人。1923年毕业于交通部南洋大学电机系,获美国麻省理工学院电机系硕士学位和哈佛大学电机系博士学位。他是国内知名的无线电电子学家、水声工程专家,一级教授,1955年当选为中国科学院学部委员。历任中山大学、北京大学、西南联合大学、哈尔滨工业大学和交通大学教授,交通大学校务委员会常务委员、工学院院长,哈尔滨工业大学副校长。1978年至1980年任上海交通大学校长。第三届全国人大代表,第二、第三、第五、第六届全国政协委员。

朱物华校长在讲课

1980年,朱物华因年事已高,辞去校长职务。同年4月,中央书记处批准范绪箕任上海交大校长,朱物华任顾问。范绪箕(1914～2015),江苏江宁人。1935年毕业于哈尔滨工业大学机械系,获美国加州理工大学航空工程硕士学位,并通过航空工程博士学位的全部课程考试,一级教授,是力学学科和航空学科领域的专家。历任浙江大学航空系系主任、总务长,华东航空学院副院长、教务长,南京航空学院党委委员、副院长等职。1979年任上海交通大学党委委员、副校长,1980年至1984年任上海交通大学校长。第三届全国人大代表。

范绪箕校长(左二)在实验室工作

　　学校党政领导团结一致,积极致力于恢复和发扬老交大优良办学传统,重振上海交通大学。当然,步履仍然十分艰难。其中,遇到的第一个难题是敢不敢把好学生招进学校。当时,由于多年来"左"的思想在人们头脑中的影响仍严重存在,要在招生工作中开创"不拘一格降人才"的局面,阻力不小。1977年10月,国务院转批了教育部《关于1977年高等学校招收本科生和研究生的意见》,全国恢复高校统一招生考试制度。1978年,一位"家庭出身不好,社会关系复杂"而本人历史清楚、政治表现好、学习工作成绩优秀的中学教师糜解报考上海交大研究生。学校贯彻邓小平提出的"在人才问题上,必须打破常规去发现、选拔和培养杰出的人才","招生主要抓两条:第一是本人表现好,第二是择优录取"[1]的精神,大胆冲破"唯成分论"的羁绊,按照当时"有成分不唯成分,重在政治表现"的原则,录取糜解为上海交大"文化大革命"后第一届应用数学系的研究生,引起社会的极大反响。当年10月,《人民日报》等多家新闻媒体相继登载社

【1】 邓小平:《培养科学技术人才是教育战线的重要任务》《教育战线的拨乱反正》,《毛泽东邓小平江泽民论教育》,中央文献出版社、人民教育出版社、北京师范大学出版社2002年版,第132、123页。

论或文章报道此事,并予以高度评价。也就在同一年的本科招生中,上海交大还录取了多位本人思想表现好、学业成绩好,但所谓"家庭成分不好"的考生。

与此同时,学校恢复重建教学、科研工作的各项规章制度,采取一系列具体措施提高知识分子的政治地位、学术地位和经济地位,充分调动他们献身教育事业的积极性。1977年9月,在全校教职工中开展"评先进,比贡献,选模范,树标兵"的活动,共评选出先进集体20个、先进工作者263人,并于9月26日隆重举行表彰大会。虽然评优选优如今已是司空见惯的常事,但在粉碎"四人帮"后不久的1977年,首次在教师队伍中评选先进工作者,用事实来肯定知识分子的价值、地位和作用,这对于广大教师而言是非常可贵的精神鼓励。

教师职务的评审和晋升直接关系到教师队伍的建设,学校历来十分重视。但在"文化大革命"中,教师职称评审工作被迫中断,直到1978年才恢复。当国务院转批教育部《关于高等学校恢复和提升教师职务问题的请示报告》一下达,学校立即抓紧开展了此项工作。在对全校教师实行全面考核的基础上,从1978年至1983年先后进行了3次确定提升正、副教授和5次确定提升讲师的工作,其中经批准提升教授31人、副教授268人、讲师1 106人,使受"文化大革命"的干扰破坏,长期未能确定、提升教师职称的情况开始得到解决。

交大教师住房一直比较紧张。学校教学工作全面恢复后,广大教师尤其是中年讲师勇挑教学重担。但他们的住房条件大多很差,往往"三代同室"(祖孙三代同挤一间房),常常"一桌三用"(一日三餐当餐桌,前半夜子女做功课当课桌,后半夜备课改作业当办公桌)。学校急教师之所急,先后为632户教职工解决和改善住房问题,其中教师占60%。例如,1977年秋,学校领导下决心挤出有限的资金,专门在徐虹北路交大新村内建造一幢40套住房的教职工住宅楼,并将其95%以上优先分配给工作出色、居住困难的中年讲师。分到房子的教师们喜气洋洋地搬进了新家,感慨之际,大家就将这幢住宅楼称为"讲师楼"。

学校的关心温暖着每一位交大人的心,"尊重知识,尊重人才"在交大校园内蔚然成风。广大教师纷纷表示:要甩开膀子大干一番,把自己的全部精力贡献给党的教育事业,为建设社会主义培养更多更好的专门人才。

第一个大学访美代表团

1978年9月29日，也就在中美两国正式建交及十一届三中全会召开的前夕，上海交大在中央领导的亲切指导和直接关怀下，通过在美交大校友会的联系安排，成功地组成新中国成立以来第一个高校访美代表团——"上海交大赴美访问团"，顺利出访美国。

早在1972年，美国总统尼克松访华，中美两国关系开始走向正常化。1973年9月，旅美1937届机械系校友吴德楞托人转达向母校赠书的意愿及书籍目录3本，并表示：美国有交大校友600余人，组成了交大同学会，希望与母校取得联系。但当时仍处"文化大革命"期间，学校将这一情况汇报给上海市革委会文教组，未有答复。1977年10月，学校为了重整旗鼓，非常希望了解国际的发展，恢复在开放的环境下办学的传统，再次向市委文教组、外事组上报请示。此时"四人帮"虽已粉碎，人们思想获得了很大解放，但对于如何打开多年形成的闭关自守的国门，中国的大学如何与西方教育科技界进行交流，还没有明晰的思路。

直至1978年3月，学校乘全国科学大会之东风，又向六机部提出成立上海交大对外科学技术联络处，并以上海交大名义组织赴美考察团的申请报告。在六机部部长、上海交大校务委员会副主任柴树藩的直接推动下，访美一事得到了中央领导的首肯。6月14日，国防工办向中央上报《关于上海交通大学设立对外科学技术联络处的请示报告》。兼任上海交大校务委员会主任的国务院副总理王震批示同意，中共中央副主席邓小平、中央军委秘书长罗瑞卿等圈阅。6月27日，国防工办又就派交大代表团去美国一事呈报王震、罗瑞卿："建议先由上海交大组织一个有名望老教授参加的10人小组……前去美国，和那里的校友会以及对我友好的校友进行接触，了解一些情况，邀请他们来华讲学、旅游、交流技术资料，同时参观几个美国理工科大学，为今后进一步开展工作创造条件。"[1]
7月1日，柴树藩电话通知邓旭初，学校"出国的报告、和美国同学会联系事，邓

【1】《本校关于交大赴美访问团的请示报告、计划及上级批复》，上海交通大学档案：永久618。

副主席已批了"[1]，要求学校马上报名单。肩负中央领导的重托，带着全体交大人的心愿，"上海交大赴美访问团"正式组建，开始了跨洋破冰之行。

访问团由校务委员会副主任、党委书记邓旭初带队，副校长张寿，教授金悫、张钟俊、王端骧、陈铁云、李铭慰，副教授程极泰、高忠华，对外科学技术联络处处长张光曜，访问团秘书、中国对外友协理事邢绛（女），访问团翻译王元兆（女）12人组成，成员以留美老教授为主体，中老年相结合。1978年9月29日他们离开北京，经巴黎到达华盛顿，在

上海交大赴美访问团在林肯纪念堂前留影

美国访问了47天，于11月19日返回北京。访问团广泛接触美国社会，共访问了20个城市、27所高等院校、14个科学研究所和工厂等单位，与200多位美国朋友以及400多位美籍华人、校友等进行了交流。代表团初步考察美国高等教育事业，介绍国内情况，增进了中美教育界的友谊，凝聚了交大海外学子对祖国和母校的拳拳之心。

访问团受到了美国教育界的热烈欢迎，各高校校长、院长和研究所所长等出面接待和宴请。麻省理工学院董事长霍华德·约翰逊亲自主持欢迎宴会；加利福尼亚大学伯克利分校的钟楼奏响乐曲《东方红》和《义勇军进行曲》，对代表团表示敬意；宾夕法尼亚大学卡尔教授连续几天陪同访问团参观该校；得克萨斯大学从当地报纸上得悉上海交大赴美访问的消息，专程来函邀请访问团前去参观交流。旅美校友们把学校派来的访问团看成"娘家来的亲人"，觉得格外

【1】《党委办公会记录》(1978年7月1日)，上海交通大学档案：永久595。

亲切。访问团每到一个城市,均有校友到机场或车站迎送,负责安排访问团的各项活动和食、宿、交通等。设在波士顿的交大美洲校友总会和华盛顿、纽约、匹兹堡、洛杉矶等校友分会,都举行了盛大的联欢宴会。校友们还邀请访问团成员到他们家中做客,促膝谈心,纷纷表达热爱祖国、愿为母校服务的强烈愿望。

访问过程中,代表团与美国一些著名大学建立了友谊,形成校际合作的实际成果。学校分别与美国密西根大学、加利福尼亚大学伯克利分校、加利福尼亚大学圣迭戈分校、华盛顿大学圣路易斯分校4校签订了缔结"姐妹学校"的协议书。在我国驻美联络处和校友们的支持协助下,代表团用六机部特拨的8万美元,买回了市值约20万美元的仪器设备和资料,为此后学校微机、大规模集成电路、光纤、图像处理与模式识别等新兴学科的建立与发展起到了促进作用。校友们还向母校赠送了最新出版的数学、物理、化学、力学、生物工程、计算机和控制工程学、海洋工程、动力工程、工业企业管理、英语教育和高校概况等11大类图书资料,共计600余种800余册。

上海交大组团访美,是在1978年12月党的十一届三中全会召开前夕,也是在1979年1月1日中美正式建交之前。当时中国政府虽在美国设有联络处,但两国的教育交流活动较少。访美期间,代表团作为中美两国民间的友好使者,向美国各界和广大校友如实而又详尽地介绍了"文化大革命"结束后中国的真实情况和国内教育事业的形势,向美国和国际社会传达了中国政府已决心进行改革和开放的信息,打开了我们学校与美国大学界交流合作的大门,在中国高教界起到了对外开放的带头作用。《密西根日报》在题为《中外交流》的报道中称:上海交大代表团来美国考察,"是为了在中美两国的大学间建立起一种交流的程序来。……这是在跨越半个地球和数十年的相互隔离之后,两国和两国人民间朝着建立一种正常的工作关系,又向前迈进了一步。"[1]中国驻美联络处柴泽民主任、韩叙副主任接见了代表团全体成员。韩叙说:"有条件的学校通过校友,以民间形式出访,是一种好经验。"[2]上海交大组团访美,也在国内引起了极大的反

【1】《中外交流》,《密西根日报》1978年10月29日第4版,上海交通大学档案:长期2175。

【2】《上海交通大学赴美访问情况汇报》(1978年12月4日),上海交通大学档案:永久619。

响，《人民日报》《解放日报》《文汇报》等都做了专题报道。

访美的实践，还使交大人开阔了眼界，找到了差距，产生了强烈的时代紧迫感，更为上海交大以后的改革开放做了一次生动而深刻的思想动员。访问团在美国参观考察了许多学校和研究所，学习他们在学科建设、人才培养、学校管理等方面的先进经验，看到国外发达的科技、先进的设备、殷实的财力，了解了世界教育、科技的发展水平和未来趋势，产生强烈的时代紧迫感：必须把"文化大革命"中损失的时光夺回来，急起直追；必须打开国门，学习西方先进科学技术和管理经验。这次访美，为上海交大1979年启动的管理改革做了思想和舆论准备，为学校建设综合性理工大学注入了强大的动力。

访美以后，学校做了一系列扩大访美成果的工作。从1980年起，上海交大和西安交大、北方交大（2003年恢复使用"北京交通大学"校名）、西南交大、台湾新竹交大应邀参加交大美洲校友会每5年举行一次的校友联谊会，真正实现了全球交大校友的大团圆。会上提出"五所交大是一家"的口号，得到广大海内外校友的一致赞同，进一步促进了5所交大的交流合作与共同繁荣。

国门打开了，国外学者和校友纷至沓来。仅1979年一年，学校接待来自24个国家与地区的外宾、华侨、华裔共193批765人；聘请美国著名华裔学者葛守仁、顾毓琇、林家翘为名誉教授，还聘请外籍顾问教授11人。这一年学校迎来了建校83周年校庆，庆祝盛典校友云集，高朋满座，成为交大历史上逢五、逢十大庆之外极为特殊的一次。在来校讲学的学者中，还涌现出不少动人事迹。如美国威斯康星大学教授吴贤铭一下飞机便对前来接他的岳母说："讲学是正事，我先到上海交大安排好讲学，再来看您。"他讲学的内容是"时间序列"，这在美国尚未开课，却先拿到上海交大来讲授，他恳切地希望母校能够后来居上。又如核能管道设计专家郭启声来华前先复习了两个月的汉语，来时还带了大量资料。讲学期间，他给自己规定3条：不会客、不看戏、不游览，甚至带病坚持上课。

除讲学外，海外校友及友好人士还对学校建设与发展，或出资捐赠，或牵线搭桥，或建言献策，发挥了积极作用。如1980年，1941届校友朱琪瑶出资20万美元，在美国麻省理工学院设立上海交大留学生奖金；同年10月，旅居巴西的1927届校友荣鸿元委托他的女婿朱传榘捐赠100万元人民币，在学校建造教师活动中心（1985年9月29日竣工落成）。1982年，在朱传榘、陈启元、丁忱3人的鼎力支持下，上海交大和美国宾夕法尼亚大学建立全面校际合作关系，联合举办管理决策科学和计算机科学双硕士学位研究生班，成为学校自新中国成立以来探索国际化办学之路的开端。

王震、柴树藩的支持

"文化大革命"之后，中央领导及老一辈革命家对中国教育事业极其重视，十分关心中国高等教育的恢复和发展，殷切希望高教领域改革开放的步伐能迈得快一些。1978年，中共中央政治局委员、国务院副总理王震亲自担任上海交大校务委员会主任，六机部部长柴树藩出任副主任，即体现了中央领导对教育事业的重视、支持以及党对知识分子的关心和爱护。后来，王震在国防工业高等院校教授座谈会上提到自己为什么要兼任上海交大校务委员会主任时说，"想整顿好这个学校"。

1978年5月30日下午，上海交通大学第八届校务委员会成立大会隆重举行。王震和柴树藩专程来校参加会议。王震在会上发表讲话："现在科学技术发展很快，学校要办好。邓副主席亲自在抓这个工作。在这个整顿时期，像教学、招生，我们可以起一点承上启下的作用。我们成立交大校务委员会，罗秘书长同意了，军委同意这样组织。……我们愿意与老教授们一道办好学校，听取你们好的意见，把你们好的意见集中起来，把这个学校办好。"他还勉励学生要尊敬教师，奋发图强，做到"学习要有成就，做事要有成就"。柴树藩也在成立大会上讲话说："学校领导曾几次同我们商量，建议成立一个校务委员会。因为交大在国内外影响很大，所以请王震副总理担任校务委员会主任。"他强调指出："校务委员会，主要放在对外联系方面，对外做点工作，我们欢迎海外校友回母校团聚和讲学。真正的校务还是党委领导下的校长分工责任制，我们从旁帮助一下。"[1]

【1】《王震副总理、洪学智主任、柴树藩部长在上海交通大学校务委员会成立会议上的讲话》（1978年5月30日），上海交通大学档案：永久597。

上海交通大学83周年校庆,王震接见出席校庆的海外校友(1979年6月)

以王震为主任、柴树藩和邓旭初为副主任的校务委员会的建立,为学校的改革开放提供了有力的领导。一批卓有成就、在国际上声誉显赫的校友,如王安、顾毓琇、葛守仁、朱传榘等相继回国访问,王震和柴树藩先后会见了这些知名人士,欢迎他们为祖国建设、为交大的发展多做贡献。1979年6月15日,上海交大83周年校庆大会的前一天,王震还以校务委员会主任的名义,在上海锦江饭店接见并宴请了回母校参加校庆活动的美籍校友和华裔学者29人及其家属。席间,王震热情致辞,希望校友们常回家走亲访友,讲学交流。校友们从母校感受到祖国改革开放的崭新面貌,更加放心地回来,高兴地推动中美交流。该届校务委员会在学校的改革和发展中发挥了巨大的作用,使学校在改革开放方面的探索与实践走在了全国高校的前列。

兼任上海交大校务委员会副主任的柴树藩,自1977年12月出任第六机械工业部部长、党组书记,成为上海交大的直属上级领导。在他走马上任伊始,上海交大为拓展学科发展、振兴学校事业,党委书记邓旭初等人于1978年1月专程赴京请示工作,向新领导提出了脱离六机部的想法。双方坦诚交换意见后,柴树藩恳切地说:"交通大学有东方MIT之称,应保持过去的办学特点,吸取世界各国办学的好经验,把上海交大办好。上海交大虽然归六机部管理,但它是全国性的。上海交大不是造船学院,而是我国一所综合性的理工科院校。国家把上海交大交给六机部管理，今后我们会把上海交大的问题解决好。造船是上海交大的主要专业，当然上海交大首先必须把它办好，但其他专业，只要国家需要，我们也会积极支持。专业名称不必都戴上'造船'的帽子，大学不应搞得专业面太窄。应发扬上海交大的特点：基础要打厚，适应性要增大。要恢复理工结合。"[1]柴树藩还说自己刚来当部长，情况还没搞清楚，但他明确表态，不同意上海交大离开。通过这次看似充满矛盾的短暂会晤，柴树藩以其对学校特点透彻又准确的分析说服了上海交大同志，更以一片真诚留住了上海交大。1978年2月，国务院批准上海交大恢复为全国重点高校，以六机部为主，同时接受六机部和上海市的领导。

上海交大归属六机部领导的日子里，柴树藩经常亲临学校了解情况，不遗余力地推动学校管理、教学、科研改革，从政策及财力、物力上给予全力支持。时至今日，许多亲历改革开放初期学校建设的"老交大人"满怀感激地怀念：有了柴树藩部长和六机部其他领导的大力支持，学校各项改革才得以顺利进行。

而矗立在上海交大徐汇、闵行校园内的两座现代化图书馆"包兆龙图书馆"和"包玉刚图书馆"，也是由柴树藩牵线引资力促而成的。

1980年10月，应香港环球航运集团主席包玉刚的邀请，柴树藩赴日参加大阪造船厂为包玉刚建造的一条新船"世欣号"的下水命名典礼。临行前他曾征求上海交大的意见，如果热心于祖国教育事业的包玉刚愿意捐助学校建设，希望捐建什么？学校研究后提出急需一座现代化的大型图书馆。柴树藩采纳了学校的意见。庆典仪式结束后，他们在游轮上凭栏远眺，一起谈论中国四个现代化建设和教育事业的发展。柴树藩借机向包玉刚提出，在中国像上海交大这样一所著名高校还没有一座现代化图书馆，希望他能为交大捐款建造图书馆。包玉刚当即爽朗地表示："你柴部长一句话，你要我捐什么就捐什么，你讲捐多少就捐多少。"并接着问，"需要捐多少？"柴树藩说："1 000万美金。"包玉刚当即说："我捐。但我有三点希望：第一，这座图书馆要用我父包兆龙的名字命名；第

【1】 邓旭初：《忆上海交大重振雄风》，东方出版社1995年版，第38页。

二,捐资之事不要宣传,以免应接不暇,力不从心;第三,请柴部长赐墨宝一幅,以圆收藏夙愿。"[1]

柴树藩和学校领导从改善办学条件、振兴上海交大的实际出发,认识一致,积极向上级请示。1981年7月,包玉刚访问北京之际郑重地向中共中央副主席邓小平面交关于捐赠的确认信函,邓小平欣然接受了包玉刚1000万美元的捐赠,同意命名"包兆龙图书馆"的要求,并对其爱国重教义举表示赞赏。由此开创了新中国教育界接受海外捐款和以人名命名建筑物的先河。

包兆龙图书馆的筹建工作得到了党和国家其他领导人及上海市委的关怀和支持。王震亲自听取图书馆筹建情况的汇报,并就图书馆的工程质量、加快施工进度等作了多次指示。1985年10月27日,包兆龙图书馆——一座功能齐全、设备先进的新型大学图书馆如期竣工落成。叶剑英元帅亲笔为图书馆题写了馆名。它是当时国内最大的大学图书馆,由一座18层的主楼和3个各为5层、3层和2层的辅楼组成。主体建筑高度为73米,当年仅次于上海邮电大楼、上海宾馆、国际饭店,居第4位。建筑总面积为2.6万平方米,占地面积5700平方米。可容藏书220万册,拥有大小阅览室82个、座位2400个。

在建造包兆龙图书馆过程中,由于学校的精打细算和政府有关部门的支持,包玉刚的赠款有了结余。除留下100万美元作为图书馆维修基金外,学校将其他余款于1992年在闵行校区思源湖畔建成一座总面积为1.4万平方米的包玉刚图书馆。该馆有9个阅览室共1600个座位,可藏书80万册。

1982年,六机部改制为

上海交大包兆龙图书馆落成典礼(左起:柴树藩、包玉刚、王震、包玉刚夫人黄秀英,1985年10月27日)

【1】 陈欣:《永远的怀念》,王宗光主编:《怀念柴树藩同志》,上海交通大学出版社2000年版,第219页。

中国船舶工业总公司,柴树藩出任董事长和党组书记。此际,随着学校改革的深入和教育事业的振兴,上海交大再由中国船舶工业总公司来主管已经日益不适应了。于是,邓旭初等学校领导又一次到北京汇报归属问题。虽然柴树藩对学校建设倾注了许多心血,也产生了浓厚感情,但出于为学校发展前途着想,这位深得交大人敬重的开明部长爽快地赞成"交大仍回到教育部为好"。1982年7月30日,教育部、中国船舶工业总公司向国务院上报《关于改变上海交通大学领导关系的请示》。9月,国务院正式批准将中国船舶工业总公司所属上海交通大学移交教育部领导。

此次领导关系的顺利变更,使上海交大及时列入教育部主管的国家重点建设学校。1984年4月2日,经国家计委、教育部研究论证,国务院批准,上海交大被列为重点建设、重点投资的十所大学之一[1],当时高教界称之为"重中之重"。这为学校日后的发展创造了极为有利的条件。

二、管理改革的探索与实践

"第一个吃螃蟹"

党的十一届三中全会后,农村改革开始起步,但在高教领域,我国长期的计划经济模式所形成的高度集中统一的高等教育管理体制,依旧严重束缚着各高校积极性和创新性的发挥。在此背景下,上海交大以敢于"第一个吃螃蟹"的精神,破除僵化的管理模式,率先实行校内管理改革,并取得了显著成效,在全国高校产生广泛影响。

上海交大的改革为何从校内管理改革抓起?这是因为当时上海交大和全国高校一样,在校内管理体制上存在着严重弊端:领导体制上,由于管得过死,基

【1】《国务院关于教育部、国家计委将十所高等院校列入国家重点建设项目请示报告的批复》(1984年4月
2日),上海交通大学档案:永久1001。

层缺乏自主权,难以创造性地开展工作;人事制度上,受单位和部门所有制的桎梏,人才积压,几代同堂,工作量不足;干部制度上,能上不能下,队伍老化;劳动制度上,工作无规范,无章法,无考核,职责不清,赏罚不明,效率低下;分配制度上,手捧"铁饭碗",口吃"大锅饭",按劳分配成了按资格分配。显然,旧的管理体制不加以改革,思想观念上不除旧布新,学校的教学、科研潜力就不能很好地发挥出来,学校的办学水平也就无法提高。可是,在当时僵化了的体制环境下,高校几乎没有自主权,学校一切工作都必须按照上级统一指令执行。学校内流传着的"用橘子水招待外宾还要向上级审批"的故事,形象地反映出高度集中的高等教育管理体制对基层单位的束缚。1979年12月6日,上海交大等4校党委书记和校长,在《人民日报》上登文呼吁:给高等学校一点自主权!那么,是囿于某些过时的"红头文件"不敢越雷池一步,还是坐等别人送来现成的经验?交大人并没有这样做。党委领导班子在对学校现状获得一致认识的基础上,冲破习惯观念的干扰,向上级部门提出了"要权"的请求,大胆果断地选择当时最为根本、颇具难度的校内管理改革为切入点,进行了一系列探索和实践。

这场改革的核心问题是将人事制度、劳动制度和分配制度结合起来,进行校内管理体制配套改革。首先以打破"大锅饭"为突破口,试行奖金制度。当时,全国只有工厂的一线工人才能每月拿奖金。现在学校要打破事业单位不发奖金的惯例,用此奖励杠杆来调动教职工的积极性,实属打破常规、破旧革新之举。学校的设想获得了上海市委的支持。1979年,上海交大经六机部和上海市委批复同意,在校内试行教职工综合奖。奖金来源从学校增收节支中解决,全年每人平均以72元计算,按月发放,一等8元,二等6元,三等4元。交大试行的"6元钱奖金"现在看来实在微不足道,但在当时交大教职工人均工资每月仅64元的情况下,对于改善广大教职工尤其是中青年知识分子生活待遇起到了积极作用;同时由于拉开了差距,改变了以往干与不干、干多干少、干好干坏一个样的局面,一定程度上给学校工作带来了活力。

为了优化师资结构,引进新学科、新专业所需人才,学校决定实行人才流动。资料显示:1979年,上海交大教职工总数为4 461人,教职工与学生的比例接近1∶1;教师有1 899人,教师与学生的比例是1∶2.58。人才集中虽有其优势,但人才积压、结构不合理却带来诸多弊端。譬如,近2 000名教师中有一半人工作任务不足,专业教师平均每周上课1.5节,有的一门课分给3个教师上,"讲师少讲、教授不教"的情况相当普遍。水平高的教师上不足课,既影响了学有专长者发挥才能,也不利于提高教学质量。有些教研室三代同堂,近亲繁殖,妨碍了博采众长,不利于活跃学术思想。机关和后勤部门同样人浮于事,工作效率不高,影响全校教学和科研工作。交大教职工中,许多人认为不改不行。有人甚至说:"把我们系的人调走一半,工作可能比现在干得更好!""交大人才积压,一个交大可以办两个交大。"

学校经过半年多的酝酿准备,在上海市有关部门的大力支持下,从1980年起正式实行人才流动。可是,真要动起来却是另外一番情景。系和科室负责人普遍感到工作难做,容易得罪人。教职工中也有人认为交大名气响、条件好,离开交大"丢面子"等。学校反复动员,强调人才流动绝不是"踢皮球""丢包袱",而是为了把长期积压的人员用到更能发挥作用的岗位上去。校人事部门严格按照人员流动的具体要求和工作纪律,亲自到接收单位访问调查,弄清每一个新岗位的专业需求、工作性质和福利待遇等,回校后如实向调离人员讲明情况。社会上听说上海交大要向外流动人才,上百个单位都来学校要人。这对即将调离的教师和职工无疑也是一种鼓舞。经过学校妥善周到的联系安排和细致耐心的思想工作,许多同志消除了顾虑,大都愉快地走上了新的工作岗位。

至1983年11月,学校先后调出教职工501人,其中教师317人,干部30人,工人154人;教师和干部调到教育单位的163人,调到工业部门的110人,调到科研单位的39人,调到外省市的35人。以后的实践表明,绝大部分调出人员在新的单位都发挥了更大的作用。例如,一批中老年教师和干部调到新建的上海交大机电分校[1]后,挑起教学及行政领导工作的重任;原来在交大轮不到上讲台的青年教师,调到新单位后,有的成为教学和科研的骨干,有的成为部门负责人。调出了一批教职工,交大的编制松动了,学校根据发展的需要,先后遴选了360

【1】 上海交大机电分校创办于1978年10月,1985年初与华东纺织工学院分院联合成立上海工程技术大学,1991年底通过国家合格评估鉴定,成为一所全日制普通工科大学。

名优秀本科生和研究生毕业留校，还从外单位引进了177名学科带头人和紧缺人才，起到了调整师资队伍结构的积极作用。有进有出，"活水长流"，给学校带来了勃勃生机。此后，人员流动成为学校的一项经常性工作。每年约有2%的人员正常调动，约有2%的人退休、离休。在这基础上，每年调进5%的新人，使交大的人才队伍不断得到补充和更新。

为根本改变忙闲不均的状况，学校从1981年起，按照教育部的规定并结合本校实际，制订了《定编计算办法及分配方案》和《定编工作实施办法》，进行人员定编、定额。教师与学生（本科）比例按1∶6计算，全校教职工与学生的比例按1∶2.6计算，先确定学校编制总数，尔后核定各单位的定编数。定编的步骤是先机关后基层。校部机关根据业务相近的机构精简人员、合署办公的原则，撤销了1个机关党总支和12个科室，压缩精简1/6人员。教师的定编结合考虑尽快建立合理的学术梯队，分期分批进行师资培训，加强师资队伍建设；同时抓紧办理到龄教职工的离休、退休工作，逐步缓解队伍老化程度。

定编之后，学校又制定《教师工作规范》，对不同职称的教师业务职责、业务质量作出了具体规定；对校系党政机关也相应地制订《机关岗位责任制》，明确各部门职责范围和各类人员的具体责任及考核办法。制定教师工作规范是对教师工作实行计量考核的一次尝试，在校内外一度又引起沸沸扬扬的议论。有人说，对脑力劳动进行计量考核是否科学？教师全年工作量确定为1 680学时是否合理？对此，学校不急于在理论上争执，而是采取"先试行，后下结论"的办法，认真组织实施，并进行严格考核。实践证明，两个制度颁布试行后，大家明确了自己的劳动标准和进取目标。教师之间忙闲不均情况有了改善，副教授就要干副教授的活，讲师就要干讲师的活，完不成《规范》规定的任务和相应的工作量，就是不合格。大家变"等米下锅"为"找米下锅"，都抢着承担教学、科研任务，出现了多少年来少见的新气象！1983年11月，学校召开首届教职工代表大会，一致认为制定规范的做法"对学校事业发展起到了积极作用，成绩是肯定的"，但强调具体实施办法还要在实践中不断改进和完善。

实行定编和岗位责任制后，通过调动教职工积极性，全校教学和科研工作量比过去增加了三分之一。学校领导又看到了一个新问题：由于知识分子多年

邓旭初、刘克、范祖德等学校领导与学生干部畅谈改革（1983年4月）

不提薪，出现了严重的职级不符、劳酬脱节的现象。有的副教授承担了大量的科研或教学任务，白天黑夜地干，可每月工资还赶不上上海一个四级工的工资。教授为50多名学生上一堂课，折算每个学生的课时工作量仅相当于一根冰棍的价值。中国知识分子的劳动也太廉价了！于是，上海交大自1982年起开始探索分配制度改革，分两步走，首先是试发岗位职务补贴。学校在不增加国家财政支出的原则下，提取少量增收节支的资金，对达到《教师工作规范》《机关岗位责任制》要求的人员发放岗位职务补贴。经测算，全校约70％的教师和67％的干部可享受补贴；教师平均每人每月补贴9.63元，干部每人每月为6.40元。然而，事业单位发放岗位职务补贴又属前所未闻之事，意味着要打破国家统管工资标准的分配体制，触动被批了多少年的"物质刺激"禁区。1981年7月至1982年6月，学校多次向上级部门提交报告，详细陈述管理改革方案。在苦苦等待批文的同时，学校从1982年7月起，先在3个系开展发放补贴的改革试点。9月6日，上海市政府在全面了解学校情况后，正式同意发放岗位职务补贴。国务院劳动人事部听取学校汇报后，也对这项改革给予了肯定。就这样，上海交大开始发放岗位职务补贴，使广大教师和干部得到了实惠。一位中年教师说："钱虽然不多，但心情比什么都高兴。"

试发岗位职务补贴是分配制度改革的开始，但并没有改变当时工资制度的弊端，如教职工的工资水平和工资等级不能反映他们的业务能力和贡献大小，也没有建立正常的升级制度。于是，上海交大尝试着自行筹集一部分经费进行工资制度的改革，这一设想得到了劳动人事部、教育部和上海市政府的支持。1983年，在全国有上海交大和首都钢铁公司两家单位被批准进行自费工资改革的试点。改革的指导思想是，进一步贯彻按劳分配原则，把教职工的工作（劳动制度）、职称（人事制度）、分配（工资制度）直接挂钩，按水平高低、贡献大小、工作好坏，与升职晋级联系起来，改变论资排辈、轮流升级，只比待遇、不比贡献的情况，逐步纠正工资制度上的平均主义，使中青年知识分子尽快实现职级相称。具体做法上，与1982年国家统一部署的工资调整工作结合进行，对超出国家工调规定的增资金额，由学校增收节支节余经费中自费解决，不增加国家财政负担。经核算，学校每月自费增加工资17 455.90元，以全校3 188名教师、干部计算，平均每人每月自费增资5.48元；以实际调资定级的人数2 747人计算，平均每人每月增资6.35元。这5.48元比起4年前学校发平均每人6元钱的综合奖大不一样，更加鲜明地体现了按劳分配原则。如全校原来工资额为133元的正副教授共有54人，自费工资改革后最低的调到160元，最高的调到208元。

邓小平接见交大师生

上海交大冲破落后的传统观念和保守思想的束缚，在校内管理改革上取得了成效，调动了广大教职工的积极性，推动了学校教学和科研的全面改革。为此，邓小平、万里、王震等中央领导先后亲切接见上海交大领导及师生代表，对学校探索高等教育改革取得的成绩表示满意。

1984年2月16日上午，时值正月十五，中共中央政治局常委、中央军委主席、中央顾问委员会主任邓小平在中共中央政治局委员、上海交大校务委员会主任王震和上海市委第一书记陈国栋等陪同下，在上海西郊宾馆接见大厅，接见

邓小平接见上海交大师生代表（1984年2月16日）

上海交大党政领导、校务委员会委员和师生代表。邓小平精神饱满，步履稳健，向等候在大厅的交大代表频频招手，并与校领导及前排站立的13位同志一一握手，和交大代表一起合影留念。陪同接见的还有上海市委第二书记胡立教，书记杨堤、阮崇武等。接见时，邓小平没有讲话。当天下午，王震专程来校，在校务委员和各部门负责人出席的会议上转达邓小平的慰问："邓小平同志对你们的管理改革工作非常关心，非常支持。对你们在改革中取得的成效表示满意。他对你们在当前的改革中认真贯彻执行中央、国务院的精神很高兴。"王震还勉励交大师生"在市委、市政府，在中央、国务院的领导下，在改革中争取更大成绩"[1]。

在邓小平、王震接见交大师生的前后，国务院副总理万里于百忙之中抽出时间，几次会见学校有关领导，肯定"上海交大改革的路子是对的，应当支持"。1984年1月21日，万里在中南海办公室首次听取了邓旭初、刘克、朱雅轩等校领导汇报管理改革情况，强调"改革必须坚持，不改革就没有出路"，并要求"教育

【1】《王震同志在上海交大校务委员及有关部门负责人会议上的讲话》（1984年2月16日），上海交通大学档案：永久983。

要讲效益,多出快出出好人才"。同年9月26日和次年10月22日,万里又两次接见邓旭初等,听取关于学校人才和技术引进工作的汇报。

上海交大改革获得中央领导肯定后,1984年2月13日,中共中央书记处研究室编印的《情况简报》刊登了《上海交通大学党委关于改革高等理工科学校管理的建议》。4月5日,上海市委第一书记陈国栋、第二书记胡立教、市委书记兼市长汪道涵、市委常委陈铁迪、副市长刘振元和市教卫办主任毛经权等领导来校视察,肯定交大改革的方向是对的,希望不断加以完善和提高。4月13日,上海市委批转市委研究室的调查报告《上海交通大学管理改革初见成效》,指出"交大管理改革的基本经验具有普遍的意义,对各条战线都有启迪",要求各级党组织学习上海交大的好经验。

上海交大改革探索的成功经验,还被写进《政府工作报告》加以充分肯定。1984年5月15日,在第六届全国人民代表大会第二次会议上,国务院总理作《政府工作报告》时,在"关于国内建设"一节中提道:"上海交通大学等院校改革管理制度,层层扩大自主权,实行定编定员,人员流动,挖掘学校科研潜力,承担经济建设研究课题,制订教师工作规范,明确干部岗位责任,试发岗位津贴和职务工资,提高了教学质量,出现了科研新局面。"[1]

1985年5月,中共中央颁布《关于教育体制改革的决定》,作出了全面探索和实行高等教育改革的决策。《决定》提出:"当前高等教育体制改革的关键,就是改变政府对高等学校统得过多的管理体制,在国家统一的教育方针和计划的指导下,扩大高等学校的办学自主权,加强高等学校同生产、科研和社会其他各方面的联系,使高等学校具有主动适应经济和社会发展需要的积极性和能力。"[2]上海交大率先冲破高度集权的教育体制,主动争取办学自主权,取得管理改革的许多实际成绩,为全国高等教育改革提供了有价值的鲜活经验,对兄弟院校和其他战线的改革开放起到一定的推动作用。

【1】《政府工作报告》(1984年5月15日),中共中央文献研究室编:《十二大以来重要文献选编(上)》,中央文献出版社2011年版,第421页。

【2】《中共中央关于教育体制改革的决定》(1985年5月27日),何东昌主编:《中华人民共和国重要教育文献(1976～1990)》,海南出版社1998年版,第2288页。

全国各地高校、科研和企事业单位纷纷来校参观交流和索取改革材料，当时交大校园内出现了来访者络绎不绝的现象。仅1984年3月，应有关省市之邀，党委派人先后赴合肥、北京、石家庄、西安、兰州、广州等省市介绍学校改革工作经验，有一百多所高校数万人听取介绍。6月21日至28日，教育部和劳动人事部在上海延安饭店召开高等学校管理改革讨论会，党委书记邓旭初、校长翁史烈代表学校发言。会议期间，全体与会代表还来校参观座谈。教育部部长何东昌、副部长黄辛白来校视察，对学校进一步完善和发展管理改革做出指示；劳动人事部部长焦善民和顾问刘子久、康永和来校召开座谈会并参观，希望学校就劳动、人事、工资制度改革进行新的探索。

改革的继续探索

20世纪80年代前期，上海交大管理改革初见成效。改革的最终目的是要推动教学科研改革与发展，提高教育质量，培养更多的高水平人才。从80年代中期开始，上海交大改革又有了新的探索。

自1983年起，学校将原属校一级的人事、财务、教学、科研管理权力适当下放给基层单位，扩大系（所）自主权，实行系主任（所长）负责制，使系主任（所长）职责与权利相结合，真正有职、有权、有责。

1985年，学校为激活基层教学、科研单位，开展了教学、科研体制的改革，着手将全校原有的教研室撤销了62个，保留负责基础课教学的教研室7个，新建学科组135个，作为教学、科研的基本单位。教研室体制改为学科组体制，在实践之初，对于增强基层单位的活力，进一步打破"大锅饭"，释放教师工作积极性，促进学科发展、人才培养和科学研究，都起到了一定的推动作用，但是，也存在部分学科组在教学系统中作用不明确、学科组相互间不够协调、有些管理配套措施跟不上等问题。之后几年，学校对学科组进行了多次总结、调整和完善。

80年代后期，学校在改革发展中遇到了教育经费严重不足的困难。1988年，针对严峻的财政情况，校党政领导班子经过反复讨论并广泛征求意见，决定从改革中找出路，提出试行系（所）"三包一评"责任制的改革思路。"三包一评"后改称为"三定一评"，即系（所）向学校实行定编制、定经费、定任务；学校对系（所）办学水平定期进行考核评估。学校把一定的人事权、财权、办学权下放给系（所），鼓励开展各种形式的有偿服务；同时校部机关也进行管理改革，以适应学校由过程管理向目标管理的过渡，提高办学效率和效益。经过1988年的实践，"三包一评"责任制给学校各方面工作带来明显变化：院系向学校承包经费、任务、编制以后形成了两级理财体制，使各系（所）的责任、风险、利益结合在一起，调动了教职工当家理财、开源节流的积极性，缓解了学校教育经费短缺的压力。科研开发稳中有升，科研经费从1987年的2 488.5万元上升到1988年的3 085.9万元。人员编制精打细算，闵行二部原计划增加教工120人，后减为增加20人。全校教工人年均奖金也增加了20%至30%。1990年，学校对实行"三定一评"责任制的23个系进行首次评估，对系级办学水平比较优秀的电子工程系、动力机械工程系、机械工程系、计算机科学与工程系、自动控制系、船舶及海洋工程系、应用物理系等7个系和10项一级评估指标得分最高的前3名予以表彰。

三、磨砺内功求发展

拓展学科布局

改革开放以来，上海交通大学围绕建设综合性理工大学，重点加强系科建设，积极调整学科布局。《上海交通大学1991—1995年发展计划》对1978年至1991年学科发展情况进行了总结：通过实施"理工结合、文理渗透，有重点、有选择地发展新兴学科、边缘学科，改造传统学科，努力促进新老学科结合"的方针，基本完成了由船、机、电学科为主的工科大学转向以理、工、管学科为主，兼有人文社会学科的综合性大学发展的战略调整。

理科是基础，没有坚实的理科，工科建设就失去了支撑，只有理工结合才能相互依托，相得益彰。1978年以后，上海交大根据"以工养理、以理促工、理工结合"的原则,恢复建立应用数学系、应用物理系和工程力学系,1979年又重建应用化学系,创造理工结合的环境和条件。

倡导和增设新兴学科和边缘学科。1983年起,根据《上海交通大学重点学科发展规划》,在信息技术、生物技术、船舶与海洋工程、能源工程、材料科学与工程、机械工程、应用科学和管理科学等8个领域内确定37个重点发展学科,其中新建立的学科达1/3,从师资队伍、实验室建设、科研经费等方面重点投资、重点扶持、重点建设。在高科技领域有选择地建设一批学科专业或方向,诸如生物技术、大规模集成电路、光纤通信、图像处理与模式识别、新型材料等。

通过改造传统专业,推进学科的综合、渗透、交叉发展。一方面,以相同或相近学科的工程大类为基础,将原设置的25个专业合并为12个大专业,改变了以产品为对象的专业设置格局,实现了"基础厚、专业面宽、适应性强"的人才培养专业体系;另一方面,充分发挥传统学科专业基础雄厚的优势,从拓展学术领域、结合新兴技术两个方面进行更新。例如,将造船工程扩大为船舶及海洋工程;把计算机辅助设计等引入机械制造专业;将电工、电子类专业的重点逐步转移到信息电子上去,等等。

1978年,船舶制造系更名为船舶及海洋工程系,船舶动力系更名为动力机械工程系,热加工系更名为材料科学及工程系(1988年分为材料科学系、材料工程系),机械制造系更名为机械工程系,另有1975年建立的精密仪器系。1985年,重建土木建筑工程系,新建生物科学与技术系。同一年,以电工及计算机科学系和电子工程系为基础,成立电子电工学院,1989年又更名为电子信息学院,下设自动控制系、计算机科学及工程系、电

中国科学院院士(学部委员)张钟俊(中)与中年教师讨论计算程序

子工程系。1987年，与水利电力部联合办学，成立上海交通大学电力学院，下设电力工程系、电机工程系、能源工程系、信息与控制工程系。至1991年，全校共有工科类2个学院、15个系。

注意经济、管理与工程技术之间的渗透与综合。1979年4月，学校恢复建立工业管理系，1984年经教育部批准重建管理学院，下设工业管理系、决策科学系、工业外贸系，1988年又增设旅馆管理系。重建初期，学院便注重引进国外先进的办学模式和优良资源，提升国际化办学水平。从1984年起，学院与香港中文大学、德国康茨坦斯大学、加拿大不列颠哥伦比亚大学、美国宾夕法尼亚大学联合举办各类经济管理培训班30多期，先后为上海市及邻近省市政府部门、企业界培训管理人才约1 300人。

顺应新时期自然科学与社会科学高度融合的发展趋势，积极创建人文社会学科。1979年新建科技外语系。1981年成立文学艺术学科办公室，下设汉语、美术、音乐、人才学4个研究室，聘请沪上著名艺术家关良、瞿维、刘旦宅等担任教研室主任或艺术顾问。1985年，正式建立社会科学及工程系、文学艺术系、体育系，迈出了文科建设步伐，为全校大学生加强人文素质教育创造了条件。

教学改革育新人

20世纪80年代初，邓小平为全国青少年题词，希望做"有理想、有道德、有文化、有纪律"的"四有"新人。1983年，他为景山学校题词"教育要面向现代化，面向世界，面向未来"。"四有"培养目标和教育的"三个面向"，成为改革开放时期教育发展的两个重要方针。1985年，中共中央作出《关于教育体制改革的决定》，确立"教育必须为社会主义建设服务，社会主义建设必须依靠教育"的指导思想。高等学校首要任务是培养为国民经济建设服务、德智体全面发展的高素质专业人才，教学向来是学校常抓不懈的常规工作。上海交大通过管理改革，调动了教职员工的积极性，更好地推动了教学工作的开展及教学改革的探索与实践。

上海交大教学改革的每一次突破，都以解放思想、教学大讨论为先行。改革开放新时期,上海交大应培养怎样的建设人才? 如何培养人才? 围绕着对这些问题的思考,学校发起多次教育思想大讨论。1982年至1984年,学校相继召开课堂教学方法改革讨论会、考试方法改革讨论会、毕业设计(论文)工作经验交流会、实验教学改革讨论会和生产实习经验交流会,本着"课堂教学要有点探索性、实验教学要讲点设计性、考试方法要看一点创造性"的精神,先后总结了采用启发式教学方法、毕业设计中引入计算机应用、开放实验室及探索设计性实验等教学经验。讨论过后,学校都会有新的教学改革措施出台。如1986年在回顾总结7年改革历程的基础上,组织全校性教育思想大讨论,就培养目标、办学模式、学校的社会功能等内容展开研讨,在树立"学校以培养人才为主"的办学指导思想的基础上,实施加强课程建设、加强科研工作、加强学风建设,完善系科评估体系、教师考核体系等措施。第二年学校再次组织全校教育讨论,制订通过了《关于加强本科教育的决定》,就加强学生思想政治工作、稳定教师队伍、加强教学基本建设和校风学风建设等作出了规定。

为探索建立新型的教学制度,学校于1978年在船舶及海洋工程系试点,1979年在全校推行了学分制教学。除了保留原教学制度对高级工程科学技术人才的基本教学要求,保持了老交大"起点高、基础厚、要求严"的教学传统,还具有新的特点:加强基础,拓宽专业面;实施具有模块化的知识结构、柔性要求的课程设置和体现重视能力培养的实践环节等组成的弹性教学计划;采取分级教学,自由听课,以搞活教学;实行选修制、导师制、选优制和双学科学士学位制等。

在人才培养上,为了正确处理基础和专业、知识和能力的关系,学校紧紧抓住基础教学、各个专业主干技术基础课教学、毕业设计(论文)这3个环节,增加课时、提高起点、更新内容、加强智能培养,倡导本科学生连续4年外语、数学、实验和计算机教学"不断线",以加强对学生基础知识、动手技能和创新能力的培养,这也是学校教学改革着力关注的重要方面。

坚持从严治学的人才培养机制,本着"态度积极,方法稳妥"的原则,认真实行淘汰制。以1982~1983学年为例,上学期有10名学生、下学期又有5名学生,由于在一个学期内4门课程考试和考查成绩不及格,按照规定不得参加补考而退学；另有26名学生由学校予以留级处理。1985年至1991年，学校一共对150名学业不合格学生做退学处理，在总体上保持了适当的不及格率、重修重读率和淘汰率，保证了毕业生的质量。

试办保送生教改试点班，实施优才优育。1977年全国恢复高校统一招生考试制度以后，上海交大每年录

诺贝尔物理学奖获得者杨振宁博士（左一）与试点班、少年班学生在一起

取新生的成绩在全国一直名列前茅。为了保持生源质量的高起点，学校从1980年起分别与全国8个省市45所中学建立了挂钩联系，协调中学与大学教学计划和课程内容的衔接，选拔和录取优秀学生入校深造，为学校培养高质量科技人才创造了有利条件。从1985年起，随着国家教委在重点中学中实行优秀高中毕业生免试直升大学的保送生制度，学校采取集中和分流相结合的原则，创办保送生教改试点班，遵循"高起点、少学时、多自学、严要求"的教学方法，采取"提前入学、任选专业、单独组班、因材施教"的教学模式。至1991年，学校共培养试点班学生575人，取得了显著的培养效果和很好的社会声誉。与此同时，学校还开办了少年班，进行培养少年大学生的探索。

学校的人才培养，关键是抓教学，但招生与分配也是非常重要的两个环节。在计划经济体制时期，中国高等教育实行单一的指令性计划招生，学生统一公费上学，国家包培养，包分配。随着市场经济体制的建立，这种国家大包大揽办大学、不顾用人单位实际需求及毕业生个人意愿作硬性分配的方式，与社会进步发生了越来越严重的冲突。《中共中央关于教育体制改革的决定》明确提出要改革高校招生和分配制度，要扩大高校办学自主权。在国家教委的指导和支持下，1985年，上海交大和清华大学作为毕业生分配制度的改革试点单位，率先实行"招聘、推荐和考核录用相结合"的方式，学生自愿选报志愿，学校推荐，用人

单位审查考核,择优录用。这使得毕业生能在一定范围内通过竞争选择职业,也在一定程度上扩大了用人单位录用毕业生的自主权。1988年学校又试行"双向选择"的毕业生分配办法,即不仅学校与单位见面,而且让毕业生走到前台与用人单位直接面谈,谈得好,学生和单位签订合同,学校则予以认可。到20世纪90年代进一步突破"国家包,国家统"的模式,"分配"逐步转变为"就业",毕业生正式走上"自主择业"的道路。另一方面,学校在招生政策方面实行双轨制,即由国家计划招收的学生仍实行国家公费培养;而由调节性计划招收的学生,包括委托培养生和自费生,分别由委托培养单位或学生个人缴纳学费。自1985年起,学校开始与企事业签约招收委托培养生和定向生。1988年,首次招收自费生104人。双轨制招生通过不断地完善,到20世纪90年代,最终实现公费和自费并轨,学生统一缴费上学。

除本科教育外,研究生教育同样是学校教学工作的主要组成部分,更是体现学校教育水平的一个重要方面。1981年11月3日,上海交大成为经国务院首批批准的具有硕士、博士点授予权的高校之一,从此开创了培养博士学位研究生的历史。为加强研究生培养和管理,学校于1984年11月5日成立研究生院,成为国内首批被批准试办研究生院的高校之一。自此,研究生教育通过不断深化改革,有了新的发展。在硕士生培养方面,学校强调加强专业基础理论和拓宽知识面,加强教学环节、科学实践,加强研究生能力的培养;在博士生培养方面,强调博士生应具有坚实宽广的基础理论和系统深入的专业知识,着重培养独立科学研究能力和创造能力。

80年代积极稳妥的教学改革,有效地促进了本科和研究生教育质量的提高,使得学校教学面貌发生了很大的变化。在教学实践中,"老交大教学传统"得以恢复、继承并进一步发扬。"文化大革命"结束后为"老交大教学传统"恢复名誉,在文字表述上用"起点高"替代"门槛高"。八九十年代在改革实践中对"老交大教学传统"进行梳理总结,继承发展了"重实践""求创新"的内容,形成"起点高、基础厚、要求严、重实践、求创新"15个字的表述。自1983年起,学校在全国和市级各类教学评估、对口检查、统测、统考活动中均名列前茅。如在49所大专院校公共基础课抽样考试、全国理工科院校研究生入学高等数学和英语统一考试以及上海市组织的金属工艺教学实习、机械制造和管理类专业评估、普通物理实验教学检查、电子工程专业毕业设计质量评估中，均居第一名。交大学生参加全市、全国部分高校的各类课程、科技竞赛，也都有出色表现。如在1985年、1987年、1989年、1991年京津沪非物理专业大学生物理竞赛中囊括上海赛区一等奖的全部奖项和二、三等奖的大多数奖项；1989年首届上海市青少年微型电脑应用知识竞赛中获团体冠军和个人冠、亚军；1990年首届上海市大学生数学模型竞赛中获数学类唯一的一等奖和一项三等奖。1987年，学校还对1977级以来十届毕业生的本科教育质量进行了跟踪调查，调查结果表明：上海交大毕业生在工作态度、业务能力和社会贡献等方面，都得到社会各界的好评，认为他们"在跟踪新技术和学科前沿知识方面有一定的优势""能发扬务实的好传统"，表现出交大学生"基础厚、适应快、后劲足"的特点。

建设科学研究中心

1977年，邓小平在两次讲话中提出："重点大学既是办教育的中心，又是办科研的中心。"[1]"高等院校，特别是重点高等院校，应当是科研的一个重要方面军。……重点大学都要逐步加重科研的分量，逐步增加科研的任务。"[2]为贯彻党中央关于重点大学要建成为"两个中心"的指示，1978年4月4日，上海交大召开向科学技术现代化进军誓师大会，提出"要把上海交大办成既是教育中心，又是科研中心；既出人才，又出成果，为提高国家的科学技术水平作出贡献"。大会还提出要"加强基础理论，发展技术科学，突出新兴技术"[3]。学校在一如既往办好教学中心的同时，积极促进科研中心的形成。

高等学校要成为科学研究的重要方面军，很大程度上有赖于建立一支数量

【1】《邓小平文选》第2卷，人民出版社1994年第2版，第423页。
【2】邓小平：《关于科学和教育工作的几点意见》(1977年8月8日)，《邓小平文选》第2卷，人民出版社1994年第2版，第53页。
【3】《邓旭初同志在全校向科学技术现代化进军誓师大会上的动员报告》(1978年4月)，上海交通大学档案：长期2106。

可观、素质较高的科技队伍。1978年之前，上海交大有专职研究人员，但没有专职科研编制。20世纪80年代起学校强化和完善科研队伍的建设。一方面，通过合理的人才流动和定编工作，按照科学实验工作的要求，在全国高校中较早地设置了专职的科研编制。1979年至1980年，经由第六机械工业部批准，上海交大首批确定专职科研编制教师465名。另一方面，打破校内条块分割的局面，鼓励并提倡学科交叉和各系之间的人员交流，组成结构合理、有攻坚能力的科研工作队伍，成功地实现了智力资源的优化配置。

　　人力是第一资源，如何调动广大教师和科研人员的积极性，则是真正使科研队伍"活"起来的关键。学校在校内管理改革初显成效的基础上，同步进行了科研管理改革，实行机关权力下放，校系分级管理，职责权利统一。以科研经费的管理和使用为例：改革前有的系、研究所和教研室把学校当作大口袋，盲目争投资、争设备，年终突击花钱，造成仪器设备积压浪费和年终财政上的赤字。据1980年上半年调查统计：1979年科研经费支出为当年拨款总额的179%；315台万元以上仪器设备中有1/4被闲置了大半年。1981年学校颁布了《关于扩大系、所在科研工作中自主权若干问题的通知》，扩大系、所在科研经费管理和使用方面的自主权，实行科研经费预算包干，按课题核算，节余留用，超支抵扣下年度指标。1981年与1980年相比，科研项目数增加了近50%，年度总支出却下降了近1/4，初步解决了年终突击花钱的问题。1983年，学校又制订《关于科研管理改革的暂行办法》，进一步下放机关权力，实行系主任、所长、室主任负责制，如系、所可自主承接科研课题，课题组负责人由系、所决定，研究人员由课题组负责人自行组合等。此外，实施科研项目合同制、校内科研奖励办法、科研收益分配政策适度开放及对教师业务工作进行量化考核等改革措施，制定科研工作的岗位责任制和各项工作条例，规范科研工作行为和各单位各部门工作的协调配合，为教师和科研人员创造一个自主、宽松的科研环境，形成良性的激励机制，确保科学研究活动的高效率运作。

　　科学研究要多出成果、出大成果，还取决于学校能否紧跟世界高新科学技术的飞跃发展。自改革开放以来，学校为迎接世界新技术革命的挑战，积极采取应对措施。在校内打破系、教研室的界限，建立跨系科研组织，1982年成立生物医学工程、系统工程、海洋工程、能源工程、环境工程、热科学6个跨系委员会,进行多学科的"立体协同作战"。重视和加强科研机构建设,1978年至1991年,学校相继建立各类科研机构95个,其中经国家部、委批准的研究所8个、研究中心4个、研究室8个,经上海市批准的研究所6个,经学校批准的研究所25个、跨系科研机构9个、研究中心11个、研究室24个。

1985年,中共中央作出《关于科学技术体制改革的决定》。同年,学校召开科研工作检阅大会。会议阐明今后科研工作的指导思想是"抓改革、重创新、攻重点、保效益、促面向、施重奖,开创科研工作的新局面",并针对当时存在的战线长、力量分散、重点不突出的问题,有针对性地提出了14条加强重点科研项目攻关的具体措施。

随着上海交大科研中心的形成及壮大,为广大教师和科研工作者服务国民经济主战场提供坚实的基础。在党的"经济建设必须依靠科学技术,科学技术工作必须面向经济建设"方针的指引下,交大教师走出校园,与企业、研究机构相结合,针对经济社会发展中重大的、关键的技术问题,进行各类技术合作和技术创新活动,积极探索多种科技开发新形式。1981年11月,学校专门成立了技术服务部,鼓励教师在确保完成国家下达的教学、科研任务的前提下,面向社会、面向生产,积极开展对外科技服务。上海交大的科技服务主要有技术咨询、成果转让、试验测试和兼职顾问等。据不完全统计,1980年至1991年,学校共签订科技成果转让合同281项,其中1986年至1991年科技成果转让实际收益累计达444.5万元。

学校还突破部门、地区、行业界限,积极探索"产学研"结合道路,实行不同层次、不同形式、不同程度的教育、科研、生产的长期协作,有选择地建立一批产学研联合体,在推动科研成果转化、促进社会经济发展方面取得了较大的成就。

例如,动力机械工程系教师任世瑶长期从事冷却塔风机的研制工作,1974年他因病回浙江上虞老家休养,向父老乡亲提供技术指导,帮助创办上虞风机厂。1976年,在交大教师的技术指导下,上虞市(今上虞区)又办起联丰玻璃钢厂和百官电机厂,形成专业配套生产风冷设备的一条龙。学校与这3家企业结

动力机械工程系和上虞风机厂、联丰玻璃钢厂联合开发生产低噪声风机和冷却塔系列产品，被国家科委和农业部赞誉为"产—学"结合的典型。图为1982年低噪声轴流风机鉴定会复测组全体成员合影

成产学联盟，有计划地派遣各类科技人员前往企业开展技术服务，并为企业培养多层次的实用技术人才；将企业的生产难点和新产品开发任务带回实验室研究，又将一批批科研成果持续不断地输往企业。十余年来校企合作，成功研制76个系列1 000多种规格的风机和冷却塔产品，以节电、低噪声等特点替代进口产品畅销国内，还多次获得浙江省、上海市、教育部重大科技成果奖及技术进步奖。上虞企业也陆续向交大提供600多万元的科研协作费，为本科生和研究生教学提供实验设备和实习基地，支持了学校教学和科研的发展，实现了高校和企业的共同繁荣。国家科委和农业部对这一联合体生产形式评价很高，称之为"产—学"结合的典型。

又如，上海模具技术研究所是上海交大与上海市第二轻工业局合办的独立经济实体。压力加工专业是一个传统的老专业，曾面临经费短绌的困境。与二轻局联合建所后，走上了消化、吸收、发展国外先进技术，研究机构和市场机制相结合的坦途。经费由绌转足，老专业生机盎然，从模具技术开发研究中试基地发展为"国家模具CAD工程研究中心",学科齐全,梯队结构合理,始终占据国内塑性加工、模具技术发展制高点,成为世界瞩目的高技术与传统专业和谐结合的研究所。国际模具协会主席德国山德尔先生在参观该所后说:"你们研究所在短短的时间内能得到这样快的发展,这在我们德国也是十分罕见的,我对你们取得的成就感到惊讶。"

还有,生物技术研究所坚持为农服务方向,把生物科学与工程技术结合起来,在崇明岛东风农场、江西红星农场建立起生态农业示范性工程,实现了资源的多次利用和无废物、无污染的生产,形成饲料、牛奶、肉类、蔬菜、鱼、沼气的良性循环。该所建立了14门学科结合的科技队伍,在光合细菌研究方面达到了世界先进水平。1992年《科技导报》以《生态工程的曙光》为题,介绍了这一成功经验。始终关注母校发展的1934届校友钱学森院士阅读后,亲笔写信给生物技术研究所朱章玉教授表示祝贺,并希望能将这项研究工作做得更好。钱老在信中写道:"利用微生物的广阔前景……这方面的工作在您那里开创了,真是可喜!我没有别的,只希望您能在下个世纪把利用微生物的工业办成像上海宝钢那样的大企业。生物技术也将成为上海交大的一个专业系了。"

经过10余年的改革与发展,上海交大科学研究日新月异。据统计,1978年至1991年,上海交大科研项目累计13 139项,从各渠道获得的科研经费累计24 778.7万元。1991年和1979年相比,学校的科研项目增加了近6倍,科研总经费增加了11倍,保持逐年增长的良好势头,一直稳居全国高校前茅,名列上海高校之首。尤其是科技方针调整及科技体制改革的推动,使学校科研任务结构发生了很大变化。科研任务从主要来自国家下达的纵向科研任务,朝着纵向科研任务、社会委托的横向科研任务并驾齐驱的方向发展。

学校科研工作呈现出欣欣向荣、稳步上升的发展趋势,诞生了一批重大的标志性科研成果。1978年至1991年,学校共获科技成果奖519项,包括国家科技进步奖46项、国家自然科学奖4项、国家发明奖12项、全国科学大会奖33项、国家星火奖1项、省市部委奖423项。其中,"船舶取消首支架纵向下水新工艺""中、大规模集成电路计算机辅助解剖分析研究""液电冲击波体外破碎肾结石技术""人口系统定量研究及其应用""阿依-24发动机振动故障研究""7103

获国家科技进步一等奖的"船舶取消首支架纵向下水新工艺"

深潜救生艇""潜艇噪声振动控制研究设计与33艇改装应用"7项以上海交大为主或合作研究的重大科技成果,荣获国家科技进步一等奖。

"船舶取消首支架纵向下水新工艺"从理论上和实践上解决了无首支架纵向下水的工艺问题,是我国造船工艺的一项重大改革。该研究成果在全国迅速推广,为各船厂普遍采用。据1985年底的统计,全国运用该工艺下水的500～65 000吨船舶已有250艘,仅省工、省料及减少船台基建费等方面的经济效益就达1 500万元,且此种效益将是长远的和广泛的。

"液电冲击波体外破碎肾结石技术"是基于高电压脉冲功率技术的液电效应,并运用聚能技术、X光技术、图像增强、微机控制、机械传动等综合性技术的跨学科研究课题。该课题组成员经日夜奋战,仅用一年零八个月时间,成功研制出国产肾结石体外粉碎机。1985年样机首次在上海中山医院应用于临床,1986年通过专家鉴定,粉碎有效率达98%以上,排出率90%以上。

还有,获中国专利金奖并被评为1992年全国十大科技成就之一的"胜利二号极浅海步行座底式钻井平台",是为我国沿海海滩和极浅海区石油钻探开发的世界上第一艘能够自行行走的钻井平台。上海交大和胜利油田联手开展为期4年的联合攻关,解决一系列重大技术难关,于1986年初完成全部设计任务。经上级批准,1986年3月在北海船厂建造,1988年9月胜利下水。经过4年的生产使用,至1992年已成功钻井9口,与其他平台一起在极浅海找到了上亿吨储量的大油田,为我国石油工业的发展作出了巨大贡献。

四、开拓闵行新校区

历史性的抉择

　　20世纪80年代中期开始，上海交大在闵行建设新校区，为学校拓展了新的发展空间。

　　上海交大为什么要在距离徐汇老校区23公里外建设一个规模更大的新校区？主要是因为上海交大徐汇校园面积太小，使用率已超负荷，严重限制了学校的继续发展。据1981年学校统计数据显示，徐汇校园面积仅为396.9亩，加上法华镇路和上中路两个分部、附属工厂、各处住宅区，全校土地面积也只有633.1亩，校舍面积26.06万平方米。1982年学校回归教育部领导后，教育部有关方面负责人来校视察，临走前部领导指出："上海交大校舍这样挤，如不解决，招研究生不具备条件。"在此前后，上海市几位副市长都表示：他分管的系统内分不到上海交大毕业生，学校各专业毕业生"供不应求"，难以满足社会需求。显然，校园狭小已成为制约学校发展的瓶颈，严重限制了学校培养人才的规模；扩展校园是学校实现既定战略目标的迫切需求，更是社会发展到一定历史时期对学校的必然要求，亟待决策，刻不容缓。

　　其实，从1980年起上海交大已经在探索可否采取周边征地动迁扩建的方法来解决用地严重不足问题。但那时学校已被密集的居民区和中小企业包围。1982年试图征用一块约70亩的相邻土地，经测算需动迁居民1 000户，投资近1 500万元。对于全年基建拨款仅500万元的学校财力而言，显然是难以承受的。于是，学校领导层很快将意见统一到在郊区选址建新校区的方案上，曾先后去梅陇、莘庄、青浦等地调查，并多次向上海市政府提出设想和请示。市政府从全市总体规划出发，明确表态：交大如要建新校区应建在闵行新市区，因为国务院批准将闵行地区确定为上海的对外经济技术开发区。而且从20世纪50年代开始，闵行兴建了一批大中型骨干企业，包括锅炉厂、汽轮机厂、电机厂、发电厂、重型机器厂、化工厂等重工业企业。上海市总体规划中闵行有一片"科学教育区",市政府不仅希望交大去,也希望其他高校去办分校或搬迁过去。

根据市领导的指示和市规划主管部门的指导,学校党政领导经过反复讨论,于1983年4月16日向上海市政府上报《关于建立上海交通大学闵行分部的请示报告》;6月20日,又向教育部上报《关于建立上海交通大学闵行二部的报告》。7月2日,教育部正式批准学校在闵行区建立上海交通大学二分部,规划用地1 500亩左右。9月2日,上海市市长汪道涵主持召开市长办公会议,专题研究并原则同意上海交通大学在闵行建立二部,并指示有关部门要抓紧支持交大建设新校区。其后,教育部和上海市政府又先后发文审定,上海交大到1990年前后的建设规模为在校学生15 000人,其中闵行二部的建设规模为在校学生8 000至9 000人(内含为上海市培养的大专生3 000人)。1984年,学校被列为国家重点建设项目,总投资1.57亿元,这为闵行新校区的建设提供了重要的资金保障。

上海交大的建设始终得到上海市政府的重视和支持。1983年市长办公会议后,市政府各部门便对交大筹建闵行新校区一路开"绿灯"。在建设初期,上海市政府向学校下拨建设投资483万元,还批准投资3 320万元用于校区周边的上下水、电力、煤气、电话、道路、桥梁、泵站等市政配套工程,并将有些配套工程列入上海市政府实事重点工程。市建委重大办负责人还多次出面开会,下令水、电、路、煤各路市政建设保证交大闵行新校区1987年秋季按时开学。所有这些决策和行动,都表明教育部和上海市领导层以前瞻的眼光,将上海交大置于一个更广阔的空间,思考学校持续发展的重大战略、后发优势。

对于上海交大而言,走到这一步,包含着学校领导层多少呕心沥血的思索和千辛万苦的努力,亦蕴涵着全体教职员工对学校新一轮发展的无限企盼。梅花香自苦寒来!建设闵行新校区,这标志着在20世纪80年代中国社会的巨大变迁及中国高等教育新陈代谢的现代化进程中,上海交大正在把握新的历史机遇,——克服教育经费极其紧张的困难,在全国高校中率先进行多校区办学及管理的探索和实践。

就在上海交大开始建设闵行新校区之际,学校党政领导班子有了新的调整。1984年2月,教育部党组任命翁史烈为上海交大校长。翁史烈,1932年出生,浙

校长翁史烈　　　　　　　　　　　党委书记何友声

江宁波人。1952年毕业于交通大学造船工程系后留校任教。1958年至1962年留学苏联，获列宁格勒造船学院科学技术副博士学位，是热力涡轮机专家。历任上海交大动力机械工程系主任、副校长。1984年至1997年任上海交大校长。中共第十四次全国代表大会代表。曾任上海市科学技术协会主席、国务院学位委员会委员。多次获国家及部委级奖励。1995年当选为中国工程院院士。

1986年4月，国家教委党组任命何友声为上海交大党委书记。何友声（1931～2018），浙江宁波人。1952年毕业于同济大学造船系，1957年至1958年在清华大学力学研究班进修，是水动力学和船舶流体力学专家。1955年起任教交通大学，曾任船舶制造系副主任、工程力学系主任。1986年至1992年任上海交大党委书记，中共上海市第五届市委委员。曾任中国力学学会副理事长、上海力学学会理事长、国家教委科学技术委员会委员。多次获国家及部委级奖励。1995年当选为中国工程院院士。2001年被评为全国模范教师。

新校区的建设

1985年7月2日，在闵行新征的一片农田上举行二部工程开工典礼，上海市副市长倪天增出席仪式并讲话："闵行二部对上海交大来说，虽说扩建，但按其建设规模而言，无疑等于新建一所万人大学。"根据计划及学校教育事业发展的需要，1987年秋季招收的全部本科一年级新生2 600名将在闵行新校区入学，并要实现顺利开学，而不是勉勉强强开学，要做到新校区新风貌，从严治校。就基建工程而言，从闵行新校区破土动工到接纳第一批新生入学的短短两年又两个月的时间内，必须落实国家重点建设投资，建成26幢共6.3万平方米的大小建筑，完成相应的室外配套工程及校区周围大量的路、桥、管、线、泵站等市政工程。还要为已入学同学准备后续课程的实验室、实习工厂、文体活动设施及为接纳1988年秋季第二批近3 000名新生进行扩大建筑。其难度之大，困难之多，可想而知。许多领导和校内外人士都为学校能否如期完工而捏了把汗。就连应邀前来为闵行校区总体规划提建议的两位德国建筑专家面对成片的农田和农舍，也疑惑地问道："你们用什么方法可在1987年9月开学？"上海交大的事情要靠每一个交大人来办，上海交大的美好明天需要每一个交大人付出心血和劳动。在此信念的感召影响下，全校上下齐心协力，艰苦奋斗，朝着"按时顺利开学"的目标而努力拼搏，谱写了一曲曲震撼人心的建设者赞歌。

闵行新校区的建设，在学校全面工作中占有重要的位置。劳神万般的建设事务，自然成为学校党政领导们时时刻刻牵挂在心头的一件大事。书记校长们以高昂团结的工作热情和切实为学生着想的负责精神，带领闵行校区建设者为实现学校发展美好蓝图努力奋进着……他们经常来到建设中的闵行二部工地，在基建临时办公室的简易接待室里，和建设者们一起认真商议、决策建设过程中最为紧迫、急需解决的实际问题：怎样协调这浩大的工程？怎样才能确保1987年按时开学？如何才能吸引学生来闵行二部就读……紧张的工作会议之后，又踏着泥泞道路，来到建筑工地进行现场察看，还你一句我一言地热烈争论着二部资金使用、时间进度、学生宿舍安排、后勤队伍建设等各项具体问题。望着矗立起来的各类教育用房，他们按捺不住内心的喜悦：闵行二部终于破土而出了！决策者的激情，燃烧在工程建设期间的每个日日夜夜！

闵行新校区第一期征地范围涉及原上海县北桥乡3个大队12个小队，广达669亩土地。偌大的工程，从上海市规划局1985年10月13日发出征询单起，至上海市建委1985年12月13日批准用地为止，仅用了短短两个月的时间就顺利完成。征地之后立即进入工程建设，这得到了有关部门和各设计、施工单位的全力支持。工程会战高峰时，校区内外3 000多名工人师傅参加施工，前后涉及200多家建设单位。市政工程召开过100多次协调会，市政方面几个局的局长还亲临工程现场，指挥督战。建设者们雨中一身泥，晴时满身汗，有些人忘了家事，不顾自己的病痛，坚持日夜施工，终于出色地完成了基建任务。

闵行二部首届招收2 600名新生，招生数创历史最高。由于二部是新建，校园内各种设施初次投入运行，任务重、时间紧、困难多是预料之中的事。因此，校党政各级领导、干部、群众都把迎新工作作为重点任务来抓，特别是二部领导班子带领教职工更是日夜奋战两个月，全力以赴，精心安排布置。总务二处立下"军令状"，新生到校之前，食堂、宿舍、教学大楼等都要打扫得窗明几净。在总务二处处长杨念祖的亲自带领下，各科室之间主动协作，相互支援，不论白天、黑夜、晴天、雨天，"全天候"地工作，终于出色地完成了任务。公务班发动各方力量，在一周内安置好12幢宿舍2万件家具。修建科在工作条件十分困难的情况下，组织修建起商店、银行、邮局、小吃部、肝炎病房等临时用房共1 000多平方米。校园管理科因陋就简，利用旧料，自己动手，盖起3间花房，建起850平方米盆景园，栽培装点校园用的9 000盆花卉。实验室二处发扬不计较报酬、时间、工作条件的"三不计较"精神，自行设计、采购、搬运及安装，完成实验用房、电化教室、无线电台和有线广播电台的装配布置工作。教务二处及早做好教学准备工作，拟定一年级任课教师、班主任和思政教师名单，组织50名新教师到二部担任为期两年的"住校教师"，开展班主任暑期集中培训，并制定了一系列规章制度，真正将"教书育人、服务育人"寓于迎新工作之中。

在二部第一期工程竣工典礼上，学校宣布"关于给予为创建二部作出贡献的人员奖励的决定"，有133人分获特等和一、二、三等奖，受到大会的表彰。唯一获得特等奖的基建二处处长陈廷莱，从征地、组织协调总体设计到管理施工，全身心投入，忘我地工作。他的口头禅是"要拼老命拿下房子。"他经常奔波于市政有关部门，详细汇报，请求支持；每天在工地上巡视，组织协调，及时帮助不同的施工单位处理好邻友关系。尤其是1987年8月上旬施工最紧张时，他总是在晚上6时到11时巡视工地，处理了大量影响工程进度的问题。像陈廷莱这样一心扑在闵行建设事业上的交大人还有许许多多。他们是二部建设者中的杰出代表！

在二部开学典礼上，学校对133名为创建二部做出贡献的同志予以表彰。图为学校主要领导和受表彰人员合影

　　1987年9月2日，上海交大闵行二部迎来了第一批2 600名本科新生，实现了"按时顺利开学"的目标，创造了上海交大建设史上的"闵行速度"。学生和家长对新校区的学习、生活环境作了评价。学生们说："二部的宿舍宽敞、明亮，浴室方便整洁，食堂菜饭丰富、价格便宜，教学楼设施也比本部和其他大学完善。"有位家长说："我是交大老校友，以前每次到徐家汇本部，总感到交大的校园太小了，要发展几乎没有余地。这次目睹了二部校园如此广阔，学习条件良好，环境优越，确是学习读书的好地方。"还有许多家长对学校迎新工作表示满意："交大二部的迎新工作井然有序，服务热情周到，一切从新生出发，急新生之所急。……有这样好的老师和广大职工同志，把孩子交给你们，我们很放心！"

　　闵行新校区启用后，校园建设工作仍在进行着。至1991年12月，闵行校区分6期征用土地共计2 038亩，除去代征市政道路用地和带征土地，实际可用地合计1 576.751亩。数学楼、物理楼、化学楼、电力楼、信控楼、热工楼、西区教学楼、东区教学楼、图书馆、实验楼群、大礼堂、学术活动中心、学生活动中心、体育馆、学生公寓楼等各类教育设施陆续在这片希望的田野上拔地而起。由1945级校友、旅美电影艺术家卢燕捐建的燕云亭，由校务委员会名誉委员、顾问教授朱传榘捐建的维纳斯雕像，分别于1987年、1989年建成坐落于思源湖畔。1985年至1994年底，经国家批准用于闵行校区建设的各类投资近4亿元，共竣工校舍79幢，总建筑面积26.835万平方米。有速度，还有质量！下院、中院教学楼在建

地处闵行的交大二部已经建成为一个完全崭新的校园（1989年8月）

筑设计方面先后荣获建设部国家设计银质奖、上海市优秀设计一等奖、上海市科技进步三等奖、上海市优质工程奖等多个奖项。整个校区以开放的布局,方便实用、利于交往的教学空间,新颖的单元式学生宿舍,优美宁静的校园环境,赢得了许多兄弟学校和建筑行家的赞誉。1994年,"211工程"部门预审时专家们高度评价说:"闵行校区的建设非常美,与国际上较好的大学在硬件上差距并不很大,且分布合理,上海交大建成国际一流大学很有希望","闵行校区的开拓,证明交大领导很有远见。"

老大学,添新址,展欢颜! 闵行新校区的建设,为上海交大注入生机,成为学校发展的新的起点和希望所在。

与水利电力部联合办学

建设闵行新校区过程中,上海交大与水利电力部突破部门界限,充分发挥工业部门办学的积极性和重点大学的办学优势,联合办学,共同创建上海交大电力学院,被国家教委赞誉为"联合办学的典范"。

1985年经国家批准,水利电力部在上海闵行扩建上海电力学院新校区,并开始征地及前期工作。但由于进度慢,困难多,水利电力部于1987年1月召开党组会议,决定将这个新校区及投资划归上海交通大学,双方长期联合办学。2月

14日，水利电力部副部长杨振怀会见上海交大校长翁史烈，传达了水电部党组关于联合办学的设想，征求交大的意见。学校内部当即进行讨论，一致赞成与水利电力部联合办学，努力为我国电力建设多做贡献。随即学校报告国家教委和上海市政府，得到上级领导的同意和积极支持。3月，水利电力部领导也就此事向国务院副总理李鹏做了汇报，李鹏说："这办法对，非常好。"

1987年4月22日，上海交通大学和水利电力部在充分协商的基础上，共同签署了《水利电力部、上海交通大学关于联合举办电力学院的协议》。水利电力部将原计划5 000人规模的办学任务以及已征到的451亩土地和9 700万元投资额度划转到上海交通大学，组建上海交通大学电力学院。国家教委于4月24日正式批准了这个方案，并指出："这样大规模的长期联合办学，是教育体制改革的一件大事，一定要认真办好。希望部校通力合作，周到细致地做好有关方面的工作，注意研究解决联合办学中出现的各种问题，努力探索和积累联合办学的经验。"[1]

经认真筹建，11月正式成立水利电力部、上海交通大学联合办学理事会，由水利电力部副部长史大桢出任联合办学理事会理事长，水利电力部教育司司长许英才、上海交大校长翁史烈任副理事长，并当年实现招收新生404名。

1987年11月20日，在初具规模的闵行新校区校园里，嘉宾云集，师生共聚，隆重庆祝上海交大二部按期开学、二部第一期工程竣工及水利电力部与上海交大联合创办的上海交通大学电力学院正式成立。时任中共中央政治局委员、上海市委

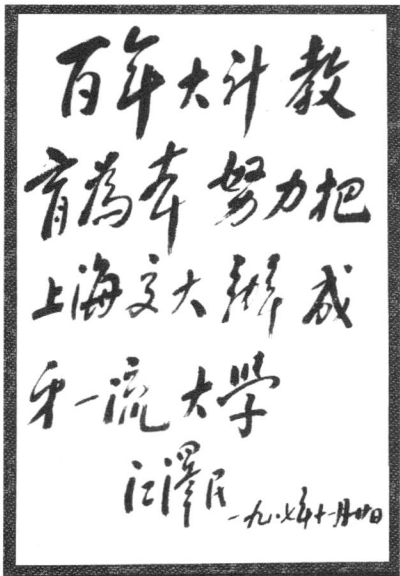

江泽民在上海交大二部开学典礼及电力学院成立大会上的题词（1987年11月）

【1】《关于同意水电部与上海交通大学联合办学和上海电力学院办学方案的批复》（1987年4月24日），上海交通大学档案：永久1347。

书记、市长江泽民出席庆典,并发表热情的讲话。会后他参观闵行二部新校区,在行政楼会议室欣然挥笔题词:"百年大计,教育为本,努力把上海交大办成第一流大学。"水利电力部姚振炎副部长在庆典结束后,会见了上海交大电力学院全体教工及学生。这一天,成为令所有交大人为之兴奋的难忘日子,更是一个永久载入上海交大史册的重大日子。

新校区新气象

上海交大闵行新校区的建成及按时顺利开学,成绩固然可喜可贺,但两地办学带来的困难与问题也不少。闵行新校区和徐汇校区相隔23公里,怎样给闵行校区定位、处理闵行校区教学与科研的关系、安排本科生和研究生在闵行的学习生活等,都是必须妥善解决的现实问题。特别是交通问题,每天来往班车不仅每年耗费了学校大量的经费(交通费和校区补贴),天气变化更给交通安全和保证教师准点上课造成了困难。如何根据学校实际情况,确定新校区的布局和一整套行之有效的管理模式,学校对此进行了探索和实践。

在1987年闵行二部启用之初,学校做出了如下的布局:全部一、二年级本科生就读于闵行,全部基础课、公共课和部分基础技术课的教学在新校区,相关实验室也全部建在闵行。理科类系(如应用数学系、应用物理系、应用化学系、工程力学系)、实验室少的系(如科技外语系、社会科学与工程系、体育系、文学艺术系)以及新建的系(如生物科学与技术系、土木建筑工程系),以及与水利电力部联合办学的上海交大电力学院(下设电力工程系、能源工程系、电机工程系、信息与控制工程系)建制放在闵行,即这14个系的三、四年级本科生和研究生均在闵行就读,其余系(专业)的三、四年级本科生及研究生则在徐汇就读。

在新校区行政管理体制与机构设置上,为了提高二部管理效率,1986年学校决定实行学校直接领导下的二部主任负责制,建立二部党委,调集近200名干部职工成立若干行政处室(办公室、教务二处、实验室二处、基建二处、总务二处和保卫二处),培训以征地进校农民为主的后勤队伍。同时制定了一系列新校区的管理制度,诸如教师到闵行上课的管理办法、发放闵行校区津贴的办法及浮动工资办法,对学生的管理机构和思政教师及班主任的配备原则,学生参加校园建设、劳动、绿化的规定,征地工的安置、培训及待遇的规定,等等。这种以块为主、条块结合的管理体制,在党委、校长领导下,集中对新校区行政、教务、人事、基建、财务、保卫、实验室建设等进行管理,目标明确,系统清楚,效率较高,在新校区的建设和启用初期,对完成新校区的建设和确保正常的教学秩序起到了积极的作用。

随着1987级、1988级两届新生入学闵行校区,至1989年春,二部就读学生达5 400人,接近全校学生的一半,还有部分系、所建制在闵行。为更适应学校整体发展,学校听取二部领导班子及学校各方意见,酝酿改变闵行二部原有管理体制,实行学校各部门垂直分工管理。1989年1月21日,党委扩大会通告将学校的4个校区名称统一命名为徐汇校区、闵行校区、法华路校区、上中路校区。2月16日,经党委常委会及其扩大会讨论后,确定校区体制改革方案:加强学校对徐汇、闵行校区的垂直领导,撤销闵行二部建制,每个校区均实行校、系(院)两级领导体制;从行政系统来说,实行以条为主的管理体制,两个校区原则上只设一个职能部、处、室,统一领导,两地办公,重心视需要可设在闵行或徐汇;党委系统的体制与行政的体制相适应;整个改革工作自上而下逐步组织开展,在新的体制未实施之前,原有机构照常工作,坚守岗位。8月9日,学校正式发出《关于撤销上海交通大学二部的通知》。撤销二部后,建立了以一位校领导为组长的闵行校区领导小组,原则上每周举行一次会议,协调校区内各部门的关系和重要问题的处理。同时,学校党委会和校长办公会轮流在两个校区内召开。实践证明,学校实施以条为主、条块结合的管理体制,基本上适应变化了的形势,加强了多校区的统一管理,拓展多校区办学的框架和思路。

随着闵行新校区硬件建设的日新月异,加强学术氛围和校园文化建设也提到议事日程。由于闵行校区离市区较远,许多教师从城区赶来上课,与学生课余的接触交流较少;有些专业高低年级本科生和研究生分在两地,文化和学术风气传递不畅;新校区文化设施不够完善,学生把校园生活称作是教室、寝室、食堂"三点一线",感到信息不灵,生活单调寂寞,甚至将闵行校区说成是"孤岛""文化沙漠"。

有位老教授说:"国家信任上海交大,花了这么大的投资来建设新校区,如果我们办不好新校区,就愧对子孙。"这话道出了交大人的心声！广大教职员工着眼于学校长远发展,全身心地投入到新校区"教书育人、服务育人、管理育人"工作之中。对学生"关心多一点,指导具体一点,要求严格一点",教育和管理一体化,引导学生全面发展,成为全体教职工的共识。1988年10月《校情通讯》报道:"去闵行授课的教师绝大多数对学生高度负责:有的教师从第一课起就抓学生在课堂中的文明礼貌,严格要求,一丝不苟;有的教师没有赶上徐汇校区开出的班车,自费乘坐出租汽车赶去闵行。"

春风化雨,润物无声！在广大教职工甘为人梯、为人师表的榜样作用下,学生们开始安心于新校区,努力学习,提高才干。二部学生会积极与学校各职能部门沟通交流,参与校园管理。学校还成立学生勤工俭学服务中心,有相当一部分学生应聘在各部门,实际参与食堂、浴室、车队管理和治安保卫等学校日常服务工作。暑期里,还有许多学生留校参加迎新后勤准备工作。尽管勤工俭学的报酬很少,但"为你、为我、为大家"的校园文明风尚和爱国爱校的交大传统,在一代代学生中传承发扬着。

1990年元旦清晨,在闵行校区广场上举行首次升国旗仪式。迎着朝霞,在雄壮的国歌声中,2 000多名学生和闵行校区各级党政干部凝视着五星红旗冉冉升起。升国旗活动由团委组织,一年级各团支部轮流负责一周,一周中除升降国旗外,还有一次"祖国在我心中"主题活动,并记下一周活动日记。团委一学期评比一次,对得胜者予以表彰。此项活动的持续开展并形成制度,极大地增强了团员大学生的国家观念和爱国热情,对创新团组织生活起到推动作用。

健康的校园生活需要依靠学生们来创造。二部团委发起"当代大学生形象讨论"活动,激起青年学子对社会责任、人生意义的深刻思考。国内外专家、学者来闵行校区做学术讲座,深受学生欢迎。学校还成立二部学生艺术团,开展分散小型的班级文娱活动,学生自己筹办艺术节、迎新篝火晚会、凉夏综合文艺晚会、"十一"歌会、影视文化日、校园文化节等,以多姿多彩的艺术活动陶冶情操,营造健康、乐观、向上的校园文化生活。学生们还自行组织起计算机、数学、气功、围棋、象棋、桥牌、音乐、舞蹈、电子、吉他、诗歌、健美、摄影、灯谜、散打、集邮等各类爱好者协会,丰富了课余生活。

我们与闵行校园共成长——1987级入学的部分学生

"我们的生活需要我们来创造!""校园是我们的,我们是校园的主人!""用我们的双手美化我们的校园!"学生们还以新校区开拓者的主人翁姿态,积极投身到"爱校建校、美化校园"和"共青团义务劳动"活动中。经过几届学生和广大教职工的辛勤耕耘,成片的水杉林、成排成行的广玉兰、白玉兰、雪松及各种草木花卉散见于校区各处,为广阔的闵行校园披上了绿装。有的班级还在自己植树的地方,插上一块"我们与小树一起成长"的牌子,寄予深情。

齐心协力,风雨同舟! 在全校师生员工的共同努力下,闵行新校区崭露新形象、新面貌。

五、校园稳定和德育创新

两次学潮风波

在改革开放和现代化建设的新时期,正当上海交大全体教职员工为学校教育事业的欣欣向荣勤奋工作、奋力拼搏之际,由于受到国内外各种复杂因素的影响,学校两度遭受社会上自由化思潮的冲击,经受住了严峻的政治考验。

1986年的冬天,一股资产阶级自由化思潮倏然而起,合肥、北京、上海等城市的一些高等院校少数学生上街游行要求"民主"。在这之前的11月15日,中国科技大学副校长方励之来上海交大,作了极具煽惑力的政治性演讲。12月9日深夜,交大校园布告栏上出现了一张抄自中国科技大学鼓动学潮的小字报。至15日,校园内陆续贴出近百张大小字报,有人提出要"上街游行"。学校领导班子认为出现的大小字报明显背离四项基本原则,先后发布三次校长《公告》,表明"学校反对张贴大小字报(大标语)、外出串联和游行等做法",要求"全体同学要遵纪守法"[1],并就学生提出的要求做了答复和解释。党委召开全校党员大会,要求全体共产党员做好同学的疏导工作,劝阻同学上街游行,同时要求共产党员遵守党纪,不要写大字报,不要上街游行。朱物华、杨槱等32名知名教授发表《告全校同学书》,规劝学生"改革只能在安定团结的环境中才能进行"。系级党政领导及广大思政教师、班主任纷纷下班级,与学生们进行面对面的沟通交流,耐心细致地开展思想疏导和教育工作。

1986年12月18日下午1时许,时任上海市市长的交通大学1947届电机系校友江泽民来到学校,就我国的民主政治建设和上海市当前工作,在大礼堂听取学生的意见并发表讲话。原本只有1 500个座位的大礼堂,一下子挤进了两三千人。少数人用嘘声、起哄来干扰会场。主持会议的翁史烈校长请江泽民讲话。面对混乱的会场,江泽民神情自若。他没有指责,没有训斥,一上来就表示:"我今天来不是作为一个市长来对你们讲话,我是作为交大的一个老校友。"可是,会场声音嘈杂,根本听不清谁在说什么,更无法回答任何问题。

面对这一局面,江泽民把话题转向大多数学生最关心的民主问题,他说:"你们不是要求'民主'吗?究竟什么叫民主?我看到你们有一份刊物,上面讲了一些民主政治。我看了以后,总感觉到我们现在的知识还是贫乏的。我在中学时代背诵的美国总统林肯的《葛底斯堡演说》,现在已经四十几年了,我至今不要拿稿子还能背出来。现在,我背诵一段原文给你们听一听。"会场开始安静起

【1】《校长第一号公告》(1986年12月17日),上海交通大学档案:长期3501。

来，江泽民用英语背诵了该演说的头尾两段。

Fourscore and seven years ago our fathers brought forth upon this continent a new nation, conceived in liberty and dedicated to the proposition that all men are created equal.（87年前，我们的先辈们在这座大陆上建立了一个崭新的国家，她以自由为立国之本，并致力于这样的奋斗目标，即人人生来都具有平等的权利。）

That government of the people, by the people, and for the people, shall not perish from the earth.（要使我们这个民有、民治、民享的政府永世长存。）[1]

话音刚落，学生们报以热烈的掌声，会场情绪发生了微妙的变化，大多数学生开始平静下来。江泽民接着说："但是，同学们，这个是多少年前林肯的演说，他的时代背景就是当时要废除美国的农奴制。今天到了什么时代？我们战斗了多少年，就是为了要争取民主。而我们的六中全会（党的十二届六中全会）决议里面还特别地指出来，加强精神文明，进一步地来加强民主制度。"同时，江泽民批评说："你们学会了'嘘'这个本事，也会交头接耳地高声说话。"会场出现沉思。在局面有所扭转的情况下，江泽民提出："我已经来了，就听你们的意见，我洗耳恭听。"接着，有10多位学生和青年教师相继上台发言。

会议已经开了3个多小时，翁史烈请江泽民继续讲话。江泽民说："我们交大的同学关心我们国家的民主生活，关心我们的建设，关心我们交大的教育改革，关心我们交大的民主建设，我认为这个主流是非常好的。但是，我希望这个民主还是要符合宪法的要求，我们宪法里面讲了四项基本原则，我们必须在四项基本原则的前提下面来讨论问题。"

江泽民特别指出，为什么充分理解同学们的民主愿望和要求，但不赞成贴大小字报，不赞成上街游行。因为这种形式不是真正地发扬民主，也根本不能解决问题，"文化大革命"的教训已经够深刻的了。这样做只会破坏真正的民主建设，甚至断送来之不易的改革开放的大好局面。接着，江泽民将话题转到上海市改革与发展中所面临的许多问题、新碰到的各种困难，特别是市委市政府与全市

【1】《葛底斯堡演说》中译文参考上海交通大学编著：《江泽民和他的母校上海交通大学》，上海人民出版社2006年版，第112页。

江泽民与交大学生对话时大礼堂场景

人民改变面貌的迫切心情，强调上海要发展，必须加紧建设，多做利国利民的实事；踏踏实实地搞建设，必须保持稳定的社会局势。他说："你们在这里有一个良好的环境念书，我很希望将来你们成为国家栋梁。曾经有一个同学写信给我，说请我谈一点经验，我是怎样从一个交大电机系的学生成为一个市长。……我的经验只有一条，就是干哪一行就学哪一行，好好地学，好好地干。"[1]最后，江泽民希望同学们：要顾全大局，眼光看远一点，好好读书，将来把我们的国家建设好，包括把我们国家的民主政治建设好，使自己成为对人民有用的人。

　　大礼堂的会历时近5个小时，江泽民沉着坚定，以诚相待，既坚持原则，又苦口婆心。大礼堂里的气氛，从开始时的起哄到平静到安静。最后，江泽民在全场掌声中离开会场。

　　12月18日，一小部分交大学生原已准备好的上街游行活动就这样被化解了。但19日、20日，交大还是有一部分学生不顾学校各级领导和老师们的教育劝阻而上街，给上海社会安定团结带来负面影响。但是这两天中，全校2/3以上

---

[1]《江市长来校与学生对话会上讲话》（根据录音整理）（1986年12月18日），上海交通大学档案：永久1545。

学生仍坚持上课。从21日起,校园内未再出现大小字报,也没有学生上街游行,学校开始恢复正常秩序。22日,市政府发言人就部分高校一些学生上街集会游行一事发表"答记者问"。23日,《人民日报》发表题为《珍惜和发展安定团结的政治局面》的社论,指出:"安定团结的政治局面,是我国社会主义现代化建设成败的关键,也是坚持改革、开放最重要的保证。"1986年12月出现的学潮,至此结束。

时隔两年半,到了1989年春夏之交,一场与国际形势相呼应的资产阶级自由化思潮在全国引发了更大规模的学潮。但从1987年起,学校改进了对学生的思想教育,加强了对学生工作的领导,校内各级党政组织以及学生党团组织也都做好应对政治上可能出现的突发事件的思想和组织准备。当出现在北京的学潮很快波及上海时,开始相当一段时间内交大徐汇、闵行两个校园,虽出现一些大小字报,由于工作及时,教学活动正常进行,校内秩序基本平稳。4月18日凌晨,外校学生1 000多人闯进徐汇校区,鼓动交大学生外出游行未成。5月4日,上海高校部分学生上街游行。晚上,数千名外校学生来到康平路上海市委办公厅(简称"康办")门前静坐。当天,交大师生在校内开展"爱国、荣校、求知、发展"为主题的纪念"五四"系列活动,没有学生拉出队伍去校外参加游行和静坐活动。5月15日,上海市委书记江泽民开会遇见翁史烈校长时,对交大的稳定工作给予了肯定,他说:"5月4日晚上几千人围在康办,交大离康办只几百公尺,你校学生岿然不动,不简单,要总结总结。"[1]

5月13日至19日,北京高校有部分学生到天安门广场和新华门前"绝食请愿"。上海交大的稳定局面也难以维持,校园内出现了骚动,学生大字报开始增多。5月17日,近3 000名交大学生走上街头。5月18日至19日,有几十名交大学生也到外滩市府前参加"绝食"。学校多次派出干部、教师,到游行和"绝食"学生当中,提供食品并以情规劝,叮嘱学生"注意身体,尽快回校"。5月20日凌晨,国务院决定北京市部分地区实行戒严。中国境内外非法组织四处煽动,到全

【1】 王宗光主编:《中共上海交通大学党史大事记(1949—1994)》,上海交通大学出版社1996年版,第320页。

国各地串联。5月28日以后，交大非法的"学生自治会"搞所谓的"空校运动"。学校公开张贴通告，点名批评破坏学校教学秩序的行为；并写信给学生家长，要求家长配合学校做好学生的思想工作。任课教师本着教室里仅有一个学生也要坚持上课的态度，坚守教学岗位。院系领导跑遍学生宿舍，动员学生前去上课，还有的坐在教室里陪着学生们听课。

6月9日，邓小平接见首都戒严部队军以上干部，指出北京发生的政治风波是国际的大气候和中国自己的小气候所决定了的，强调要坚定不移地执行党的十一届三中全会以来制定的一系列路线、方针、政策，要认真总结经验，对的要继续坚持，失误的要纠正，不足的要加点劲。6月10日晚，交大非法的"学生自治会"解体。6月11日，学校全面清理校园环境，恢复正常秩序。

学生工作新模式

1989年，邓小平在对学潮风波进行深刻反思时，一针见血地指出："十年最大的失误是教育，这里我主要是讲思想政治教育，不单纯是对学校、青年学生，是泛指对人民的教育。对于艰苦创业，对于中国是个什么样的国家，将要变成一个什么样的国家，这种教育都很少，这是我们很大的失误。"[1]历史用沉重的事实说明，在社会大变革的转型时期，大学校园成为汇集社会思潮，以及表征社会变化的晴雨表和风向标。保持学校和社会的稳定，是压倒一切的重要问题。早自80年代中期开始，上海交大持续不懈地加强对青年学生的思想政治教育。大学生的思想政治状况成为学校党政领导关注的焦点之一；积极探索学生工作新模式，成为这一时期学校教育又一个突出主题。

学生工作的创新源于思想观念的转变。一段时间内，学校对学生工作的地位和作用定位不明，对其目标和方法认识不清。大家都认为这项工作非常重要，不可或缺，但在具体的政策导向上很少体现，对学生关心不够到位，存在着学生

【1】 邓小平：《在接见首都戒严部队军以上干部时的讲话》(1989年6月9日)，《邓小平文选》第3卷，人民出版社1993年版，第306页。

工作各部门互不通气，各干各的，党政"两张皮"的问题。按照培养"四有"人才的要求，学校在提高教学质量的同时，逐步认识到学生工作在体制、队伍、内容和方法上都还存在着不适应的地方，明确教育以育人为本，学校一切工作为了学生的成长成才，学生工作是学校的重要工作；育人必先育德，学生思想政治工作在保证和把握人才培养的方向上具有举足轻重的地位，新形势下的教育必须确立"把德育放在首位"的战略思想。

从新的认识出发，上海交大于1986年首创学生工作体制改革，成立了学生工作指导委员会（简称学指委）。由分管学生工作的党委副书记和副校长分别任学指委正副主任；由一名党委常委任常务副主任，负责日常工作；与学生工作有关的各部处负责人任学指委委员。1986年2月26日，学校任命党委副书记王宗光为学指委主任，副校长白同朔为副主任。学指委统一指导、协调全校学生工作，各职能部门分工负责开展具体工作。在各院系也相应地成立学生工作领导小组，由一名党总支副书记或系副主任或系主任助理任组长，由系行政办、教务办、分团委等部门的负责人一起参加工作，对本系的学生工作实行全面负责。对本科学生实行班主任负责制，完善班主任工作制度，规定副教授以下职称的教师都要经过班主任工作岗位锻炼，由班主任全面负责全班学生德、智、体的全面成长；学生政治辅导员协助班主任开展党团建设工作。对研究生实行导师负责制，导师全面负责研究生德、智、体的全面成长。实践证明，通过建立学生工作指导委员会，转变职能，理顺关系，将学生思想政治教育工作和日常管理工作有机结合，形成纵向为校级、院系级、班级，横向分校区操作的学生工作网络，从而改变了学生工作中思想政治部门与教学行政部门之间工作脱节的"两张皮"问题，形成党政合一、齐抓共管的工作特色。同时，将学生工作的重心逐渐移向基层建设，落实到学校工作的方方面面，提高了学生工作在全校工作中应有的地位。

有了体制的保证，还需要建设一支强有力的学生工作队伍。改革开放以来，高校学生工作队伍建设走过一条并不寻常的道路，其间几有起落，曲折艰辛。但上海交大始终致力于建设一支新颖的学生工作队伍，逐步调整和充实精干高效的专职学生工作干部。1982年，学校第一线政工干部有65人，达到了150至200名本科生配备1名政工干部的要求。1987年，学校贯彻国家教委有关精神，加强从事学生思想政治教育工作的专职人员,即思政教师队伍建设,明确思政教师属教师编制,对其工作职责作出规定,实施各级教师职务评审和聘任。此后几年中,学校采取一系列措施,着力建设稳定的思政教师队伍,提高他们的整体素质。制定《思政教师职责、培养、管理条例》和相应制度,与干部队伍建设相结合,不断调整思政教师队伍结构;通过培养思政专业硕士生,脱产入党校进修、举办寒暑假集训班、边工作边学习等多种培养方式,切实提高思政教师队伍的专业化水平。到1991年,上海交大有思政教师130人,其中专职的106人,兼职的24人。他们分散在校、院系、年级3个层次的党、政、团的岗位上,担负着基层形势与政策教育的组织工作、党团工作、日常思想政治工作、毕业分配工作以及精神文明建设活动的组织领导工作等,成为广大学生政治上的向导、学习上的指导、生活上的挚友。

学校从实践中体会到,有一支专职的思想政治工作教师队伍十分重要,但还不够。从80年代中期开始学校逐步尝试在学生中聘用优秀的高年级本科生、优秀的硕士生和博士生担任低年级的政治辅导员和校系有关部门的一些学生工作;改进全校马克思主义理论课和思想品德课的教学,加强两课教师队伍建设;加强班主任工作,充分发挥广大教职工"教书育人、管理育人、服务育人"的作用。到1991年,学校已组织起全校力量,发展出4支育人队伍,即思政教师、马克思主义理论课和思想品德课教师、业务教师、管理和后勤的干部职工,形成了有一定数量的专职、大量兼职、广大教师和干部职工共同关心学生成长的育人新局面。

为适应新时期改革开放的形势要求,上海交大进一步转变学生思想政治教育工作思路,从单一的说教灌输型教育转为寓教育于实践,开展形式多样、生动活泼、富有实效的学生思想教育和日常管理工作,在探索学生工作新方法、新途径方面进行了一系列有益的探索和实践。

针对当时大学生受西方思潮影响,对党和社会主义制度认识不深等问题,从政治上、理论上、实践上进行补课。从1989年9月开始,为全校学生开设《形势与政策课》。它是按照一门教学课程设置的,以课堂正面讲述为主,对学生进行时事政治、形势与政策的生动教育。学校专门制定出相应制度,拨出专项经费,保证教材和讲课费用。该课程列入教学计划,安排专门课时,其中将一、二、三年级学生编成大班进行授课,课堂考勤,期末考试,考试合格者记2个学分,不及格者需补考;四年级毕业班则结合毕业分配工作进行。该课程由党委宣传部负责开设,授课教师由机关干部、思政教师、两课教师担任,实行一年一次的聘任制,共有专、兼职教师约30人。他们深入班级宿舍调查,分析学生思想政治状况,确定每学期授课的主题,并有针对性地编写讲义和教学大纲,做到讲授内容既旗帜鲜明,又紧密联系实际,把握住了大学生的思想热点。因此,学生们在课堂上认真听讲,积极讨论,学习党的方针政策,了解国内外形势,普遍感到有收获。

学校积极采取措施,组织学生参加生产实习、农业生产劳动、军事训练、社会考察、勤工助学活动,加强实践环节的培养和引导,帮助他们更多地了解社会,了解国情,树立正确的人生观和价值观。学校投资600万元在闵行校区新建一个供学生实习的工厂;1990年在闵行校区划出200亩土地办起了交大学农农场,开办当年即有2 000多名学生参加劳动;每年盛暑开展军事训练,让每一位跨进校门的一年级新生经历"绿色的洗礼";利用寒暑两个假期,组织大学生开展多种形式的社会考察活动,仅1990年暑假,全校6 000多名学生参与社会实践,考

学生在交大学农农场劳动

学生军训雄姿

察的足迹遍及祖国东西南北,完成调查报告千余篇;成立勤工助学中心,配备专职教师,指导学生开展课余科技开发、社会实践和勤工助学活动,培养了大批吃苦耐劳实干的优秀学生干部。

改革开放以来,大学生参与政治的热情十分活跃。学校因势利导,深化校园文明与民主建设。每年多次安排举行校系党政领导、有关部处与学生代表的座谈会,听取意见、改进工作,让学生直接参加涉及学生切身利益的决策讨论,并将学校一些重大政策或重大活动传递学生,让学生及时了解学校的工作意图。学校还将社会主义精神文明建设提到议事日程,1985年提出"校园文化"概念,在营造优良的校园文化环境、组织各类大学生科技创新和文艺体育活动方面进行了有益的探索。到20世纪80年代末,逐步形成体育节、艺术节、校园文化巡礼等一批校园特色活动,创造了丰富多彩与安定团结相交融的校园文化生活。

第七章　创建世界一流大学

　　20世纪90年代，邓小平南方谈话揭开我国高等教育新一轮改革发展的序幕。上海交大人以高昂的斗志，迎难而上，抓住高教发展历史机遇，以改革促发展，上水平，先后跻身国家重点建设的"211""985"工程行列。合并上海农学院，并以组建紫竹科学园区为契机，推动闵行校区二期建设。学校在百年辉煌的基础上又一次扬帆起航，瞄准世界一流大学宏伟目标，破浪前进。

一、把握世纪之交的机遇

南方谈话的推动

1992年1～2月间，邓小平同志在武昌、深圳、珠海、上海等地视察工作期间发表一系列讲话。针对改革开放徘徊不前的局面，重申经济建设是一切工作的中心。要求"思想更解放一点，胆子更大一点，步子更快一点"。一切工作都要看"是否有利于发展社会主义社会生产力，是否有利于增强社会主义国家的综合国力，是否有利于提高人民的生活水平"。这一南方谈话，如一股春风吹遍神州大地，成为我国新一轮思想解放的标志。

此时，上海交大的改革与发展正进入攻坚阶段，教育经费严重不足，国家拨款额度十分有限，自我积累机制形成步履维艰；多年来为保证闵行校区建设，学校勒紧裤带，把基建经费都投入闵行建设，使教师住房欠债较多，矛盾突出，再加上教师收入偏低，师资队伍难以稳定；新建的闵行校区与徐汇校区之间异地办学，管理上还有不少困难。学校教学、科研、管理体制和机制上还有许多不适应形势发展的地方，限制和约束了各方面潜能的发挥。面对这些困难和问题，1992年开学初，学校推出《校内管理体制综合改革方案》，希望以全新改革思路推动和促进新的发展。

邓小平南方谈话给了交大人解放思想、克服困难、继续前进的勇气和信心。1992年5月29～30日，中国共产党上海交通大学第六次代表大会在包兆龙图书馆演讲厅隆重举行，结束了学校11年没有召开党代会的历史。参会的有正式代表266位，列席代表46位。会上，党委书记何友声代表党委作《团结鼓劲，深化改革，为把上海交大办成社会主义第一流大学而奋斗》的工作报告，报告回顾总结了1981年第五次代表大会以来，党委在领导学校改革、发展和党的建设等方面所取得的成绩、存在的问题以及经验教训，提出今后几年在学科建设、教育科研、党建和精神文明等几方面的奋斗目标，号召共产党员和全校师生重新振奋精神，同心同德，艰苦奋斗，抓住机遇，迎接挑战，为把上海交大建成社会主义第一流大学而奋斗。会议选出以王宗光同志为书记的23人组成的新一届党委。

王宗光，女，1938年4月生，江苏无锡人。1961年毕业于上海交通大学电机系。教授、博士生导师。1980年担任上海交大应用化学系党总支书记，1984年任上海交大党委副书记。曾被评为上海市"三八"红旗手。20世纪90年代以来历任上海市第八、九届人大代表，第六届中共上海市委委员，第九、十届全国政协委员。担任过上海市汽车工程学会常委、副理事长。长期从事高分子材料

党委书记王宗光

结构与性能的教学与研究工作，致力于高分子材料在电工、微电子、宇航、汽车等领域中的开拓应用和发展，取得多项科研成果，多次获国家和部委、省市级奖励。

党代会闭幕后第一天，党委就召开常委扩大会研究部署深化改革的工作。面对社会各界对上海交大重振雄风的殷切期待，面对师生们居安思危、加快改革的强烈愿望，党委领导为鼓舞士气，增强领导班子的凝聚力，要求大家一定要珍惜机遇，团结起来，齐心协力，充分认识"发展是硬道理"的科学含义。对解放思想、加快改革，必须有高度的紧迫感和责任感，要敢于碰硬、敢于闯，党委应该成为凝聚力的核心，通过改革推动发展，在发展中解决矛盾和困难。解决矛盾，统一思想行动的检验标准就是是否有利于各项事业的发展。

领导班子的团结带动基层干部和广大群众，大家认识到困难与机遇并存，只有抓住机遇发展自己，才能走出困境，要充分看到自身的优势和希望，交大地处上海，又是国家重点建设的大学，既有良好的办学传统，又有改革开放以来的良好基础，只要交大人敢于拼搏，坚持务实创新，新局面是会不断打开的。

1992年，学校被定为全国第二批综合管理体制改革试点单位。1月，学校以"解放思想、加快步伐、突破难点、转换运行机制"思路制定和实施改革方案。改革着力转换四个运行机制：即通过理顺体制、政策导向、思想教育和物质鼓励等措施，在组织领导方面健全科学决策机制；在劳动人事制度方面形成竞争机制；在分配制度方面强化激励机制；在经济管理方面发展校产，形成自我积累机制。当

月,交大就改革方案在国家教委咨询会做介绍,得到教委称赞。3月又召开全校干部大会,在全校范围内展开动员,使改革获得广大教职工的认同。"综合管理改革"主要以闵行校区建设、师资队伍建设、校办产业、加快住房建设和深化住房制度改革等四方面为突破口,采取12项配套措施:如把闵行校区建成"校内特区",用特殊政策加快新校区的改革与建设,用"小机关"管理"大世界";改革校内人事制度和分配制度,形成竞争和激励机制。对院系在进一步完善"三定一评"基础上,实行工资津贴总额承包,采取科研和经济管理等一系列新政策、新措施。对机关在理顺体制、转变职能、精简机构、提高效率的前提下,实行"四定一评",即定职能、定岗位、定编制、定工资津贴总额,评估管理水平、服务质量和工作效率;加快住房建设和解困进度,对已租住房屋优惠出售,并加快住房建设和旧房改造等等。一系列改革措施推出,全校上下精神面貌为之一振,1992年9月28日,国家教委《高校信息》第三期登文称赞交大改革只争朝夕,出现百舸争流好势头。

管理体制综合改革只是起点,整个20世纪90年代,我国高等教育在社会发展中的地位不断提高。1993年党中央和国务院颁布《中国教育改革和发展纲要》,提出必须坚持把教育放在优先发展的战略地位。随后国家出台一系列法律法规政策措施,振兴我国教育事业,并提出要在20世纪末教育财政性经费支出占国民生产总值的比例达到4%。1995年起又明确提出科教兴国战略。相继出台的《教师法》《教育法》《高等教育法》等使教育纳入依法治教的轨道。学校新一届党政领导以高昂的斗志凝聚起全体交大人的力量,抓住机遇,适时推出教学、科研、管理等各项改革,并在1993年提出"一年一个样,百年校庆大变样"口号,希望快马加鞭,只争朝夕,以改革促发展、上水平、创一流,尽快使学校各项事业有新的突破,全校师生以崭新的精神面貌,用勤劳与智慧进行新的耕耘,学校跨入一个新的历史时期。

国家教委和上海市共建交大

1993年开始,我国高等教育进行大规模宏观管理体制改革和结构布局调整。通过改革,形成中央和地方政府两级管理、分工负责,在国家政策指导下以省市级政府统筹为主的新体制。上海交大作为国家教委所属重点大学，长期以来得到国家和上海市的很大支持。在这一全国性大调整中，学校又及时抓住机遇，实现国家教委与上海市共建，为学校在20世纪90年代的快速发展创造了十分有利的条件。

20世纪90年代初，经过"七五""八五"国家重点建设，上海交大在规模、经费、人才培养、学科、师资、科研等方面总体实力都位居全国高校前列，但若要代表国家水平参与世界一流大学竞争，还需深化改革，加大投入，提高质量和水平，力争在进入"211工程"前列的竞争中，进一步获得上海市的支持和帮助，为在若干年后参与世界一流大学的竞争创造条件。就上海而言，同样希望拥有上海交大这一优质教育资源，为建设一流城市提供支撑和服务。1993年，上海市委书记吴邦国来交大视察时就题词："建一流城市，创一流大学。"市委副书记陈至立也说："上海需要交大，交大离不开上海。"可见共建成为上海市和交大人的共同心愿。1993年4月，学校向国家教委和上海市政府提出共建申请。同年10月，正式向上海市政府递交《关于上海交通大学申请由上海市和国家教委共同建设的报告》，并抄报国家教委。报告强调，"共建"使上海交大为上海市经济文化建设服务找到扎实立足点；"共建"是上海交大深化改革、立足上海、面向全国、走向世界的新起点；"共建"对于上海交大进入"211工程"前列至关重要。此后学校还就如何服务于上海发展战略、开展人才培养和高技术转化等提出具体设想和计划。在此过程中，上海交大实实在在地表明了希望与上海城市建设同步发展的诚挚愿望，充分展示出积极、务实、开拓、进取的精神和态度。

1994年4月28日，国家教委和上海市政府在上海正式签署国家教委、上海市政府关于共建上海交通大学的意见，标志着上海交大从此由部属院校转入中央和地方共同建设的新时期。共建后，交大建制上仍属国家教委所属院校，同时实行国家教委和上海市双重领导的体制。学校原投资渠道不变，国家教委继续提供学校各种经费和投入；上海市政府对学校做到"五给"：给补贴，学校享受上海市属高校同样补贴待遇；给政策，在户口指标、减免城市建设费及土地征用等方面享受市属高校同等待遇；给项目，根据上海市经济和社会发展需要，每年为学校确定一些共建项目；给名额，增加在上海招生和分配毕业生的名额，毕业生选留上海比例从30%～40%增加到50%；给位置，支持上海交大参与上海市发展汽车、通信、计算机和生物工程等高新技术产业。这"五给"中最关键的一条就是给位置,上海市在制定经济和社会发展规划时,把学校发展纳入城市整体发展规划中,为上海交大在上海城市发展中定了位。概而言之,通过共建,学校更加注重发挥人才优势和科研优势,为上海实施科教兴市战略、建设国际大都市提供更多智力支撑,同时学校既是部属院校,又可以充分利用上海的地域和区位优势,找到新的发展机遇,提升学校综合水平,走上与城市建设共同繁荣的快车道,共建为学校争取首批列入"211工程"直接提供帮助。

世纪华诞,百年庆典

1996年,上海交大迎来建校百年盛典。自1896年南洋公学建立以来,穿越历史烟云,饱经世事沧桑,交通大学经历了创业之艰辛、发展之坎坷、收获之丰硕,迎来了世纪华诞、百年庆典,作为我国近代最早的高等学府之一,她的百年是我国高等教育发展的一个缩影。一个世纪以来,交通大学高举爱国主义和科学救国旗帜,与祖国同呼吸、共命运,为民族振兴、国家富强辛勤耕耘;学校以严谨的治学精神、优良的校风学风和鲜明的办学特色饮誉海内外;为祖国培养了一大批栋梁之材,可谓英才辈出,桃李满天下。经过改革开放多年来的发展,学校各项事业蒸蒸日上,百年校庆更向社会展示了学校一个世纪的辉煌。

十年树木,百年树人。1996年春夏,从交大走向神州大地、走向世界各地的学子们,从四面八方走来,共同庆祝母校的百岁生日,共叙一个世纪的沧桑巨变,共绘又一个新的百年辉煌。百年校庆成为当时各大媒体报道交大最亮的主题。为庆贺交大建校百年,党和国家领导人江泽民、李鹏、乔石、李瑞环、刘华清、荣毅仁、李岚清、吴邦国、陆定一等先后题词。上海市委书记黄菊、市长徐匡迪也致信祝贺。此外学校还收到国内外500多家单位的贺信贺电。

3月28日,中共中央总书记、国家主席、交大1947届电机系校友江泽民在中南海亲切接见上海交大等4所交大的党委书记和校长,就新形势下教育改革与发展发表重要讲话。并希望通过大家转达他对交通大学百年华诞的祝贺和对全体师生的问候。

百年校庆场景

　　4月8日校庆日，上海交大校园内一片欢腾，来自全球各地的校友宾朋云集校园。朱户碧盖、仿古宫殿式校门上挂着"百年校庆"四个大红灯笼。校内鼓乐阵阵，彩旗飘扬，庆祝建校百周年的大幅醒目标语处处可见。师生们换上节日盛装，脸上都洋溢着幸福的笑容，到处欢声笑语，一派节日气氛。上海市西区也披上了节日的盛装。从虹桥机场到上海体育馆的主要道路两旁，电线杆上挂满了彩色丝绸标语条幅，庆祝上海交大百年校庆。交大的校庆也成了市民的节日。

　　上午，可容纳18 000人的上海体育馆座无虚席，上海交通大学建校100周年庆祝大会在此隆重举行。10时整，交大校友、海峡两岸关系协会会长汪道涵郑重宣布大会开始。嘹亮的国歌响彻会场，全场沉浸在热烈喜庆和庄严隆重的气氛之中。大会首先播放了江泽民总书记祝贺母校百年诞辰的讲话录音，他充分肯定了交通大学是饮誉海内外的著名大学，是培养高技术人才和从事科学研究的重要基地。他说："我是1947年毕业于上海徐家汇的交通大学，母校的培养、师长的教诲，今历历在目，感念于心。"他还表达了对母校发展的深深祝福，大会顿时群情振奋，接着主持大会的党委书记王宗光宣读了党和国家领导人为交大百年校庆的题词。中央政治局委员、上海市委书记黄菊在会上讲话，他代表市委市政府和全市人民向交大全体师生员工表示节日的祝贺。校长翁史烈作主报告。出席大会的还有吴阶平、钱正英、朱光亚、徐匡迪、万学远、周远清、陈至立、叶公琦、陈铁迪等国家和上海市及兄弟省市领导，还有历届交大校友、社会各界知名人士、国内外著名大学校长、名誉教授等。当天共有4.5万人参加或通过电视现场直播收看了庆祝大会实况。与母校同龄的1918届土木系校友曹曾祥，由儿子曹楚生（同为土木系校友，中国工程院院士）陪同前来参加校庆，亦令会场增姿添色。

大会最后，五辆象征交大校友为主设计出的国内首创尖端技术的彩车驶进会场，它们分别代表长征二号捆绑式运载火箭、我国第一艘核潜艇、30万千瓦双水内冷汽轮发电机、胜利二号极浅海步行坐底式钻井平台、东风11型准高速干线客运内燃机机车，这些色彩亮丽、造型别致的彩车分外耀眼，交大学子为母校百年诞辰的这份厚礼令在场的每一位观众都感到发自内心的骄傲和自豪。

4月8日下午，在徐汇校区大草坪举行"建校100周年里程碑"落成典礼。碑体的正面镌刻着江泽民在1995年12月8日为交大百年校庆的题词"继往开来，勇攀高峰，把交通大学建设成世界一流大学"。该碑由3个分体组成，象征教育要贯彻德智体全面发展原则。高耸坚挺的碑峰寓意"继往开来，勇攀高峰"。环绕碑体有螺旋上升的100级台阶，象征上海交大建校100周年。碑的前面是五个可以滚动的大球，象征着中国五所交大是一家。碑体基座背面墙上还镌刻着百年校庆捐赠单位和个人的名字，让后人永远铭记。

不管是古老的徐汇校区还是新建的闵行校区，到处彩旗纷飞，灯笼高悬，二万余名校友在笑声歌声中穿梭，陶醉在丰富多彩的校庆活动中。配合校庆，上海交大科技成果展览会、今日交大、校史展览、两院院士展，还有内容丰富的研讨会等等，令人目不暇接。

4月29日下午，江泽民来到上海交大徐汇校园，在老图书馆接见了校领导、院士和师生代表。他满怀深情地说："我有一种跟家人团聚的想法，就是想来看看大家。"当看到精神矍铄的朱物华、张煦等老教授，他颇有感慨："人呢，不管怎么样，不管做到什么位置，他不能不回忆起曾经培养过他的母校和曾经培育过他的老师，他不可能忘掉她。"会见结束后，他兴致勃勃地参观了上海交大科技成果展、实验室、校史博物馆，并为"交通大学校史博物馆"题写馆名，还与师生代

江泽民与母校党政领导和师生代表合影（1996年4月29日）

表合影留念。他一再勉励大家："我再一次地祝愿交大，希望办成世界第一流的大学。我相信在下一个一百年里，会起更大的变化。"

　　校庆那年的4月，全球共有5万师生、校友同庆交大诞辰。6月，又有近千名来自美国、日本、新加坡、英国、德国、澳大利亚、墨西哥等国的新老校友，汇聚上海交大徐汇校区庆祝母校百岁生日，这也是美洲校友会发起的第7次校友团聚。校友们抚今追昔，浮想联翩，激动的心情无以言表。心中涌起的眷眷思源情怀，此刻都浓缩在他们无尽的感慨之中，以各种方式尽情抒发对母校的眷恋之情，对祖国的赤子之心。

　　饮水思源、爱国荣校的交大传统，浸润着千千万万学子。20世纪80年代起就有许多校友慷慨解囊，向母校捐赠图书、仪器设备，还捐资设立各类奖学金及建造教育设施。在百年校庆期间，校友们更踊跃捐献，赠给母校各种纪念礼品300余件。交大师生员工和海内外校友近万人参与捐赠纪念活动，累计捐款达200万人民币，其中在校师生员工捐款达90多万元。社会各界捐赠助学更是积极踊跃，仅据4月4日统计，就已有106家企业捐款捐物，其中100万元以上就有5个单位，50万元以上9个单位，10万元以上53个单位。大众出租公司调用22辆大小客车在校园随时恭候校友出行。校庆前后短短几年内，由校友和各界友好人士捐赠的多幢建筑设施在校园里拔地而起,成为学校多渠道筹措办学资金不可或缺的组成部分,同时也使百年校园增添了许多新景观。如有英国籍校友秦本鉴、孙琇莹夫妇赠建的"铁生馆"、新加坡校友莫若愚赠建的"学术活动中心"、日本昭和女子大学赠建的"菁菁堂"、台湾校友殷之浩捐建的"浩然高科技大厦"、香港实业家胡法光校友赠建的"光明体育馆"、美籍华裔水彩画大师程及赠建的"程及美术馆"等等。

百年校庆,是一次辉煌的盛典,是一次无愧于交大历史的盛会,既是对学校100年发展进程的总结,也是向社会展示交大办学成就的舞台,更是学校发展新的起点。上海交大的师生站在这世纪之巅,畅想未来百年、千年……

率先跻身"211工程"

"九五"期间,中国高等教育实施了新中国成立以来最大规模的国家重点工程建设——"211工程"。1993年2月党中央和国务院公布的《中国教育改革和发展纲要》提出:为了迎接世界新技术革命的挑战和新世纪的国际竞争,我国要集中中央和地方多方面力量重点建设好一批高等学校和重点学科;力争在21世纪初,有一批高等学校(约100所)和学科,在教育质量、科学研究和管理方面,达到世界较高水平,即在21世纪重点建设100所大学和一批重点学科,简称"211工程"。"211工程"是国家发展高等教育所提出的一项重大举措,列入国民经济和社会发展中长期规划和第九个"五年计划",自1995年正式启动实施。由国务院和国家计委、教委、财政部主管领导组成部际协调小组。其建设内容主要包括学校整体条件、重点学科和高等教育公共服务体系建设三大部分。工程建设资金采取国家、部门、地方和高等学校共同筹集的方式解决。

入围"211工程",必须通过部门预审和可行性论证两个阶段。学校为此做了积极准备。校高教研究所参加了教育部"211工程"前期研究工作,承担"世界一流大学研究"课题,并于1993年出版《世界一流大学研究》一书。书中除了剖析世界一流大学特点及成功经验外,还向读者介绍了上海交大面向21世纪的发展战略以及迎百年校庆的实施方案,有效地推动了学校迎接"211工程"的工作进程。

　　1993年4月学校成立"211工程"领导小组。聘请136位教授组成10个小组，研讨撰写学科和师资队伍建设、人才培养、科学研究等10个专题报告。从1994年起，国家教委开始组织对直属高校申请进入"211工程"的部门预审。为了展示和宣传学校办学成就和努力方向，学校还借98周年校庆之际，举行一系列盛大活动，如举办"上海交通大学发展战略目标研讨会"，来自德国、日本、中国香港的校友、学者400多人和学校领导作8个专题报告，交流办学经验，为学校发展献计献策。

　　学校经过几个月的反复论证，数易其稿，形成了《上海交通大学"211工程"论证报告》。1994年12月22日至24日，国家教委和上海市人民政府组成以清华大学校长王大中院士为组长的专家组，对上海交大申请进入"211工程"进行部门预审。国家教委和上海市委、市政府领导张孝文、徐匡迪、陈至立等出席了部门预审的汇报会。学校的改革发展建设给专家留下深刻印象，专家组成员北京大学校长吴树青说："交大有团结拼搏、开拓进取的精神"；专家组成员华中理工大学校长杨叔子院士则称赞"交大到处充满了生机"。徐匡迪市长也说："上海是一个没有能源和原材料的特大型城市，我们的第一资源是人力资源、人才资源，交大应有条件在上海乃至全国发挥更重要作用。"翁史烈校长在学校的汇报会上，除一般的文字资料和电视专题片外，在全国首次采用多媒体形式作主报告，具体生动地展示学校改革发展的成果，令专家耳目一新。会后专家组考察了船舶与海洋工程等4个国家重点实验室和国家模具CAD工程研究中心、水下工程研究所、电力学院等13个教学、科研单位，以及校图书馆、闵行校区等。经过一番实地走访和考察，对学校给予了很高的评价，一致认为：上海交通大学已成为我国一所教育质量和学术水平较高、师资力量较强、办学条件较好、特色鲜明、综合实力雄厚，居于国内一流水平，并有较大国际影响的社会主义大学。学校提出的建设目标是合适的，符合国家"211工程"关于使若干所高校在教育质量、科学研究、管理水平、办学效益等方面接近或达到世界先进水平的建设要求，同时也符合把上海市建设成为国际经济、金融、贸易中心之一的需要。专家组全体成员一致建议通过上海交通大学申请进入"211工程"的部门预审；建议国家教委和有关部门、上海市政府加大对学校的投入强度，并给予必要政策支持，以促进这所具备良好基础和发展势头的高校尽快实现其建设目标。

1994年底到1995年初，共有包括上海交大在内的首批7所学校通过国家教委组织的部门预审。1995年国务院批准《"211工程"总体建设规划》，"211工程"正式开始实施。1996年8月19日至20日，由国家教委直属高校工作办公室和上海市教委共同组织并邀请以天津大学前任校长吴咏诗为组长的10位专家，分整体和仪器设备两个组，对《上海交通大学"211工程"可行性研究报告》及附件进行了论证和审核，专家组一致同意通过了该可行性研究报告。至此，上海交大全部完成进入"211工程"的部门预审和可行性研究报告专家审核的程序。

1997年1月，国家计委批复上海交大的"211工程"建设项目可行性研究报告。3月国家教委转发国家计委批复。4月起，国家计委、财政部、国家教委、上海市计委和财政局陆续下达工程建设的开工和拨款通知，各渠道的建设资金陆续到校。学校专门设立"211工程"领导小组，作为学校"211工程"的法人组织，在党委领导下对学校"211工程"建设全权负责，并对校内建设项目进行直接管理。各项目负责人由领导小组提名，报党委常委会决定，全权负责项目建设。日常工作由"211工程"办公室负责。

1997年6月，国家教委任命谢绳武为上海交大校长。谢绳武，1943年11月生，浙江上虞人。教授、博士生导师。1966年毕业于上海交大工程物理系，1981年获上海交大应用物理系光学专业硕士学位。1991～1997年历任上海交通大学党委常委、副校长、研究生院院长。1999年被国家人事部评为"有突出贡献的中青年专家"。还担任国务院学位委员会委员、上海市科协副主席、上海市政协常委、上海市人民政府科技进步专家咨询委员会委员，上海市激光学会理事长、中国光学学会理事等职务。长期从事激光应用和晶体中非线性光学研究，取得多项重大科研成果，多次获国家和部委、省市级奖励。

1997年10月7日，学校举行"211工程"开工

校长谢绳武

建设动员大会，谢绳武校长做动员报告，建设工作全面启动。上海交大"211工程"分3类建设项目组织实施：重点学科建设、公共服务体系建设、基础设施建设。其中最重要的是重点学科建设，共组建6个学科群：高速信息网工程、先进机械制造技术、船舶与海洋工程、动力工程与能源利用、复杂系统控制理论及应用、先进复合材料及耐高温金属材料等。公共服务体系建设项目主要有现代教学实验室建设、校园网建设、电子图书馆及学科文献中心建设、华东分析测试中心（上海交通大学部分）。基础设施建设项目有闵行教学楼和徐汇机械楼。

从1997年底开始至2000年底，全体师生员工在校党政领导下，全力以赴进行"211工程"建设，其间共获得国家教委和上海市2.4亿元投入。学校紧紧围绕建设目标，以学科建设为龙头，以师资队伍建设为核心，以高素质人才培养为根本任务，齐心协力，完成预期目标。

2000年底，"211工程"第一期建设项目已经全面完成。学校邀请校内外专家对9个校内建设项目验收。2001年5月，由南开大学原校长母国光院士为组长的教育部专家来校进行检查验收。先听取谢绳武校长的汇报，再实地考察生命、信息、物理、机械工程、船舶与海洋工程等学科及微机电系统实验室、燃料电池实验室、工程训练中心、分析测试中心、电子图书馆，并与一些学科带头人和中青年教师座谈。通过全面了解情况，他们对学校给予高度评价，认为："通过'211工程'建设和'九五'建设，学校改善了办学条件，改造了老学科，发展了一批新兴学科，学科结构明显优化和提升，若干重要领域学科整体水平显著提高。师资队伍整体水平得到很大提高，呈现前所未有的生机和活力。科学研究成果突出，获得相当数量解决学科前沿和经济建设、社会发展重大问题的标志性成果。创新人才培养，科技成果产业化等方面也取得重大进展，综合实力进一步提高。"

首批列入"985工程"

1998年5月4日，江泽民在庆祝北京大学建校100周年大会上向全社会宣告："为了实现现代化，我国要有若干所具有世界先进水平的一流大学。"为贯彻落实党中央科教兴国战略和江泽民总书记的号召，教育部决定实施《面向21

世纪教育振兴行动计划》，重点支持若干所高校创建世界一流大学和高水平大学，简称"985工程"。"985工程"是继"211工程"之后，我国在国力相对薄弱的情况下，对高等教育的更大规模投入，希望在不远的将来，建设一批可以与世界一流大学对话和竞争的中国自己的一流大学。全国有许多重点大学，但能成为"985工程"建设的学校毕竟是少数，被称为"重中之重"。对上海交大而言，这更是一次难得的机遇和考验。交大人以积极姿态迎接这一挑战，抓住这一历史机遇，以自己的实力和智慧跻身"985工程"建设行列。1998年7月27日，教育部和上海市共同签署协议，决定从1999年到2001年，教育部和上海市分别给上海交大投入6亿元人民币，推动学校向世界一流大学方向发展。上海交大成为第一批进入"985工程"建设全国9所高校之一。

此前上海交大在"211工程"建设中，从国家教委和上海市获得投资2.85亿元（含自筹0.45亿）。在学科布局调整、办学基本设施改善、师资队伍建设等多方面都取得很大成绩。面对"985工程"更大规模的投入，党委书记王宗光在接受校报记者采访时谈道："我们必须看到，我们获得的重点投资还是在国家不太富裕的情况下分得的难得一份，千万要珍惜并用好重点投资。"为了使用好这份来之不易的经费，全校上下高度重视。1999年1月至6月分别进行学科建设大讨论和21世纪大学校园规划研讨，召开创造性人才培养会议和研究生教育工作会议，于1999年8月制定《世界知名的高水平大学重点建设项目规划》，明确了建设世界知名高水平大学的目标、建设项目、建设内容、建设经费和项目规划的实施办法等等。根据这一规划，确定7个大的建设项目：重大科技攻关和技术创新基地建设、高水平的学科建设、创造性人才培养体系建设、数字大学建设、21世纪大学校园和精神文明建设、以都市型农业为特色的高水平农学院建设、安居工程。其中学科建设作为学校发展龙头投入4.6亿元，师资队伍建设和创新人才培养体系分别投入1.2亿元，21世纪大学校园和精神文明建设1.9亿元，数字化大学建设投入8千万元，安居工程2亿元。围绕这些建设内容最后共立项220个。学校专门成立"985工程"建设委员会、建设指挥部，负责项目立项、拨款、考核等工作，同时成立监理委员会。每个项目立项必须经过严格论证，建设成果经过专家组严格鉴定，项目经费使用必须接受审计部门严格审计。2001年

9月至11月，全校对建设项目进行中期检查，2002年3月至4月，以项目部和学院为单位聘请专家组成31个专家组对全校220个建设项目进行评估验收。如果说"211工程"建设主要为创建一流奠定基础，那么1999年开始的"985工程"建设，学校更注重发展，为发展充实内涵、扩大规模。无论是学科布局调整、师资力量加强，还是教学计划修订、科技创新平台建设等，都以创建一流大学为目标，实施"超常规、跨越式"发展战略。

从1999年到2002年，经过3年的辛勤耕耘，学校建设"综合性、研究型、国际化一流大学"进展顺利，人才培养、科学研究、社会服务等多方面都取得很大成就，专家对交大"985工程"一期建设给予很高的评价。认为：在教育部、财政部和上海市的支持下，经过全校师生员工的共同努力，学校全面、高质量地完成了"行动计划"三年建设的重大任务，实现了建设目标，建设成果突出，总体成效显著。学校的办学环境、师生员工的工作、学习、生活条件都得到了显著改善，学校的学科建设、人才培养、科学研究、产业化等各项工作上了一个新台阶。《面向21世纪教育振兴行动计划》使上海交大建设世界知名的高水平大学有了一个良好的开端。具体而言，上海交大教师队伍结构明显改善，引进和培养了一大批高水平学术带头人和中青年拔尖人才；不仅原来基础很强的学科得到了进一步的发展，一批新的重点建设学科也取得了重要进展，学科交叉在上海交大开花结果；教学环境和条件得到明显改善，人才培养综合素质得到不断提高；学校的总体实力显著增强，科研经费明显增加，SCI论文、EI论文、自然科学基金面上项目数等在全国高校的位置继续上升，取得了一系列具有较高显示度的标志性成果，为区域经济建设作出新贡献，国际合作办学攀上新台阶。

2003年，学校开始"985"第二期申报工作，经过对第一期工作的总结，对全校学科建设状况重新进行梳理，由学科与基地建设处汇总向教育部申请"985"二期投入，共确立船舶与海洋工程、系统生物医学、材料科学与工程、数字技术、制造科学与装备技术等5个重大科技创新平台、8个重点科技创新平台和2个哲学社会科学创新基地，2004年已由教育部、财政部正式批复列为"985"二期建设项目。2005年12月正式启动，在"985"二期建设中，紧紧抓住建设创新型国家的重大机遇，改革创新，为把学校建成世界一流大学奠定坚实的基础。

上海农学院并入

　　1996年8月，国家教委形成"共建、调整、合作、合并"高教管理体制改革八字方针。"合并"是"为了提高教育质量和办学效益，发挥学科优势互补和规模效益，因地制宜地对某些院校进入实质性融合，实现人、财、物、教学、科研五方面的统一。"学校领导班子抓住上海高校结构调整的新机遇，决定设立农科，拓展学科门类，为学校未来发展和学科综合交叉进一步创造条件。

　　上海农学院于1959年成立，1963年因国家出现经济、财政困难而停办。1978年10月，上海农学院在上海县七宝（现属闵行区）恢复重建。作为上海地区唯一的农业高等院校，上海农学院根据上海农村经济改革和农业现代化事业的需求，确立了"以农为本、服务城乡、立足上海、面向全国"的办学指导思想，深入开展教育改革，"成为培养高级农业技术和农村经营管理人才，开展农业科技研究工作的重要基地。"

　　1994年，上海交大和上海农学院在上海西南地区七校联合办学过程中开始了校际合作，上海农学院农村工程系学生曾到上海交大工程训练中心进行训练，上海交大师生也享受过农学院"菜篮子工程"车送货上门的便利。1998年后，上海农学院与上海交大交流更加频繁，在联合办学和合作科研方面达成了一系列协议。

　　1999年7月22日，经过充分调研酝酿，教育部和上海市人民政府联合签署《关于上海农学院并入上海交通大学的实施意见》。1999年8月16日，教育部向上海市政府下发《关于同意上海农学院并入上海交通大学的通知》。9月1日，"庆祝上海农学院并入上海交通大学暨上海交通大学农学院成立大会"在上海农学院礼堂隆重举行。中共中央政治局委员、上海市委书记黄菊为两校合并发来贺信。教育部副部长周远清、上海市委副书记龚学平、上海市副市长周慕尧等领导应邀出席庆祝大会。上海农学院并入上海交通大学后，原上海农学院正式在册人员（含在编教职工、离退休人员）、在校学生和编制数、专业技术职务岗位数、资产（含土地、校舍及其固定资产、校办产业、图书资料等），均划归上海交通大学,由上海交通大学统筹安排、调整和管理。农学院成立后,努力实行"三个接轨、三个转变",即观念接轨、管理接轨、水平接轨,从以教学为主逐步转变为科研、教学并重,从以培养本科生为主逐步转变为培养研究生、本科生协调发展,从以农业应用技术研究为主逐步转变为高水平农业创新技术与农业应用技术的研究并重。

上海交大农学院成立,正赶上上海交大"985工程"建设的发展机遇。2000年5月,上海交大"985工程"中"以现代农业为特色的高水平农学院建设"项目启动,建设项目主要由七个学科(作物遗传育种学、预防兽医学、农业生物环境与能源工程、农业经济管理、动物营养与饲料、食品科学与工程、园艺作物种质创新)、教学实验中心、植物生物技术研究中心、农科创新人才培养示范基地、课程与教材建设、校园环境建设、教学大楼修缮等子项目组成。

农学院以"985工程"建设为中心,深化教育教学改革,在学科、教学、科研、师资队伍建设以及校园建设上均有明显的发展。在学科建设中,坚持以人为本、扶优扶强,向优势学科重点倾斜。新建硕士点,博士生培养同时起步;调整本科专业;改革教学计划和课程设置。引进一批具有博士学位的优秀人才,教师中

"庆祝上海农学院并入上海交通大学暨上海交通大学农学院成立大会"在上海农学院礼堂举行(1999年9月1日)

具有博士学位的比例明显上升。科研经费、科研项目、科研获奖、核心期刊论文、SCI论文、出版教材、专著以及专利申报的数目稳步增长。通过加强对实验楼、教学楼等基础设施的建设，使教学条件和校园环境焕然一新。2002年，农学院改名为农业与生物学院。2007年7月起，学院主体由七宝校区转移至闵行校区。2009年5月，进入教育部、农业部合作共建全国八所涉农高校行列。

上海农学院并入上海交通大学是学校发展中的一件大事，标志着上海交通大学结束了没有农科门类的历史。并入后，上海交大的学科门类更加多样、齐全，工科、理科、管理学科、人文社会学科和农科的交叉、联合、渗透可以促进包括农科在内的各学科建设，提高教学质量和办学效益。另一方面，有利于提高上海高级农业技术人才的培养质量，构筑全市农业科技高地，扩大为农业经济服务的领域，对促进上海现代农业的发展，率先实现上海都市农业的现代化，具有明显的推动作用。

二、改革攻坚求发展

打破围墙，联合办学

20世纪90年代上海交大之所以在激烈竞争中得到很大发展，很重要的原因在于交大人在关键时刻抓住机遇，锐意改革。

在我国社会主义市场经济尚未完全建立的情况下，交大人首先开始打破围墙，联合办学。当时，学校发展既受到机制体制的约束，更受到资金和资源短缺的严重困扰。学校领导班子认识到：计划经济体制下的办学模式改革会是一个艰难的过程，学校必须审时度势，大胆摸索走创新之路，以使改革步步深入。在20世纪80年代与电力部合办上海交大电力学院的基础上，学校以强劲的改革势头，在高等教育获得大规模投入前走出一条"以国拨为主，多方集资，面向社会，联合办学"新路子，开创了"以联合促发展，上水平，创效益"的新局面。

在联合办学模式上,突破隶属关系界限,1994年4月国家教委与上海市共建交大;突破部门界限,继续与电力部联合举办电力学院,前后共获得1.47亿元投入,为交大传统电力学科改造,新兴能源、信息等学科生长创造良好条件;突破行业界限,与大型企业上海汽车总公司、春兰、玉林柴油机集团等发展高层次产学合作,变"教授下乡找米""技术人员下嫁乡镇企业"为"门当户对"的强强联姻,组建如汽车科学与工程研究院、计算机科学技术研究院、上海市先进制造技术及模具技术等多个工程研究中心等;突破高校与中国科学院两大系统的界限,与科研院所合作,先后与中科院上海分院共建生命科学技术学院,与化工部上海化工研究院共建化学化工学院,与上海医药(集团)总公司共建生物医学工程及器械研究院,为学校学科建设和人才培养提供平台;突破国界,发展国际联合办学。

着眼于为上海建成国际经济、金融、贸易中心,培养一批与国际接轨的高级经贸人才,上海市政府、欧盟1994年合作举办中欧国际工商学院,上海交大作为中方承办单位积极参与,并由交大校长任董事长。由上海市在浦东金桥批地60亩、欧共体提供1 485万欧洲货币单位的款项、上海市政府提供1 052万欧洲货币单位的配套资金、交大提供办学骨干以及出面组织1 000万元集资,1994年2月签约后先在闵行新校区招生开学,以全新的模式办学,被誉为"不出国的留学"。突破学校归属,发展校际联合,1994年6月开始与上海西南片华东理工大学、华东师范大学、华东政法学院、中国纺织大学、上海医科大学、上海农学院等共7所高校合作办学,学校之间实行教师互聘、课程互选、教材合编、合作科研、图书馆互通等资源共享,后来发展到14所高校参与其中;突破学科界限,促进校内外的跨学科联合。打破围墙合作办学是交大在新的形势下改革办学体制的探索。多年来的历史证明,上海交大先行者的脚步产生了一定的社会和历史效应,合作多方力量,多渠道筹资办学不仅弥补了教育经费不足,更主要的是打破人们陈旧的观念,实现优质资源共享、优势互补,使高等教育走上面向社会、服务社会,与社会经济发展互动的道路。1994年,国务院副总理李岚清来校视察,听取了翁史烈校长的汇报后肯定了交大的先人之举,认为教育改革就是要突破框框,打破围墙,多方面联合。交大联合办学一度对全国高校起到示范作用。

海纳百川,汇聚人才

在学校各项事业顺利发展的进程中,强大的师资阵容是最基本的要素之一。学校始终以前瞻的意识,尽早从体制机制上排除障碍,从改革中寻找出路,以调动教职工的积极性,提高办学效率。从"以人为本"的指导思想创造条件,改善环境,用蓬勃发展的事业吸引和留住一批杰出的人才。

20世纪90年代初,刚刚起步的市场经济浪潮影响到大学校园,部分教师下海经商,教师断层现象重新显现。为了扭转新的青黄不接局面,1994年9月学校召开人事工作会议,提出人事工作要遵循"理顺体制、搞活机制、健全法制、提高师资、增加投资"的思路进行改革,实行"攀登、引凤、分流、管理"八字方针,并出台有关人事工作16项规章制度。在考核、聘任、奖励、规范等方面采取各种措施,并向青年教师倾斜,希望扶植一批有实力有潜力的教师,逐渐形成学科梯队。从1994年起曾实行过"金牌教授"和"学科首席责任教授"制度,两批共评出11位金牌教授,11位学科首席责任教授,以期促进高素质、高水平中青年教师脱颖而出。

尽管如此,教师队伍不稳定仍是学校一个突出问题。1996年到1998年连续3年专任教师人数减少,仅1997年有硕士学位的青年教师外流135人。1998年学校第七次党代会报告中明确提出:"以人为本,将师资队伍建设放到优先发展的战略地位,放到学校一切工作的首位。"学校利用具有百年办学历史、地处繁华都市、依托上海地域等优势,推出一系列措施强化教师队伍建设,以优厚的综合待遇、良好的工作环境、浓厚的学术氛围、美好的事业前景吸引人才,留住人才,以构筑校园人才高地。

从1998年起对学院实行目标责任管理制,推出资源与任务挂钩的工资总额包干制。9月2日学校与16个学院(系)先后签订《院系1998年度目标管理任务书》,正式对院系全面实行目标任务与资源挂钩的分配制度改革。根据教育部关于实施"长江学者奖励计划"的文件精神,还组织"长江计划"特聘教授岗位申报和公开招聘工作,经教育部相关专家组评审,有13位特聘教授通过。为配合"长江计划"顺利实施，必须有一批骨干教师与之相配套，构成一批学术梯队，而已经推行的院系目标任务与资源挂钩分配制度也为这一想法的实施奠定了思想和工作基础。1998年，学校推出以学科上水平、构筑人才高地为核心的

张文军教授主持的"数字HDTV有限接收演示"

"辉煌计划"。全校设立四个层次共100个岗位，分别给予激励津贴，为期三年。第一层次岗位要求上岗人员具有接近于两院院士学术水平；第二层次岗位要求上岗人员必须是办学中坚力量，具有统领一级学科建设的水平和能力；第三、第四层次则鼓励和要求中青年教师奋发有为。辉煌计划由院系申报，学校审核。至1998年底有10多个院系申报，电子信息学院、材料学院、机械学院、数学系等4个院系的申报首先获得批准。学校确定第一、第二层次人选，其他层次由学院自己确定，目标是带动一批学科和留住或吸引一批人才。"985工程"建设中，师资队伍建设作为重点建设项目，投入巨资达1.2亿元。不管是校内培养，还是从校外引进，在政策导向上更倾向于有学术潜力的年轻人。经过几年努力，严隽琪、张文军、贺林、邓子新、丁文江、林忠钦等一批优秀中青年骨干脱颖而出。

跨入新世纪后，学校结合国家人才强国思想，提出人才强校战略，把师资队伍建设作为学校发展的核心任务，在国际化战略指导下，用"柔性引进"方式，吸引包括诺贝尔奖获得者在内的国际学术大师来校指导、交流，为师生创造一流的学术环境。公开向国内外招贤纳才，2002年专任教师首次突破2 000人。到2003年，全校在岗博士生导师达到412名。2004年聘请美国俄亥俄州立大学电气与计算机工程系主任郑元芳教授担任电子信息与电气工程学院院长；聘中国科学院院士卢柯为材料科学与工程学院院长；聘国家法官学院院长郑成良教授担任法学院院长等，进一步提高学科带头人队伍的学术水准。除了引进高水平学科带头人外，1994—2004年校内也先后有7位教授当选为两院院士。1994年，

交大模具所所长、冷挤压技术专家阮雪榆当选为工程院院士。1995年,工程热物理和能源利用研究领域专家翁史烈、船舶和力学专家何友声当选为工程院院士,从事材料科学研究和教学50多年的徐祖耀当选为科学院院士。1996年,生物医学工程专家陈亚珠当选为工程院院士。2001年,热处理工艺与设备专家、材料科学与工程学院潘健生当选为工程院院士。2003年,附属第六人民医院我国著名内分泌代谢学专家项坤三当选为工程院院士。

培养创新人才

与建设世界一流大学目标相适应,培养创新人才是上海交大20世纪90年代人才培养的最新目标和模式。

新中国成立前,交通大学享有"工程师摇篮"的美誉。新中国成立后,借鉴苏联的办学模式,以培养专业人才为主。改革开放以来,学校在恢复和重建一批学科的过程中逐步改变专业狭窄的局面,提出培养适应四化建设的各种专业人才,但基本还是以工科专业人才为主。20世纪最后10年,随着知识经济时代到来,学科交叉和渗透趋势越来越明显,仅仅依靠专业知识已经不能满足社会的多元化、复合型人才需求。1994年8月,学校提出培养三型人才,即"宽厚型、复合型、外向型"的全面发展人才。

1998年3月到6月,学校通过教育思想大讨论,在全国高校中较早提出培养"创新人才"的思想,培养具有交大特色的"宽厚型、复合型、开放型、创新型"高级人才,经过3到5年努力,初步形成科学、高效、系统的创新人才培养体系。为此提出树立新的教育教学观,实现教育模式的三个转变,即"专才向通才,教学向教育,传授向学习"的三个转变,培养具有多方面素质和能力的具有创造性、主动性和责任感的社会创业者。总之,上海交大应该成为我国培养德智体美全面发展,知识、能力、素质协调统一,具有创新精神和实践能力的高级人才的重要基地。2004年,学校启动新一轮教育思想大讨论,更加明确提出办一流大学育一流人才的思想,只有造就出一流的创新人才,上海交大才无愧于自己的社会地位。

根据创新人才培养模式,学校从生源选择、教学计划制订、培养方案修改等各方面进行了改革和调整。

20世纪90年代高校招生工作出现两大变化。一是大学收费由双轨制向单轨制转变,学生必须缴费上学。1988年起学校开始招收自费生,实行公费、自费双轨制。从1994年开始,学校贯彻国家教委深化招生改革的精神,本科生全部实行缴费上学。二是按照教育部规定,1999年起大幅度扩招本科生。1999年招收本科新生3 729名,比1998年增加近1 000人。连续3年扩招,到2004年在校本科生数已达到14 665人。

面对招生形势变化,学校积极采取措施保证为学校提供一流生源。如扶植生源基地,支持重点中学办学,鼓励他们为交大储备优质考生。在中学设立大学预科班,符合保送资格者可直升交大本科。开设教改连读班,由上海市14所重点中学推荐,经过数学、物理、英语面试,从具有保送资格的优秀学生中录取。为吸引更多优秀学生投考交大,学校建立选拔优秀学生和奖学金相结合的激励机制,并设立优秀奖学金、专业奖学金和地区奖学金,奖励优秀学生,鼓励学生学习国家所需的专业,支援边远地区家庭经济困难学生完成学业。多年来通过助学贷款、勤工助学、奖学金等多种办法,吸引和保证一批有潜力的优秀学子进入交大,保证不让学生因经济困难而辍学。因此无论从单轨制缴费上学,到共建后增加上海生源比例,到1999年全国规模扩招,学校始终秉承"高起点"的优良传统,坚持择优录取,生源质量始终名列全国前茅。

为了使先进的教育理念转化为现实,以"拓宽面向、加强基础、更新内容、整体优化、重视实践、加强能力、提高素质、减少学时"为指导思想,开展了一系列面向21世纪的教育教学改革。1993年为满足社会所需,经国家教委批准,学校新设国际金融、会计(涉外会计)、经济法(涉外经济)、建筑学和文化事业管理等新专业。1998年又增设一批热门新专业,如环境工程、生物工程、电子科学与技术、信息安全工程、药学、行政管理等等。当年教育部修订本科目录,学校也相应调整,本科专业从51个减少到35个,学时从2 800减为2 500,减少专业数和学时数的同时更注重拓宽专业面,倡导学生自主学习和创新能力培养。2002年取得设置本科专业自主权后,全校逐步形成基础类专业、热门类专业、传统优势类专业等三大板块。学生也逐步实行按专业大类培养，2003年已有包括电子信息与电气工程学院、机械与动力工程学院、安泰管理学院、农业与生物学院等在内的13个学院实现按院招生。学生入学一年后根据学校规定以及自己兴趣和学习情况再选择理想的专业深造，10%的学生可跨学院转专业。培养过程中注重发挥工科优势，尽量实现理、工、管、文的相互结合和渗透，建立新的课程体系，如：机械工程学科探索"大机械"概念的专业建设，电气工程及自动化与信息工程专业相结合，实施"大电气"专业建设，计算机科学与技术专业则始终跟踪世界名校的改革动向。从1997年起，先后在机械、电力、电子信息、动力能源等学院推行以院为办学主体的学习MIT等国际名校培养模式的专业试点班。

进入新世纪后，为贯彻通才通识教育理念，营造有利于培养"宽厚、复合、开放、创新"的高素质育人环境，2001年6月，学校推出《关于推进和完善学分制改革的实施意见》，决定从2001级学生开始实行学分制，实行更为自由的选课制、学分积点制、导师制、弹性学制、重修制代替补考制、开放修读双学科学士学位制等等，归纳起来就是允许学生在选科、选课、选时、选师等方面有更多选择。为此在2001年、2003年两次修订培养计划，一方面通过课程体系调整，形成公共基础课、专业基础课、专业方向课三大平台；另一方面为各专业提供人文、社会科学、自然科学、经济管理等类通识教育选修课模块满足学生需求，并在培养计划中规定选修课的学分数必须占总学分的30%。专业课和专业选修课学校按计划的120%安排教师，一般公共课安排春秋两季开课，更方便学生选择。到2005年，学校共开设课程2 400门，开设4 600多门次，其中必修课1 600门，开设3 600多门次，从2001～2005年，共有509名学生重新选择了专业，真正发挥了学生自由选课选科的优势。

1996年，学校正式向教育部提出创建本科教学工作优秀学校的目标评估，1999年完成校内综合自评。2000年9月开始，发动全校师生共同参与迎接教育部评估。在充分准备基础上，11月6日，以清华大学原党委书记方惠坚为组长的专家组一行入驻学校，进行为期一周的实地考察，走访16个院系及教务处和学生处，并通过听课、调阅毕业设计和毕业论文，对学生进行面对面考查，抽查试卷、试验报告、课程作业,召开座谈会,问卷调查等多种形式对交大本科教学做全方位考察评估,肯定了交大"起点高、基础厚、要求严、重实践、求创新"的教学传统和特色,总结出"努力拼搏、敢为人先、与日俱进"的交大人精神品格。一致认为交大的本科教育质量一流,给予"优秀"的评价。

恢复研究生招生制度以来,由于对研究生培养的认识存在一定误区,一段时间内学校研究生数量增长缓慢。"211工程"部门预审时,专家组认为交大研究生人数太少,会制约学校发展。1992年在校研究生1 357人,而全校本科生数10 527名,前者仅为后者的八分之一。1993年硕士生、博士生分别比计划扩招38.4%、25%。1994年推出硕博连读生制度,允许学生用4年半到5年时间读完硕士和博士课程。尽管如此,1995年研究生人数仍旧只占全日制学生总数的16%。随着一流大学建设目标的提出,对研究生教育在学校人才培养中的地位有了新的认识。1996年1月,国家教委批准上海交大为全国首批正式建立研究生院单位之一。根据学校"211工程"规划,全校上下取得共识:交大作为国家重点建设学校,应该大力发展研究生教育,并以此作为强校之路。要以"减少专科生、稳定本科生、发展研究生、重点发展博士生"为指导思想,通过改革招生工作、调整导师政策、扩大联合办学、开展多渠道筹资等措施,使研究生工作面貌焕然一新。1996年招收研究生1 016名,在校研究生达到2 539人,招生数和在校生数都创历史最高水平。从2000年开始大规模扩招研究生,由1999年的1 678名增加到2 452名,2002年达到3 097人,2003年录取硕士生2 592名、博士生945名,加上专业学位生1 908名,共计5 445名。在校研究生达到12 514人,与本科生比例接近1∶1,相当于1990年在校研究生1 226名的10倍还多。1993年,开始招收和培养工商管理硕士,2000年8月,学校首批获准试办公共管理硕士(MPA)专业学位教育。至此学校共有工商管理硕士、工程硕士、公共管理硕士3大专业学位授权点。2003年扩大到6个,涉及26个专业。专业学位教育也逐渐成为研究生教育中不容忽视的一部分。

随着对研究生教育的认识逐步深入,学校对研究生教育提出更高要求,除了数量上的增加,更重要的在于培养质量的提高。伴随招生数量的急剧扩大,学校把提高培养质量作为工作重点。1999年推出申请博士学位"一次不通过"制度、博士学位论文"一票否决"制度。从1998年到2001年,有11名博士生暂缓授予学位。同时设立博士学位论文奖励基金。凡获得全国、上海市及学校优秀博士论文者,学校给予一定数额奖励。2000年至2004年,累计有13篇论文入选全国优秀博士学位论文。

2004年根据修订的研究生培养方案,硕士生课程更注重基础性、宽厚性、实用性;博士生课程更注重综合性、前沿性、交叉性。方案参考世界著名大学同类学科设置,注重新兴和交叉学科融合,力求培养高质量的优秀人才。在学校新一轮发展过程中,在创建一流大学、培养一流人才思想指导下,与创新人才培养体系相配套,又制定研究生培养质量保证体系,在相对稳定规模的前提下,更加注重提高研究生的质量,真正使研究生教育成为强校之路。

科学研究上水平

20世纪90年代,由于我国正处于经济建设高速增长期,社会对大学的科学研究也寄予越来越高的期望。作为地处上海的国家重点大学,在上海建设国际化大都市过程中,学校面临的机遇和压力都远远大于以往。20世纪90年代初期,学校总体科研实力和水平与学校的地位不一致,以学科组模式进行的科研工作有些方面停留在小打小闹,不能形成合力。部分教师手中虽然都有一两个横向课题,但在发挥综合学科优势,争取大课题、大项目方面难以大刀阔斧、主动应战。现有科研管理体制容易使一些教师满足于"小富即安"的现状。没有一定规模的科研团队、大型研究项目和重大科研成果已经成为学校上水平的瓶颈。为改变这种情况,学校决定在科研体制和科研管理方面进行改革和摸索,形成合力,聚焦重心,发挥大学在科技创新中的主力军作用。

1994年1月,校党委六届五次扩大会上提出"合纵连横"思路,即以新老学科的综合优势为基础,加强集中和联合,将分散在不同院系中的同类学科进行统一管理,形成群体合力。通过实行学科间、高校间及研究单位间的联合,集中优势,瞄准上海支柱产业加强科学研究,在汽车工业、计算机通讯、信息港建设、生物医药等方面主动出击，承接课题，直接为国民经济建设服务。在科研管理措施上，学校通过政策鼓励和加大投入。1993年共投入100万元对151名教师进行基础性科研补贴，他们在国内外核心期刊上发表论文385篇。1993年开始对获得科研成果和经费较突出的团体和个人采取大幅度奖励政策，奖金最高额达2万元。如果获得国家级奖励的成果，学校将给予配套奖励。1994年还出台《鼓励承接和完成大项目的若干规定》，自筹资金给予一定奖励。当年汽车研究院就获得600万元上海汽车工业重点攻关项目。从总体而言，这一时期学校科研政策导向有一个比较明显的特点，初期比较强调应用研究，科研经费快速增加，横向科研项目较多，曾经占全部科研任务的50%；1998年材料学院吴毅雄教授主持的课题组承接上海离合器总厂"液力变矩器焊接技术开发与研究"项目，总经费1 200万元，创全市高校单项项目经费之最。后期结合国家科技体制改革和创新体系建设要求，围绕创一流目标，更加重视原创性研究，把基础研究和应用研究同时作为衡量学校上水平的标尺。

20世纪90年代后期，根据《国务院关于"九五"期间深化科技体制改革的决定》，学校结合跨世纪建设目标，更加注重搭建科研攻关大平台，使全校科研力量形成合力，提高科研队伍整体水准。1997年12月颁发《关于启动上海交通大学科技体制改革的决定》，学校从总体上规划构筑全校的基础研究体系和技术开发体系，确立主攻方向，并从政策上促进机制转变，依托学院完成学科内部力量调整，以重点实验室为核心，"211工程"重点建设的学科为支撑，建立和稳定高水平的科研队伍。进入新世纪后，学校在加强科研队伍建设的前提下，明确提出要"立足上海，面向市场，服务全国"的战略。党委多次号召全校教师要敢于争取，勇于承担，瞄准国家目标和任务，积极进入国家高科技战略主战场。2003年5月召开的学校科技创新大会上，直接提出今后科研工作以"接大项目，建大基地，创大成果，出大人才"为核心任务，狠抓专利、军工和学科交叉三大科技要务。

正是在这样的指导思想下，从组建跨系学科委员会、学科群，到成立研究院和各类中心，学校逐步形成一个合纵连横的网状、矩阵式结构的科研体制，即纵向以学科划分为基础的学院、系的办学体制,横向以产业、高新技术领域为背景的跨学科、跨学院的研究院、研究中心等形式,而在纵横交叉点上则分布着一系列开放的科研基地。根据这一思路,学校组建一批科研机构,如1998年与通用汽车公司共建技术研究院和动力技术研究所,1999年建立国家文化产业创新与发展基地,2000年建立Bio—X生命科学研究中心、高清数字技术创新中心,2001年建立海洋水下工程科学研究院、芯片与系统研究中心,2002年建立国家数字化制造技术中心、超级计算中心,2003年又建立空间科学技术研究中心等。这些机构的建立,使资源得到整合,队伍有所汇聚。在此基础上,学校依靠学科交叉平台组建新的学术梯队和科研力量,积极组织教师申报重大科研项目,承接与国计民生相关的大课题。

其中具有全新体制和管理模式的BIO—X中心的建立就是一例,当时国际科学界大都认为将来生命科学的突破点将越来越依赖于生物学、物理学、化学、数学、计算机科学及工程科学等多个学科的相互交融。学校领导审时度势,经过多年酝酿,结合自身学科和人才及科研优势,从国内外引进一批生物、物理、化学领域的优秀人才,投入巨资建立起这个中心。中心由现代生物学、现代信息学、物理、化学、数学、医学、农学、工程学等多个学科支撑,科技精英汇集,多学科相互交叉,致力于科研制度创新,建立以"科学家为中心"的人事、资金管理制度。行政领导和管理部门做好服务和保障。学校邀请诺贝尔物理学奖获得者朱棣文博士担任交大Bio—X中心名誉主任,他多次访问交大,介绍学科的研究前沿和动态,使中心的这批学术精英能站在学术高峰开展研究。经过多年努力,中心已取得一批高端成果,逐渐成长为生命科学领域学术研究、知识创新、应用开发的重要基地之一。

科技成果产业化是高校服务社会的必经途径。为更好以科技服务社会,1999年,学校成立高新技术产业化办公室,专门为技术转化提供帮助和服务,对口国家和地方有关职能部门或机构,及时沟通信息,组织推动学校科技成果产业化工作,使习惯于书斋和实验室的学者也能面对市场,把最新科研成果推向市场,并从中获得经济收益。2001年,国家科技部和教育部联合发文,批准上海交大为全国15个大学科技园区试点单位之一。2001年被教育部认定为国家技术转移中心之一。当年还成为我国第一批高校专利工作试点单位,在正确政策引导下,学校拥有自主知识产权的科技成果数量不断上升,专利数逐年增加,2003年为744项,2004年达829项,其中发明专利数连续两年保持全国第一。

在科技创新政策的支持鼓励下,学校涌现一批重大成果,并获得国家科技进步奖,仅1998年就有48项科研成果获国家省部级科研成果奖。1999年又有53项成果获国家省部级科技进步奖。2003年、2004年连续两年每年都有5项成果获国家级科技进步二等奖。

朱继懋教授领衔的"6 000米深海拖曳式观察系统"深潜研究,获国家科技进步二等奖。它在"太平洋夏威夷海域矿区"考察中下水作业共200小时,行程300多海里,为我国在北太平洋地区获得一块7.5万平方公里的国际海底多金属结构矿区的永久开采权作出贡献。蔡炳初、张琛等教授为首的科研团队,研制出世界上最小的微型直升机,可以在两粒花生米大小的"机场"垂直起降,该技术获1999年教育部科技成果一等奖,2000年国家技术发明奖二等奖。

6 000米深海拖曳式观察系统"大洋一号"(1998年7月)

　　张文军教授主持课题组进行"数字高清晰度电视系统及其芯片设计"研究，被评为国家"九五"科技攻关重大科技成果，获得国家科技进步二等奖，为国家制定HDTV标准发挥了先导和奠基作用。

　　生命学院贺林实验室"A-1型短指（趾）症致病原因研究"成功破解人类遗传史上近百年之谜，第一次把动物研究中IHH基因控制骨骼发育的结论伸展到人类。此外，还有桑塔纳轿车活塞生产线关键设备研制、轿车液力变矩器焊接生产线的关键设备研制、个性化骨关节假体CAD/CAM技术与临床工程系统、阻燃镁合金及其应用关键技术研究、MCFC燃料电池研究、全光通信试验网、数字化制造关键技术研究及应用、热处理数学模型和计算机模拟的研究与应用、高速电路系统完整性研究、百万吨级海上油田浮式生产储运系统研制与开发、大功率激光焊接技术等一批重大科研成果，为国民经济建设和人民生活改善作出重大贡献。

　　除大批科研成果外，学校科研经费持续增长，经费总额名列全国高校前茅，1994年、1995年均突破亿元从此一路飙升，1996年为1.7亿元，1997年科研经费首破2亿大关，达2.3亿元，1998年2.46亿元，1999年2.8亿元，2000年5.04亿元，2001年6.28亿元，2002年6.91亿元，2003年8.8亿元，2004年为9.8亿。科研经费总量从1996年开始连续9年名列国内高校第三。

　　高水平的论文和自然科学领域原创性研究在一定程度上更能体现学术水平。与突飞猛进的科研经费数相比，有一段时间科研论文数量、质量显得不够均衡。于是，1998年学校出台《加强高水平科技论文发表的若干措施》，对科研论文发表或被SCI、EI收入的论文给予奖励；对在美国《科学（Science）》、英国《自然（Nature）》上发表文章则给予重奖。这极大地推动了教师写作科研论文的积极性。1999年起，SCI和EI收录的论文数逐年增长。2000年发表在国内核心期刊的论文数全国排名第三位（830篇）。2001年全校教师人均发表论文数2.18篇，居全国高校第一。2003年国际和国内论文总数6 670篇，保持全国排名第三位。EI论文排名从1999年第五位上升到2000年第二位，并在此后连续多年保持。SCI论文排名从1998年第十七位上升到2004年第四位。2004年，颜德岳和周向军在《科学（Science）》、车顺爱在《自然（Nature）》杂志上分别发表文章，教师总体学术水平不断提升。

后勤、住房制度改革

长期以来,我国大学不管大小,都是一个包罗万象的小社会。学校后勤作为一项基础性和保障性工作,是高等教育事业不可或缺的组成部分。面对长期计划经济体制下形成的一支庞大的事业性后勤管理队伍,如何注入市场经济观念,深化改革,转变机制和观念,成为一个新课题。

20世纪80年代中期,后勤管理改革成为学校率先实行国内高校管理体制改革的一个组成部分。1983年试行后勤管理企业化。1984年又试行政企分开,成立学校生活服务总公司。1994年年初,学校先将原总务处转变为后勤工作管理委员会,建立起"小机关、大实体、多服务"的事企过渡运作模式。小机关即后勤工作管理委员会,按照企业建制设置部门,人员精干,交叉兼职,初步形成企业集团公司管理部门的雏形;大实体即下设9个中心,各中心独立核算、自负盈亏;多服务是指按照实体的不同性质提供管理服务、有偿服务及经营服务等。之后实行事业编制企业操作的准企业化运作,变后勤靠学校拨款为以创收养服务。经过3年多改革试点,到1997年学校累计共减少后勤投入达1 585万元,而后勤本身因服务职能的拓展,开支增加近1 000万元,后勤改革取得了较好的效益。

20世纪90年代后期我国高校后勤系统进入综合改革阶段,从1999年到2001年,国家有关部门连续召开了三次高校后勤改革会议,提出后勤服务社会化改革的目标和措施。随着大规模扩招开始,全国高校掀起一场后勤社会化改革热潮。1998年5月,上海高校新型学生公寓的第一根桩基在交大闵行校区打下,这是吸引外来资金投资建设的总面积35 000平方米的第一批后勤社会化改革学生公寓。次年上海交大在上海率先实现4人一间学生公寓房的待遇。由此,学校后勤社会化改革的势头逐渐加强。学校首先在上海推出后勤社会化改革方案,明确改革的主要目的是为了更好地为广大师生员工服务,并逐步减少学校对后勤的投入,以便学校集中精力搞好教学和科研。1999年学校被列为上海市8个试点单位之一,以联办形式进入"上海高校后勤服务中心"。这年初,学校在上海高校中第一个实现后勤体制甲、乙方分离,成立后勤保障处作为甲方,10月成立后勤发展有限公司代表乙方,形成甲乙双方合同契约关系。后勤发展有限公司作为我国高校整体转制的首家注册公司,注册资金600万元。公司的成立,突破了后勤是学校不可分割的部分而跨不出校门的界限,当时被誉为标志着学校高校后勤社会化迈向一个新阶段。2000年学校成立后勤集团,下辖3个总公司和2个中心。次年8月,上海交大教育服务产业投资管理(集团)有限公司注册成立,公司以原后勤集团为母体,注册资金7 000万元,这是上海高校后勤第一家投资管理集团公司。下辖达通事业有限公司、印务有限公司、思源实业有限公司、后勤发展有限公司等6家控股子公司。2002年12月,徐汇校区后勤大楼(达通广场)竣工。大楼总建筑面积14 000平方米,除学校投入部分启动资金外,造楼资金由后勤通过融资获得。

20世纪90年代中期,与教育部同类重点高校相比,上海交大教职工人均住房面积最低。直到1999年,具有高级职称的教师住房标准还是75平方米,中级职称56平方米,初级职称42平方米。即便如此,还有不少教师没有达标。因此,安居问题一度成为学校发展的瓶颈,成为学校包括后勤、住房、产业在内的大后勤改革中的一项重要课题。早在1995年5月第三届教代会通过《关于上海交通大学住房制度改革实施办法的若干修改意见》的决议,开始住房有偿分配的形式,并准备启动住房津贴。1997年以来,党委决定通过深化改革,解决住房困难,从根本上改变长期计划造房分房模式。为建立市场化、商品化、货币化分房制度,1997年夏经过反复讨论,集思广益,最终制定《上海交通大学教职工住房准货币化分配实行办法》,并经教代会通过于1998年开始执行。为了与原有福利房相衔接,设立一次性补贴(Q),未达标的给予住房津贴(M),再设立奖励津贴(J)。但由于政府房改政策尚未出台,因此开始阶段人们对货币化改革还持有不同程度的观望,房改进度不快。为此学校下决心拓展思路,以改革为抓手,调集资源,依靠政府、社会和金融手段,用多种途径解决教师住房瓶颈问题。1998年与上海市住宅发展局合作,以若干科技成果作为30%折扣直接由购房教工享受,组织总计500套位于田林、古美等地约31 800平方米的住房,首先让利优惠提供给办学骨干,同时利用提供住房奖励的 J 值鼓励教工买下产权。另外还采取改建筒子楼,以闵行土地投入,用成本价出售等办法吸引一部分教师到闵行解决住房困难,由此在教工中铺开了住房改革的得益面。1999 年,学校为了解决教职工住房问题,特别在“985 工程”中设立了“安居工程”的子项目。

2000 年,为适应“985 工程”加大发展力度,提高学校总体水平的需要,通过总结前阶段住房货币化改革的经验,学校先后颁布《上海交通大学住房改革(货币化)方案(试行)》《上海交通大学新进人员住房津贴实施办法(试行)》等文件,结合国家房改货币化政策出台,学校以 1997 年 12 月 31 日为节点,实行“老人老办法、新人新办法”的举措,即凡是 1997 年底之前入校工作的教职工,采取 QMJ 相加的办法,给予奖励;凡是 1998 年 1 月 1 日之后入校工作的教职工,采取按职称每月给予住房补贴的办法,规定正高职称每月 1 000 元、副高职称每月 800 元、中级职称每月 500 元。后来随着上海房价不断上涨,补贴额度略有提高。通过改革,在岗教职工的住房不断得到改善,从 2003 年起又酝酿并推出第二轮货币化改革方案,重点解决离退休教工的住房补贴,尤其是早期离退休教工可以分批先期兑现补贴。经过几年的实践,从根本上转变了全校教职工住房分配实物化的观念,摆脱了“要住房、找校长”的传统模式,学校基本上完成了住房制度的货币化改革向上海市政策接轨的要求,让不少教师抓住机遇解了燃眉之急。由于学校相对较早出台货币化房改措施,抢在上海市房价大幅度上涨前缓解了大部分教师干部的住房困难,得益明显。

改革开放以来,我国的经济实力还不能满足迅速发展的教育事业的投资需要,因而兴办高校产业既可以弥补办学经费不足,又能促进产、学、研结合。1983 年 8 月 16 日,上海交大成立南洋国际技术公司,标志着在全国高校中率先迈出了大力发展校办产业的一步。此后 20 多年来,校办产业几经起伏,在我国经济建设迅猛发展的带动下,培育起来了上海交大南洋股份有限公司、昂立股份有限公司等一批国内外知名上市企业。为加强对校办产业的管理,促进企业间的专业化协作,实现国有资产保值增值,学校于 1998 年成立上海交大产业集团,以上海交大产业投资管理(集团)有限公司和上海交大企业管理中心为核心,由各个法人以资产运作和协作关系为纽带组成经济联合体。

三、创建一流的精神风貌

新形势下的党建

学校各项事业能否顺利发展，一个很重要的因素取决于是否有一个强有力的领导核心，能否凝聚起全体师生向着同一个目标奋进。第六次党代会以来，党委就如何加强领导，统一步调，凝聚人心，推进学校的改革与发展做了积极探索，全校师生以一流大学为共同奋斗目标，扎扎实实为学校奉献自己的才华和智慧。党委领导一方面站在时代高度，为学校提出发展远景和改革思路；另一方面又为凝聚人心作大量耐心细致的思想工作。这一切首先都是从抓好党的自身建设开始的。

20世纪90年代初，随着市场经济建设和各项改革逐步推进，人们从思想观念到行为方式都发生着很大变化，一些党的基层干部，心中有不少疑惑，存在"地位失重，心态失衡"的思想状况和畏难情绪。为增强各级党组织主动性、开创性和自信心，1993年党委召开新形势下党的工作如何到位的研讨会，提出新形势下，必须"围绕中心抓党建，抓好党建保中心，检验党建看实绩"。党的工作必须思想到位，工作到位，措施到位，要将计划经济状态下被动等待上级布置转为市场经济条件下根据上级精神主动应对，创造性地开展工作。基层支部要主动参与改革，把改革中的热点、难点作为支部工作的重点，工作方式上力求务实，抓出实效，解决实际问题。在改革中与群众进行思想、工作和感情沟通，只有这样才能凝聚人心，团结群众。1994年11月15日学校召开党建和德育工作会议，针对当时学校普遍存在的干部不适应，对党员教育管理不严格等问题，提出着力四方面开展工作：要把思想建设放在党建首位；要坚持民主集中制；要加强党的基层组织建设；要抓紧抓好德才兼备的干部队伍建设。会议结合学习《中共中央关于进一步加强和改进学校德育工作的意见》和《爱国主义教育实施纲要》两个纲领性文件，把学校德育工作提到历史的、战略的高度。会议以"一流大学、一流队伍、一流工作、一流人才"为目标,针对当时实际,就加强对德育工作领导、党的基层组织建设、凝聚力工程、学生思想工作、校园文化建设等几方面提出思路和对策。制定了党建工作三年规划,还出台19个相关文件,其中包括总支、教工、学生、机关、产业等各类党支部工作条例。这次会议对20世纪90年代的党建和政治思想工作起到统领作用,使各级党组织在新形势下的思想政治工作更加制度化、规范化,党的工作更有实效性、针对性。

为保证在党委和行政之间就学校改革发展的指导思想、目标和重大措施的思想统一,工作上的步调一致,党委坚持重大问题决策前的调查研究和集体讨论原则。有关学校改革发展稳定中的大事,重大人事安排,以及一些比较敏感的事情的决策都拿到常委会或常委扩大会集体讨论决策。会上大家畅所欲言,各抒己见,一旦形成决议,则要求以一个口径贯彻执行。为了保证领导班子决策的民主化和科学化,党委注重拓宽民主渠道,多层次、多渠道、多方面、多途径地广开言路,建立和健全领导、专家、群众相结合的决策机制,丰富集体智慧。如在制定"211工程"建设规划时,学校党委先后邀请校内外136位专家、教授,160多名处级以上干部,分成10个子课题,跟踪国内外一流大学模式,进行分析对比,并通过教代会,专题发布会,以及民主党派独立组团方式,献计献策。又如全方位多层次联合、筹建中欧国际工商学院、招聘海内外优秀人才、百年校庆方案、校院系三级管理体制等重大事项,学校党委都组织各方面人士反复磋商,共同决策。通过季度座谈会、情况通报会、每月一次的统战例会等与民主党派和无党派人士及时通报,认真听取意见,主动接受监督。1994年、1995年的党员民主评议,党群关系进一步得到改善。1995年7月10～13日,全国党建工作会议上,党委书记王宗光以《加强思想政治建设,提高党委领导水平》为题作交流发言。

党的基层组织建设对学校事业成败关系重大,党委领导对如何加强党支部的凝聚力和战斗力进行认真研究和探索。1992年7月初,光纤技术研究所党支部书记出席全国高校党建工作会议,以"围绕中心工作,抓好自身建设,增强党支部的凝聚力和战斗力"为题介绍该所经验。1994年电子工程系党支部被列为上海市教卫系统"凝聚力工程"试点单位,学校随后又确立计算机系等三个党总支、实验室处等9个支部为校内凝聚力工程试点单位,加强基层组织建设。通过基层党组织了解人、关心人、凝聚人,增强党组织的凝聚力、吸引力、战斗力,克服所谓"基础不牢,地动山摇"的现象。1995年1月召开全校党员大会,计算机系、实验室处、机械系、后勤党委闵行劳动技术服务中心、船院本科生某支部等单位纷纷上台交流各自经验和做法。通过努力,党的威信有了很大提高,教师愿意真诚向党交心,并以主人翁的态度投入学校的改革发展事业。随后学校又在领导班子和干部队伍中推进"让人民高兴,让人民放心"和在全体党员中"双学、双争"活动,党群关系得到进一步改善,全体交大人凝聚在党的周围,为创建一流大学的目标齐心协力,共同奋斗。

1998年1月18日召开第七次党代会,王宗光书记作《抓住机遇,开拓进取,为创建世界一流大学而努力奋斗》的工作报告,大会选举产生由23位党委委员组成的第七届党委,王宗光继续担任学校党委书记。会议提出要实现一流目标必须采取"高起点、超常规、跨越式"发展战略。会后一段时间通过召开全委扩大会,进一步分析学校面临的机遇和挑战,存在的优势和不足,统一思想,提高认识。通过党委中心组成员会议,宣传党的方针政策,提高学校党员干部的思想认识,并通过他们把学校党委的改革发展思路贯彻到各个学院和部处,辐射到广大教师和学生。多年以来党委严格按照党章规定按时召开党代会,定期召开党委会、党委常委会等各种会议,党员大会制度、决策制度、党内监督制度,集体领导和分工负责制度、与群众密切联系制度等都有效保证党的民主集中制贯彻执行。通过上情下达、下情上达正常渠道,保证学校政令畅通,全校从领导到群众以良好的精神风貌投入工作。2000年全校中层以上干部开展"三讲"活动,更增强了学校各级干部对学校事业发展的使命感和责任感,提高了党员的党性修养。

树根立魂铸英才

我国高等教育的根本任务是培养社会主义的建设者和党的事业接班人,因此学生是否具有正确的世界观、人生观、价值观至关重要。坚持正确的办学方向,发扬追求真理、坚持真理的优良传统,以爱国主义和科学精神相结合,为大学生树魂立根是这一时期学生思想工作的重点。

　　1993年11月26日,20123班团支部致信当时上海市委书记吴邦国,汇报该班学习《邓小平文选》和十四届三中全会决议情况,吴邦国同志12月1日批示予以肯定和鼓励,希望在"改革开放为大学生提供的广阔舞台上"努力成才。该班同学深受鼓舞,向全校发出倡议,全校范围普遍掀起学习邓选的热潮。1993年12月,团中央在交大召开全国大学生学习邓小平理论动员会,从而掀起全国大学生学习邓小平理论的热潮。1996年4月30日,在学校党委领导下,学指委具体指导下,由社科系研究生牵头,在全国率先成立上海交通大学学生邓小平理论研究会(简称"邓研会")。首批会员614人,到1998年5月发展到3 187人。全校15个院系都建立邓研分会,90%以上班级都建立学习小组。他们通过自学活动、理论沙龙、演讲比赛、征文活动等形式开展学习和研究,从本科一年级到硕博研究生分别提出热爱、学习、研究、运用理论的不同要求。同时把完善自我、知行统一、服务社会、成才报国作为邓研会的根本任务,组织"小红帽文明使者"活动,每天由一批党员同学或入党积极分子在校园内巡校,做文明的使者和模范。1998年,被评为"上海市教卫系统精神文明十佳好事集体奖"。1997年2月底,香港《大公报》将学生邓研会作为大学生学习邓小平理论典型作长篇报道,交大

上海交通大学学生邓小平理论研究会第三届年会召开(1999年6月12日)

邓研会影响波及海外。1994年9月学校被上海市定为深化"两课"(马列主义理论课、思想品德修养课)改革试点单位,在"211工程"建设中,又把"两课"列为重点建设学科之一。为使更多学生真正掌握邓小平理论精髓,学校又在全国率先将邓小平理论编入政治理论课教材,作为"两课"教学内容在课堂上讲解,让邓小平理论进课堂、进教材、进头脑,被称为"三进",成为"两课"教改的重要内容。学生在学习中逐渐领会和掌握邓小平理论。当"三个代表"重要思想作为党的工作指导思想提出以后,学校又组织学生成立"三个代表"重要思想实践团,利用暑期到城市、乡村、街道、企业等各地参加社会实践,用所学知识为社会提供服务。

进入新世纪,大学校园发生新的变化,各种各样的学生社团几乎覆盖60%学生,学生每周参与社团活动超过两小时;学分制模式下班级概念逐渐淡化于宿舍概念,"同班不同课,同住不同步"现象普遍存在;同时网络已成为每个学生了解社会的重要渠道,大学生成为上网主要群体。面对新的情况,学校党委对学生思想工作进一步思考,深感如果继续拘泥于一支粉笔、一块黑板、一本教案,安于现状没有新招,墨守成规没有新意,思想工作就很难有感染力、说服力和生命力。于是又在全国率先提出学生思想工作"进生活园区、进学生社团、进校园网络"的新思路,被称为"新三进"。通过构建生活园区育人体系,强化学生社团育人功能,开辟校园网络育人阵地,探索思想工作新途径。在学生生活园区,以学生为主体,营造良好的文化氛围,由政治辅导员为主导进行寓教于乐的思想政治工作。把学生社团分成五大类,挂靠相关业务指导部门,在每大类中重点支持一个骨干社团,如学生邓研会、学生科技协会、学生艺术团、青年志愿者服务总队、大学生心理发展协会等,有专门指导教师给予辅导。为更好了解学生思想动态,学校创建专门网站,加强管理,正面引导,发现问题,及时疏导。新的途径和手段使学生思想工作卓有成效,有一个学生团支部曾通过网络与中央党校的学员网上交流组织生活学习内容。"新三进"的成功实践得到上级领导的肯定,学校党委在2000年全国高校党建会议作交流。2003年起由交大牵头承办全国高校思想政治教育示范网站"中国大学生在线"建设,2004年5月17日网站正式开通,全国大学生在网上进行"三个代表与当代大学生"交流讨论,举行纪念邓小平诞辰百年活动等等,使思想政治教育工作更有针对性和实效性。

学校多年来将"爱国荣校、饮水思源"光荣传统发扬光大,对学生开展多种形式的爱国主义教育。有人形象地称其为"七个一工程",即上好一门"形势与政策"课,组织经验丰富的教师就国内外形势、学校改革发展现实、学生关心的热点问题进行讲授,2000年被评为上海市优秀教学成果一等奖;建好一块传统教育基地,包括校史博物馆、史穆烈士墓、五卅纪念柱、英烈群雕等;充分利用好一批校外教育基地,如井冈山、一大会址、孙中山故居等67个大学生社会实践基地;制定好一套仪式教育制度,如新生团支部升国旗、五四成人仪式,新党员宣誓仪式等;唱好一首校歌,开学典礼、毕业典礼唱校歌;搞好一次忘年交活动,组织学生与老校友一起召开爱国主义教育座谈会,1996年邀请到200多位交大老地下党同志与学生对话;出版一本爱国主义教材或德育书籍等等。还开设青年马克思主义学校,对入党积极分子和预备党员进行党的基础知识和基本理论教育,并将校史党史列为教学内容,帮助学生了解国情、校情。不少党员学生踊跃参加各种志愿服务队,还有学生直接加入支教西部的队伍,见义勇为的事例更是经常见诸报端。

多姿多彩的校园文化

上海交大有一个经典的徐汇老校园,还有一个宏阔的闵行新校区,为了把校园建设成学生成长的美丽家园,学校除了建造各种设施和景观外,更着力建设文明校园,以校园文明建设推动精神文明建设。1995年10月,国家教委校园文明建设检查组在闵行校区召开校园文明建设检查总结会,检查组一致认为:上海交大校园优美、整洁、安定、文明、秩序、安全,有着浓厚的高等学府的文化气息和氛围,"饮水思源,爱国荣校"的校训和"起点高、基础厚、要求严、重实践"的优良传统得到了继承和发扬,称得上是我国一流的社会主义大学校园。11月21日,上海交大被国家教委授予"文明校园"荣誉称号。1995年开始又连续四次蝉联"上海市文明校园"称号。每当春天来临,漫步闵行校园,经常会看到和平鸽展翅翱翔,人工湖鱼儿嬉戏,绿色草地生机盎然,各种花卉树木争妍斗奇。

2000年一位曾经到过闵行校区的家长动情地说："一流大学就是不一样,宿舍似公寓,食堂赛餐厅,校园如公园。"学生就是在这样的环境中学习生活。

除课堂教学外,教学实习、社会实践、课外科技活动、文娱活动都为学生创造了宽阔的成长舞台。校园内有100多个学生社团,学生根据自己的兴趣爱好选择参加。其中科技性社团占有相当比重,如创造发明协会、计算机协会、网络协会、工程力学协会、应用数学协会、模具CAD协会、金融协会、汽车爱好者协会等。通过这些协会社团活动,让学生思维的触角不断延伸,并鼓励他们参与各种比赛和竞争。依靠自身不凡实力,交大学生在各种国际国内赛事中屡屡夺冠。从1991年捧得"挑战杯"全国大学生课外学术科技作品竞赛决赛冠军后,1993年直接由交大举办第三届决赛,并请江泽民同志亲笔题名"挑战杯"。以后又连获第五、六届两次一等奖。1998年获全国首届管理案例分析挑战赛冠军,1999年获美国数学模型竞赛一等奖、全国大学生电子竞赛最高奖——"索尼杯"等。

1998年3月获在日本大阪举行的"国际机器人大赛"大学生组决赛冠军。在20个参赛队中,交大学生仲欣、杜忠达制作的机器人"聪明的猴子""灵巧的大力士"在规定的5分钟时间内,协同配合,表现出色,捧得"市长杯"。这是交大学生第一次参加此项比赛,在受到邀请后半年时间里,他们自己动手设计、画图纸、编程序、焊接电路、购买材料、加工装配零件,而且还不断推翻原有设计,改变方案,接受了一次全方位的知识和能力考验。因为没有赞助,7万元参赛费用还是从指导教师吕恬生的科研经费中拿出来的。1999年12月,由教育部、信息产业部共同举办的"第四届索尼杯全国大学生电子设计竞赛"是全国普通高校组织开展的四大学科竞赛之一,交大王达峰、张宁和戴广成三人组成的参赛队荣获最高奖"索尼杯"。体现了学生理论设计与工程实践相结合、巩固基础知识与培养创新意识相结合,个人作用与集体协作相结合的全面素质。

最让交大人引以为豪的莫过于获得ACM大赛总决赛的冠军。ACM国际大学生程序设计竞赛是由美国计算机协会组织,面向全球大学生,计算机程序设计最高水平的年度性竞赛,被称作计算机领域的"奥林匹克大赛"。自1970年首次举办以来,每年都吸引来自世界各地成千上万的计算机专业大学生参加。1996年开始正式引入大陆,上海交大从1997年开始参与该项比赛。2002年3月

25日，上海交大代表队在取得亚洲赛区第一名后，参加在美国夏威夷举行的总决赛。当时有来自27个国家的65个代表队参赛，上海交大由教师俞勇带队，林晨曦、陆靖、周健三人组队参赛。在竞赛规定的5个小时内，3个小伙子配合默契，凭借严密的逻辑思维、独特的战略、扎实的基本功和充沛的精力，以完成竞赛的全部6道题且罚分最少而力克美国麻省理工学院和斯坦福大学、加拿大滑铁卢大学、中国清华大学等代表队，一举夺得总决赛冠军。2010年交大再次夺得全国总冠军。这是中国高校乃至亚洲高校第一次获得如此殊荣，也是交大教师以不拘一格的眼光，用创新思维培养学生的一个范例。

2002年9月，江泽民在北师大校庆讲话中提出教育创新的思想。10月，全国人大常委会副委员长许嘉璐来校调研，王宗光书记就创新人才培养问题与其交流探讨，认为给予创新灵感的是人文，交大的校园应该成为学生的精神家园，一个找不到精神家园的人难成大器。学校在给予学生科学知识的同时，应该更多地给予人文关怀，要为学生的一辈子负责，让学生成为一个自主的人。培养学生要科学精神和人文精神并驾齐驱，从掌握知识到培养能力、提高素质逐步提升。学校为此在创新人才培养体系中十分重视学生人文素质的培育熏陶，规定每个学生在校期间选修一门艺术课程，每学期进行一次艺术演出实践，学校每月引进一场高雅艺术演出，每月进行一次人文和艺术审美专题讲座，每年进行一次社团文化巡礼活动。菁菁堂内余秋雨、赵丽宏、王蒙、白先勇等数以百计的文化名人为交大学子播撒文化的种子，讲述人生的哲理，开掘智慧，启迪心灵。

1996年学生艺术团管弦乐队被上海市教委命名为上海市大学生交响乐团，并聘请著名指挥家曹鹏担任艺术总监。1998年10月3日，上海大剧院落成不久，交大学生交响乐团就应邀在此举办1998年国庆专场交响音乐会。作为上海设施最好的高雅艺术殿堂，大剧院金碧辉煌，流光溢彩，交大学生交响乐团在曹鹏指挥下，演奏了16首中外名曲，全面反映了学生交响乐团理解和驾驭各种风格乐曲的能力。场内2 000多名观众神情时而喜悦，时而凝重，情绪时而高涨，时而平和，他们陶醉其中，全然忘了这是一支大学生组成的业余乐团。交大学生交响乐团是上海大剧院落成后接待的第一支业余艺术团体，高水平的演出是学生文化素质和修养的全面展示。1999年12月，又与清华大学学生乐团共同举办新年音乐会，再次显示交大学生的艺术风采。这支乐团还多次赴海外演出，2001年7月21日参加在荷兰凯尔克拉德市举行的第十四届世界音乐节，首次参赛就获得音乐会交响管乐H3组一等奖，这是50年来中国管乐表演团体首次在欧洲管乐比赛上得到最高荣誉。2003年7月12日在瑞士首届因特拉肯"少女峰"音乐节竞赛演出中获得金奖第一名。

体育历来是交大强项，特别在篮球、乒乓、游泳、田径等项目，上海交大先后成功与上海空海模队、上海田径队、上海游泳队、上海乒乓球队联合办队，凭借运动队雄厚的实力，经常在国内外各类比赛中争金夺银。1997年全国大学生游泳比赛中交大选手打破23项纪录。1998年曼谷亚运会上交大队夺得5枚金牌，首届中国大学生CUBA篮球赛上交大女篮荣获冠军。世界大学生乒乓球锦标赛交大队多次夺得金牌，2002年交大代表队囊括男子团体、男子单打、男子双打和男女混双全部男子项目冠军。2004年第七届全国大学生运动会上，交大队获团体总分900多分，遥遥领先于其他学校，金牌总数占上海高校金牌数一半，最高奖"校长杯"第四次留在上海交大。良好的环境和较高的水准，吸引不少世界级运动员纷纷加盟交大，龚智超、张军、乐靖宜、蒋丞稷、刘国梁、姚明等先后成为上海交大的一员。

四、为再铸百年辉煌奠基

江泽民的期望

20世纪最后10年，在高等教育领域最热门的主题词之一就是"建设世界一流大学"，这是我国政府实施科教兴国战略的重大举措。由于我国人口众多，教育资源相对匮乏，国家始终提倡重点建设一批高校。1959年确立16所全国重点大学，上海交大是其中之一。1984年根据邓小平"先集中力量办好一批重点大学"的指示，中央决定在原有重点大学中选择10所大学予以重点建设，上海交大也名列其中，旨在形成我国赶超世界水平的第一梯队，在当时高教界被称作

"重中之重"，这实际上成为创建一流大学的序曲。进入20世纪90年代以来，国家实施"科教兴国"战略，高等教育被赋予前所未有的崇高历史使命，要求大学在人才培养、科技创新、文化建设等全方位发展，以缩短与发达国家在教育方面的差距。1995年开始实施的"211工程"，直接成为我国创建一流大学的启动工程。1998年5月江泽民同志在北京大学百年校庆时正式代表国家提出，"为了实现现代化，我国要有若干所具有世界先进水平的一流大学"。于是1998年5月起，我国启动高等教育有史以来最大规模的建设——"985工程"，是我国建设一流大学的正式标志。

什么是世界一流大学？江泽民在清华大学90周年校庆大会上专门有一段叙述："一流大学应该是培养和造就高素质创造性人才的摇篮；应该是认识未知世界探求客观真理，为人类解决面临的重大课题提供科学依据的前沿；应该是知识创新、推动科学技术成果向现实生产力转化的重要力量；应该是民族优秀文化与世界先进文明成果交流借鉴的桥梁。"

对上海交大而言，创建一流大学是几代人的共同梦想，也是长期艰苦的奋斗历程。老交大的辉煌和新交大的曲折令交大人心中早已孕育着对一流的追求。1978年改革开放刚开始，学校就曾提出建设一流大学的目标。20世纪80年代选择闵行建设新校区，就是期望为将来发展拓展空间，有朝一日能建成第一流大学。1987年11月20日，时任上海市委书记的江泽民在出席闵行校区开学典礼时，就热情题词："百年大计，教育为本，努力把上海交大办成第一流大学。"这是对全体交大人的殷切期望。

20世纪90年代，随着学校各项改革的深入，对一流大学的认识也逐渐深化。1992年、1993年学校领导也多次在党代会和学校工作目标中提到创建一流大学的目标。1994年"211工程"预审开始，为了抓住机遇，学校高等教育研究所还专门开展世界一流大学专题研究，为教育部及学校制定有关战略方案提供参考和咨询。怀着志在必得的精神，交大终于率先成为"211工程"建设的学校之一。从此一流大学建设，成为扎根学校领导及全体师生心中的远大理想。百年校庆前夕，江泽民又一次题词："继往开来，勇攀高峰，把交通大学建设成世界一流大学。"全体交大人备受鼓舞，信心更足。1998年1月，学校第七次党代会把建设世界一流大学的奋斗目标正式写进工作报告：争取到2010年前后把上海交大办成一所以高新科学技术为先导，以坚实的理科为基础，以强大的工科为主干，管理学科具有特色，文法医农协调发展，基础设施完善、校园环境宜人、学术大师汇聚、社会贡献卓著、具有高度精神文明的世界一流大学。

2001年，学校制定《上海交通大学创建世界一流大学发展战略和"十五"建设计划》，明确分"三步走"，到21世纪中叶全面建成世界一流大学，并提出"综合性、研究型、国际化"的战略。

围绕一流大学的综合性发展战略，学校首先着力于凝练方向，形成综合性大学学科布局。几年间又通过强化带头学科，改造传统学科，加强集中统一，促进纵横交叉，稳住基础，发展急需等措施，分层次地建设学科梯队，有步骤地改革学科管理体制。从1997年开始，先在建制上实行拆系建院，既为管理上实行院为实体考虑，又为学科上实行更合理归并，为培养复合型人才作铺垫。1997年一年共有9个学院相继成立，即：船舶与海洋工程学院、动力与能源工程学院、材料科学与工程学院、机械工程学院、外国语学院、人文社会科学学院、理学院、与中科院上海分院合建的生命科学技术学院、与上海化工研究院合建的化学化工学院等。1999年又成立环境科学与工程学院。

2000年到2001年，学校结合制定"十五"建设规划，对学科建设和布局进行更科学的顶层设计，对一流大学是否应该是综合性大学重新进行研究，逐渐取得共识：除了加强工科主干学科建设外，还要建立有特色的人文社会科学学科、扎实的理科、新兴的生物医学学科等，因此在学科布点上或新建、或调整、或联合、或交叉，逐步向综合性大学学科要求靠拢。理工科方面，2001年底、2002年初电子信息学院与电力学院合并为电子信息与电气工程学院，机械工程学院和动力与能源工程学院合并为机械与动力工程学院，复建航空航天系。2003年船舶与海洋工程学院和建筑工程与力学学院合并为船舶海洋与建筑工程学院，经过整合，与原有材料科学与工程学院、化工化学学院、理学院等合成大的理工板块。生物医学方面，1999年，上海农学院并入交大后，成立农业与生物学院，2000年与上海医工院合建药学院，2002年成立医学院，上海第一、第六人民医院成为上海交大附属医院；2003年市儿童医院、医学遗传研究所、肿瘤研究所等纷纷加盟上海交大,加上原来的生命科学技术学院,组成生农医药板块。人文社科方面,2002年成立法学院、媒体与设计学院,2003年成立国际与公共事务学院、人文学院,加上原有管理学院、外语学院等组成大文科板块。经过几年的摸索,综合性大学的学科框架逐渐形成,学科点除原有工科、理科、管理学科外,增加了农科、文科、法学、医科等,涵盖了除天文、地理、历史学以外的所有学科门类。本着把工科做强做大,把理科做实做深,把文科做高做特的思路,学校积极采取措施对传统优势学科注入活力,对新建学科不断充实内涵。

走国际化办学之路

交大自创办之初就向欧、美学习办学经验,聘请外籍教师,派遣留学生,采用欧美高校教材,用英语授课等。自从1978年第一个访美代表团出访回来后,对外学术交流的举措又逐步展开,从新兴学科设置到仪器设备引进,从引进海外优秀人才到派教师走出国门深造进修等,国际化办学战略和思维逐步确立。最早和国外大学合作办学,始于20世纪80年代与美国宾夕法尼亚大学的合作。1990年,在海外校友莫若愚资助下,又与沃顿商学院合作举办首届高级管理人才进修班。

20世纪90年代,围绕一流大学建设,学校在对外交流与合作方面逐步拓宽视野,提高层次。走向世界,与国际接轨的想法逐步由思路转化为实际操作。学校利用工科优势,与国外大企业如贝尔、英特尔、IBM、通用、福特、巴斯夫等合作建立一批研究中心或高水平实验室,获得由美国通用等3家公司共同捐赠的相当于2 000万美元的设备和软件,创办了国际一流的教学实验平台PACE中心。广泛开展国际学术交流,20世纪90年代后期开始,国际学术大师云集交大校园,各种学术报告、名人讲坛使交大学生与世界同步掌握学科动态前沿。曼德尔、朱棣文、丁肇中、霍夫特、白川英树等诺贝尔奖获得者纷纷来校讲学交流。每年举办十多次国际学术交流会议,传递最新学术研究信息。还组织交大师生一起参与国际高端技术的研究工作,如参与丁肇中教授领衔的AMS大型国际合作项目研究,独立承担阿尔法磁谱仪超导磁体低温地面支持设备系统研制工作。

上海交大机械与动力工程学院首批硕士研究生在密西根大学获得工学硕士学位(2003年4月28日)

　　在实施一流大学建设的国际化战略中,继20世纪90年代初在上海成功承建中欧国际工商学院之后,2000年开始与密西根大学联合办学。密西根大学是地处美国汽车城底特律的一所国际著名大学,其工学院在美国名列前5位,机械工程学科更是名列前3位。上海交大1982届校友倪军是密西根大学工学院教授,任该校吴贤铭制造研究中心主任。1994年倪军荣膺美国杰出青年教师总统奖,与全美其他29位杰出青年教师到白宫接受克林顿总统颁奖。其后事业有成的他经常回交大,希望为母校做一些有益的工作。1996年任上海交大客座教授,并成为交大第一批长江学者。在他牵线搭桥之下,1999年底,王宗光书记率团访问密西根大学,达成了双方深入合作的意向。同月,严隽琪、林忠钦率机械学院代表团访问密西根大学,具体落实合作内容。后经教育部和国务院学位办批准,2000年8月学校与密西根大学合作签署共建上海交大机械工程学院的协议。上海交大机械工程学院作为两校合作办学的试点,在本科、硕士、博士等3个阶段形成4+2+3的创新人才培养模式。在一年级本科新生中选拔60名组成教改试点班,4年中有10门课由密西根大学派教授来沪讲授,部分成绩优秀的试点班学生从四年级起即可赴密西根再读两年,同时获得交大和密西根大学的学士学位。硕士培养阶段,根据双方制定的教学计划,每届学生第一年在交大就读,第二年则从中选拔部分优秀学生(40名左右)赴密西根大学学习一年,如果成绩合格并完成学位论文,即可获得两校授予的硕士学位。此外还聘请密西根大学教授担任博士生导师,每年选拔10名左右博士生联合培养。2001年开始双方互派教师,互派学生。2003年4月已有12名硕士研究生获得密西根大学工学硕士学位。2004年4月,又有6名硕士研究生获得密西根大学学位。2004年底在密西根大学进行校际交流学习的学生达50多名。全校共有312名本科生和150名硕士生参加了同密西根大学合作的试点。除学生外,学校每年派5名教授到密西根大学进行讲学和学术交流,派5名青年教师到密西根大学进修,密西根大学共派出教授30余人次,来校开设本科生核心课程7门、研究生核心课程2门。合作中密西根大学还协助交大建立GM车身制造卫星实验室。2006年成立交大密西根联合学院。学校与密西根大学的合作得到了国家的高度重视。科尔曼校长分别于2005年和2010年到上海和北京访问,都得到陈至立国务委员和刘延东副总理的亲切接见。这是我们国家中外高校合作办学的大事。

在国际化战略指导下,出现主动面向世界,开展国际合作的新局面,如管理学院与加拿大不列颠哥伦比亚大学尚德商学院联办国际MBA,与美国南加州大学马歇尔商学院合作举办全球高级工商管理项目;电信学院与德国柏林工业大学合作开展"两校计算机专业间的双硕士学位培养";材料学院与英国玛丽女王学院合作办学;农学院与英国诺丁汉大学建立合作伙伴关系等等,自改革开放至今,学校已经同世界上100多所著名高校建立了校际合作关系。

国际化战略除了开展与世界一流大学合作,吸取国外大学最优秀的办学理念,提高自身办学水平外,还必须把学校优质教育资源推广到国外。交大工程学科和管理学科在国内具有一定竞争优势。早在1992年,交大管理学院就在新加坡开办工商管理硕士课程教学班,有多名经济管理学教师赴新加坡讲课,作为学校首次以培养外国学生为对象的合作办学。1996年9月8日,首批24名新加坡籍工商管理硕士研究生毕业,被授予中国工商管理硕士学位,这也是上海交大在境外授予研究生学位的第一批学员。随后,学校加快国际化办学双向互动步伐,在新加坡开辟一片新天地。

世纪之交,随着世界全球化进程加快,世界各地的联系越来越紧密,希望接受国外教育,特别是研究生层次教育的学生越来越多。新加坡是一个国际化大都市,有近6 000家跨国公司和数以千计的小型企业。世界不少大学瞄准了这一潜在的教育市场。至21世纪初已有5所美国大学、3所欧洲大学入驻此地。学校经过多年努力,2002年10月30日,在新加坡南洋理工大学设立研究生院,这是经我国教育部批准的在海外成立的第一个研究生院。它是新加坡引进的第九所大学,也是来自亚洲的第一所大学。她的成立标志着我国学位与研究生教育正式走向国际,也是上海交大办学实力的进一步提高和拓展。新加坡工贸和教育部副部长尚达曼致辞祝贺,他表示:两校合作将为来自中国、新加坡和其他区域的顶尖学生以及各行各业的杰出代表提供教育培训课程,这势必加强中新两国之间的双边关系,相信两校间的合作也将会带来许多工商界、科研领域的协作机会。

学校依托新加坡研究生院,计划办学学科先从MBA教育开始,以后逐渐扩展至生命学科、信息技术、环境和土木工程及船舶与海洋工程等领域。同时南洋理工大学也在上海交通大学设立教学点,培养中国急需的高层次外向型企业管理人才。根据计划,两校合作第一个项目就是举办为期18个月的EMBA。学员完成16门课程及一篇相当于毕业论文的研究报告,成绩合格者获得南洋理工大学的EMBA学位证书。2003年正式开始招生,学员大多为企业高级管理人才。同年11月7日,在上海交大签署双方联办EMBA课程启动典礼暨研究生项目全面合作协议签字仪式,新加坡教育部长尚达曼参加仪式。根据协议,两校将在工程和管理学科研究生课程建设上进行合作,选拔、接纳对方的优秀学生完成研究生课程,学员毕业后由双方同时授予学位。除此之外,两校继续在下属各学院开设更多合作办学项目,诸如环境工程领域工程硕士等。

交通大学素有对外交流的传统。到1949年,共有445人被派往美日及欧洲各国。新中国成立后从1953年至1962年,又有348人公派出国进修。1979年恢复选派教师公派出国,数量逐年增多,到1994年约有1 068名公费生、616名自费生出国留学。进入新世纪,公派出国人数进一步增加,2000年公派出国长期生有129名,短期731名。2001年公派出国长期生149名,短期的突破千人,达到1 093名,其中包括参加国际会议、科学研究、学习培训、讲学等等。

交通大学招收外国留学生开始于1955年,到1962年共培养25名越南留学生。1982年起恢复留学生教育,主要有汉语学习班及各类进修生。1988年开始招收本科留学生,招生对象主要来自亚非发展中国家,学习计算机、通讯、电子等专业。1992年7月6日,首届外国留学生毕业典礼举行,学校招收的第一批专业学位留学生毕业。随着我国对外开放力度不断加大,学校一方面增加向外派遣人数和力度,另一方面扩大招收留学生数量,增加学位生名额。特别在2000年,把原来隶属于外事处的留学生教育单独划出,成立国际教育学院。此后,学校留学生教育发展迅速,在扩大规模、提高层次等方面取得较大成绩。每年派出精干力量到国外开展各类招生宣传,扩大影响,吸收更多优质生源。原来每年招生不超过200名,学院成立当年,即2000年就招生694名。2001年在校生达到1 200名。2002年招生1 530名,在校生达到1 984名,学生规模首次达到上海第二位、全国第五位。2003年招生1 740名,在校语言生和学位生共有2 466名,第一次突破2千人规模。初期学生生源多数来自亚洲及非洲发展中国家,学院成立后,招生范围逐步扩大并向东亚及欧美拓展,2001年日韩学生比例增加显著,其他如美国、英国、法国、德国、新西兰、澳大利亚等国学生亦逐步增多。2003年,生源覆盖面达75个国家和地区。

闵行二期建设与紫竹科学园区

20世纪80年代上海交大建设闵行校区,为开拓学校发展空间迈出了成功的一步。2001年起,学校党委又开始为21世纪的发展寻找新的合作模式和发展空间,实现与民营企业紫江集团、闵行区政府合作,共建上海紫竹科学园区。园区包括研发基地、大学园区和浦江森林半岛3部分,其中大学园区部分除上海交大外还有华东师范大学,交大闵行校区在原有规模基础上向东、向北再新征土地2 600多亩,形成近5 000亩的闵行校区。

20世纪90年代后期,学校多次提出要实现办学重心向闵行校区转移,但限于空间和资金等多方面因素,始终没有完成。为加快闵行二期建设,经教育部批准,1999年,学校在闵行校区东区再征地,但教育部明确,征地及征地后建设所需资金,原则上由学校自行筹措解决,因此闵行校区二期建设对学校而言是一项十分艰巨的任务。2001年1月，上海紫江集团董事长沈雯向学校表示愿意资助学校办学重心尽快向闵行转移，希望依靠交大的人才优势和科技辐射带动企业的跨越式发展。学校领导审时度势，充分认识到这是一个历史的机遇，无论是办学重心转移还是闵行校区的发展都需要空间的拓展和资金的注入，于是从2001年春节开始校领导与紫江集团频繁接触，同时主动与闵行区政府沟通，很短时间内就达成三方合作共建紫江科学园区的合作意向。上海交大与紫江集团、闵行区政府合作是学校发展的一种新模式，紫江集团给交大9.08亿人民币，希望学校尽早重心转移闵行，带动企业经济的定位和发展；闵行校区获得土地征用和其他设施的便利，通过大学城建设推动市政建设、产学研结合和高科技企业落户等加快区域经济发展；学校能通过合作获得更大的发展空间和财力支持，为再铸百年辉煌打下基础。三方合作是互利共赢，促进校区、园区、城区三区联动的大好事。

2001年6月，闵行区政府、上海交大、紫江集团3方联合向上海市政府提交请示报告，要求共建紫竹科学园区。9月，市政府正式批复同意建设上海紫竹科学园区。11月，教育部批复同意上海交大将教学、科研重心逐步向闵行校区转移，并参加紫竹科学园区建设。这期间，学校与紫江、闵行3方已于6月8日签署合作框架协议，并着手规划设计、土地征用、莘奉金高速公路穿越校区协调等工

上海市闵行区人民政府、上海交通大学、紫江集团共建上海紫竹科学园区签字仪式举行（2001年6月8日）

作。闵行二期建设总体规划采取国际招标方式,4家境外、3家境内设计单位参加竞标,经过两轮评审,最后由华东设计院在西班牙和同济方案基础上,担任总体规划设计工作,于2002年6月顺利完稿。该规划既体现交大百年老校的历史内涵,又辅以创建一流大学校园的设计理念,再加上复合园林的规划特点,整个布局由"两轴一带,三点一面"构成。规划得到教育部领导的肯定和赞扬,2003年1月,教育部部长周济在观看了闵行二期建设规划演示后,称赞这是他所看到的"最好的大学校园规划"。

交大自1896年起在徐汇校区铸造了百年辉煌,如今闵行5 000亩的大型校园为它的第二个百年拓展了空间,交大人不必再为校园发展受限而劳神操心。2002年4月11日,上海紫江科学园区发展有限公司与上海交大正式签署合作协议,紫江集团将出资9.08亿元支持交大,其中3.08亿元资助闵行二期建设征地,6亿元资助学校重心向闵行校区转移。按照设计规划,整个闵行二期建设将新建30多个项目、70多万平方米建筑,加上征地、绿化、道路、水电等其他基础配套设施,共需资金约39亿元。学校积极争取教育部和上海市给予一定投入,另外将通过校区置换、校友捐赠、学费收入等方式筹集这笔巨额资金。虽然校园建设的超前投入给学校财政带来一定压力,但上海交大不完全依赖政府,通过自身努力,整合社会资源,采取新的合作机制,走出了一条新路。事实又一次证明了交大人敢于抓住机遇,努力创业,以超前的举措赢得发展的主动。

2002年6月25日,上海紫竹科学园区开工典礼隆重举行。教育部副部长周济、中科院副院长江绵恒及上海市领导殷一璀、龚学平、周慕尧、左焕琛等参加典礼。周济在致辞中说:"政府、高校、企业联手共建上海紫竹科学园区,推进大学园区建设,是我国大力发展高教事业的一种新的探索。"

为了保证闵行二期建设顺利快速进行,学校在2002年8月成立二期建设指挥部,由谢绳武校长任总指挥,下设基建组、融资组、院系协调组。9月成立二期建设办公室。二期建设工作作为学校一项重大任务全面铺开。2003年8月征地工作基本完成。到2004年底先后建成一批单体建筑。如香港实业家曹光彪捐资500万元人民币建造的学生活动中心"光彪楼"、香港知名人士邵逸夫捐资450万元人民币兴建的逸夫科技创新楼、交大纽约校友吕凤歧捐赠500万美元兴建的文选医学大楼等。

　　闵行校区二期建设是学校发展的又一契机,全校师生认识到在扩大规模的同时更应注重学校整体办学水平和综合实力的提高。学校通过新校区的建设,正积极推动现代大学制度建设,为创建世界一流大学奠定更扎实的基础。

上海交通大学2006级新
选择交大，就选择
主讲人：马德秀

第八章　迈入世界一流大学

2004年第八次党代会以来，上海交大全面贯彻落实党的教育方针，坚持社会主义办学方向，对标世界一流大学，坚定信心，勇担使命，凝心聚力，稳健前行，与上海第二医科大学强强合并，聚焦内涵建设，落实立德树人根本任务，深化综合改革，成功入选"双一流"建设高校，实现了学校"三步走"发展战略目标中的第二步，学校整体实力稳居国内一流高校前列、跻身世界一流大学行列。

一、乘势而上勇开新篇

建设"世界一流大学"的愿景

2004年12月28日,中国共产党上海交通大学第八次党代会在徐汇校区包图演讲厅召开,党委书记马德秀以《振奋精神,开拓创新,为加快建设世界一流大学的进程而努力奋斗》为题作党代会报告。马德秀强调,学校未来的发展目标是:"到2010年基本建成以一流的理科为基础,以强大的工科、生命医学学科和管理学科为主干,以高水平、有特色的法学、农学、经济学和人文学科为支撑,交叉学科崛起、创新基地凸现、学术大师汇聚、人才培养一流、办学设施先进、文化氛围浓郁、社会贡献卓著的世界知名高水平大学,若干学科达到世界先进水平,为建设综合性、研究型、国际化的世界一流大学打下坚实的基础;到2020年,若干学科达到世界一流水平,开始步入世界一流大学行列;到21世纪中叶,全面实现建成世界一流大学的历史性奋斗目标。"[1]为了实现这一宏伟目标,学校将坚持以发展为第一要务,深刻理解并提升综合性、研究型、国际化大学的内涵,建立适应世界一流大学建设需要的现代大学制度。重点实施人才强校主战略,全面实施国际化战略,大力实施交叉集成战略,积极实施服务社会战略,加快实施闵行发展战略。

第八次党代会基于科学判断形势和学校所处的历史方位,立足当前,谋划未来,为学校今后一个时期注重内涵建设,加快建设世界一流大学进程,奠定了牢固的思想基础和坚实的组织基础。

马德秀,女,1947年9月生,北京人,教授、博士生导师。2003年8月,被中共中央任命为上海交通大学党委书记。西安交通大学工业自动化专业和自动控制

【1】马德秀:《振奋精神,开拓创新,为加快建设世界一流大学而努力奋斗——在中共上海交通大学第八次代表大会上的报告》,载《上海交通大学年鉴2005》,上海交通大学出版社2005年版,第18—23页。

专业分别就读本科及研究生,并获学士学位、硕士学位。曾在西安交通大学、北方交通大学任教,后任国家计划委员会科技司副处长、处长、副司长,国家发展计划委员会高技术产业发展司司长、国家发展和改革委员会高技术产业司司长。中共十七大代表,第十一届全国人大代表、教科文卫委员会委员,第十二届全国政协委员、教科文卫体委员会副主任。

党委书记马德秀

在就职大会上,马德秀指出:"创建世界一流大学的宏伟目标,这不仅成为党和国家实施科教兴国战略和上海市建设国际化大都市的紧迫需要,而且也是我们自己选择的一个伟大目标。""我愿意为实现这一宏伟目标和大家一起发扬上海交大精神,做更多的工作,想更多的问题,付出更艰辛的劳动,竭尽全力,努力工作,发挥上海交大的优势,选择性地追求卓越!"[1]

第八次党代会后,马德秀带领学校领导班子统揽全局,协调各方,在全球大变革和国家大发展中抓住机遇,在加快建设世界一流大学的过程中,用清晰的办学理念、全局化眼光和前瞻性思维,把方向,定战略,谋发展,促改革。全力以赴,加快推进闵行校区二期建设,全校动员,完成学校办学重心转至闵行校区。率先确立人才强校主战略,构建立体式人才结构。实施人才制度分类改革,在岗位设置、考核评价、薪酬激励等方面先行先试。构建"一体两翼"研究型大学创新体系,即以创新人才培养为根本,面向世界科技前沿,面向国家战略需求。对接国家重大科技专项,以新的体制机制建立核科学与工程学院、航空航天学院、能源研究院、国家智能电网中心等。强化交叉集成和协同创新,形成了生物医学工程等一批学科和科研高峰。成功走出了综合性大学建设一流医学院的独特道路,开创了交大密西根学院、巴黎高科卓越工程师学院、上海高级金融学院等多个办

【1】马德秀:《在中组部宣布中央任免决定大会上的讲话》,载《上海交通大学年鉴2004》,上海交通大学出版社2004年版,第5页。

校长张杰

学特区。持续推进现代大学制度建设，率先制定"文化建设规划"，提升全体交大人的精神风貌，确立共同的价值追求。

2006年11月22日，国务院任命张杰为上海交通大学校长。张杰，1958年1月生，山西太原人，中国科学院院士、第三世界科学院院士、英国皇家工程院外籍院士、美国科学院外籍院士。1982年、1985年先后毕业于内蒙古大学物理系，并获学士和硕士学位。1988年在中国科学院物理研究所获博士学位。曾任中国科学院物理研究所光物理重点实验室主任、副所长、中国科学院基础科学局局长。主要从事强场物理、X射线激光和"快点火"激光核聚变等方面的研究。获第三世界科学院TWAS物理奖、中国科学院创新成就奖、国家自然科学二等奖、何梁何利科技奖、未来科学大奖等。第十七届、十八届中央候补委员，第十三届全国政协常委。

"大学的主要任务是人才培养。建设世界一流大学，就是要培养世界一流的人才。这是新世纪民族复兴的伟大事业对中国大学的最迫切要求，也是交大义不容辞的历史使命。"在就职仪式上，张杰说道："中国正在建设创新型国家，上海是最具创造性的城市。上海交大将成为上海和中国最需要的人才基地，成为在人才培养上最具创造性和竞争力的大学。我深信，在党中央、国务院的亲切关怀，有教育部、上海市委市政府的坚强领导，有社会各界、广大校友的鼎力支持，上海交大一定能建成世界一流大学！"[1]

张杰认为，创新型大学的实质，就是要把一群极具创新思维的教师、与极具创新潜质的学生聚集在一起，让他们的创造力相互激发，从而产生使学生终身受益、促进人类文明进步的创新能力和智慧。同时，他要求，在创建世界一流大学的过程中，必须将自身置于国际竞争的环境中，用国际一流的标准来衡量学校的

【1】 张杰：《发扬光大交大精神 建设世界一流大学——在就职大会上的致辞》，载《上海交通大学年鉴2007》，上海交通大学出版社2007年版，第4页。

教学工作、科研工作和管理工作，用国际一流的标准来要求教师和员工。为此，在就任校长后，张杰致力于创新人才成长体系、科学技术创新体系以及思想文化创新体系的构建，并与同事们一起在上海交大实施了一系列改革，包括：提出并实践以"制度激励"为核心的大学治理理念；提出并推进"引育并举，分类发展改革"，在全校范围实施长聘教职（Tenure），构建世界一流的师资队伍；建立知识探究、能力建设、人格养成"三位一体"的创新型人才培养体系；倡导学术追求的大学灵魂，取消对发表论文的现金奖励；推动好奇心驱动和使命驱动的问题导向科学研究，推进对学校各学科发展的国际评估和综合评估，建立以学术为主导的评价和考核体系；推进大学管理的制度化、规范化和人性化，提高大学管理的服务水平和工作效率；致力于建设既具有"感恩与责任"、又充满"激情与梦想"的校园文化，使学校成为一个有强烈"归属感、成就感、荣誉感"的大爱校园。

此外，他还身先士卒，亲自领导和参与重要的改革试点，如主持制定并领导实施"交大2020"，抓本科生招生工作，修改高层次人才引进和培养计划草案，发起成立培养基础学科拔尖创新人才的致远学院并担任院长5年，发起成立提升教师教学水平的教学发展中心，以"三顾茅庐"的诚意引进图灵奖获得者约翰·霍普克罗夫特（John Edward Hopcroft）以及鄂维南、蔡申瓯、金石等世界级的学者，带队前往东京大学等世界顶尖大学交流合作等。2014年，张杰应邀在世界影响力极大的学术刊物Nature上，撰文介绍上海交大的"三步走"改革，引起了世界范围对中国高等教育改革的广泛关注。

与上海二医大强强合并

综合性大学发展需要医学学科对其他学科的互相交融，医学学科的发展也需要其他学科的支撑和辅助。因此上海交大与上海二医大的合并既是交大建设一流大学的需要，也是二医大建设一流医学院的必然要求。

上海第二医科大学由圣约翰大学医学院（1896～1952）、震旦大学医学院（1911～1952）、同德医学院（1918～1952）于1952年全国高等学校院系调整时合并而成,校址在重庆南路(原震旦大学校园)。上海第二医科大学成立后,秉持"博极医源、精勤不倦"精神,经过50多年的努力,为国家培养了30 000余名医学专门人才,是上海地方高等教育的重点院校之一,在全国医学院排名中名列前茅。学校拥有瑞金医院、仁济医院、新华医院、第九人民医院、第三人民医院、上海儿童医学中心等6所附属医院,在医疗、教学、科研等方面形成了一批各具特色的专业学科,许多临床学科居国内领先地位,其中大面积灼伤治疗、白血病的分化诱导治疗、小儿先天性心脏病治疗等达到国际先进水平。拥有中国科学院院士1名,中国工程院院士6名,"973项目"首席科学家4名,长江学者5名。

抗战时期,交大与震旦大学曾有一段特殊的关系。当时交大大部分地处徐家汇华山路以西,只有一部分校外宿舍在华山路以东。而华山路以东为法租界,以西为华界。交大校园遭日寇占领后,无奈于1937年底搬到租界办学,其中三、四年级借用震旦大学校舍上课,震旦把新造的教学楼四、五层楼和地下室给交大使用,使交大得以维持教学、继续生存。2000年前后,交大与二医大又开始了医工科技合作。后经多方努力,2003年两校签署合作协议,上海二医大的部分学生在闵行上课,并在两校校门口都挂上对方的校牌,从而启动更为紧密的合作。

为进一步贯彻国家高校发展战略和推进上海科教兴市主战略,教育部与上海市政府按照中央"集中资源,突出重点,体现特色,发挥优势,坚持跨越式发展,走有中国特色的建设一流大学之路"的要求,以强强联手、追求双赢为目标,积极促成上海交大和上海二医大的合并。

2005年6月10日,教育部和上海市人民政府共同签署了《关于上海交通大学与上海第二医科大学合并的原则意见》。按照《原则意见》,上海交通大学与上海第二医科大学合并,组建新的单一法人主体的高等学校,校名仍为"上海交通大学"。组建后的上海交通大学仍为教育部直属高校,拥有完整的民事权利,承担相应的民事责任。在原上海第二医科大学和原上海交通大学医学院的基础上,组建上海交通大学医学院。建立上海交通大学医学院理事会。上海交通大学医学院享有必要的办学自主权,管理运行相对独立,经上海交通大学授权,可以独立对外从事民事活动。教育部、上海市人民政府将在继续重点共建上海交通大学的同时,合作共建上海交通大学医学院,从政策、经费投入等方面共同支持上海交通大学医学院的发展,将其建设成为具有国际先进水平的医学教育和科研基地。上海交通大学和上海第二医科大学合并后组建的上海交通大学医学院暂保留原上海第二医科大学行政级别。上海交通大学医学院党政正副职领导干部任免,暂由上海市委在征求教育部党组意见后任免。上海交通大学医学院的主要党政领导干部应担任上海交通大学领导班子的副职,由教育部党组征求上海市委意见后任免。原上海第二医科大学的附属医院为上海交通大学医学院附属医院。该医学院附属医院的行政级别、干部任免、资产隶属、经费预算和行业管理关系等,维持现状不变。

　　7月18日,正式举行上海交通大学、上海第二医科大学合并大会。上海交大和上海二医大强强合并,百年交大迎来了新的发展契机! 这不仅是上海交大历史上的一件大事,也是我国和上海高等教育发展的一件喜事。教育部部长周济在合并大会上说:"两校合并,可以充分发挥上海交通大学多学科的综合优势和上海第二医科大学在医学领域的雄厚实力,实现学科互补,资源共享,形成强大的综合竞争力,促使学校逐步发展成为一所学科结构更加合理,综合实力更强,办学水平更高,更能适应21世纪高素质创新人才培养和科技发

上海交通大学、上海第二医科大学合并大会举行(2005年7月18日)

展趋势的新型大学。"上海市委副书记、市长韩正也明确指出:"一流的城市需要一流的教育! 这次两校合并,探索了一种新的合作模式,符合高等教育办学规律,也有利于调动学校和学院两方面的积极性。对交大来说,可以进一步拓展学科建设和平台建设,提升在国内外的知名度,真正建成世界一流综合性大学;对二医大来说,可以借助交大品牌,实现资源共享,推进一流医学学科的建设和一流医学人才的培养。"

强强合并以后,学校致力于用足、用好"部市共建"的体制优势,明确提出"两个一流""两个尊重",合力推动新上海交通大学整体发展。"两个一流"就是医学院要成为世界一流,交大要成为世界一流,合并的目的是要共同成为世界一流。"两个尊重"就是既要尊重医学的办学规律,又要尊重综合性大学的办学规律。为充分保证医学院的办学积极性,充分发挥综合性大学的支撑作用,在附属医院管理模式上走出了交大自己的路。保持医、教、研体系的相对完整性,把交大原有全部附属医院归口医学院统一管理、确保医学教育科研与临床应用的紧密结合。在发展重点上,依托交大多学科综合优势和强大的理工科优势,大力推进医工、医理等学科交叉和生命医学领域的协同发展;依托附属医院数量多、实力强的优势,积极推进高水平基础医学和临床医学研究。在发展思路上,按照"一切从实际出发,先易后难,扎实推进"的思路,坚持渐进式改革,稳步推进机构融合与办学资源整合,并把价值认同作为事业发展的重要保证,稳步推进大学文化的深度融合。在研究制定大学文化建设规划时,把医学院的"博极医源、精勤不倦"等核心文化要素吸收融合到交大精神文化体系之中。还特别强化和宣传"交大是全体交大人的交大,医学院是全体交大人的医学院"的理念,努力用共同的事业、共同的价值取向、共同的发展目标,将师生医务员工紧紧团结在一起,同心同德,统筹发展。

上海交通大学与上海第二医科大学强强合并,这是两校长期友好合作的结果,也是加快创建世界一流大学和一流医学院的理性选择,在学校发展历史上具有里程碑的重要意义。通过强强合并,携手共进,促进理、工、生命等学科和医学学科交叉融合,推动医学教育事业跨越式发展,加快创建世界一流综合性大学的步伐,为上海建设一流城市和中华民族的伟大复兴作出新的更大贡献。

聚焦内涵建设

第八次党代会后,全校上下齐心协力,勇于实践,开拓创新,努力走出一条富有交大特色的内涵建设之路。综合性、研究型大学的内涵日益充实,竞争力明显提升。积极对接国家战略,服务社会能力进一步提高。体制机制改革稳步推进,办学活力明显增强。闵行二期建设和战略转移顺利完成,现代化大学校园初步建成。与二医大的强强合并提升综合实力,生命医学学科快速发展。

2008年12月12日,学校第九次党代会对交大所处的历史阶段作了评估,指出交大基本完成"三步走"战略中的第一个发展阶段,即"初步实现了学科布局、基础夯实的预期目标,开始向重点突破、优势凸显的第二阶段迈进,这是一个承前启后、攻坚克难的阶段,是一个把人才、质量和特色放在重中之重的阶段,是一个从做大向做强转变的阶段。"[1]遵照这一发展愿景,学校坚持和加快推进六大战略,即加快推进人才强校主战略,加快推进文理跨越发展战略,加快推进交叉集成战略,加快推进国际化战略,加快推进服务社会战略,加快推进文化提升战略。

师资队伍建设方面。着手建立层次清晰、覆盖全面的"人才金字塔"体系,形成随时发现、随时跟踪、随时引进的揽才机制;开通高层次人才引进"绿色通道",构建吸纳人才的快速响应机制,使高层次、高水平人才迅速积聚;坚持分类指导原则,改善人才聘任、考核、激励与竞争机制;积极探索建立既符合中国国情又可与国际接轨的职称体系和薪酬体系;广泛募集社会资源,筹措人才引进与培养专项基金,打造"冠名讲席教授"等特色品牌项目;设立"SMC—晨星学者奖励基金",重点支持和培养一批有潜力的中青年人才;重视文化软环境建设,营造尊重人才、尊重创新、尊重个性的文化氛围,激发各类人才的文化认同感、情感归属感和事业成就感。

【1】 马德秀:《坚持科学发展,深化内涵建设,努力开创建设世界一流大学新局面》,载《上海交通大学年鉴2009》,上海交通大学出版社2009年版,第24页。

培养创新人才方面。贯彻知识探究、能力建设和人格养成"三位一体"的人才培养理念,强调教学与科研结合、科学与人文结合、课内与课外结合;成立基础学科拔尖人才培养特区——致远学院,引导学生将投身科学事业、探索未知世界作为人生的价值追求;成立国际合作办学特区——交大密西根学院和巴黎高科卓越工程师学院,实施"海外游学计划",不遗余力地为学生创造接触多元文化的机会,着力培养具有全球视野和国际对话能力的人才;成立创业学院,着力培养学生的创新意识和创业精神;对接社会未来发展的人才需求,实施卓越工程师、卓越医师、卓越法律人才等系列计划,培养在科技创新、经济发展、社会进步和文化传承等领域引领未来发展的创新型领袖人才。

学科建设方面。坚持分类指导、注重交叉、突出重点、系统推进的方针,进一步凝练方向,坚持有所为、有所不为,有选择地追求卓越;提升传统强势学科,聚焦重点建设,打造学科和科技高峰;加强交叉学科特区建设,组建高水平交叉学科团队,构建多样化的交叉学科研究体系,培育新的学科增长点,形成未来竞争优势;加强多学科的系统集成,实现优势叠加;采用超常规的举措发展理科和文科,加大投入力度和政策倾斜,在大师、质量和特色上实现突破;通过调整优化学科结构,夯实学科基础,形成强大的工科、生命医学学科和快速崛起的理科、人文社科等四大学科板块协调发展、特色鲜明的综合性大学学科体系。

科研创新方面。倡导并推进科学研究从"论文导向"向"问题导向"的转变,将科技创新的目标聚焦在解决世界科技前沿问题、国家重大需求问题以及重大人文社会科学问题;调整"任务与资源挂钩"的人事考核制度,推行 6 年一个周期的国际同行评估,鼓励教师形成"学术为本、追求卓越"的价值观,努力营造鼓励原始创新的宽松、宽容、宽厚的学术环境;设立校级创新基金,重点支持青年教师的科研起步、有原创意义的自由探索项目,支持解决国家重大需求的科研团队,以及科研基地建设等;更加注重有组织的科研和多学科联合攻关,加强科研力量的有机整合,形成若干与行业共建的联合研发实体;强化创新基地建设,重点建设一批国家级创新基地,在若干关键领域建成国家和行业强力依托的研究实体。

服务社会方面。关注国家经济社会发展中的理论问题和实践需求,不断聚焦和增强对重大时代课题的学术回应及深度研究,用学术之理、专业之长为国家富强、民族振兴、社会和谐与人民幸福奉献力量;推进产学研战略合作,瞄准产业共性技术和关键技术,通过科研成果向外转移、辐射,积极研究解决企业发展中的科技问题;更加积极地服务国家、长三角和上海产业结构优化的需求,有针对性地拓展与其他省市地方政府的战略合作;充分发挥附属医院的整体优势,为上海建设亚洲医疗中心作出更大贡献。

文化建设方面。坚持以社会主义核心价值体系引领学校的思想文化建设,通过举办节庆纪念、大学文化讨论等活动,大力挖掘和弘扬学校的优良传统及文化创新成果,提炼出交大人核心价值追求,并使之成为学校科学发展、创建世界一流大学的不竭动力;坚持把"感恩、责任、激情、梦想"作为思想道德教育的鲜明主题,通过"校长奖""感动交大校园新闻人物""杰出校友终身成就奖"等评选活动,树立优秀典型,发挥榜样作用;重视文化设施和文化符号建设,建设文脉传承的大学校园,充分发挥环境文化的育人功能,增强全校师生医务员工的凝聚力与向心力。

国际化办学方面。采用分层次战略合作策略,主动寻求与东京大学、耶鲁大学、剑桥大学、牛津大学等世界顶尖大学的战略合作,继续扩大、加深与已有长期合作基础大学的合作,与一批在专业领域表现突出的国外院校开展多种形式的交流与合作,形成院系和学科层面的合作关系;进一步提高学生海外游学、访学的比例和质量,开拓海外实习基地;建立长效的国际科研合作机制,重点支持联合基地、科研合作、博士生联合培养相结合的国际合作;强调"以我为主",国外先进办学理念和资源充分与本土大学的某些学科相结合,带动本土大学在人才培养方面的提升、相关学科研究能力的提升。

大学管理方面。转变管理模式,推进"院为实体",实施目标导向、分类发展、分类考核和绩效工资相结合的"四位一体"的综合改革,特别是采取加强院系预决算管理,调控资源下拨模式等手段,充分发挥院系积极性,赋予院系更多的自主权,完成由"学校办学院"向"学院办学校"的转变;大学管理制度,从2007年的"规范管理"(对已有规章制度进行清理和修订,重新制定各职能部门的规章制度和业务流程),到2009年的"目标管理"(每年初在学科、人事、教学、科研、财务、资产、后勤等方面提出年度发展目标并作为年终考核依据），再到2012年的"绩效管理"，大学管理从经验走向科学。

入选"双一流"建设

党委书记姜斯宪

2013年12月，中共中央任命姜斯宪为上海交通大学党委书记。姜斯宪，1954年9月生，江苏江都人。1978～1985年在上海交大机械工程系就读本科、研究生，先后获得学士学位和硕士学位。其后留校工作，先后任上海交大团委书记，党委宣传部副部长、部长，党委副书记、副校长。1994年后历任上海市委组织部副部长、徐汇区区长、上海市政府秘书长。2002年起曾任上海市副市长，上海市委常委、组织部部长，海南省副省长，海南省委常委、三亚市委书记，上海市人大常委会副主任。中共十五大、十八大代表，第十一届全国人大代表。

2014年，上海交大成为继北京大学、清华大学之后全国第三所获国家教改领导小组批准实施综合改革方案的高校。学校扎实开展以"学在交大""多元评价""院为实体"三大改革为主要抓手的综合改革：完善现代大学制度，持续激发改革的内生驱动力；进一步推进科技创新体系和创新能力建设，进一步拓展国际化办学优势，全面提升办学质量和办学水平；进一步优化资源配置模式，加快世界一流大学建设步伐，不断满足和适应国家经济建设和社会发展对高等教育的新需求。

2015年10月24日，国务院印发《统筹推进世界一流大学和一流学科建设总体方案》，对新时期高等教育重点建设做出新部署，将"211工程""985工程"及"优势学科创新平台"等重点建设项目，统一纳入世界一流大学和一流学科建设。世界一流大学和一流学科，简称"双一流"。党的十九大报告提出，"加快一流大学和一流学科建设，实现高等教育内涵式发展。"建设世界一流大学和一流学科,是中共中央、国务院作出的重大战略决策,也是中国高等教育领域继"211工程""985工程"之后的又一国家战略,有利于提升中国高等教育综合实力和国际竞争力,为实现"两个一百年"奋斗目标和实现中华民族伟大复兴的中国梦提供有力支柱。总体目标是到2020年,若干所大学和一批学科进入世界一流行列,若干学科进入世界一流学科前列;到2030年,更多的大学和学科进入世界一流行列,若干所大学进入世界一流大学前列,一批学科进入世界一流学科前列,高等教育整体实力显著提升;到21世纪中叶,一流大学和一流学科的数量和实力进入世界前列,基本建成高等教育强国。2018年9月,习近平总书记在全国教育大会上再次强调"加快一流大学和一流学科建设"。

2016年2月19日,姜斯宪在学校十届三次全委会上指出:"2020年初步建成世界一流大学,是党和国家的重要战略部署和殷切期待,也是交大人的共同愿景和历史使命,全体教职医务员工要以舍我其谁的使命感加快推进一流大学与一流学科建设。"[1]其后,全校高度重视,科学布局,系统谋划,深入分析,扎实做好"双一流"建设的有关工作,抢占发展先机和有利位置。

2017年1月24日,经国务院同意,教育部、财政部、国家发展和改革委员会联合印发《统筹推进世界一流大学和一流学科建设实施办法(暂行)》,标志着"双一流"高校遴选工作正式启动。

2017年2月19日,国务院任命林忠钦为上海交大校长。林忠钦,1957年12月生,浙江宁波人,中国工程院院士。1982年和1986年先后毕业于上海交大船舶及海洋工程系,分获学士学位和硕士学位,1989年在上海交大船舶结构力学专业获博士学位并留校工作。曾任上海交大机械工程学院常务副院长、机械与动力工程学院常务副院长、上海交大副校长、上海交大常务副校长。主要从事薄板产品制造与质量控制研究,在汽车板精益成形技术、轿车车身制造质量控制、薄板产品数字化封样技术、复杂产品数字化设计等方面取得重要的理论和技术突破。第十三届全国政协委员。

【1】姜斯宪:《谋篇开局十三五 协同奋进创一流》,载《上海交通大学年鉴2017》,上海交通大学出版社2017年版,第3页。

校长林忠钦

3月29日，林忠钦在学校七届教代会暨十二届工代会第三次会议上指出，"要抓住'双一流'建设的战略机遇，把立德树人作为学校工作的中心环节，为国家重点行业和一流教学科研机构贡献具有中国情怀与全球视野的领军人才。要整合基础研究和应用研究力量，承担国家重大工程和项目，为国家和区域发展贡献不可替代的成果。要整合学术资源和医疗资源，围绕人类健康与重大疾病问题开展联合攻关，为人类文明进步贡献更大福祉。要进一步发挥人文社科资政启民的作用，为促进文化传播，完善社会治理，贡献交大智慧。"[1]

学校以"双一流"建设深化综合改革，以综合改革推进"双一流"建设。持续提升创新能力，着力打造学科领域高峰。形成协调发展的综合性大学学科布局，以一流学科建设带动一流大学整体建设。以人才培养为核心，优化学科建设结构和布局，资源配置、政策导向体现人才培养的核心地位。在绩效评价中，根据人才培养质量、办学水平特色等中期评价结果，动态调整支持力度。落实"院为实体"，全面开展校院两级综合预算改革，顺利完成各院系的综合预算和预算下达工作。开展"协议授权"试点改革，针对院系学科特色、发展阶段和建设需求，探索个性化政策支持。坚持以学生为本、以教学为先、以学术为要、以学风为基，形成"学在交大"的办学风尚。坚持"多元评价、多维发展"，优化教职体系和晋升办法，推动长聘教职体系建设。

2017年9月21日，教育部、财政部、国家发展改革委联合印发《关于公布世界一流大学和一流学科建设高校及建设学科名单的通知》，正式公布世界一流大学和一流学科（简称"双一流"）建设高校及建设学科名单。首批"双一流"建设高校共计137所，其中世界一流大学建设高校42所（A类36所，B类6所），

【1】 林忠钦：《继往开来传承发展　携手并进迈向一流》，载《上海交通大学年鉴2018》，上海交通大学出版社2018年版，第20页。

世界一流学科建设高校95所；"双一流"建设学科共计465个（其中自定学科44个）。上海交通大学入选"双一流"建设A类高校名单，数学、化学、生物学、机械工程、计算机科学与技术、材料科学与工程、信息与通信工程、控制科学与工程、土木工程、化学工程与技术、船舶与海洋工程、基础医学、临床医学、口腔医学、药学、电子电气工程、商业与管理等17个一流学科入围"双一流"学科建设名单；2022年又新增物理学，共18个"双一流"学科。

12月27日，上海交大公布"双一流"建设方案。方案确定了学校三个阶段的发展目标：到2020年跻身世界一流大学行列，若干学科进入世界一流前列；2030年进入世界一流大学前列，若干学科方向具有世界领先地位；2050年建成卓越的世界一流大学，在国家富强、民族复兴和人类文明进步的进程中做出卓越贡献。

学校紧紧围绕创建中国特色世界一流大学的目标，统筹"双一流"建设与综合改革，全面落实《统筹推进世界一流大学和一流学科建设总体方案》五大建设任务和五大改革任务，在建设中更加聚焦立德树人、师资队伍建设、服务国家战略以及对区域和产业发展的贡献，在建设方式上更加注重学科群建设、师生发展、发挥学院的积极性和主导作用以及学校发展转型。努力建成一批世界一流的高水平学科，着力打造一支与世界一流大学比肩的卓越师资队伍，着重培养一大批具有国家使命意识和创新创业精神的拔尖创新人才，产出一批服务国家战略需求和对人类进步有重大影响的学术成果，做出一批对接国家战略和区域经济的高显示度贡献，大幅提升学校的社会认可度和国际知名度。

2018年9月28～29日，教育部在上海交大召开"双一流"建设现场推进会。教育部党组书记、部长陈宝生出席会议并讲话。期间，与会代表在闵行校区参观船海领域大型研究设施、先进激光燃烧诊断平台等两个"学科建设的需求导向"主题观摩点和交大密西根学院、学生创新中心等两个"率先建成一流本科教育"主题观摩点。

向浦东新区进军

1990年4月18日，党中央、国务院宣布开发开放上海浦东。在服务国家战略中找准定位、明确使命，敢为人先的交大人时刻奋楫在改革进程中。

　　1994年11月8日，上海交大与欧盟合作建立的中欧国际工商学院成立典礼暨新校园奠基仪式在浦东金桥出口加工区举行。中欧是中国第一所中外合作的国际化商学院，是中国教育领域对外开放的一面旗帜。伴随着中国经济迈向世界舞台中央的稳健步伐，历经26年砥砺奋进、不懈创新，学院也从西方经典管理理论的引进者、阐释者，逐渐成长为全球化时代中国管理知识的创造者、传播者，不仅建成了一所亚洲领先、全球知名的商学院，也构筑了中国和欧洲乃至世界经济文化交流的平台，在中国上海、北京、深圳、瑞士苏黎世、加纳阿克拉五地设有校区或教研基地。在英国《金融时报》2020年全球EMBA和MBA课程百强榜单中，中欧分别位列全球第二和全球第五。中欧是亚洲唯一一所MBA和EMBA同时进入英国《金融时报》全球排行榜5强的商学院，也是国内率先获得国际权威机构EQUIS和AACSB双认证的商学院。它也践行着时任国务院副总理李岚清的要求——"办成一所不出国也能留学的学校"，被中国和欧盟的领导人分别赞誉为"众多优秀管理人士的摇篮"和"欧中成功合作的典范"。

　　2014年5月，习近平总书记来沪考察时提出，希望上海加快向具有全球影响力的科技创新中心进军。2016年2月，国家发展改革委、科技部批复同意上海以张江地区为核心承载区建设综合性国家科学中心，作为上海加快建设科创中心的关键举措和核心任务。为此，上海交大积极响应习近平总书记的期许，落实上海市委、市政府"加快创新型大学及科研机构向张江集聚"的号召，面向科学发展前沿，配合张江科学城规划，经反复论证研究，对学校张江地块进行功能优化调整，举全校之力建设上海交通大学张江科学园。

　　2018年4月12日，上海交大张江科学园建设启动会举行。张江科学园位于浦东新区张江高科技园区内国家信息安全成果产业化（东部）基地，占地54.3亩，总建筑面积约10万平方米，有望入驻各类科研人员1 200余人。科学园按照"三中心、两平台"的新布局进行规划，三个中心包括超快科学中心、材料基因组联合创新科学中心、同步辐射诊疗和医学影像科学中心，两个平台由国际合成生物学与健康研究创新平台和网络空间安全创新平台构成。

　　2019年12月6日，在上海推进科技创新中心建设办公室第十一次全体会议上，上海市委副书记、市长应勇，国家发展改革委副主任林念修，上海市副市长吴

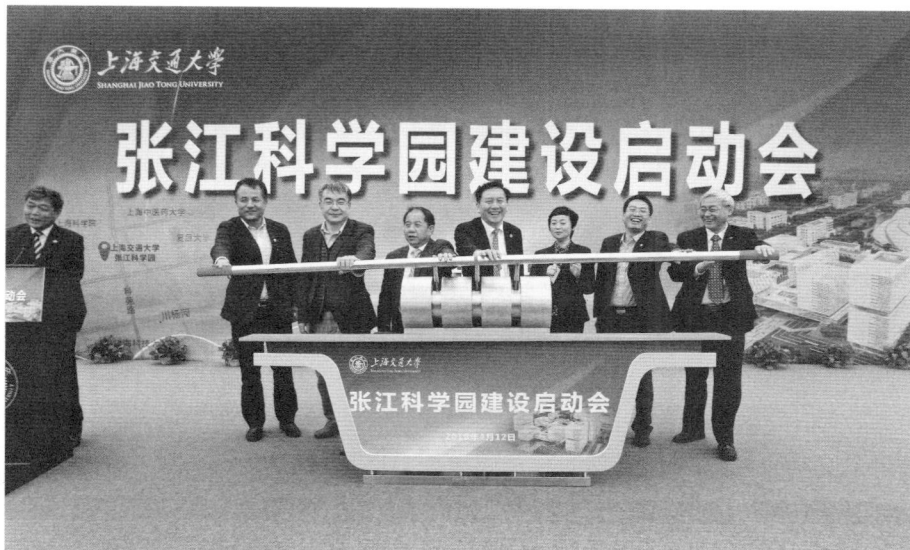

上海交大张江科学园建设启动会举行（2018年4月12日）

清，上海交大党委书记姜斯宪共同为上海交通大学张江科学园揭牌。作为上海"建设具有全球影响力的科创中心"的重点任务和上海"张江综合性国家科学中心"的重要组成部分，上海交大张江科学园将成为学校原创性研究交叉平台、战略性产业技术源泉、标志性成果产出载体，支撑张江综合性国家科学中心建设，瞄准集成电路、人工智能、生物医药领域，助力在关键领域、核心技术、卡脖子的地方攻坚突破，为浦东、上海乃至全国的发展贡献交大力量。

2015年，著名华裔物理学家、诺贝尔奖获得者李政道先生向党和国家领导人建言，在中国建立对标玻尔研究所的世界顶级科学研究机构，习近平总书记作出重要批示。在教育部、科技部、国家自然科学基金委和上海市政府等部门的大力支持下，依托上海交通大学建设的李政道研究所在2016年11月挂牌成立。

上海市将李政道研究所作为"建设具有全球影响力的科创中心"的重点任务和上海"张江综合性国家科学中心"的重要组成部分，上海交通大学作为其依托单位开展建设工作。2017年9月14日，诺贝尔物理学奖获得者弗朗克·维尔切克（Frank Wilczek）获聘为李政道研究所首任所长。2018年4月7日，正式聘任李政道先生担任李政道研究所名誉所长。8月29日，李政道研究所实验楼建

李政道研究所实验楼建设启动会举行（2018年8月29日）

设正式启动。实验楼位于张江科学城孙桥科创中心单元中部，规划总用地面积约41亩，总建筑面积约56 000平方米。

李政道研究所着力在粒子与核物理、天文与天体物理、量子基础科学三个方向开展重大科学问题研究，已汇聚一批来自世界一流大学和研究机构的杰出学者和优秀青年人才，外籍及港澳台人员占比51.6%。18位全职学者共入选国家与地方各级各类人才计划24人次；7位博士后入选博士后创新人才支持计划以及上海市"超级博士后"激励计划；已招收博士研究生28人。近几年，在马约拉纳中微子、量子多体磁性系统、暗物质探测、暗晕星系群寻找等物理与天文基础科学研究方面取得了一批原创性成果。目前正在积极策划并推动由中国主导的30吨级液氙暗物质探测、南海中微子望远镜探测（"海铃计划"）等国际科研合作大项目。未来，李政道研究所将着力打造成为世界知名的重大原始创新策源地、全球向往的顶尖科学精英集聚地、面向未来的中国青年才俊历练地，助力上海交大"双一流"建设，并对我国的科技原始创新能力做出重要的贡献。

2017年5月18日，我国首个专门以低碳为方向的国际合作学院落户浦东临港地区。这便是由上海交通大学、上海临港地区开发建设管理委员会、英国爱丁堡大学联合创办的上海交大中英国际低碳学院。学院坐落于浦东新区银莲路3号,实行联合管理委员会领导下的院长负责制,目前委员会主任由上海交大校长林忠钦担任,副主任由爱丁堡大学校长 Peter Mathieson 担任,上海交大讲席教授赵长颖担任院长。中英国际低碳学院下设碳金融与碳管理、新能源与储能、低碳燃烧与动力系统、智慧能源与大数据、碳捕集利用与贮存、废弃物资源化等六大研究中心,设环境工程(低碳方向)、动力工程(低碳能源方向)2个研究生专业。旨在培养低碳领域的复合型、国际化顶尖创新人才,开展前沿性、创新性的科学研究,推动低碳技术的成果孵化,实现产学研一体化协同发展,打造低碳领域国家级双创示范基地,为推进上海乃至全球低碳产业发展提供强有力支撑。

2020年11月29日,上海交通大学医学院浦东校区工程开工仪式在浦东新区天雄路隆重举行。医学院浦东校区选址张江科学城国际医学园区,四面环水,南有森林为园。规划占地总面积约435亩,总建筑面积约70万平方米,其中一期工程地下建筑面积8万平方米,地上建筑面积34.5万平方米,一期建成后可容纳招生规模约9 000人。医学院浦东校区的开工建设,标志着历经百余年的上海交大医学院拉开了从浦西延伸到浦东,从黄浦卢湾拓展到张江科学城,从新天地融入国际医学园区的序幕。建成后的医学院浦东校区,将打造世界一流的医学人才及创新高地,服务上海亚洲医学中心城市和具有国际影响力的科创中心建设。

二、持续创新再攀高峰

深化人才强校主战略

师资是引领学校发展的第一资源,也是最重要的战略资源。学校始终以前瞻的意识,从体制机制上排除障碍,从改革中寻找出路,坚持"以人为本",创造条件,改善环境,用蓬勃发展的事业吸引和留住一批杰出的人才。

2004年,学校第八次党代会提出了人才强校主战略,并把师资队伍建设作为学校发展的核心任务。2016年,学校又出台《关于深入推进人才强校主战略的实施意见》，进一步形成和发挥人才优势，激发人才活力。十多年来，学校从加大高层次人才培养、扶持青年教师成长、完善人才评价激励机制等方面进行了卓有成效的建设。

聚焦高端，引育并举。2007年，学校出台了高层次人才引进和培养的一系列计划，决定用八年时间建设一支世界一流大学的师资队伍，包括"讲席教授""特聘教授""特别研究员""晨星青年学者"四个层次。为保障计划实施，学校加大了募集人才引进基金的力度，使引进和培养人才得到较为充足的经费支持，如设立"冠名讲席教授基金""SMC—晨星青年学者基金"等。2015年，学校学术荣誉体系和长聘体系两大体系正式启动。同时校内教师也并轨进入，使已有教师与引进人才"并轨"，营造"同台竞技、同轨运行、共同发展"的环境氛围，为优秀人才提供有力的体制保障和良好的生态环境。长聘体系由长聘教轨岗位和长聘教职岗位构成，长聘教轨岗位主要为特别研究员和特别副研究员，长聘教职岗位包括长聘教授、长聘副教授，讲席教授、特聘教授是长聘教授的组成部分，是长聘教授中的学术荣誉性岗位。通过引进、晋升和评聘三种方式，以国际一流学术标准甄选人才，使校内外优秀人才进入学校的核心师资队伍，同时以有竞争力的薪酬待遇提供激励和保障，促使教师回归原创性科学研究与创新人才的培养，建设一支与世界一流大学相适应的高水平师资队伍。到2020年底，实现了长聘体系建设的全覆盖，长聘体系各级岗位在聘教师1 337人，超过全校师资队伍的三分之一。

上海交大首期高端人才培训班在中国延安干部学院举办
（2019年11月20～24日）

赢得青年，赢得未来。为让青年教师有目标、有支持、有收获、有成就，为优秀人才施展才干提供更大的舞台、更多的机会,学校为青年教师制定了从进校开始的各个阶段的支持计划。2007年,实施"特别研究员"计划,主要针对40岁以下、在世界一流大学获得博士学位或在海外名校有博士后研究经历、并已取得科研成就、展现出较大潜力的青年人才予以支持。2008年,学校先后设立"SMG—晨星学者奖励基金""烛光奖励计划"等多个奖励资助项目,创造一切条件激发校内35岁左右青年教师的创造潜力。2012年,学校专门面向进校时年龄不超过35岁、具有博士学位、专业技术为中级(含)以下的青年教师设立了"新进青年教师启动计划",对所有不在"绿色通道"支持范围内的新进青年教师进行资助,提供科研启动经费及一定的安家补助。通过实施这一系列计划,逐步形成覆盖面广、机会公平、良性竞争的优秀青年人才激励支持体系。2018年,设立了优秀青年人才破格晋升机制,鼓励贡献突出、潜力巨大的优秀青年教师不受学校常规正高级专业技术职务聘任条件限制,晋升正高职称,以提升优秀青年教师竞争力,创造有利于青年教师攀登学术高峰的制度环境。在整个培养过程中,着眼于在国家重大项目中、在教育教学实践中以及在创新团队中培养青年教师,使他们成为科研创新的主力军、教书育人的骨干力量,使他们由追随大师而成为大师。

分类发展,多元评价。2010年,学校启动对已有教师队伍的分类发展改革。改革以"目标导向、分类发展、分类考核、薪酬体系改革"为指导思想,以"优化师资结构、提升师资水平"为目标。2011年,《上海交通大学师资分类发展改革指导意见》出台,将师资队伍分为教学科研并重型、科研为主型、教学为主型三种岗位。积极探索符合学科发展规律的专业技术职务体系,在"大分类"基础上持续推进"小分类"。2019年在教研并重系列下推出"人文社科实践应用"系列,在研究系列中设置"成果转化及推广""农业推广"等系列,在教学系列中设置"体育训练"专门类别,目前已建立了17个系列的聘任办法,为全校各类人员提供细致完备的专业技术职务晋升机制。构建以师德师风、教育教学能力和学术创新能力为核心的教师评价机制,以科技创新能力和科技服务能力为核心的科研人才评价机制,以实践操作能力和服务保障能力为核心的实验技术人员评价机制,以行政执行力和服务满意度为核心的行政管理人员评价机制等。同时,健全激励体系,促进人才多维发展。2018年开展首届人文社会科学资深教授评选，为人文社会科学教师树立标杆；2019年设立首席研究员岗位，为作出突出贡献的科研人员设计晋升台阶并提供保障激励；实施教学、思政、实验三大系列"卓越计划"，支持优秀骨干群体的职业发展。营造鼓励人才干事业、支持人才干成事业、帮助人才干好事业的良好制度环境，努力形成尊重知识、尊重人才、尊重劳动、尊重创造的文化氛围。

经过多年建设，学校师资水平整体提升，高水平师资快速壮大。2005年，化学化工学院教授颜德岳和生命科学技术学院教授贺林、邓子新当选中国科学院院士。2011年，机械与动力工程学院教授林忠钦和郑平分别当选中国工程院院士和中国科学院院士。2013年，材料科学与工程学院教授丁文江当选中国工程院院士。2015年，医学院附属瑞金医院宁光教授、医学院附属第九人民医院张志愿教授当选中国工程院院士，物理与天文系景益鹏教授、医学院陈国强教授当选中国科学院院士，"致远"讲席教授、电子信息与电气工程学院安德森·林奎斯特（Anders Lindquist）当选为中国科学院外籍院士。2017年，电子信息与电气工程学院院长毛军发教授、医学院附属国际和平妇幼保健院院长黄荷凤教授当选中国科学院院士。2019年，机械与动力工程学院教授黄震当选中国工程院院士，化学化工学院教授樊春海当选中国科学院院士。

2000～2020年，学校两院院士从15名增加到48名，有博士学位教师比例从27.6%增长到87.3%（其中海外博士教师比例从2005年的9%增加到2020年的32.42%）。此外，有"973"/重大研究计划首席科学家51名，长江学者152名，国家杰出青年基金获得者159名，国家基金委创新研究群体18个。有国家"万人计划"教学名师2人，国家级教学名师9人。一支具有国际竞争力的师资队伍已形成，为学校迈向世界一流大学前列提供了坚强的人力资源保障。

优化学生培养模式

人才培养是学校的根本任务，是立校之本。2008年，学校开展教育教学改革大讨论，确立了"知识探究、能力建设、人格养成"的"三位一体"人才培养理念，并强调"以学生为中心"。2016年开始，学校把"学在交大"作为三大专项改革之一,提出"价值引领、知识探究、能力建设、人格养成"的"四位一体"人才培养理念,更加强化价值引领。

随着育人理念不断发展更新,学校围绕学生创新能力的培养,在招生录取、培养模式、专业建设、教育教学改革、实践教学等方面持续发力。

本科生培养。在招生录取方面,2010年,上海交大与清华大学、中国科技大学、南京大学、西安交通大学、浙江大学、中国人民大学联合进行高水平大学自主选拔学业能力测试;2011年,学校在全国首推"自主选拔科技创新潜质人才",预录取具有强烈的科学兴趣、一定的学科专长和创新潜力的学生。在培养模式上,形成了试点、拔尖、复合三大主要成长路径,拔尖创新人才培养体系逐步完善。"试点项目"班包括2002年设立的ACM试点班、机械试点班,2011年设立的IEEE试点班,2013年设立的机械与动力工程学院钱学森班,2020年设立的数学科学学院吴文俊班。"拔尖项目",2010年专门成立了致远学院,作为教育部"基础学科拔尖人才培养试验计划"基地;2014年,学校依托致远学院在全校范围内实施"致远荣誉计划",培养专业由原来的数学、物理学、生命科学、计算机科学、化学五个理科专业扩展到工科专业;2015年,"致远荣誉计划"继续扩大培养范围,新增生物医学科学专业,纳入理科方向招生专业;2018年,致远模式在教育部组织的总结评估中获全国第一全优好成绩;2020年,数学、物理、化学、生物、基础医学和计算机等6个学科入选首批基础学科拔尖学生培养计划2.0基

致远学院正式成立,校长张杰(第一排左四)兼任院长(2011年1月21日)

地;2020年,学校在数学与应用数学、物理学、化学生物科学、生物医学科学、工程力学等六个优势学科,以致远学院为支撑开展"强基计划",为服务国家重大战略需求培养拔尖创新人才。"复合",一是卓越人才培养计划,2010年作为国家"卓越工程师教育培养计划"首批启动单位之一,学校推出"卓越工程师教育培养计划",完善并创新校企合作机制,旨在培养造就创新能力强、适应经济社会发展需要的高质量工程技术人才,之后卓越医生教育培养计划、卓越法律人才培养计划等相继实施;二是大平台招生培养,包括2014年设立的工科平台,2015年设立的生命与环境交叉平台(后改成自然科学实验班),2017年设立的理科平台,2018年设立的经管平台。在课程建设上,学校落实基础课程分级教学改革,22个专业申报国家级一流本科专业建设点,并全部获批。启动通识核心优质课程评选及通识核心课程质量提升方案,打造一批"金课"。

2018年11月19日至11月22日,以北京大学原党委书记朱善璐为组长的教育部审核评估专家组在上海交大考察本科教学工作情况,这是自2007年评估以后,教育部对学校本科人才培养质量的全面检阅。专家组认为,上海交大坚持育人为本、以本为本、固本强基,教育教学理念先进,人才培养体系完备,教学改革措施得力,人才培养成效显著,代表着当今中国本科教育教学的一流水平。从学校办学定位和人才培养目标与国家经济社会发展需求的适应度、教师和教学资源条件对人才培养的保障度、教学和质量保障体系运行的有效度、学生和社会用人单位的满意度、学校人才培养效果与培养目标的达成度等5个方面综合考察,专家组认为,上海交大的本科人才培养取得了显著的成效,予以高度肯定。建议交大和有关方面认真总结办学特色和育人经验,其中很多经验对全国有借鉴指导意义。

研究生培养。不断优化研究生结构与培养方案,持续推进质控体系建设。在读研究生数量从2000年的5 500余名发展到2020年的24 000余名,一级博士点从14个发展到48个,实现学院全覆盖。2011年首次开展全校范围内的学位与研究生教育思想大讨论,并推出招生指标分配制度、招考与选拔方式创新计划、导师动态选聘制度、卓越课程建设计划、博士生连贯式培养与分流制度、交叉学科人才培养计划、博士生待遇改善制度、学位留学生促进计划等学位与研究生教育的八项改革举措。积极争取国家公派项目资助,并且推出了自己的"博士生海外访学计划"，每年资助100名左右的博士生到海外访学。构建以"大师讲坛""博士生学术论坛""研究生创新实践系列大赛""国际学术竞赛/会议"等为核心的研究生创新教育体系，诺贝尔奖、菲尔兹奖、图灵奖获得者不断来校讲学。组织上海交大研究生"学术之星"评选，引领示范效应显著。启动"博士生致远荣誉计划"，每年遴选一百名品学兼优的应届本科毕业生参加。加强校企联培实践基地建设与硕士专业学位分类改革，推进产学融合。实施优博论文奖励计划，加强导师考评工作。推进博士生奖助体系改革，实施与世界一流大学建设要求相适应的奖助体系。与世界一流高校开展博士生联合培养，拓展博士生联授学位/双学位项目。持续推进医学教育综合改革，有灵魂的卓越医学创新人才培养体系日趋完善。临床医学专业高质量通过教育部认证，代表中国首次通过世界医学教育联合会认证。通过一系列改革举措，研究生培养质量不断提升。研究生作为第一作者在 *Science*、*Nature*、*Cell* 等国际顶级期刊发表论文数逐年增加，"致远荣誉计划"博士生在 *Nano Energy*、*Advanced Functional Materials*、*Gut* 等高水平期刊发表论文50余篇。

此外，2010年学校在全国高校中率先成立创业学院，推动更多有潜力的大学生成为未来企业家，更多大学生创业项目变成现实企业。2012年起，学校全面推行三学期制，让夏季学期成为学生个性化选修课程、拓展实践的黄金时间。2013年，"国家级创新人才示范基地"落户交大。2014年，首届"创青春"全国大学生创业大赛中，上海交大以团体总分第一名的优异成绩，捧得赛事最高奖项"冠军杯"。2016年，学校在原工程训练中心基础上打造全天候开放的学生创新中心，推动学生创新创业教育，构建体系化的双创教育生态。同年，学校入选全国首批双创示范基地，并获首批全国创新创业典型经验高校称号。

1990～2020年，交大学子在国内外大学生创新竞赛中捷报频传。13次站在ACM国际大学生程序设计竞赛全球总决赛的世界领奖台，其中2002、2005、2010年3次夺得全球总冠军；20次获美国大学生数学建模比赛（MCM/ICM）特等奖；5次问鼎全国大学生课外学术科技作品竞赛"挑战杯"，也因此成为该赛事历史上首个连续4届获得最高荣誉的高校。此外，自1989年首次开展全国优秀教学成果评比至今，学校共获国家级教学成果奖73项。

第十五届"挑战杯"全国大学生课外学术科技作品竞赛决赛,上海交大第五次问鼎"挑战杯"(2017年11月18日)

学科建设再上新台阶

一流学科是一流大学的主要标志。做好学科的前瞻性布局和打造学科高峰是大学永恒的战略重点。

2004年第八次党代会后,学校以"分类指导,分类建设,有重点、有选择性地追求卓越"为指导思想,强化交大工科优势,大力发展生命医学学科,重点加强理科建设,发展特色精品文科,培育新兴交叉学科。

做大做强传统优势学科。传统优势学科围绕国民经济发展和国防建设需求,参与重大科技攻关,建设大平台、培育新的学科生长点,成为行业共性关键技术的研发中心。如船舶与海洋学科,整合学校船舶、建筑、动力等学科力量,建成船舶与海洋工程国家实验室。同时,围绕国家经济建设和国家重大科技专项和产业结构调整升级的紧迫需求,不断开创新的研究领域和凝练学科方向,寻找新的生长点和突破口,实现优势再造。2002年学校复建了中断半个世纪的航空航天工程系,2005年成立了空天科学技术研究院,2008年在航空航天工程系和空天科学技术研究院基础上成立航空航天学院。经过几年的努力,完成了大飞机人才工程、民机科学技术中心和开放式航空发动机关键材料及精密铸造工程实验室等内容的科研及相关基础建设，已经融入国家大飞机相关产业结构建设的行列中。2020年，上海交通大学和国家电力投资集团有限公司携手成立上海交通大学国家电投智慧能源创新学院，为我国经济转型升级、培育经济发展新动能贡献力量。

大力发展生命医学学科。生命科学技术学院聚焦学科前沿，遗传疾病基因研究、DNA硫化修饰等快速达到国际先进水平。药学院构建完整的药学研究体系，在新兴领域异军突起。农业与生物学院积极探索"以农为本、需求牵引、特色发展、争创一流"的发展道路。上海交大与上海第二医科大学合并，成立新的上海交通大学医学院，进一步完善了学校综合性大学的学科布局。学校充分利用合并效应和多学科优势，新增了一批国家和省部级研究基地。同时，在"211工程"和"985工程"建设中，学校加强目标导向，瞄准国家战略需求和国际医学前沿，重点支持一批强势医学学科方向率先冲击世界一流，基础医学领域的某些方向实现了原始创新突破，在系统生物医学、Med-X等方向异军突起。

重点加强理科建设。2008年，学校第九次党代会提出了"加快推进文理跨越发展战略""采用超常规的举措发展理科和文科，加大投入力度和政策倾斜，创新体制机制"[1]。释放活力，率先与世界一流对标。理科在教师队伍的引进与培养、教学科研组织模式、教师评价等方面，积极借鉴国际通行的学术标准和评价程序，率先开展并完成国际评估。积极引进领军人才，制定适应理科发展需要的教师聘任标准、考核办法和激励机制，营造兴趣导向、鼓励原创、宽容失败的学术氛围，支持理科进行改革试点，赋予他们较大的自主权。对引进的世界高水平科学家，学校率先对他们进行薪酬制度改革。建立理科发展特区，设立自然科学研究基金，给予特殊的体制、机制、政策。建设自然科学研究院，搭建进行前沿性交叉基础研究和原创性基础研究的平台，冲刺制约学科发展的重要基础性科学问题。

【1】马德秀：《坚持科学发展　深化内涵建设　努力开创建设世界一流大学新局面》，载《上海交通大学年鉴2009》，上海交通大学出版社2009年版，第26页。

发展特色精品文科。"985工程"三期建设期间，以"抓内涵、求突破、上水平"为工作重点，通过实施"学术引力能力建设计划""青年学者群体性发展推进计划""交叉、主流和前沿计划"和"智库锻造计划"，走高水平、有特色的精品文科发展之路，文科发展步伐明显加快。2009年相继成立马克思主义学院和上海高级金融学院。2012年东京审判研究中心、科学史与科学文化研究院先后成立。2017年将建筑系、设计系及风景园林系重组成立了设计学院。2020年在高等教育研究院基础上成立教育学院，这是国内综合性大学参与提高教师教育质量的又一实践探索。此外，大力引进学术领军人才，培育学术团队，创办一批创新研究基地。

培育新兴交叉学科。学校打破学科壁垒，实现优势叠加，催生一批新的学科生长点，以交叉集成促进学科上水平，造成学科群，形成核心竞争力。2007年始，学校陆续设立"理工交叉研究基金""医工交叉研究基金"和"文理交叉研究基金"，促进理、工、农、医、文、管等各类学科交叉融合，一批跨学科、跨学院的交叉学科创新平台先后成立，如生命医学领域的系统生物医学研究中心、MED−X研究院等，工程学科领域的能源研究院、核电研究院等，人文、数理等基础学科的人文艺术研究院、自然科学研究院等。2011年学校将MED−X研究院与生物医学工程系两块力量进行整合，成立了生物医学工程学院，加快了生物医学工程学科赶超世界先进水平的步伐。近年来，学校大力布局和推动"大海洋""大健康""大信息"专项行动计划，并相应成立了一批研究院、研究中心及学院。2018年学校在海洋研究院的基础上成立海洋学院，为国家海洋强国战略提供强有力的支撑。

经过近20年的建设，学科内涵持续深化。在建一级学科从1998年的33个增加到2020年的57个，博士点数量从8个增加到48个，覆盖10个学科门类。学科水平大幅跃升。ESI学科排名从2011年第344名升至2020年第88名，列全国第4。19个学科进入ESI前1%，其中工程学为万分之一学科。学科高峰日益显现。2016年全国第四轮学科评估中，上海交大有25个学科进入A档，较2004年第一轮时实现数量翻番，包括12个工科、4个理科、3个医学学科、3个管理学科、3个社会科学与语言学科，标志着学校以工学、医学、理学、管理学、社会与语言为支柱学科的综合性大学格局全面形成,其中船舶与海洋工程、机械工程、临床医学、生物学、工商管理5个学科排名居第一档(A+档,前2%)。2017年9月21日,上海交大17个一流学科入围"双一流"学科建设名单,它们是:数学、化学、生物学、机械工程、材料科学与工程、信息与通信工程、控制科学与工程、计算机科学与技术、土木工程、化学工程与技术、船舶与海洋工程、基础医学、临床医学、口腔医学、药学、电子电气工程、商业与管理。

至2020年底,学校共有33个院(系),包括工科方向:船舶海洋与建筑工程学院、机械与动力工程学院、电子信息与电气工程学院、材料科学与工程学院、环境科学与工程学院、生物医学工程学院、航空航天学院、智慧能源创新学院;理科方向:数学科学学院、物理与天文学院、化学化工学院、致远学院、海洋学院;生命科学方向:生命科学技术学院、农业与生物学院、医学院、药学院;人文社科方向:安泰经济与管理学院、凯原法学院、外国语学院、人文学院、马克思主义学院、国际与公共事务学院、媒体与传播学院、设计学院、体育系、上海高级金融学院、教育学院;国际化办学方向:上海交大密西根学院、上海交大—巴黎高科卓越工程师学院、上海交大—南加州文化创意产业学院、中欧国际工商学院、中英国际低碳学院。

科技创新取得重大进展

学校坚持问题导向和需求导向,量质并进、以质为先,推进创新体制机制改革,基础研究和关键技术实现突破,文科与智库建设实现大跨越。

积极对接国家创新驱动发展战略,把探索构建先进的大科研组织管理体系作为攻坚任务。2005年11月,成立科学技术发展研究院,以提高学校培育大基地、构建大平台、搭建大团队和组织大项目的能力。经过多年建设,目前学校已完成大科研体系改革,科学技术发展研究院设立纵向(前沿创新研究院)、横向(先进产业技术研究院)、高新技术(先进技术与装备研究院)、学术成果(学术发展与成果处)、质量管理(科研质量管理处)、地方合作(地方研究院管理处)等部门,形成了全链条全口径体系,为对接国家战略需求提供有力组织保障。同时,建立并发挥学校科技工作委员会作用,建立校院联动交叉融合的高效响应机制,提升有组织的科技策源能力。此外,还设立"重点前瞻布局基金"加强从"0到1"创新,设立"融合集成创新基金"支持团队开展交叉集成攻关等。

紧密围绕国家目标,抢占科技制高点,突破前沿基础研究,基础原创成果不断涌现。高水平论文快速增长,SCI论文由2000年389篇增至2019年8 119篇,增长了20倍,SCI论文与卓越科技论文数均为全国第一。在Nature、Science、Cell等高水平杂志上发表论文渐成常态。2016年,季向东和刘江来主导的PandaX-II暗物质探测国际合作组在物理学国际顶级学术期刊《物理评论快报》(*Physical Review Letters*)正式发表了500公斤级液氙探测器低本底运行80天的暗物质探测结果,这是目前世界上正式发表的灵敏度最高、曝光量最大的液氙暗物质探测结果,对暗物质粒子的性质作出了最强的限制。文科科研质量不断提升,在国内哲学社会科学最高水平刊物《中国社会科学》期刊发文从无到有,人文社科最高奖——高等学校科学研究优秀成果奖获奖总数不断翻倍,多学科实现突破。2005年,第四届高等学校科学研究优秀成果获奖数为4个。2019年,第八届高等学校科学研究优秀成果获奖数为80个,17个在建人文社科学科中有14个学科获奖。

通过大科研体系和高效科研运行模式,充分发挥多学科优势,加强关键核心技术攻关。持续增强项目承接能力,2020年获资助数量是2000年的26倍,国家自然科学基金项目立项数连续11年保持全国第一,连续四年突破千项。2020年,基础科学中心项目实现零的突破,新增"杰青"项目首次突破两位数,新增"优青"项目升至全国第二。获批建设集成攻关大平台、前沿科学中心、野外观测站等国家级科技创新基地。科技成果质量显著提升,多项共性关键技术实现突破与应用。很多团队在智能制造、新材料、操作系统等领域聚焦"卡脖子"难题进行科技研发,几代传承,久久为功,为北斗、探月、航母、大飞机等重大工程提供重要支撑。

2020年初,船舶与海洋工程设计研究所谭家华负责的"海上大型绞吸疏浚装备的自主研发与产业化"项目荣获2019年度国家科技进步特等奖,学校科技创新取得历史性突破。在河海工程建设领域,大型绞吸挖泥船一直扮演着举足轻重的定海神针角色。在2000年以前，中国大型挖泥船需要花费"天价"从国外进口。在国产大型疏浚船一片空白中，上海交大走上了大型绞吸挖泥船设计技术研究和专用装备开发的道路。在国家重大战略支撑和牵引下，学校依托人才、学科和实验设施等优势，联合中交疏浚集团、中船工业708所、交通部长江航道局等18家疏浚行业主力单位组成"产学研用"大团队，坚持自主创新、协同创新、开放创新，逐步形成从绞刀、台车、泥泵等核心设备到装备总装建造的整条产业链。2004年建成国内首座大型绞吸挖泥船"航绞2001"，2006年建成国内首座配备浅水倒桩—钢桩台车定位技术的"天狮"，2009年建成国内首座采用变频技术的大型绞吸挖泥船"宇大1号"，2009年建成国内首座挖岩大型绞吸挖泥船"天麒号"，2010年建成亚洲最大自航绞吸挖泥船"天鲸号"，2013年建成首座用于三峡尾急流航段的大型绞吸挖泥船"长狮9"，2017年建成世界最大非自航绞吸挖泥船"新海旭"……在交大三代船海人接

谭家华负责的"海上大型绞吸疏浚装备的自主研发与产业化"项目荣获2019年度国家科技进步特等奖（2020年1月）

海上大型绞吸疏浚装备——"天鲸号"绞吸式挖泥船

续奋斗中,他们成功研制出60余项疏浚装备,形成海上大型绞吸挖泥船完整自主产业链,推动我国疏浚能力跃居世界第一,实现从"整装备进口"到"主导出口管制"的历史性跨越。

2020年,丁文江院士团队的"高性能×××及其关键技术研发与应用"项目获2020年度国家技术发明一等奖。该项目实现镁合金从非承力结构件至主承力结构件应用的跨越,在"大国重器"研制中发挥不可替代的作用,实现交大国家技术发明一等奖零的突破。

2020年初,面对突如其来的新冠肺炎疫情,学校专家学者医护人员急国家之所急,在病毒核酸检测、疫情防控健康码、疫情排查机器人、医疗污染物处理、医用防护器具以及专家咨政建言、防控知识普及等方面作出突出贡献,为打赢疫情防控阻击战持续贡献交大智慧和力量。其中,生物医学工程学院古宏晨教授团队研制的纳米磁性载体,为国内首个新型冠状病毒核酸检测试剂盒生产提供了有力支撑,产品已在国内外使用3 000多万人份,出口50多个国家地区,相关产品率先获得欧盟、英国、澳大利亚、新加坡等国际认证,助力全球疫情防控。

近年来,学校坚持习近平总书记对于科技创新要"坚持面向世界科技前沿、面向经济主战场、面向国家重大需求、面向人民生命健康"的指导方针,相继建成了转化医学国家重大科技基础设施(上海)、李政道研究所、智能制造研究院、人工智能研究院、大数据技术与应用创新中心等基础研究平台、交叉学科平台和公共支撑平台。围绕海洋强国、军民融合、超大城市治理、质量强国、中华文明溯源、健康中国、法与社会、绿色增长、网络舆情等重点领域,建设了若干个国家亟须、特色鲜明、引领发展的新型智库,如中国海洋装备工程科技发展战略研究院、东京审判研究中心、中国城市治理研究院、中国质量发展研究院、国家战略研究院、分子与纳米医学创新转化中心、长三角智库联盟、政治经济研究院等。经过建设培育,中国城市治理研究院入选首批上海市重点智库,中国城市治理研究院、医疗健康与医院发展研究院、文化创新与青年发展研究院新增入选上海高校智库,神话学研究院、马克思主义学院入选上海市社会科学创新研究基地。智库专家围绕重大理论和现实问题持续献计献策,咨政启民,为国家与上海市精准施策提供智力支撑。2020年9月,中国发展研究院陆铭教授出席习近平总书记主持的经济社会领域专家座谈会,就"十四五"规划编制等提出意见和建议。

在科技成果转化方面,近五年学校转化科技成果数量累计达895件,居全国高校前列,逐步树立高校科技成果转化标杆地位。一门式、阳光化、海纳百川的

上海交通大学与华为技术有限公司在深圳华为基地签署战略合作协议(2019年7月24日)

科技成果转化"交大生态圈"正在形成,科技成果全面对接国家和上海市战略需求成果显著,涌现一批引领新兴产业发展、支撑传统产业转型升级的重大案例。例如机械与动力工程学院金隼教授团队组建上海交大智邦科技有限公司,实现国家重大专项的成果转化,打破了国外高端数控机床的垄断。在产学研合作方面,学校与中交股份、中远海运集团、中国通用技术集团、国电投、中船集团、航发集团、商飞公司、航天科工、航天科技、上汽集团、上海电气、宝武、华为等一大批国企或行业重点单位建立了全面战略合作伙伴关系。在推进重大型号工程、关键技术攻关、基础前沿创新、基地平台共建和人才联合培养等方面密切合作,携手将人才、学科、平台、科研优势转化为重要发展成果。

2020年9月22日,李克强总理来学校考察。他走进海洋工程国家重点实验室,了解基础研究和科技创新情况。他来到钱学森图书馆观看科研成果展示,与院士、教授们就破除制约科技创新活力的障碍深入交流。此前,上海交大几位资深院士和教授给总理写信,就科技创新和科技成果转化等问题提出建议。李克强在图书馆见到他们后说,你们的信我收到了,你们反映的科技成果转化所遇到的障碍,我看比较突出的是两点:一是破而不立,二是由此导致了政策空窗期。总理现场与他们逐个问题进行探讨。

至2020年,学校有各类科技创新基地147个,其中国家级32个,省部级104个,国际合作11个。科技创新贡献影响和活力显著提升,服务支撑国家战略需求和重点行业关键领域的核心地位更加凸显。2000～2020年,学校共获得国家科技奖(国家自然科学奖、国家技术发明奖、国家科学技术进步奖、中华人民共和国国际科学技术合作奖)99项,上海市奖408项。1940届数学系吴文俊、1944届化学系徐光宪、1948届医学院王振义、1949届造船系黄旭华、1951届航空工程系顾诵芬先后获国家最高科学技术奖。

服务社会能力显著增强

服务社会是现代大学存在价值的重要体现,是大学主要功能之一。多年来,学校形成了面向国家战略,服务区域创新发展,展现交大特色的社会服务合作体系。广大师生医务员工将使命记心上，将任务扛肩上，将汗水洒地上，将成果用在重器上，为国家发展贡献交大智慧。

学校扎根上海，立足长三角，辐射全国，稳步有序拓展合作与服务范围。紧扣上海"五个中心"和全球科技创新中心建设战略目标，深度融入上海城市发展进程，开辟出一条求真务实、开拓创新的大学与城市互动共生之路。紧密结合地方人才高地建设需求与学校卓越创新人才成长体系建设需要，由地方出资，成立校地共建共管的徐汇—交大光启人才基金，用于引进徐汇重点布局领域和产业的高层次人才，共同构建人才高地，服务区域产业升级；紧密结合上海区域创新发展需求与学校科学技术创新体系建设需求，不断推进徐汇区分子与纳米医学创新转化中心、闵行区医疗机器人研究院、人工智能研究院、临港航空发动机研究院、智能制造研究院、李政道研究所、张江科学园等平台建设，支持做强"大海洋""大健康""大零号湾"等交大品牌，稳步形成环交大创新创业集聚业态。紧密结合地方文化建设、社会管理需求与学校文化传承体系建设需求，为校园文化传承传播、历史建筑群保护等工作提供支持。服务长三角一体化示范区建设，与上海、浙江和江苏的重点区域进行对接合作，着力培育一批有战略意义的重点平台和项目。走向全国，先后与广西、云南、四川、海南、重庆、内蒙古等省市自治区

上海交大与广西壮族自治区签署战略合作协议（2011年10月19日）

开展战略合作,与石家庄、宁波、南京、苏州、淮北等多个重要城市地区开展深度科研合作,逐渐铺开上海交大社会服务蓝图。附属医院医疗规模和服务能力居全国领先地位,服务人民生命健康成效显著。

学校以省校合作、重点城市合作等政府间合作为基础,探索发展地方研究院、重大科研项目校外基地等校地共建共享的创新组织。从省校合作提升为参与区域性创新发展战略,投身国家发展战略,积极应对区域经济和社会发展需求,实现优势互补。建立四川研究院,支持暗物质探测、生物医药、新材料等领域在四川落地发展;成立重庆研究院,重点打造临近空间技术两江基地,服务川渝西部科学城建设;参与支持海南自贸岛建设,成立海南三亚崖州湾深海科技研究院、全健康研究院;服务长三角一体化示范区建设,成立浙江宁波人工智能研究院、苏州人工智能研究院、安徽陶铝新材料研究院,推动上海交大在长三角地区的创新人才和科技集聚发展;成立内蒙古研究院、包头新材料研究院,促进新材料、新能源、节能环保成果在祖国西北落地开花等。上海交大对接区域发展的服务平台如璀璨繁星散落在祖国各地,构筑起学校和地方连接的桥梁,引导学校师生将科技论文写在祖国的大地上。

上海交通大学云南(大理)研究院的核心团队是学校牵头实施的国家水专项洱海项目团队。环境科学与工程学院孔海南、王欣泽等带领的水环境保护人才队伍为守护洱海水清月明,发挥环境专业优势,自2003年起开展云南洱海水生态保护科学研究,坚守洱海边近二十年,完成了"国家水体污染控制与治理重大专项"等数十项洱海保护与治理重要研究工作。先后有1 000余人次师生驻守大理等地,完成野外样品采集3万余次,分析水质指标16万余次,为洱海治理和长期保护提供依据。将洱海保护工作的经验和成果辐射到云南高原湖泊,依托上海交通大学云南(大理)研究院,在洱海流域内外组织实施各类项目100余项,完成水质分析报告335份。汇聚多方人才共同建设高原湖泊野外观测台站,持续跟踪研究洱海水质与生态变化。面向全国推广高原湖泊水环境治理和保护技术经验,开展科学研究、示范工程和技术咨询等服务,为当地培训生态环保技术人才近3 000人次。2020年11月6日,孔海南教授登上央视《新闻联播》,聚焦这件大事,讲述交大力量。12月,洱海湖泊生态系统野外科学观测研究站列入

孔海南团队在洱海工作（2019年）

国家野外科学观测站择优建设名单。

2020年是国家脱贫攻坚的决胜年，也是上海交大对口帮扶云南省洱源县的第9个年头。学校精准对接洱源发展的实际需求，设立"心""行""梦""恒"四个专项对口帮扶基金，将医疗卫生、基础教育、特色产业等作为帮扶重点。超过100个贫困家庭的先心病患儿得到了免费的救治，恢复健康，重展笑颜；数以百计的贫困学子得到资助，顺利完成学业，考入心仪的大学；数以千计的中小学教师、医务人员、农技工作者、基层干部得到培训，圆了自己的梦想；洱源有了崭新的远程教室，有了专业的电子显微镜教室，有了缝纫专业教室；孩子们有了专业的音乐和美术老师；洱源的基础设施建设和特色农业水平也不断提升。2016年、2017年学校连续两次获评教育部直属高校精准扶贫精准脱贫十大典型项目。2018年，学校承担定点扶贫云南洱源县取得阶段性成果，洱源县在云南省内率先脱贫摘帽。

对口合建工作开启新篇章，以学科建设和人才交流为主要内容的与中西部高校间互学互助的格局逐步形成。学校承担对口合建宁夏大学、南昌大学、海南大学、郑州大学和青海大学工作，帮助指导昆明理工大学、大理大学、滇西应用技术大学等高校的学科发展。积极推进与对口合建高校的学生交换培养、教师互访等活动，开展师资水平提升工作，举办中西部高校学科建设研修班、上海交大—英国华威大学中西部英语教师师资培训班,培训包括对口合建高校在内的多个中西部地区高校教师超过200人次。

国际影响力持续扩大

上海交大秉承与生俱来的开放办学传统,继2001年确定"综合性、研究型、国际化"总体战略后,2004年第八次党代会又提出了"全面实施国际化战略"。之后,上海交大国际化办学步伐明显加快,国际化成为学校最显著的特色之一。

坚持"以我为主,聚焦一流",推进国际合作办学。在具体思路上,首先,针对全球顶尖大学,主动联系,循序渐进,鼓励并大力支持院系与顶尖大学建立各种形式的实质性交流与合作。其次,针对一些已有良好合作基础的世界一流大学,主动扩大和加深合作,通过与这类学校签署校级合作协议,促进学生交换、学分互认、科研合作等。再次,针对一些已有传统合作关系、颇有专业特色的大学,与这类学校的强势学科或强势专业开展合作,签订院级合作协议。

在合作办学方面,成立于2006年的交大密西根学院成为中美国际合作的典范。这个由上海交大与美国密西根大学两所顶尖公立大学合作建立的学院,目标是要创建一个能在中国土壤里生根成长的世界一流学院。学院实行理事会领导下的院长负责制,在运行机制上具有相对独立性。在全国率先开设跨国双学位项目,学生完成学业要求后可获得交大和密西根大学本科学位。吸纳国际先进课程与科研体系优势,打造"个性化"人才培养方案。采用全英文的课程体系,所有任课教师都来自美国或其他发达地区的顶尖学府。不仅为学生打下坚实的工程教育基础,也全方位培养和提升学生的创造力、团队合作、交流沟通、领导力、解决问题能力和批判性思维等软实力。从"上海市示范性中外合作办学机构",到"国家级教学成果一等奖",再到国家教育体制改革小组认定的"中国高等教育改革楷模",交大密西根学院在一流师资队伍建设、拔尖创新人才培养、办学体制改革等方面取得了重要突破,走出了一条通过国际合作快速在中国建设国际一流学院的创新之路,其辐射效应、溢出效应和带动效应日益显现。2014年,交大密西根学院荣获国际教育最高荣誉奖之一的海斯克尔国际教育革新奖,机械工程和电子与计算机工程两个本科专业也通过国际权威ABET认证。2018年,上海交大与密西根大学签署新一轮合作协议,两校将共同致力于打造世界一流的科研和教育机构,培养全球顶尖的创新人才。其中的"全球学位通"计划以交大密西根学院为枢纽,鼓励交大密西根学院本科毕业生前往密西根大学或其他教育机构攻读硕士学位,打造"无缝对接"的国际教育通道。

鉴于交大密西根学院的成功经验,学校又相继成立了数个中外合作办学的学院,包括,2012年与法国巴黎高科技工程师学校集团合作创办成立的上海交大-巴黎高科卓越工程师学院,该学院通过CTI国际认证并荣获"中法大学合作优秀项目",2015年与美国南加州大学等合作创办的上海交大-南加州大学文化创意产业学院,2017年与英国爱丁堡大学、伦敦大学学院等英国一流高校合作创办的中英国际低碳学院。与此同时,各个学院也都有自己的国际办学合作特区,医学院联合渥太华大学成立上海-渥太华联合医学院、与法国合作院校共建中法联合医学院,航空航天学院与世界顶尖航空学院——莫斯科航空学院强强联合、开设莫航国际班,农业与生物学院与康奈尔大学共建农学各专业,物理与天文学院与马里兰大学共建物理专业,数学科学学院与威斯康辛大学共建数学专业等。

上海交大-巴黎高科卓越工程师学院2012级新生开学典礼(2012年9月13日)

截至2020年底，学校已经与包括耶鲁大学、麻省理工学院、加利福尼亚大学伯克利分校、剑桥大学等在内的世界200多所著名大学建立合作关系。其中，与密西根大学、康奈尔大学、普渡大学等院校建立了培养合作协议；与新加坡国立大学、墨尔本大学等高校开展联授博士学位项目；与十余所高校互设学术交流基金，推动多种形式的科研合作、学生联培和师生互访；与十余所高校签署种子基金协议，覆盖北美、欧洲、大洋洲、亚洲；与哈佛大学、密西根大学、伦敦大学学院等大学合作发表论文数量和质量不断提升。

上海交通大学与巴黎国立高等先进技术学校、巴黎综合理工学校、巴黎高科国立高等矿业学校、巴黎国立高等电信学校签署种子基金合作协议（2019年12月13日）

除合作办学外，学校还不断完善全球合作网络，并从战略布局、创立国别中心、内涵建设、师资队伍建设、管理效能提升、品牌项目建立等方面开展一系列创新举措。

优化海外战略布局，注册并挂牌成立新加坡研究生院。通过设立保加利亚中心、北美中心、东南亚中心、欧洲中心，基本完成全球布局。成立日本研究中心、澳大利亚研究中心。促进"一带一路"教育合作，举办"一带一路"科技创新论坛等。与更多的世界著名大学、研究机构和企业共建研究中心、联合实验室，鼓励教师与合作单位的研究人员联合进行科学研究、发表论文、申请专利、主办国际学术会议等。组织一批教学、科研、管理方面的年轻骨干到若干所世界一流大学做访问学者。鼓励承办全球性或亚太地区的重要学术会议，鼓励更多教授出任国际学术刊物主编或编委、国际学术机构负责人或执委，鼓励广大教师参加著名的全球性或地区学术会议。倡导学校领导进入全球和亚太地区著名大学校长论坛并发表演讲。在深入参与U21等大学联盟活动的基础上，新加入环太平洋大学联盟（APRU）。重点推进学生深度访学，具有海外游学经历的本科生比例稳步升至57%，研究生赴海外联合培养人数也大幅提升，大部分是赴全球知名高校，如哈佛大学、牛津大学、麻省理工学院等。继续聘请世界著名科学家担任学校的客座教授、顾问教授、名誉教授和名誉博士，吸引"高精尖缺"人才，特别是一批大师级的国外学者轮流在校工作。新增高等学校学科创新引智计划（111计划）4项，高等学校学科创新引智计划2.0（111计划2.0）3项，有3名外籍专家获得中国政府友谊奖、4名外籍专家获得上海市政府白玉兰纪念奖等奖项。大力发展留学生教育，扩大规模，提升层次，国际生学科和国别结构显著优化。

国际化战略为上海交大带来了前所未有的活力，为学校未来发展提供了强有力支撑，学校综合实力和国际影响力与日俱增。2004～2020年，捷克总统、智利总统、法国总统、英国首相、保加利亚总统等国际政要先后到访学校。

三、党建与文化引领

加强党的全面领导

加强党对高校的领导，加强和改进高校党的建设，是办好中国特色社会主义大学的根本保证。上海交大坚持以党的政治建设为统领，坚持社会主义办学方向，把"四为服务"要求贯穿学校改革发展各个方面，旗帜鲜明地走扎根中国大地办世界一流大学的交大之路。

将党的政治建设摆在首位，把牢正确办学方向。把党中央决策部署在学校

上海交大全面从严治党工作会议召开（2018年4月4日）

落地落实，组织开展了学习保持共产党员先进性教育活动、实践科学发展观、创先争优和党的群众路线教育实践活动，扎实开展"三严三实"专题教育、"两学一做"学习教育、"不忘初心、牢记使命"主题教育，积极配合中央第十二轮巡视工作，落实落细整改工作。教育引导广大师生医务员工不断增强"四个意识"，坚定"四个自信"，做到"两个维护"。坚持和完善党委领导下的校长负责制，充分发挥党委集体领导作用，把方向、管大局、作决策、抓班子、带队伍、保落实，有效担负起管党治党、办学治校的主体责任。严格执行各级领导班子集体议事决策制度，进一步健全党委统一领导、党政分工合作、高效协调运行的工作机制。坚持每周举行一次党委常委（扩大）会或校长办公会，参加人员包括所有校领导，以有利于提高决策效率、降低决策成本。党委系统与行政系统有定期沟通制度，党委常委会有关学校未来发展方向的教学、科研、财务等重大决策和重要人事任命等"三重一大"议题，在上会前充分听取校长意见，校长办公会的重要议题在会前也会充分听取书记意见。党委书记和校长有每周一次的工作例会，及时沟通学校相关重要事项。规范院系党组织会议和党政联席会议制度，强化政治功能，增强班子合力，提高决策效率。营造党委领导有力、党政团结和谐、干部奋进有为、师生积极向上的良好校园氛围，确保学校各项工作有序推进和高质量开展。

抓好思想教育这一根本，增强宣传思想工作实效。深入进行理想信念教育、爱国主义教育，广泛开展"四史"教育。巩固深化"不忘初心、牢记使命"主题教育成果,形成理论学习、调查研究、检视整改、担当作为的长效机制。注重学思践悟,提高学校党员干部运用马克思主义基本原理解决实际问题的能力和水平。建好马克思主义学科,建强马克思主义学院。办好思政课、讲好思政课,推动思政课程与课程思政融合发展。坚持把意识形态工作摆在突出重要位置,注重抓基层、打基础,强化问题意识、规范意识、责任意识,切实负起意识形态政治责任和领导责任,维护校园政治安全。

深入践行新时代党的组织路线,推动组织工作高质量发展。坚持党管干部原则,健全干部选拔、培训、管理和考核评价机制,形成了风清气正、务实管用的选人、用人、育人机制,着力培养和选配忠诚干净担当的高素质干部,形成昂扬奋进、干事创业的良好氛围。夯实基层党建基础,实施党建示范创建和质量创优工程,基层党组织围绕中心工作抓党建的能力和水平持续提高。以"双带头人"培育为抓手,大力提升各级党组织书记抓党建能力,不断提高各级党组织的创造力、凝聚力、战斗力。加强分类指导,创新工作内容和形式,支持和保障基层党支部发挥战斗堡垒作用。2018年,生命科学技术学院党委入选"全国党建工作标杆院系"培育创建单位,国际与公共事务学院本科生联合党支部、机械与动力工程学院振动冲击噪声研究所党支部入选"全国党建工作样板支部"培育创建单位。2019年,电子信息与电气工程学院党委入选"全国党建工作标杆院系"培育创建单位,航空航天学院飞行器设计系党支部、化学化工学院本科生联合党支部入选"全国党建工作样板支部"培育创建单位。

广泛凝聚各方力量,进一步深化统战群团工作。构建"大统战"格局,重视在教学科研管理工作一线发现、培育优秀党外代表人士,加强党外知识分子思想政治工作,努力提高统一战线服务国家和学校发展的水平与能力。健全渠道和机制,充分发挥民主党派和无党派人士在学校发展中的作用。持续加强党对群团组织的领导,不断增强群团组织政治性、先进性、群众性。支持校院两级教代会充分行使职权,完善教代会审议机制、提案办理机制,提升教职医务员工的参与感。推进工会工作改革创新,全面加强和改进新时期妇委会工作。持续深化共青团改革,进一步加强对学生联合会、院系学生会和研究生会以及学生社团的指导和管理,完善学生骨干培育体系,引领广大青年学生听党话、跟党走,成为德智体美劳全面发展的社会主义建设者和接班人。

文化引领，凝心聚力

大学文化集中体现了一所大学的办学理念和精神追求。2004年以来，学校坚持"文化引领"，不断弘扬"饮水思源、爱国荣校"的校训和"求真务实、努力拼搏、敢为人先、与日俱进"的精神品格，进一步增强和凝聚全体交大人的价值认同、使命认同和情感认同，为创建中国特色世界一流大学提供动力和思想保证。

2008年，学校面向未来，制定了《上海交大大学文化建设规划》，提出要坚持社会主义核心价值体系，坚守大学的理想与追求，弘扬交大优秀文化传统。学校围绕立德树人、教书育人，积极推进"全员育人，全程育人，全方位育人"的三全育人工作以及"校风、教风、学风"三风建设。加强师风师德建设，坚持严谨治学、学术诚信，大力宣传教学名师、师德标兵等先进事迹，弘扬交大教育工作者为人师表、淡泊名利、无私奉献、思源致远的精神追求。加强学生理想信念教育、诚信教育，引导学生形成正确的人生观、价值观，树立远大志向。持续推进精神文明建设，文化品牌更加鲜亮。

学校继承和弘扬交大人爱国、民主的传统，把爱国、爱校结合起来，积极开展校史校情教育，引导广大师生肩负起历史使命。深入挖掘交大红色传统，完成以八卷本《上海交通大学史》为代表的一系列重大出版项目和工程。打造红色文化资源高地，引领青年学子在红色基因传承中塑造精神品格。成功举办120周年校庆，充分彰显了学校的办学成就，广泛凝聚了全球交大人的力量。重视文化传承创新，以庆祝改革开放40周年和庆祝新中国成立70周年为契机，深化爱国主义教育和"四史"教育。举办闵行校区办学30周年系列纪念活动，致敬建设者、共谋新发展。

2011年，钱学森图书馆落成开馆。作为全国爱国主义教育基地的钱学森图书馆，与徐汇校区1996年建成的校史博物馆、2003年建成的董浩云航运博物馆以及闵行校区1999年建成的程及美术馆、2014年建成的李政道图书馆、计划2021年4月落成的文博楼（新校史博物馆）一起组成学校博物馆群，成为

钱学森图书馆

学校文化育人的重要阵地以及加强大学文化建设的重要平台，有力推动爱国主义、科学精神的传播和弘扬。2012年，全国高校博物馆育人联盟在上海交大成立，上海交大成为高校博物馆育人联盟会长单位。学校依托全国高校博物馆育人联盟创立了"堂【TANG】·世界博物馆馆长文博讲堂"，还先后与故宫博物院、敦煌研究院、国家博物馆、陕西历史博物馆、上海博物馆等签署战略合作协议。学校把文博育人打造成开展传统文化教育的长效载体，在全国高校"礼敬中华优秀传统文化"系列活动中先后3次获得全国示范项目。

高雅艺术引领校园博雅之风，创立"菁萃·高雅艺术""菁萃·大家讲堂"品牌，引导学生感受美、理解美、传播美。加强原创作品的培育，鼓励师生文化创新。2012年原创话剧《钱学森》荣获中国校园戏剧节最高奖，融合交大校史、西迁精神的原创音乐舞台剧，以及话剧党课、电影党课、音乐党课、戏曲党课等系列艺术党课成为深耕理想信念传播的生动载体。重点推进传播非遗传统文化，鼓励更多人关注上海地域文化和民俗文化的传承、创新传播，交大摄画入选闵行区非物质文化遗产项目、"海派连环画"入选上海高校中华优秀传统文化传承基地建设计划。

增强与国内外知名媒体的合作，持续推出有特色、有温度的新闻作品，讲好"中国故事"。在俄罗斯举办"钱学森：中国航天事业奠基人"专题展，在新加坡举办"东方明珠——上海高校博物馆珍品故事海外展"、在美国举办"中国书法创作世界巡展"等，为文明互鉴、文化交流搭建舞台。持续开展大学生网络文化节、全球华语短诗大赛等网络文化活动,守护风清气正、健康清朗的校园网络空间。

发挥环境育人功效,设立"双一流校园环境文化建设"专项,从校园雕塑到楼宇,从道路到标识,从绿化管理到垃圾分类,力求让校园的每一处景观都会"说话"。校园环境成为无言之师,盛宣怀铜像,创建南洋公学奏折照壁,何嗣焜铜像,徐名材铜像,唐文治铜像,蔡元培铜像,孙中山铜像,张煦铜像,张钟俊铜像,何友声铜像,徐光宪、高小霞院士伉俪纪念雕塑,思源湖上"迸发德力量"雕塑等相继在徐汇、闵行两个校区落成。2019年,徐汇校区早期建筑入选第八批全国重点文物保护单位。2020年,围绕徐汇校区跨越三个世纪的丰富资源,设计"星火燎原之路"红色参观路线,打造"行走的思政课",推出由师生参与排演的校史主题沉浸式体验剧。

经过全校师生的努力,2017年学校荣获首届全国文明校园,并作为获奖单位代表受邀参加全国精神文明建设表彰大会并接受习近平总书记会见,上海交大作为高校唯一代表受到《焦点访谈》专题报道。此外,学校还成为唯一连续五届荣获全国高校校园文化建设优秀成果特等奖的大学。

多维度推动校园群体文化发展,强化"崇尚体育"的文化传统。如今的交

交通大学创始人盛宣怀铜像落成(2011年4月10日)

大,已经有了霍英东体育中心、致远游泳馆、包玉刚健步道、全国高校第一条赛艇道、气膜体育运动中心等一流体育设施,有着丰富的体育运动和体育社团,取得了辉煌的运动成绩,确立了全国领先地位。截至2020年底,学校9次获得世界大学生夏季运动会乒乓球男团冠军,7次夺得代表全国学生运动会最高荣誉的"校长杯",多名交大学子、校友为国出征奥运会,并摘金夺银。

"选择交大,就选择了责任"

上海交大是一所把家国情怀融入血液中的大学,"饮水思源、爱国荣校"的校训,集中体现了交大的核心价值观。"感恩与责任"的精神内核,点燃着交大人的"激情与梦想"。

学校始终把思想政治工作贯穿教育教学全过程,逐步完善"大思政"工作体系与机制,健全"三全育人体系",实现全员育人、全程育人、全方位育人,立德树人取得明显成效。

2006年,学校党委书记马德秀给入学新生(包括本科生、硕士生、博士生)讲

党委书记马德秀为新生上入学"第一课",是全国高校党委书记的首创,"第一课"已经成为每年交大新生入学教育的传统项目(2006年)

"青春为祖国歌唱" 交大学子在仰思坪热情高歌（2019年3月31日）

授大学第一课——"选择交大，就选择了责任"。在长达两个小时的"新生第一课"里，为他们讲述百年交大源远流长、人才辈出、贡献卓著、底蕴深厚的发展历程，为他们介绍交大美丽的校园、一流的师资、开放的国际化环境和丰富多彩的文体活动，勉励全体新生领悟为学之道、秉持做人之本、树立报国之志。经过多年内容完善，接任党委书记姜斯宪、杨振斌的接力授课，"新生第一课"已经成为每年交大新生入学教育的传统项目，与其说它是新生学习校史校情的一次讲座，不如说它是每个新生入学时的一次精神洗礼，一次激发新交大人弘扬"饮水思源，爱国荣校"校训，承担起把交大建设成为世界一流大学历史重任的"弘道"。

近年来，学校将价值引领、知识探究、能力建设、人格养成"四位一体"的育人理念落到实处，进一步凸显价值引领的核心作用。党委书记、校长带头上好思政课，开展"学习新思想千万师生同上一堂课"活动。举办新时代先进人物进校园、"奋斗的我，最美的国""青春告白祖国"等活动。优化思想政治理论课教师选配和培养，"大班授课、小班研讨"取得成效。完善校院领导联系学生工作机制，强化思政教师与学生常态化交流沟通。推动高层次人才担任本科生班主任，完善青年教师参与学生思政工作机制。深化大学生成长规律研究，成立大学生发展研究院。不断创新网络思想政治教育，获批教育部高校思想政治工作创新发展中心。推动从"思政课程"到"课程思政"转变，发挥思政课铸魂育人作用。建设课程思政的名家名课，推出一批课程思政改革优秀案例与示范课程。2018

年1月16日,教育部党组书记、教育部部长陈宝生,以及来自教育部、地方教育厅局及全国各大高校的负责人现场观摩了学校的两堂思政课教学,分别是马克思主义学院副教授施索华的《思想道德修养与法律基础》课,其讨论的是"爱国主义与弘扬民族精神";船舶海洋与建筑工程学院教授刘西拉的一堂课是"读懂中国"第四讲,名为《中国工程与中国自信》。

　　在就业方面,以国家战略需求为牵引,将"祖国强盛,我的责任"理念融入平时的社会实践教育、志愿服务以及专门为毕业生设置的毕业远航教育中,推动学生将个人价值实现与国家需要、社会期望有机融合,引导学生将个人的"小我"融入祖国的"大我"。2018年,上海交大正式推出"全球挑战计划"。作为海内外社会实践的新模式,"全球挑战计划"通过组织学生前往我国经济欠发达地区以及发展中国家地区(东南亚、非洲和中东欧等)进行实地调研、社会服务或科研实践活动,培养学生"人类命运共同体"的责任意识和家国担当。自计划实施以来,21个团队分赴保加利亚、意大利、埃塞俄比亚、泰国等10余个国家和国内云贵川地区,围绕乡村振兴、公共健康、环境保护、城市治理等重大问题开展实地调研,形成咨政建言、调研报告10余篇,获《人民日报》等媒体报道。近年来,越来越多的交大学生投身到国家重点单位、关键领域、战略性新兴产业,充分体现了交大毕业生的社会担当。在2020届上海市高校毕业生就业协议签署工作中,1—10号签约者均来自上海交大,这10位签约学生将爱国情转化为报国行,走上国家重点行业建设岗位。

　　2017年,学校成立党委教师工作委员会和党委教师工作部,统筹并加强全校教师思想政治工作,全面提升教师育德意识和育人能力。以"立德树人、教书育人"作为高校教师首要职责,以师德师风、学术诚信作为教师评价首要标准。在专业技术职务聘任、长聘教职与学术荣誉岗位评聘等环节强化教书育人"硬"要求,引导广大教师成为"有理想信念、有道德情操、有扎实知识、有仁爱之心"的好老师。相继设立"教书育人""科研成果""管理服务"三大奖励体系,以师德正能量引领立德铸魂,推动在全校形成教书育人、创新攻关、爱岗敬业、奋发向上的良好氛围。

　　2017年12月,孔海南教授负责的湖泊富营养化治理教师团队入选"全国高校黄大年式教师团队"。环境学院湖泊富营养化治理教学实践团队,由讲席教授孔海南,教授吴德意,研究员王欣泽、何圣兵,特别研究员黄荣振,副教授林燕等7人组成。团队围绕河湖富营养化治理,开设了《水体富营养化控制》《水处理工程课程设计》《生态设计与工程》(全英文)《湿地生态》等课程。用一流的科研反哺一流的教学,让学生们亲临现场实践体验,是团队教学的特色;把个人的发展和国家民族的需要结合起来,到祖国最需要的地方建功立业,是团队传承的信仰。教学团队以德立身、以德立学、以德施教,注重学生的品德教育;身正为范,培养了学生的奉献意识和家国情怀。

"选择交大,就选择了责任",已是凝结在每位交大人血液中的一种精神!"做与祖国同向同行的交大人!",已成为交大人铿锵的心声!报效祖国、振兴中华的责任和担当,成为凝聚和激励一代又一代上海交大人自强不息、不断超越的精神动力。

最美"逆行者"

2020年初,新冠肺炎疫情暴发。570名交大医护人员驰援武汉前线,其中,附属第一人民医院副院长郑军华、附属瑞金医院副院长陈尔真、胡伟国、附属仁济医院副院长张继东、附属精神卫生中心副院长王振等先后担任不同批次的上海援鄂医疗队领队。182名医务人员援助上海市公共卫生临床中心,瑞金医院瞿洪平团队、仁济医院皋源团队、第一人民医院俞康龙团队、第六人民医院李颖川团队构成了进驻公卫"五大天团"中的"四大天团"。他们不畏艰险、冲锋在前、舍生忘死。"国有难,召必应,战必胜",为阻击疫情筑起白衣长城,他们是"新时代最可爱的人"。疫情期间,交大科研人员大力开展科研攻关,病毒核酸检测试剂盒、疫情排查机器人、恢复期血浆疗法等一系列成果,为疫情防控防治作出了积极贡献;2 000多名交大学子向社区、学校、社会组织报道,投身于宣传报道、捐款捐物、志愿服务、线上辅导等工作中去;广大校友积极行动,一万一千余名校友向母校设立的疫情援助基金发起捐赠。这正是"饮水思源、爱国荣校"校训精神的最好传承,也是"选择交大,就选择了责任"价值追求的最好诠释。

入党申请书、火线入党、135+1、战地婚礼、战地日记……他们，是逆行的援鄂英雄，听从召唤，奔赴一线；他们，是平凡的医护人员，救死扶伤，守护生命；他们，是可爱的时代天使，共克时艰，不负使命。

2020年1月28日，第一批赶往武汉抗击疫情的附属仁济医院重症医学科护士吴文三，在抗击疫情最前线的武汉金银潭医院递交了入党申请书。

尊敬的党组织：

我志愿加入中国共产党，我愿意为党的事业奋斗终身。

我是上海交通大学医学院附属仁济医院重症医学科的一名护士，在此我诚挚地向党组织提出申请，加入中国共产党，是因为在我四十年的人生历程中，虽然没能更早地加入党组织，是我人生的一大损失，但是当我经历越多，我越发地认识到中国共产党的光荣与伟大，越发地意识到加入党组织的重要性，越是在国家民族有难的时候，越发地体会到中国共产党的领导力有多强大，党组织的关怀对人民群众有多么温暖，多么有力量。正如当下武汉疫情大爆发的时候，党中央的一声号召，全国2 000名医护人员不远万里，火速驰援。而我作为其中的一员，作为一个有着17年重症护理经验的男护士，而且是支援我的家乡，支援我的湖北乡亲，我责无旁贷。而相比起其他医务人员，我却不值一提。特别是昨天我看到总理来我支援的武汉金银潭医院考察疫情并发表讲话时，顿时感觉一股暖流涌入心田，给所有的医务人员和湖北人民带来了希望，更加体会了中国共产党的号召力与凝聚力，感觉有党的坚强领导是多么的幸福。所以也更加坚定了我想加入中国共产党的想法。

当然我也深知自身条件的不足，还有很多的缺点，因此希望党组织从严要求我，同时我自己也会以一个党员的身份严格要求自己，加强学习，努力克服和改正缺点，自觉地接受党组织的考察与监督，希望党组织能够信任我。

此致

敬礼

申请人：吴文三

2020年1月28日

3月7日下午1时，包括吴文三在内的上海医疗队17名入党积极分子火线入党，继续战斗在抗疫战场的最前沿，第一时间践行着入党誓言。

第二天下午1时30分，一场特殊的入党仪式在武汉雷神山医院举行。包括上海交大医学院附属仁济医院5名"抗疫战士"（杭瑛、徐如慧、戴倩、潘晨卿、陈国立）在内，15名医务工作者在武汉雷神山医院庄严宣誓入党。

仁济医院5名抗疫战士在院领导（左一）带领下进行入党宣誓（2020年3月8日）

在前线入党，仁济医院急诊内科主治医师杭瑛觉得"责任大于荣誉"，在这样特殊的时刻成为共产党员，也让自己倍感振奋。从小年夜开始，杭瑛就一直坚守在急诊一线，参与了上海市第一例危重新冠肺炎抢救工作。2月19日，杭瑛作为上海市第八批、仁济医院第三批援鄂医疗队队员奔赴武汉。同在雷神山医院ICU病区工作的血液科护师徐如慧，错过之前的援滇机会，这次毅然决然报名参加了援鄂的队伍。从学生时代就向往入党的徐如慧，这次在雷神山医院终于如愿宣誓，"作为党员，多了一份责任和使命，也让自己在一线战斗的时候更多一份力量感。"戴倩是仁济医院重症医学科的一名"90后"护师。疫情发生后，刚援滇回来的她，再次主动请缨，成为上海第八批援鄂医疗队中的一名逆行者。"其实第一批就报名了，但是他们当时都说党员优先，我还很懊悔，我怎么不是党员呢，现在能在前线入党，也觉得更有意义了。"她剪短长发，收拾行囊，告别家人。"终于入党了！"仁济医院老年科护士潘晨卿，对这个时刻期待已久。接到集结通知后，丝毫没有犹豫剪去秀发，"这点牺牲不算什么，都是小事情"。在父母眼中还是孩子，在同事眼里还是小妹妹的她，在危难来临时却已经是最坚强最果敢的前线"逆行天使"。大年二十九，25岁的手术室护士陈国立看到仁济医院"众志成城抗疫情，仁术济世献大爱"的倡议书，便第一时间向党组织提出申请。"从披上白袍的那一刻开始，就是选择了责任，作为一名入党积极分子，国家需要我们，我们义不容辞！""能在雷神山医院入党，是值得我一辈子骄傲的事情。"

135+1，"选我，我曾经在感染科工作过，我哪里都能去！""健康所系，性命相托，这是我们的医学生誓言，碰到疫情，我们义不容辞！"

2020年2月8日晚八时，瑞金医院收到紧急任务，要组建130余人的医疗队伍驰援武汉。从这时起，瑞金医院各个群里提示声此起彼伏，这是医务人员在主动报名。136人的医疗队当晚就集结完毕！薛恺医生，报名后，医院了解到他二月底就要做父亲了，想着他最好能陪妻子共同迎接新生命，所以劝他不要去武汉。但没想到，第二天他推着箱子来了，坚决要去！所以，135人的名单多了一个人，从135变成了136。

2020年2月28日17时8分，雷神山医院举办了一场战地婚礼！新郎是来自医学院附属仁济医院肝移植监护室的男护士于景海，1995年生人。新娘是同院的消化科女护士周玲亿，比新郎小一岁。上海第八批援鄂医疗队总领队、仁济医院副院长张继东担起了"新娘爸爸"这个角色，并发表了感人至深的证婚演说："把防护服当作婚纱，待到花开登鹤楼，再看长江水东流。我宣布，于景海先生与周玲亿小姐结为伉俪！"新郎的"爸爸"由雷神山医院党委书记、院长王行环担任，全国12支医疗队代表作为亲友团参与。"今天，雷神山医院是又娶媳妇又嫁女儿。这是我见证过的最简单的婚礼。"王行环向两位新人送上了"雷神山版"结婚证明。这场战地婚礼，新郎、新娘全程戴着口罩，礼服就是仁济医院的出征战袍。整个婚礼只有十几分钟，随后，这对新人又投入到各自的工作中。"能够在武汉一线并肩作战，远比一场婚礼、一次蜜月更值得铭记一生。"周玲亿说，"感谢仁济医院的同仁们以及雷神山医院江夏区工作专班的同事们能够给我们一场'不平凡'的婚礼。我相信疫情很快会控制，我们也一定会凯旋！"

2020年4月20日，由仁济医院主编，上海市第一批援鄂医疗队员、仁济医院呼吸科查琼芳医生撰写，上海交大出版社出版的《查医生援鄂日记》首发，这是国内首部正式出版的援鄂医生亲历的抗疫日记。

2020年1月24日，除夕之夜，上海第一批援鄂医疗队启程，赴武汉市金银潭医院参加新型冠状病毒感染肺炎患者救治工作。查琼芳医生作为这支敢死队里交大医学院系统唯一的女医生，她在紧张繁忙的援助工作之余，每天发回一段日记，以抗疫一线医生的视角记录大疫之下的举国之战。从除夕到3月31日，查医生日记共67篇，跨越援鄂的整整68天，也是目前出版的最完整的抗疫日记。《查医生援鄂日记》通篇没有宏大的叙事，只有每天的日常，而就是这些医护人员、警察、社区工作人员、货车司机、公交司机、志愿者司机、快递员等普通人的日常，一点一滴拼出了中国阻击新冠肺炎疫情的路线图。《查医生援鄂日记》揭开了中国迅速控制疫情的密码，再现了医务人员以及所有中国人民在中国共产党的正确领导下，在面对灾难、面对危险时表现出来的义不容辞和善良勇敢，并用这种无私无畏的精神构筑起了巨大的中国力量。有了这种力量，我们就没有战胜不了的困难，就没有逾越不了的鸿沟。

祖国不会忘记人民英雄。2020年9月8日，全国抗击新冠肺炎疫情表彰大会在北京人民大会堂隆重举行。中共中央总书记、国家主席、中央军委主席习近平向国家勋章和国家荣誉称号获得者颁授勋章奖章并发表重要讲话。大会还对全国抗击新冠肺炎疫情先进个人、先进集体，全国优秀共产党员、全国先进基层党组织进行了表彰。上海交通大学医学院系统共有10名个人，1个集体上榜。附属瑞金医院副院长、主任医师陈尔真和附属第一人民医院党委委员、副院长、主任医师郑军华获全国优秀共产党员、全国抗击新冠肺炎疫情先进个人称号。附属瑞金医院获全国抗击新冠肺炎疫情先进集体称号。附属瑞金医院重症医学科主任陈德昌，附属瑞金医院重症医学科主任瞿洪平，附属瑞金医院病理科主任王朝夫，附属仁济医院重症医学科行政科主任皋源，附属仁济医院重症医学科护师戴倩，附属新华医院心血管二科重症监护室副护士长刘立骏，附属第六人民医院重症医学科主任、重症疼痛科支部书记李颖川，附属精神卫生中心副院长、主任医师王振获全国抗击新冠肺炎疫情先进个人称号。

不忘初心新征程

2020年3月17日，上海交大召开教师干部大会，宣布中共中央任免决定：杨振斌任上海交通大学党委书记。杨振斌，1963年10月生，河北邯郸人。研究员。1981年至1989年在清华大学自动化系工业自动化专业读本科及研究生，获工学硕士学位。先后任清华大学团委副书记、常务副书记，自动化系党委副书记，科技处副处长、常务

党委书记杨振斌

副处长、科技开发部主任、清华大学企业集团董事、校企合作委员会副主任，党委学生部部长、清华大学党委副书记。2005年后历任教育部思想政治工作司司长、厦门大学党委书记、吉林大学党委书记。中共十九大代表，第十三届全国政协委员。

2023年2月21日，经过中央批准，丁奎岭同志担任上海交通大学校长、党委副书记。丁奎岭，1966年3月生，河南永城人。中共党员。理学博士，教授，中国科学院院士。1985年、1987年先后毕业于郑州大学化学系，获学士、硕士学位。1990年毕业于南京大学化学系，获博士学位。曾任郑州大学化学系教授、中国科学院上海有机化学研究所所长等。2018年调任上海交大党委常委、常务副校长。他主要从事基于有机金属催化的不对称反应和绿色化学研究，提出并成功实践了手性催化剂设计的新概念和新方法，发展了具有特色骨架的新型手性配体与催化剂。第十四届全国人大代表，第十三届全国政协委员。

校长丁奎岭

2020年12月24日，中国共产党上海交通大学第十一次代表大会在闵行校区隆重开幕。杨振斌以《坚定信心、勇担使命，为迈向世界一流

大学前列而接续奋斗》为主题作党代会报告。

杨振斌强调，百廿交大，因图强而生，因改革而兴，因人才而盛。在新时代，我们必须牢牢把握"培养什么样的人、怎样培养人、为谁培养人"和"办什么样的大学、怎样办好大学"这两个根本性问题，以兴邦为任、以育人为本、以创新为魂。

站在"两个一百年"奋斗目标的历史交汇点上，我们要准确把握我国发展新的历史方位，紧紧抓住可以推动学校持续快速发展的时代机遇，于变局之中勇开新局，加快构建"综合性、创新型、国际化"的办学新格局。从"十五"规划起，学校就确立了"综合性、研究型、国际化"的办学方针，经过多年发展，我们完成了综合性学科布局，实现了向研究型大学转变，形成了国际化办学特色。面向国家创新驱动发展战略，主动对接科技自立自强的要求，上海交大作为一所具有创新基因的高校，理应把创新型大学建设作为新时代发展的战略基点，更加致力于培养创新人才，更加致力于培育创新成果，更加致力于营造创新氛围，更加致力于推动体制机制的创新变革。

在顺利完成"三步走"战略目标中的第二步任务基础上，上海交大将按照"两个十五年"来安排，形成新的目标愿景。"从二〇二〇年到二〇三五年，在跻身世界一流大学行列的基础上，经过十五年的努力，学校各项办学指标和整体实力进入世界一流大学前列。从二〇三五年到二〇五〇年，在进入世界一流大学前列的基础上，再经过十五年的努力，学校实现跻身世界顶尖大学行列的历史性奋斗目标。"[1]

杨振斌指出，立足新时代，我们要高举中国特色社会主义伟大旗帜，以习近平新时代中国特色社会主义思想为指导，坚持社会主义办学方向，坚定为党育人、为国育才的初心和使命，把深化内涵质量与改革发展作为工作主线，把推进学校治理体系和治理能力现代化作为根本保障，构建"综合性、创新型、国际化"的办学新格局，继续做中国高等教育改革开放的排头兵和先行者，以永不懈怠

【1】 杨振斌：《坚定信心 勇担使命 为迈向世界一流大学前列而接续奋斗——在中国共产党上海交通大学第十一次代表大会上的报告》（2020年12月24日）。

的精神状态和一往无前的奋斗姿态,为迈向世界一流大学前列开好局、起好步。要坚定不移地把人才强校作为发展主战略,不遗余力地推动育人为本战略,实质有效地推进交叉创新战略,毫不动摇地实施开放融合战略,一以贯之地实施文化引领战略。要围绕"五大战略",坚持和深化"量质并进、以质为先",推动"十四五"规划落地落实,全面推进学校各项事业持续健康发展。

中国共产党上海交通大学第十一次代表大会进一步动员、凝聚了全校党员和广大师生医务员工的智慧与力量,从思想上、政治上、组织上为上海交大今后一个时期的发展奠定了坚实基础,提供了坚强保证,对于学校迈向世界一流大学前列具有重大而深远的意义。

全校各级党组织、全体共产党员和广大师生医务员工将更加紧密团结在以习近平同志为核心的党中央周围,不忘初心,牢记使命,始终保持锐意进取、永不懈怠的精神状态和敢闯敢干、顽强拼搏的奋斗姿态,落实立德树人根本任务,勇担服务国家时代使命,开启迈向世界一流大学前列的新征程,为夺取全面建设社会主义现代化国家新胜利作出交大人新的更大贡献!

第一版后记

2006年适逢上海交大建校110周年。为弘扬交大优良办学传统和革命传统，2002年10月学校成立校史编纂委员会，开始编写《上海交通大学纪事》。期间收集了大量有价值的资料，为了能及时反映这批珍贵史料，我们撰写了《三个世纪的跨越——从南洋公学到上海交通大学》一书。

本书力求用比较通俗的语言，通过对部分交大人和事的叙述，展现百年变迁中交大的辉煌、交大的曲折、交大的胸怀、交大的梦想。

本书2003年7月确定提纲，2004年底写出初稿，几经修改于2006年1月定稿。由盛懿撰写第一、八章，欧七斤撰写第二、三、四章，孙萍撰写第五、六、七章。编写过程中，参阅了《交通大学校史》(1896~1949)、《交通大学校史》(1949~1959)、《上海交通大学志》等史料。《上海交通大学纪事》编辑部成员为本书提供大量相关校史资料和照片。本书的完成是校史室全体成员辛勤劳动的结果，是集体智慧的结晶。叶敦平、毛杏云、范祖德、陈泓等教授就编写提纲和内容选择进行多次讨论。初稿完成后，陈贻芳、龚诞申、王世根、朱积川、朱隆泉、刘家禄、潘�、秦慰祖、曾勋良、董育常、张玉瑜、何永棣等同志就有关章节提出宝贵修改意见。上海交通大学出版社也为本书出版做了大量工作，在此一并表示最诚挚的谢意。

由于时间比较仓促，作者水平有限，经验不足，有些内容来不及写入，对史实的把握还不够准确和精炼。恳请读者批评指正。

盛　懿

2006年3月

第二版后记

2021年，适逢中国共产党成立100周年和上海交通大学建校125周年，也是本书首次出版后的第15个年头。

这本通贯"交大古今"、以采撷精华、通俗晓畅的叙事方式反映交大三个世纪发展脉络的交大简史著作，自2006年3月出版以来，受到交大师生校友和社会人士的广泛欢迎，被人们亲切地称作"交大小史"。其先后4次加印，成为广大读者了解交大校史校情、感知百年名校精神传统的必读书之一。

出版15年以来，尤其是党的十八大以来，上海交大在习近平新时代中国特色社会主义思想的指引下，奋发有为，阔步向前，取得了为国内外所瞩目的发展变化和巨大成就。这些发展成就和突出亮点，需要我们续写校史新篇，与时俱进地反映到"交大小史"中。同时，交大的校史研究工作在15年来继续深入开展，特别是推出了以八卷本《上海交通大学史》为代表的一大批研究成果，其中包含了更加丰富的文献史料、提供了最新的研究观点。这些最新的研究成果都应予被认真吸收，综合反映到这部普及性的校史专著中。

为此，学校新老领导、师生校友就本书的修订事宜向我们提出了中肯的建议。特别是学校党委书记杨振斌同志，自2020年3月到任后，在3个月时间内逐字逐句地仔细阅读了全书内容，在总体肯定本书价值的同时，对内容的增补及续写重点、部分史实的表述、文字的规范、插图的版式等一一予以标注和指示，并两次与我们当面商议修订、续写的原则与方案。

鉴于以上新形势的发展提出的新要求，以及学校新老领导和师生校友的宝贵建议，我们决定对本书予以修订、续写，形成第二版，重新加以出版。

2020年10月，本书修订工作开始启动，成立以原作者为主体的修订编写组。

编写组认真听取吸收各种修改意见,确定修订方案,统一原则,明晰分工,各司其职,分头撰写和修订,于2020年12月底完成初稿。初稿分送校史编委会、新老领导、校内外专家审读,经过数轮修改后定稿。

此次修订,在具体内容上:2004年前的内容总体予以保留,修订重在精简内容、勘订史实、新增案例、更新观点等;2004年后的部分为新增内容,补写了学校在这一时期的发展主线、取得的亮点成果,尤其凸显新时期以来交大的重要成就和精神风貌。此外,在版式上,第二版对本书的封面、排版格式、随文插图等均做了较大的调整,以期更加适合通俗读物的风格。对于本书的修订,欧七斤负责第一、二、三、四章,孙萍负责第五、六章,章玲苓负责第七章,并续写了2004年至2020年学校的发展概要,列为第八章。

在修订过程中,杨振斌、王宗光等新老校领导予以高度重视与具体指导,校史编委会秘书长毛杏云,党史校史研究室历任负责人陈泓、盛懿、张凯,改革与发展研究室张逸阳、肖国芳,上海交通大学出版社人文社科分社总编辑、本书责任编辑冯勤等,都为本书的修订出版付出了诸多努力,在此一并表示谢忱。

本书作者
2021年3月